本书获得教育部哲学社会科学研究重大课题攻关项目“乡村振兴战略实施路径研究”（18JZD030）和国家“双一流”经费的资助

中国乡村振兴理论与实施路径研究

张利庠◎著

中国财经出版传媒集团

经济科学出版社
Economic Science Press

图书在版编目（CIP）数据

中国乡村振兴理论与实施路径研究/张利庠著．
—北京：经济科学出版社，2020.11
（人大农经精品书系）
ISBN 978-7-5218-1930-4

Ⅰ.①中…　Ⅱ.①张…　Ⅲ.①农村-社会主义建设-研究-中国　Ⅳ.①F320.3

中国版本图书馆 CIP 数据核字（2020）第 186317 号

责任编辑：申先菊　赵　悦
责任校对：靳玉环
责任印制：邱　天

中国乡村振兴理论与实施路径研究
张利庠　著
经济科学出版社出版、发行　新华书店经销
社址：北京市海淀区阜成路甲 28 号　邮编：100142
总编部电话：010-88191217　发行部电话：010-88191522
网址：www.esp.com.cn
电子邮箱：esp@esp.com.cn
天猫网店：经济科学出版社旗舰店
网址：http://jjkxcbs.tmall.com
固安华明印业有限公司印装
787×1092　16 开　24.25 印张　320000 字
2020 年 11 月第 1 版　2020 年 11 月第 1 次印刷
ISBN 978-7-5218-1930-4　定价：120.00 元
（图书出现印装问题，本社负责调换。电话：010-88191510）

前 言

“三农”问题是各国都存在的世界性难题。我国特殊的国情决定了农业、农民、农村问题的极端重要性，党的十九大报告指出，中国特色社会主义进入新时代，社会主要矛盾已经转化为人民日益增长的美好生活需要和不平衡不充分发展之间的矛盾，必须始终把解决好“三农”问题作为全党工作的重中之重，适时提出了乡村振兴战略。2018 年中央一号文件《中共中央国务院关于实施乡村振兴战略的意见》，强调坚持农业农村优先发展，按照“产业兴旺、生态宜居、乡风文明、治理有效、生活富裕”的总体要求，建立健全城乡融合发展体制机制，统筹推进农村经济建设、政治建设、文化建设、社会建设、生态文明建设和基层组织建设，加快推进乡村治理体系和治理能力现代化，加快推进农业农村现代化，走中国特色社会主义乡村振兴道路。《乡村振兴战略规划(2018 ~2022 年)》明确至 2020 年全面建成小康社会和 2022 年召开党的二十大时的目标任务，细化实化工作重点和政策措施，部署重大工程、重大计划、重大行动，确保乡村振兴战略落实落地，是指导各地区各部门分类有序推进乡村振兴的重要依据。乡村振兴成为中国建设现代化经济体系的重要基础，建设美丽中国的关键举措，传承中华优秀传统文化的有效途径，健全现代社会治理格局的固本之策，实现全体人民共同富裕的必然选择。

2018 年，教育部评审通过了 55 项哲学社会科学研究重大课题攻关项目，其中，仅有一项的“乡村振兴战略实施路径研究”（18JZD030）课题由我们中标。由此，我作为首席专家带领课题组成员展开了10个县50个乡100个村的大型调研活动，本书与《中国乡村振兴案例研究》是姊妹篇，本书偏重理论，案例偏重实践，都是该课题的成果，也是中国人民大学双一流建设的研究成果。

按照党中央和国务院的统一部署，2020年是脱贫攻坚战略的收官之前和乡村振兴战略实施的开启之年，极为关键！2020年4月，习近平总书记前往陕西省平利县考察脱贫攻坚和乡村振兴工作，他深入社区、走进茶园，与农户拉家常。总书记强调："脱贫摘帽不是终点，而是新生活、新奋斗的起点。接下来要做好乡村振兴这篇大文章，推动乡村产业、人才、文化、生态、组织等全面振兴。"我作为陕西省平利县的乡村振兴高级顾问，倍感鼓舞！省、市、县、乡、村五级书记齐抓乡村振兴工作，全国各地急需成功的案例做示范和牵引！案例分析法也是社会科学非常实用的研究方法，具有代表性、系统性、深刻性、具体性等特点，通过案例研究能够从实际中分析、概括、抽象出理论认识，并进行举一反三，将其用于对现实问题的观察、思考和分析，意义十分重大。

由于乡村振兴实践还在波澜壮阔地进行中，本书的理论研究主要是按照文献综述、理论追溯、乡村振兴理论的板块逻辑梳理和实践经验的总结三条思路展开，由于我们有限，本书的观点、语言、结构和逻辑还有改进之处。教育部重大攻关课题"乡村振兴战略实施路径研究"还在进一步研究中，本书作为课题的阶段性成果之一，还有很大的改进空间，期待各位读者提出改进意见和建议，便于对本书进行补充和修订。

课题组和写作组的主要成员有：宁兆硕、唐幸子、王艺诺、罗千锋、田家榛、张泠然等，尤其是宁兆硕做了大量的工作，在此一并致谢！当然文责自负！

张利庠

2020年10月10日于中国人民大学明德主楼

目 录

第一章

中国乡村振兴战略概述

第一节　历史背景——乡村价值与乡村振兴

一、乡村是社会文明的起源

（一）乡村的起源与发展

乡村文明是整个社会文明的基础。从文明起源上看，人类文明起源于村落和农业文明。农村一般指农业生产者的居住地。多为人口聚居的村落，或是散居的田野。起源于人类由采集、渔猎进入农耕阶段开始定居的原始农业时期。生产水平逐渐提高，社会分工开始以后，从事手工业和商业的人口向城市集中，农村与城市产生差别。其特征是：人口密度低，居住较分散；大多以农为业，家族聚居，成员间相互协作，多有血缘关系；工商业与农业生产和农民生活相联系，经济文化水平较低，发展缓慢。随着社会经济的迅速发展和社会文明程度的提高，兼业农户日渐增多，农村与城市的区别逐步缩小。①

---

① 邓伟志．社会学辞典［M］．上海：上海辞书出版社，2009.

1. 原始社会

在原始社会初期，人类依靠采集和渔猎为生，逐水草、居巢穴，无所谓村落。到了原始社会的中期，约在新石器时代，人类掌握了农业生产技术，有了耕种土地、照管作物、饲养畜禽等生产活动，人类开始定居下来，从而出现了最早的村落。原始村落是以血缘关系形成的氏族部落的聚居之地，实行原始公有制，按自然分工进行生产活动，平均分配。至原始社会末期，交换有了一定的发展，在一些交通方便、位置适中的村落中，出现了集市。

2. 奴隶社会

在奴隶社会时期的农村中，由于生产力的发展，手工业、商业相继从农业中独立出来。在一些大的村落中，手工业者集中，商业集中，形成永久性市场。这些地方，逐步演变成一个地区的政治、经济、文化中心。为了保护财产的安全、政权的巩固，则修筑城堡等，逐渐出现了城市。大商人、大奴隶主、官吏聚居在城市，奴隶、个体小农、少数小奴隶主则居住在农村。

3. 封建社会

在封建社会时期的农村中，主要居住着农民（雇农、佃农、自耕农）或农奴、中小地主等。土地等生产资料绝大部分为封建地主阶级（或封建农奴主阶级）所有，少部分归农民所有。在资本主义的初期，农村居民除包括封建社会遗留的各种成员外，主要是经营农业的小土地所有者和农业资本家。随着资本主义生产方式在农村的扩展，大批破产农民，进入城市成为工业工人。在发达的资本主义阶段，农村居民的主要成分是比例不等的大中小型农场主和受雇于农场主的农业工人。此外，由城市迁入农村的居民以及农村工商业从业人员也日益增加。

4. 半殖半封时期

鸦片战争之后，农村就逐渐演化为半封建半殖民地经济，其社会经济的特点有：大部分或绝大部分的土地归地主和富农阶级所有；地主通过地租、高利贷和商业资本三种形式剥削农民；西方发达国家的工业品输入中国，并在中国直接开办工厂，动摇了耕织结合的农村经济结构；由于帝国主义势力控制了中国农产品的进出口贸易，并直接到农村收购农产品，致使中国农业商品化具有殖民地性质；中华人民共和国建立后，农村社会经济关系不断发生变化。1949 年到 1952 年，全国绝大部分农村进行了土地改革，由封建土地所有制转变为农民土地所有制，个体农民经济成为最主要的经济成分。1953 年到 1957 年农业合作化时期，农民加入合作社以后，土地等主要生产资料实行集体所有制和按劳分配制。供销合作、信用合作以及农村工业，商店、银行、学校、医院、文化设施等随之发展，农村面貌发生了巨大变化。1958 年到 1978 年，实行人民公社化，由于集体经营的优势，建设了大批农田水利基础设施，促进了农业生产的快速发展，但“左”的政策和“以农养城”方针使农业生产关系和生产力都受到了束缚，农村经济发展受阻。从 1979 年开始，农村开始进行经济体制改革，在土地集体所有的基础上，实行家庭承包经营，从逐步减少对农村的征派购到“放活、少取多予”和“工业反哺农业、城市带动农村”。农村的商业、工业、交通运输业都得了较快的发展，农村面貌也有了很大的变化。

（二）农耕文明的特征

农耕文明，是指由农民在长期农业生产中形成的一种适应农业生产、生活需要的国家制度、礼俗制度、文化教育等的文化集合。农耕文明是人类史上的第一种文明形态。原始农业和原始畜牧业、古人类的定居生活等的发展，使人类从食物的采集者变为食物的生产者，是第一次生产力的飞跃，人类进入农耕文明。农耕文明地带主要集中在北纬 20°～40°，这里也是人类早期文明的发源地域。目前国际学术界公认的古代农耕文明的发源地有五个：古巴比伦（公元前 4000 年到公元前2250年之间)、古埃及(公元前3500年)、古希腊(公元前3000年到公元前1100年之间)、古印度(公元前2000年)、古中国(公元前2000年夏朝建立)。

农耕文明集合各类文化为一体，形成了自己独特文化内容和特征，但主体包括国家管理理念、人际交往理念以及语言，戏剧，民歌，风俗及各类祭祀活动等，是世界上存在最为广泛的文化集成。农耕文明的重要表现为男耕女织，规模小，分工简单，自给自足，不用于商品交换。农耕文明一直延续到工业革命之前。此间，人们以农业为主，政治体制一般实行君主制或君主专制，社会结构呈现为金字塔形。农耕文明发源于大河流域，它是工业文明的摇篮。尽管农耕文明也不都是田园牧歌，也有争斗和战乱，但较之于游牧文明和工业文明，具有质的不同。农耕文明决定了中国文化的特征。中国的文化是有别于欧洲游牧文化的一种文化类型，农业在其中起着决定作用。欧洲文明掠夺式特征，诞生于此前的狩猎文化，与滥觞于种植的中国文明存在明显的差别。聚族而居、精耕细作的农业文明孕育了内敛式自给自足的生活方式、文化传统、农政思想、乡村管理制度等，与今天提倡的和谐、环保、低碳的理念不谋而合。历史上，游牧式的文明经常因为无法适应环境的变化，以致突然消失。而农耕文明的地域多样性、民族多元性、历史传承性和乡土民间性，不仅赋予中华文化重要特征，也是中华文化之所以绵延不断、长盛不衰的重要原因。[①] 农耕文明本质上需要顺天应命，需要守望田园，需要辛勤劳作。它不需要培养侵略和掠夺的战争技艺，而是需要掌握争取丰收的农艺和园艺；它无须培养尔虞我诈的商战技巧，而是企盼风调雨顺，营造人和的环境。尽管农耕文明也不都是田园牧歌，也有争斗和战乱，但较之于游牧文明和工业文明，具有质的不同。

---

① 王利华，孙政才．源远流长的中华农耕文明．中国农业通史［M］．北京：中国农业出版社，2009.

中国农业精神来自中国传统农业，体现和贯彻中国传统的天时、地利、人和以及自然界各种物质与事物之间相生相克关系的阴阳五行思想，精耕细作，轮种套种，是它的典型工作生产模式。由于中国农业人口多，耕地相对不足形成了具有满足个人温饱，在一小块地上自耕自作，无约束、无协作、无交换而长期形成的一种思想观念和行为习惯就是所谓的小农意识，也就是中国的农业文明。农业文化，是指农业生产实践活动所创造出来的与农业有关的物质文化和精神文化的总和。内容可分为农业科技、农业思想、农业制度与法令、农事节日习俗、饮食文化等。其发展可分为原始农业文化、传统农业文化和现代农业文化三个阶段。在中国农业文化发展的前两个时期，即原始农业文化和传统农业文化时期，可统称为农耕文化时期，或古代农业文化时期。在中国文化产生和发展的过程中，农业文化是基础，因为它是以满足人们最基本的生存需要（衣、食、住、行）为目的的，它决定着汉民族的生存方式，塑造着汉民族文化的自身。中国是世界农业的发源地之一。中原农耕文化，是中国农耕文化的一个重要发源地，是中国农业文化的基础，又是宋代以前中国农业文化的轴心。中原农耕文化源远流长。乡村文化是传统文化的家园，是乡民在农业生产与生活实践中逐步形成并发展起来的道德情感、社会心理、风俗习惯、是非标准、行为方式、理想追求等，表现为民俗民风、物质生活与行动章法等，以言传身教、潜移默化的方式影响人们，反映了乡民的处事原则、人生理想以及对社会的认知模式等，是乡民生活的主要组成部分，也是乡民赖以生存的精神依托和意义所在。较之工业的高度发展，农业的缓慢发展常常给人以安全稳定的印象。①

① 唐珂．农耕文明与中华文化的特征［N］．学习时报，2011－12－11.

二、乡村是国家强盛的根基

（一）城乡二元结构的特点

城乡二元经济结构一般是指以社会化生产为主要特点的城市经济和以小农生产为主要特点的农村经济并存的经济结构。我国城乡二元经济结构主要表现为：城市经济以现代化的大工业生产为主，而农村经济以典型的小农经济为主；城市的道路、通信、卫生和教育等基础设施发达，而农村的基础设施落后；城市的人均消费水平远远高于农村；相对于城市，农村人口众多等。这种状态既是发展中国家的经济结构存在的突出矛盾，也是这些国家相对贫困和落后的重要原因。发展中国家的现代化进程，可以说在很大程度上是要实现城乡二元经济结构向现代经济结构的转换。①

近代以来，由于市场成长、分工细化及其他一系列特殊原因，我国城乡二元结构逐步形成并处于不断变化之中。总体上，我国城乡二元结构变迁经历了四个阶段：第一阶段（1840—1949 年），外国工业文明和市场经济的冲击加快了我国的城乡分离步伐。第二阶段（1949—1978 年），我国计划经济体制继续拉大我国城乡差距，具体体现在工农业产品不等价交换政策、农业生产集中制度、统购统销制度、包括劳动力在内的要素流动控制政策等，严重阻碍了我国农业、农村的发展，日益加深了城乡分割和城乡差距拉大的局面。第三阶段（1978—2003 年），前改革时代的“级差式”“分离化”的发展方式和改革措施进一步加快了中国城乡二元分割，主要体现在城市化水平远远落后于工业化水平、城乡收入差距持续扩大、城市内部的“二元社会”开始形成。第四阶段

① 吴维海．新时代乡村振兴战略规划与案例［M］．北京：中国金融出版社，2018.

(2003 年至今)，后改革时代的城乡关系呈既统筹又分离的局势，体现在，虽然国家强化实施城乡统筹发展政策但改革累积效应使城乡差距扩大，国有企业战略重组使农村资源向城市集中再次助推城乡分离，人力资本和知识资源向城市集中导致农村发展再次受限。我国城乡二元结构内容的特殊性在于它从经济层面渗透到了社会、文化、政治等方面。① 城乡二元结构主要表现为以下两个方面：第一，城乡土地二元体制。尽管我国土地都属于公有制，但城市土地属于国有性质，农村大部分土地则属于集体所有性质，城市土地和农村土地的价值和用途管制都有所不同。第二，城乡二元户籍制度。相较于城市户口，农村户口难以享有一系列较高水平的社会保障及公共服务。与户籍制度相对应的是，城乡之间的人口流动受到严格限制，农村人口很难在城市就业、定居。长期以来，城乡二元结构是一种“剥削性”制度。城市从农村汲取人才、土地、农副产品等资源，却限制了农村人口享有城市较高水平的公共服务。因城乡二元结构的存在，人为制造了城市人与农村人的社会阶层分化。改革开放以后，城乡二元结构逐渐松动，人口流动障碍逐渐消除。

20 世纪 90 年代，我国已经出现了“民工潮”，沿海城市的产业工人主要来自农民工。但即便在这个时候，“剥削性”的城乡二元结构的本质也并未改变，农民工的工资、福利待遇并未获得相应保障，在城市的居住、就业仍然受到严格控制。城乡二元结构打破了地域限制，存在于城市内部。进入 21 世纪以后，城乡二元结构的内涵发生了本质转变，具体体现为：第一，国家不再从农村收取农业税和农业税附加，反而通过“以工促农、以城带乡”向农村转移资源。因此，城乡关系不再是单向性的，而是双向互动的。第二，绝大多数远离城市的集体土地增值空间有限，在限制工商资本下乡政策的主导下，普通农民的土地权益反

① 白永秀．城乡二元结构的中国视角：形成、拓展、路径［J］．学术月刊，2012，44 (5)：67－76.

而受到了保护。第三，随着城市化的迅速扩张及城市资本的聚集，城中村和城郊村的集体土地等资源有了巨大增值空间。这部分农民获取了高额补偿，其财富超过绝大多数普通市民。例如，2009 年广州杨箕村成为广州计划全面改造的城中村之一，历经 7 年在 2016 年完成改造。据了解，杨箕村 1496 栋被拆迁房屋的回迁人共分配到 4032 套安置房，面积从 32 平方米到 118 平方米不等。按当地房价估算，杨箕村的村民户均坐拥 1000 万元的资产。

21 世纪中国的城乡二元结构仍将长期存在，但性质发生了根本转变。首先，城乡互动的壁垒在逐渐消除。进入 21 世纪以后，流动人口管理的开放早已在事实上宣告农村人口有了自由迁徙权，农村人口流动到城市基本上不存在障碍。更重要的是，户籍壁垒也逐渐被打破。一方面，城市户口所包含的针对农村人口的居住、就业、社会保障等歧视性内涵逐渐消除，农村人口在城市定居已不存在无法消弭的障碍。另一方面，农村户口也逐渐享有了医疗、养老等社会保障，且其标准逐渐提高。当前正在推动的户籍制度改革，其最终目标也是指向于完全消弭城乡互动藩篱。其次，城乡关系从“剥削性”转变为保护性。城市不再依赖于从农村汲取资源来实现城市化和工业化，农村反而从城市获得了越来越多的资源转移，部分农村人口因征地拆迁等原因获得了比普通市民多得多的利益。在这个意义上，21 世纪的农村和农民分享了越来越多的城市化红利。另外，现有的城乡二元结构存在保护农村的制度成分，使弱势农民免遭剥削。国家的农业补贴政策和限制工商资本下乡政策相互配合，事实上是将较为稳定的农业收益留给农民，从而保护那些因各种原因而不得不务农的弱势农民的利益，使之免遭激烈市场竞争的冲击。最后，城市和农村在国家发展中的战略定位逐渐清晰。进入 21 世纪以后，城市化提速，城市在经济增长中的地位越来越重要。与此同时，农村逐渐丧失了拉动经济增长的功能，农业所占的 GDP 比重越来越低，乡镇企业也走进了历史。简言之，城市是发展极，负有拉动经济增长、提高国家竞争力的任务；农村是稳定极，是保障粮食安全、维系农民家庭再生产的场所，负有化解经济动荡、维护社会稳定的责任。21世纪城乡二元结构仍然客观存在，但其性质发生了从“剥削性”到保护性的根本转变。并且，城乡二元结构在可预见的时间内有其合理性。城乡之间一静一动、一阴一阳，相互配合，恰恰是我国在快速发展的同时保持稳定的“密码”。

（二）乡村的地位与重要性

全球范围来看，任何一个国家和地区在发展过程中，都需要不断处理工农城乡关系；而且对工农城乡关系处理的科学程度直接决定了经济社会发展的好坏及其程度。2019 年中央一号文件《中共中央国务院关于坚持农业农村优先发展做好“三农”工作的若干意见》是 21 世纪以来，中央一号文件连续第 16 年聚焦“三农”工作。2019 年中央一号文件最大的一个亮点就是将“坚持农业农村优先发展”确定为当前“三农”工作的总方针，并要求全党及各级政府牢固树立农业农村优先发展的政策导向，千方百计将总方针落到实处。“坚持农业农村优先发展”是农村改革开放 40 年历史经验的总结和进一步升华。只有加快农业和农村经济发展，增加农民收入，加强农村民主政治建设和精神文明建设，保证广大农民安居乐业，农村社会稳定才能有坚实的基础，国家的长治久安也才能有可靠的保障。农业、农村是连接人与自然的关键节点，是传承文化与文明的重要载体，是人类最基本生活必需品的提供者。国际经验和国别研究表明，工业化、城镇化推进过程中，农业生产要素不断非农化导致的乡村衰落是一个全球性的普遍现象（Liu 等，2017）[1]。经济社会发展到一定程度后，无论是发达国家还是较为发达

---

① Liu Y, Li Y. Revitalize the world's countryside [J]. Nature, 2017, 548 (7667): 275 – 277.

的发展中国家，都经过乡村振兴与重构来发展乡村经济，比如英国、法国和韩国相继提出了中心村建设、农村振兴计划和新农村运动。改革开放以来，我国工业化、城镇化快速发展，城镇化率年均增长约 1 个百分点。乡村人口尤其是青壮年劳动力以年均 1000 多万的规模大幅涌入城镇，“逃离式”地离开农村，2018 年我国农民工总量已达 2. 88 亿人，致使乡村地区空心化、农民老龄化、农业兼业化问题日益突出。落后的乡村面貌与繁荣的城市经济形成鲜明对比，成为阻碍全面小康社会和现代化强国建设的关键短板。党中央适时启动了乡村振兴战略，明确提出农业农村农民问题是关系国计民生的根本性问题，要坚持农业农村优先发展。已有研究围绕乡村振兴战略的出台背景、核心内涵、实施路径等领域进行了解读（韩长赋，2017；韩俊，2017；唐安来等，2017）[①②]。坚持农业农村优先发展已成为各界共识，对传统“重农业、轻乡村”发展路径的一种修正（刘守英，2017）[③] 也日益成为主流观点。[④]

现代化的历史表明，农业生产总值在现代国家 GDP 中的占比降低、农业人口总量的减少，并不意味着乡村衰弱是必然规律。在有着 13 多亿人口的中国，乡村的基本功能没有变，农业的国民经济基础性地位没有变，农业农村农民问题是关系国计民生的根本性问题的性质没有变。特别是当我国经济发展进入新时代，解决人民日益增长的美好生活需要和不平衡不充分的发展之间的矛盾，实现全面建成小康社会，进而向第二个百年目标迈进，最艰巨最繁重的任务在“三农”，最广泛最深厚的基础

---

① 韩俊 . 农业供给侧结构性改革是乡村振兴战略的重要内容 ［N］. 中国经济时报，2017 - 11 - 21.

② 韩长赋 . 大力实施乡村振兴战略 ［N］. 人民日报，2017 - 12 - 11.

③ 刘守英 . 乡村振兴战略是对重农业轻乡村的矫正 ［EB/OL］.（2017 - 10 - 19）. http：// china. caixin. com/2017 - 10 - 19/101158466. html.

④ 陈秧分，王国刚，孙炜琳 . 乡村振兴战略中的农业地位与农业发展 ［J］. 农业经济问题，2018 （1）：20 - 26.

在“三农”，最大潜力和后劲也在“三农”，解决好“三农”问题作为全党工作重中之重的地位不仅不能削弱，而且更要加强。乡村是具有自然、社会、经济特征的地域综合体，兼具生产、生活、生态、文化等多重功能，与城镇互促互进、共生共存，共同构成人类活动的主要空间。乡村兴则国家兴，乡村衰则国家衰。我国人民日益增长的美好生活需要和不平衡不充分的发展之间的矛盾在乡村最为突出，我国仍处于并将长期处于社会主义初级阶段的特征很大程度上表现在乡村。全面建成小康社会和全面建设社会主义现代化强国，最艰巨最繁重的任务在农村，最广泛最深厚的基础在农村，最大的潜力和后劲也在农村。实施乡村振兴战略，是解决新时代我国社会主要矛盾、实现“两个一百年”奋斗目标和中华民族伟大复兴中国梦的必然要求，具有重大现实意义和深远历史意义。

三、乡村振兴是新时代的要求

（一）乡村发展面临的主要问题

根据2017年12月公布的第三次全国农业普查数据，全国共有31925个乡镇，其中乡11081个，镇20844个；596450个村，其中556264个村委会，40186个涉农居委会；317万个自然村；15万个2006年以后新建的农村居民定居点。可以看出全国有近60万个行政村（包含涉农居委会），每个村按设有村党支部、村委会计，则有近120万个村级基层组织，每个村以5个“村两委”成员计算，那全国就有近600万村干部，这个数字也是非常庞大的。根据人社部发布的《2015年度人力资源和社会保障事业发展统计公报》显示，截至2015年底，全国共有公务员716.7万人，也就是说村干部的数量已经接近全国公务员的数量。

1. 乡村发展的七大突出问题和难点

改革开放以来，在快速城镇化进程中，乡村发展受到思想观念障碍、国家支农体系相对薄弱、城市偏向政策长期延续等因素影响，在推进乡村振兴战略的实施过程中，面临着七大突出问题和难点①：

一是现代农业发展乏力，城乡二元经济结构转化滞后，农民增收面临更大的挑战和压力。改革开放以来，我国农业现代化水平得到了快速提升，而近年来农村居民收入增长明显乏力，农业生产对农民增收的贡献逐步下滑，农民收入的增长主要是依靠农业经营净收入之外的国家财政或第二产业和第三产业支撑。同时，农村居民的收入绝对水平依然很低，城乡收入差距依然很大，仍高于改革开放初期的水平，比 1983 年高近 50%。

二是农村环境问题突出，老龄化、空心化日益严重。良好的生态环境，是农村相对于城市地区的最大优势和宝贵财富，但近年来以农业面源污染、农村人居环境不佳为代表的农村环境问题日益突出。农村居民的生产、生活安全受到了很大威胁。这些问题突出地表现为：生态环境破坏严重、农业污染加剧、居民生活污染严重、工业污染增多。农业面源污染是造成农村生态环境恶化的重要因素。2016 年，中国化肥使用强度高达每公顷 359.1 千克，比世界平均水平高 3 倍，农药使用强度则是世界平均水平的 2.5 倍，流失的化肥、农药给大气、水、土壤等带来严重污染。

三是农业劳动力人力资本水平较低。由于教育、医疗等公共服务供给长期不足，我国农民整体人力资本水平偏低的状况未得到根本转变，农村劳动力的人力资本投资处于较低水平，全国 91.8% 的农业从业人员仅具备初中及以下文化水平，西部和东北地区接受高中及以上教育的农业从业人员比重不超过 7%，这是农业农村现代化和经济转型升级过程中必须面对的重大问题。

---

① 魏后凯．中国农村发展报告（2018）：新时代乡村全面振兴之路［M］．北京：中国社会科学出版社，2018.

四是农村社会发生结构性变迁，群众利益诉求多元化。随着城乡一体化进程的不断深入，农村封闭保守的社会格局被打破，人口流动速度加快，农民的生活生产方式、思想价值观念逐步转变，民主法治意识明显增强，利益需求日益多元，各种利益诉求不断出现。特别是随着征地拆迁、项目建设中的新型社会矛盾的逐步凸显，群众对政府为民办实事的要求和期望越来越高，参与和监督村级事务管理的愿望日趋强烈。因此，新时代如何找到各阶层利益的最佳契合点，帮助、引导农民通过理性合法的方式保障和维护自身合法权益，已经成为农村社会治理的难点。

五是农村各类矛盾纠纷日趋复杂突出，化解难度较大。随着经济社会的发展，农村社会矛盾纠纷由以家庭和邻里矛盾为主，逐渐转变为涉及宅基地、土地承包、项目征地、林地收益等经济纠纷为主。另外，还出现了由于干群关系紧张、政策宣传执行不到位等导致的群众与政府相关部门、单位间的矛盾纠纷，村民选举纠纷、医疗纠纷、环境保护纠纷、道路交通事故纠纷等新型矛盾纠纷不断，甚至存在大量的群体性矛盾冲突。总之，农村社会矛盾呈现出民事纠纷、行政纠纷、轻微刑事纠纷等相互融合、相互渗透的复杂情况。面对这些矛盾纠纷，政府虽已采取多种措施加以解决，但与群众的迫切需求还存在距离。

六是农村社会治理能力亟待提高。目前农村以家庭为主要生产单位，而市场经济使农村社会人员流动相对活跃，这在一定程度上减少了农村基层干部与群众交流沟通的机会。对待群众，有些基层干部延续单向的管理模式，把农民当作管控的对象，而非服务的对象；有些基层干部工作方法简单、作风不实、感情用事、处事不公，破坏了党的形象，影响了党群、干群关系。

七是精英人口的流失使农村社会治理主体弱化。改革开放后，随着工业化、城镇化的快速推进，我国农村人口净流出加剧，这其中包括大量的农村精英。大量农村人口“离土又离乡”，只剩下老人、妇女、儿童以及其他弱势群体，导致农村社会治理人才短缺、社会治理主体弱化。农民群众在农村事务中“失语”，是现阶段农村基层社会治理面临的最大挑战。

2. 农村社会发展新战略

一是推进农业供给侧结构性改革，处理好“稳粮”与“增收”的关系。基于农业“二八现象”，目前粮棉油糖等农产品只依靠增产和提价的方式来促进农民增收有相当大的难度，应遵循“谷物基本自给，口粮绝对安全”的原则，走“高产、优质、高效、生态、安全”的路子。大力培育粮食生产经营主体，向规模要效益；以农业科技为支撑，向科技要效益。

二是促进“互联网＋现代农业”，提高农业现代化水平。“互联网＋”能有效地提高农村组织化程度，将农民分散的个性化供给和需求积聚起来，促进农业领域分工分业，促进农业产业结构调整和产业融合发展。应抓住契机，通过互联网提高农村组织化程度，着力解决农村家庭联产承包责任制长期存在的“分有余、统不足”的问题。

三是以“一村一品、一乡一业”为抓手，发展集体经济。集体经济是实现农民共同富裕的根本所在。目前，我国相当多的地方农村集体经济组织缺位，集体资产权能缺失，集体经济“空壳化”现象较为普遍。应以“一村一品、一乡一业”为抓手，发展农村合作经济，特别是专业合作社，防止集体经济缺位。

四是培养经济发展带头人，为农村发展培育强劲动力。总体看，我国农村发展既缺资金、缺技术、缺劳动力，更缺乏在经济、文化、治理理念上的带头人。实践证明，凡是发展得好的乡村，大多离不开“能人”的带动。各级政府应当出台鼓励政策，培养农村经济发展带头人，吸引来自不同阶层的精英、能人带动农村发展。

（二）新时代对乡村的要求

当前，中国特色社会主义进入了新时代，必须坚持农业农村优先发展，建立健全城乡融合的体制机制和政策体系，全面实施乡村振兴战略，走中国特色的乡村全面振兴之路，加快推进农业农村现代化进程。实施乡村振兴战略是“三农”工作一系列方针政策的继承和发展，是新时代“三农”工作的总抓手。党的十九大报告作出实施乡村振兴战略的重大决策部署，对我国“三农”发展具有重大的里程碑意义。为贯彻落实党的十九大精神，《中共中央国务院关于实施乡村振兴战略的意见》从指导思想、目标任务和基本原则等方面明确了实施乡村振兴战略的总体要求，擘画了新时代乡村振兴的宏伟蓝图。

实施乡村振兴战略是决胜全面建成小康社会、全面建设社会主义现代化强国的重大历史任务，必须坚定不移地以习近平新时代中国特色社会主义思想为指导。深入贯彻落实习近平总书记关于“三农”工作的重要思想。农业农村农民问题是关系国计民生的根本性问题。党的十八大以来，习近平总书记高度重视“三农”工作，围绕农村改革、农业现代化、农民增收等事关“三农”工作全局的战略性、前瞻性问题提出了许多新的重大论断，就社会主义新农村建设、粮食安全、精准扶贫、农业供给侧结构性改革、城乡一体化、乡村治理等重大理论和实践问题作出了一系列重要指示和批示。这些思想立意深远、内涵丰富，深刻阐释了“三农”工作的战略地位、发展规律、形势任务、方法举措、体制机制等，是习近平新时代中国特色社会主义思想的重要组成部分，也是指导我国农业农村发展取得历史性成就、发生历史性变革的科学理论，对于实施乡村振兴战略具有重要的指导意义。我们必须深入学习领会这一思想的精髓和要义，并深入贯彻到乡村振兴的具体实践中。

坚持党对“三农”工作的领导。乡村振兴，关键在党。党政军民学，东西南北中，党是领导一切的。党的十九大报告提出了新时代坚持和发展中国特色社会主义的十四个基本方略，其中第一个就是“坚持党对一切工作的领导”。实施乡村振兴战略必须把坚持党的领导作为首要的政治要求，依靠党把方向、把原则、把政策、把落实。我们要发挥党的领导的政治优势，完善党的农村工作领导体制机制，确保乡村振兴的各项政策措施落到实处；要发挥党总揽全局、协调各方的本领，统筹推进农村经济建设、政治建设、文化建设、社会建设、生态文明建设和党的建设，统筹规划乡村振兴的重大工程、重大计划、重大行动；要坚持党管干部、党管人才，按照懂农业、爱农村、爱农民的基本要求，为乡村振兴打造配备能力突出、甘于奉献的干部队伍和人才队伍。

牢固树立新发展理念。乡村振兴，理念先行。党的十八大以来，以习近平同志为核心的党中央深刻认识新时代所面临的新趋势新机遇新矛盾新挑战，从全局和战略的高度提出了创新、协调、绿色、开放、共享的发展理念。当前，我国农业农村发展环境发生重大变化，乡村振兴面临一些突出难题，例如，如何促进农民收入稳定较快增长、如何加快转变农业发展方式、如何统筹利用国际国内两个市场两种资源、如何构建乡村治理体系等。破解这些难题，必须充分运用好新发展理念这个指挥棒，厚植农业农村发展优势，补齐农业农村工作短板。坚持创新发展，就要坚持科技兴农、科技强农，加大创新驱动力度，加快推进农业农村现代化；坚持协调发展，就要统筹推进乡村全面振兴，增强城乡融合发展、农村一二三产业融合发展的协调性；坚持绿色发展，就要树立和践行绿水青山就是金山银山的理念，实现人与自然和谐共生发展；坚持开放发展，就要积极支持农业走出去，构建农业对外开放新格局；坚持共享发展，就要切实发挥农民在乡村振兴中的主体作用，促进农民持续增收，不断提升农民的获得感、幸福感、安全感。

党的十九大报告明确提出要坚持农业农村优先发展，按照产业兴旺、生态宜居、乡风文明、治理有效、生活富裕的总要求，建立健全城乡融合发展体制机制和政策体系，加快推进农业农村现代化。这五个方面的总要求响应了当前农业农村工作的现实需求和广大农民的热切期盼，系统回答了乡村振兴要达到什么样的水平、怎么样达到这样的水平等一系列问题，是我们在实施乡村振兴战略过程中开展各项工作的重要遵循。新时代发展背景下：第一，始终紧绷国家粮食安全这根弦不放松。目前，我国粮食产能稳定达到新的水平，粮食供求总量呈现出宽松的态势。但从产品结构看，粮食主要品种结构性过剩和短缺并存的矛盾并未得到根本缓解。在实施乡村振兴战略中，必须坚持稳定粮食产能，确保粮食生产能力不降低。第二，建立乡村振兴与新型城镇化的联动机制。一方面，实施乡村振兴战略要以推进新型城镇化为前提，做好产业布局和村庄整治规划。另一方面，在推进新型城镇化的过程中，要鼓励城市资金、技术、人才等要素向农村流动，发挥城市对农村的带动和辐射作用，促进乡村全面振兴。第三，构建可持续的农民增收长效机制。乡村振兴的落脚点是生活富裕，而生活富裕的关键在增收，农民增收则要依靠农村产业支撑。第四，明确乡村全面振兴的标志和实施路径。“产业振兴、人才振兴、文化振兴、生态振兴、组织振兴”是当前促进乡村全面振兴的核心内涵，也是实施乡村振兴战略的五个关键支撑点。第五，采取分区分类的差别化推进策略。一定要坚持因地制宜、分类指导、精准施策，针对不同区域、不同类型的村庄，实行分区分类的差别化推进策略，鼓励探索多种形式的乡村振兴模式，打造各具特色的乡村振兴样板。

第二节 政策体系——中国乡村振兴战略

一、乡村振兴战略的提出与内涵

党的十九大明确提出实施乡村振兴战略，是以习近平同志为核心的党中央着眼决胜全面建成小康社会、全面建设社会主义现代化强国做出的重大部署，也是做好新时期“三农”工作的战略统领。经过42年的改革开放，我国农业农村发展取得了举世瞩目的成就，但是从全局看，城乡发展不协调，乡村发展不充分，农村经济、政治、社会、文化和生态文明建设不平衡的问题依然突出。实施乡村振兴战略，核心是要坚持农业农村优先发展的原则，建立健全城乡融合发展的体制机制和政策体系，彻底破除城乡二元结构，加快推进农业农村现代化。根据《关于实施乡村振兴战略的意见》《国家乡村振兴战略规划（2018—2022）》两个重要文件内容，作为党和国家一项管长远的伟大战略，乡村振兴是农村、农民、农业的全面振兴，也是乡村经济建设、文化建设、政治建设（包括党建）、生态建设、社会建设五位一体的振兴，涉及的政策贯穿乡村生产生活的各个层面，因此，乡村振兴政策体系绝不是一个单目标、单维度的政策体系，而是由不同政策体系构成的一个多目标、多维度的复杂政策系统。

从乡村振兴战略实施目标看，“到2050年乡村全面振兴，农业强、农村美、农民富全面实现”，包含了农业现代化、农村现代化、农民生活富裕三个层面的目标任务。从目标任务出发，形成了农业政策体系、农村政策体系、农民政策体系，这三个政策体系相互联系、相互依存构成了中国乡村振兴的政策体系。从总体要求看，实施乡村振兴战略的总体要求是“产业兴旺、生态宜居、乡风文明、治理有效、生活富裕”，包括了乡村产业政策体系、乡村生态政策体系、乡村文化政策体系、乡村治理政策体系和民生保障政策体系五个维度的政策体系。从实施内容看，乡村振兴是一个融农村生产、生活、生态、政治、文化等多要素于一体的系统工程，包括了农业生产、生态环保、城乡融合发展、扶贫攻坚、乡村文化建设、乡村治理等诸多方面，从而形成产业政策、生态环保政策、城乡融合政策、扶贫政策、文化政策、乡村治理政策等诸多政策体系。从实施乡村振兴战略的要素支撑看，关键是解决乡村振兴的“人、地、钱”问题，从而形成乡村振兴的用人政策体系、用地保障政策体系、投入保障政策体系。因此，实施乡村振兴战略的政策体系是由多个维度的政策体系构成的，依据不同的标准，形成的政策体系构成也不同，而各种政策体系之间相互依存又相互对立，涉及面广，是一个非常复杂的政策系统。

二、乡村振兴战略政策体系的原则

构建实施乡村振兴战略的政策体系，必须以习近平新时代中国特色社会主义思想为指导，以满足农民群众日益增长的美好生活需要和破除城乡发展不平衡、农业农村发展不充分问题为出发点，坚持农业农村优先发展，按照产业兴旺、生态宜居、乡风文明、治理有效、生活富裕的总要求，建立健全城乡融合的体制机制，加快实现农业农村现代化。在政策体系构建上，应坚持以下原则：

第一，坚持促进城乡融合发展的基本思想。改变城乡两类制度设计、两种标准安排的政策格局，建立健全城乡融合发展的体制机制，推动城乡统筹规划、产业融合发展、要素合理流动、资源均衡配置、公共服务均等，建立农业农村优先保障的财政政策，为形成以工促农、以城带乡、工农互惠、城乡一体的新型工农、城乡关系提供制度保障。

第二，坚持激励与约束相结合的机制设计。坚持激励约束并重。加强对人才、技术、资金等要素进入农村、留在农村的正向激励和引导；同时，树立底线思维，统筹制定产业准入负面清单、财政支农比例、信贷支农责任、资源环境开发保护底线等约束性措施，加快形成激励有效、约束有力的制度环境。

第三，坚持着力发挥市场作用的政策导向。减少政策对市场机制的干扰和扭曲，加快农产品价格、农用水价、农村土地制度等市场化改革，加快建立政府撬动社会资源到农村投资兴业的机制，进一步激活资源要素，充分发挥市场在资源配置中的决定性作用和更好发挥政府作用，推动形成城乡统一开放、竞争有序的市场体系。

第四，坚持切实保障农民利益的价值取向。坚持以人民为中心的发展思想，把增进农民福祉、促进人的全面发展作为出发点和落脚点，加快调整国民收入分配格局，构建农民收入稳定增长机制，增强农民自我发展能力，保障农民平等参与、平等发展权利，实现好、维护好、发展好广大农民根本利益，保障农民共享发展成果。

第五，坚持调动各方积极参与的制度安排。始终将农民作为农业农村发展的主体，尊重农民、依靠农民、造福农民，激发内生动力。同时，要完善组织机制，充分发挥市场主体、社会组织和各界的作用，推动形成多方力量参与、多种形式推进的良好局面，凝聚实施乡村振兴战略的强大合力。

三、加快构建实施乡村振兴战略政策体系

加快构建实施乡村振兴战略政策体系，不仅要在原则上坚持上述要

求，还应在实际执行过程中注意策略和方法：

第一，构建乡村振兴战略政策体系，应切实落实中央“重中之重”要求，保障要素配置、资源条件、公共服务、社会事业、人才队伍优先向农业农村倾斜，形成“支持保护精准有力、体制机制顺畅高效、微观主体充满活力”的制度环境。重点应建立健全10个方面的政策和制度。

第二，建立健全农业农村优先保障的财政政策。实施乡村振兴战略，显著缩小城乡差距，在财政安排上必须优先向农业农村倾斜。资金来源要立足三个渠道。一是确立“两优先一高于”原则，即中央财政支出优先保障农业农村、中央预算内投资优先向农业农村倾斜、地方各级财政对农业投入增幅高于经常性收入增幅，并通过加快完善立法予以明确，做到农业农村投入稳定增长制度化、法定化；二是按照“取之于地、用之于地”的原则，从土地征收产生的收益中拿出更大的比例，用于乡村建设；三是通过发行政府债券筹集资金，专项用于乡村振兴领域的公益性项目建设。

资金使用要突出三个重点：一要用于农村水、电、路、田等基础性公益性设施建设；二要采用财政资金贴息、奖补、保费补贴、风险补偿和设立专项基金等方式，撬动金融和社会资本投入农业农村，发挥财政资金“四两拨千斤”作用；三要推广政府和社会资本合作PPP模式，支持社会资本以特许经营等方式参与农村公益性项目建设运营。

资金管理要强化整合。加快推进各类涉农资金整合，推广“大专项+项目清单”管理方式，强化县级政府的主导作用，按照目标、任务、责任、资金“四到县”原则，允许县级政府在“大专项”内因地制宜统筹使用。

第三，建立健全激励约束并重的金融支农政策。扭转农村资金外流趋势，吸引金融资本进入农业农村，关键是强化金融支农激励约束机制。商业性金融机构，采取涉农贷款增量奖励，实行差别化存款准备金率，放宽涉农不良贷款容忍度，推行涉农贷款尽职免责等措施，加快健全激励制度。开发性金融机构，明确一定信贷比例专项用于乡村建设。农村政策性金融机构，明确信贷资金主要支持乡村建设。适当放宽村镇银行准入条件。积极稳妥发展农村合作金融。支持农村金融创新。建立健全覆盖农业农村的信贷担保体系，探索土地收益保证贷款，开展订单、应收账款质押，开展大型农机具和农业设施抵押，扩大农村承包地的经营权和农民住房的财产权抵押试点。

第四，建立健全功能互补保障有力的农业保险政策。农业保险是现代农业发展的稳定器和助推器。从发达农业国家实践看，农业保险政策不仅是重大的产业和经济政策，也是重要的社会和政治政策，受到越来越多的国家的重视，应该成为下一步支持的重点。在农业保险政策框架上，应加快建立以政策性保险为基础、互助性保险和商业性保险为补充，功能互补、保障有力的农业保险政策体系。政策性保险立足于保成本。持续推进粮食等重要农产品保险的增品、扩面、提标，积极推进价格保险、收入保险试点，加快建立再保险机制，中央财政通过奖补的办法鼓励地方建立特色优势农产品保险制度。互助性保险立足于防灾难。以渔业船舶、农机具为重点，积极开展互助保险，财政予以适当保费补助。商业性保险立足于保收益。以满足多元化需求为主线，以保较高收益为目标，探索推进农业商业保险。发挥保险担保增信功能。通过提供保费补贴、利息补贴和风险补偿，支持推广“政银保”等保险增信模式。

第五，建立健全渠道多元、制度保障的农民增收政策。实施乡村振兴战略，实现农民富裕是重要目标。完善农民增收支持政策，要把培育农民增收长效机制与短期稳定机制结合起来，为增收新旧动能转换提供政策支撑。工资性收入方面，加快建立城乡平等的就业制度，落实同工同酬的劳动报酬制度，健全进城务工人员的社保制度，不断提高保障水平。将符合条件的农民工纳入廉租住房保障范围。家庭经营性收入方面，在重要农产品价格市场化改革中同步建立生产者收入补贴制度。通过股份制、股份合作制、发展订单农业和社会化服务等方式，探索建立农户分享二三产业增值收益机制。财产性收入方面，深化农村"三块地"改革，让农民享受更多的农村土地增值收益。推进集体经营性资产股份合作制改革，完善农民对集体资产股份的继承、抵押、担保等权能。转移性收入方面，按照"稳存量、调增量"的原则，稳定增加农民农业补贴收入。根据"完善制度、提高水平、逐步并轨"的原则，加快完善农村社保制度。推广财政补助资金股权化改革，形成农民可持续收益。

第六，建立健全市场化、多元化生态补偿机制。按照"谁保护谁受益、谁使用谁付费"的原则，加快建立可持续的资源保护补偿政策体系。健全农业资源保护补贴政策。完善草原生态奖补办法，探索建立草原生态补助与畜产品价格挂钩的联动机制。实施以阶梯水价为主要内容的水价改革。加快构建耕地休耕轮作制度。建立重点水域休渔禁捕补偿制度。以政府购买服务方式，建立护草员、护林员等资源管护机制。健全主产区利益补偿机制。完善粮食、生猪、牛羊肉等重要农产品产区和销区利益关系，制定补偿标准，建立稳定的补偿制度，保护和调动主产区生产积极性。健全绿色发展方式补贴。推动建立投入品减量高效使用补贴、节本增效生产技术补贴、生态循环模式补贴、农业废弃物资源化利用终端产品补贴机制，推进投入品减量化、生产过程清洁化、废弃物处理资源化、生产模式循环化。

第七，建立健全以改革赋能为核心的农村土地资源合理配置机制。农村土地是农村最大、最具潜力的资源。盘活资源存量、释放资源活力，核心是要加快农村土地制度改革，让土地等资产要素活起来、流起来、用起来。盘活农村集体经营性建设用地。鼓励和支持原土地使用人、农村集体经济组织与社会资本采取出让、租赁、作价入股、联营等方式，开发农村集体经营性建设用地。在保证数量占补平衡、质量对等的前提下，探索支持农村分散零星的集体经营性建设用地调整后集中入市，重点用于发展乡村产业。激活农民住房使用权。在坚持宅基地集体所有权，稳定农民住房占有权的基础上，探索激活农民住房使用权的路径方法，充分挖掘农民住房使用价值。建立农业农村发展用地保障机制。将年度新增建设用地计划指标划出一定比例用于支持乡村产业发展，通过村庄整治、宅基地整理等节约出来的建设用地，重点用于支持农村三产融合和新产业新业态。根据乡村产业发展需要，扩大农业设施用地的范围、比例和规模。建立进城落户农民依法自愿有偿退出“三权”机制。从长远看，为推进城镇化发展和农村资源优化配置，应探索建立进城落户农民在农村的土地承包经营权、宅基地使用权、集体资产股份收益分配权的退出机制，打通“三权”退出通道，在依法保障农民利益的同时，推动农村各种资源整合利用。

第八，建立健全农村人才激励政策。实施乡村振兴战略，关键是人才队伍振兴。吸引人才、挖掘人才、留住人才，必须加快健全农村人才激励政策。建立农业科技人员激励机制。深化农业科研成果权益改革，允许科研人员通过持股、兼职开展科技服务，充分调动农业科技人员积极性。建立新型职业农民培育制度。构建教育培训、规范管理、政府扶持“三位一体”制度体系，注重在新型职业农民的基础上培育新型主体，逐步把新型职业农民打造成懂经营、善管理、有素质的农业农村现代化主体力量。建立乡土专家认定评价制度。对于有一技之长的土专家、田秀才、能工巧匠等农村能人，建立认定评价制度，通过对其能力上认可、经济上鼓励、社会上宣传等方式，激发他们示范带动农民的主动意识和社会责任。建立社会人才到农村创业创新激励机制。要制定优惠政策吸引人才，打造创业平台承载人才。通过财政扶持、用地保障、税费减免、风险补偿等优惠政策，吸引社会人才向农村流动。建立农村创业创新平台（基地），为农村创业创新提供良好环境和服务保障。

第九，建立健全农村基础设施运营管护机制。农村基础设施是农业农村发展的重要支撑。当前，农村基础设施的运营管护还是薄弱环节，重建轻管的现象比较普遍，迫切需要加快建立政府扶持、市场运营、企业主体的运营管护机制，确保建成的基础设施可持续发挥作用。建立运营管护资金筹措机制。制定农村基础设施运营管护补助标准并纳入各级预算，同时，逐步建立农村资源使用和公共服务适当收费机制，多渠道筹集资金。健全运营管护机制。可在财政奖补政策推动下，择优选择市场主体实施市场化、物业化运营管理；也可由基层社区组织建立村庄保洁、河渠道路管护队伍，保障基础设施运营管护。

第十，建立健全乡村国土空间资源开发保护制度。牢固树立节约集约利用的资源观，科学适度有序布局农业开发空间，强化资源管控，完善约束政策，加快构建乡村资源可持续发展的制度体系。明确国土资源开发红线。在国家主体功能区基础上，加快划定粮食生产功能区、重要农产品生产保护区，明确田园、草原、森林、湿地、水域等重要国土资源开发红线，强化规划刚性约束，实现资源有序开发。强化政策约束。加快构建以资源管控、环境监控、各类资源承载量标准和产业准入负面清单为主要内容的乡村绿色发展制度体系，强化准入管理和底线约束，坚持环境消纳能力决定产业发展布局，坚决摒弃先污染后治理的发展老路。

第十一，建立健全农业农村优先发展考核评价制度。落实农业农村优先发展战略思想，必须强化考核评价的目标导向。强化各级政府主体责任。把农业农村优先发展列入国民经济和社会发展计划，作为各级政府的硬约束，切实摆上位置，落到实处。加强重要指标考核。把财政支农投入增幅、粮食产能、缩小城乡居民收入差距、耕地保护、生态环境等体现农业农村优先发展的指标列入政府绩效考核。

第三节　重点问题——中国乡村振兴实施

一、乡村发展不平衡不充分是核心问题

（一）我国社会主要矛盾的变化

1981 年在中国共产党第十一届六中全会上指出社会主义初级阶段主要矛盾：在社会主义初级阶段，我国社会的主要矛盾是人民日益增长的物质文化需要同落后的社会生产之间的矛盾。2017 年 10 月 18 日，习近平同志在党的十九大报告中强调，中国特色社会主义进入新时代，我国社会主要矛盾已经转化为人民日益增长的美好生活需要和不平衡不充分的发展之间的矛盾。这一主要矛盾的转变，一方面标志着国家对新时代中国特色社会主义建设提出更高的要求和期待，特别是“美好生活需要”相对于“物质文化需要”而言，其要求更高、范围更广、内涵更丰富。

以农业农村为例，人们对农副产品消费的需求日趋生态化、优质化、特色化和品牌化，并以个性化和体验化等需求多样性作为主要表现；在进一步要求农业提质增效实现生产职能，满足社会对农业农村产品需求、市场需求、要素需求和外汇需求的基础上，人们对农村地区发挥生态职能和生活职能的需求也日益旺盛，其中，特色生态产品供给、休闲旅游、文化创意等农村新业态的蓬勃发展恰恰印证了广大城乡居民日益增长的“美好生活需要”的趋势。另一方面，城乡发展不平衡和乡村发展不充分的问题成为我国不平衡不充分发展最突出的表现。在当

前乃至相当长的时期内，中国在整体上仍处于工业化、信息化和城市化持续发展的进程中，从国际经验看，在此进程中极易由于优质资源、人才和要素大量外流而导致农村空心化、老龄化和农业非农化，进而农业萧条、农村衰败和农民发展停滞等新时代“三农”问题凸显，农业农村农民逐渐成为现代化进程的“落伍者”。尽管近年来中国“三农”工作取得突出成就，但部分地区类似现象已经显露出来，并呈现愈演愈烈的趋势。可以说，发展不平衡不充分的问题在农村仍旧突出。

在中国特色社会主义进入新时代的历史背景下，以习近平同志为核心的党中央深刻认识我国国情和农情，深刻把握城乡发展规律，牢牢抓住新时代我国社会主要矛盾的变化，从党和国家工作全局考虑，为解决当前社会主要矛盾，为扭转城镇化必然造成乡村衰败这一国际经验看法，审时度势做出了重大决策部署：实施乡村振兴战略。在中国特色社会主义新时代，乡村振兴迎来了难得的历史机遇。我们有习近平总书记把舵定向，有党的领导的政治优势，有社会主义的制度优势，有亿万农民的创造精神，有强大的经济实力支撑，有历史悠久的农耕文明，有旺盛的市场需求，这些年我们推进农业现代化和社会主义新农村建设积累了很多成功经验和做法，实施乡村振兴战略有基础、有条件、有需求，面临难得的历史契机。同时，也要清醒地看到乡村振兴战略的实施仍面临一些难题和挑战。发展不平衡不充分的问题在农村最为突出。从“三农”自身说起，农业农村农民问题是一个不可分割的整体，农业方面，当前我国农业基础还比较薄弱，农业供给质量有待提高。农村和农民方面，我国在乡村社会建设和乡村治理、改善农民年龄知识结构、保障农民持续增收等问题上面临较为严峻的形势。

综合来看，当前农业仍是国民经济的“短腿”，农村仍是国家现代化的“短板”，农民仍是“保证全体人民在共享共建环节中有更多获得感”的“薄弱环节”。从抓重点、补短板、强弱项和推进高质量发展的战略要求出发，实施乡村振兴战略必然是一项系统性、协同性、长期性工程。在实施过程中既要推进农村生产力发展、生产关系调整，又要调整城乡关系、优化国家发展战略布局，涉及范围广、触及层次深，必须统筹谋划，突出重点，有力有序地推进各项工作，确保“三农”全面振兴，对于解决当前社会主要矛盾具有很强的现实针对性。

（二）乡村发展不平衡不充分问题的具体表现

农业农村农民问题是关系国计民生的根本性问题。没有农业农村的现代化，就没有国家的现代化。当前，我国发展不平衡不充分问题在乡村最为突出，主要表现在：

在全球农业竞争和贸易自由化的大背景下，我国农产品供给总量不足和产品供给质量不高的问题较为严重。大豆、玉米、蔬菜等农产品阶段性供过于求的现象屡有发生，城乡居民生产生活必需的优质大豆和奶制品等农副产品供给不足，绿色化生态化的特色农业产品和定制化体验化的农业服务供给质量仍然较低。当前农产品质量、效益、竞争力亟待提升的问题已引发广泛关注。从全国农村劳动力供求来看，整体上农民适应生产力发展和市场竞争的能力不足，不少地区存在新型职业农民队伍严重短缺的突出问题，伴随着工业化城镇化，大量优质资源、要素和人才的外流，导致农村劳动力老弱化、村庄空心化、农业经营非农化、农村经济单一化的趋势愈发明显。

从农村民生保障水平和人居环境来看，全国不少地区农村的道路、管网、能源、厕所等基础设施和医疗、教育、养老等民生领域欠账较多，农村的环境和生态问题突出。在许多农村地区，面源污染久难缓解，滥施化肥和农药、乱排乱放生活垃圾和农业废弃物等现象时有发生，村居布局凌乱、人居环境“脏乱差”的情况较为普遍。从村集体资产和农民收入情况来看，村集体资产过少，难以满足农村公共开支的需要，难以形成财富在村民间“二次分配”，借此增加农民财产性收入实现共同富裕的路径尚未打通；同时，农民收入整体偏低，据国家统计局统计数据显示，2018 年农民人均可支配收入为 14617 元，仅为城镇居民收入的 37%，城乡收入差距较大，乡村发展整体水平不高[①]。

从政府对于农业农村的支持保护政策来看，尽管国家层面高度重视“三农”问题，但受到国家税收政策、地方财政政策、地方政府业绩考核、行业价值投资模式，以及产业政策等多种因素的影响，国家对于农业农村的投资总量和产业扶持力度仍相对薄弱，且各地支农体系建设良莠不齐。一方面是农业贷款融资难、融资贵、放款慢、金额小的问题长期得不到解决，农业金融产品不丰富，配套措施不完善，农村金融改革任务繁重；另一方面是城乡间要素合理流动机制亟待健全，农村土地、人才和资金单向流向城市的趋势严重。此外，农村基层党建存在薄弱环节，不少地区村党支部、村级组织管理涣散、党风不正，村委管理不规范，存在农村基层党纪散漫、村委腐败、宗族主义等现象，全国范围内乡村整体的治理体系和治理能力现代化建设亟待强化。

乡村是我国富强的基础，是数亿家庭生活生产和日常居住的地方，是祖祖辈辈的根基和文化之源。近年来，各类媒体不时爆出乡村土壤污染、留守儿童失学、农村空巢老人养老等问题，引起了各级党委、政府和社会各界的关注，必须从根本上研究并逐步解决。步入中国特色社会主义新时代，乡村成为一个可以大有作为的广阔天地，迎来了难得的发展机遇。我们完全有条件有能力有信心去实施乡村振兴战略。在立足国情农情的基础上，顺势而为，以更大的决心、更明确的目标、更有力的举措，推动农业全面升级、农村全面进步、农民全面发展，让农业真正成为有奔头的产业，让务农成为有吸引力的职业，

① 资料来源于国家统计局网站和《中国统计年鉴》资料整理。

让农村成为安居乐业的美丽家园。

二、乡村振兴战略实施的重点在于“保五防十”

（一）乡村振兴战略的实施需重点保障“五大振兴”

习近平总书记在党的十九大报告中明确要求实施乡村振兴战略，将其作为全面建成小康社会的七大战略之一来进行专门部署，写入新党章。2017 年 12 月召开的中央经济工作会议将实施乡村振兴战略纳入围绕推动高质量发展需要做好的重点工作之中。同月，中央农村工作会议更是明确提出“走中国特色社会主义乡村振兴道路”。

2018 年 3 月 6 日习近平总书记在参加山东代表团审议时对乡村振兴战略做出深入且全面的阐述，提出“产业振兴、人才振兴、文化振兴、生态振兴和组织振兴”五大振兴要求。习近平总书记指出，实施乡村振兴战略，要推动乡村产业振兴、人才振兴、文化振兴、生态振兴、组织振兴。这“五个振兴”既是乡村振兴的框架内容，也是具体路径；其中，产业振兴是基础，要大力发展现代农业，调优产业结构，推动农村一二三产业融合发展，促进小农户与现代农业发展有机衔接，使农村产业兴旺、农民增收有路；人才振兴是关键，要营造良好创新创业环境，通过政策扶持、事业平台和情感纽带培养、用好、留住、聚集人才，打造一支懂农业、爱农村、爱农民的“三农”工作队伍；文化振兴是动力，要大力加强农村思想文化建设，把优秀传统文化充分融入当代乡村教育、家风民风、村规民约建设之中，重构农民精神家园，让乡村振兴永葆动力源泉；生态振兴是支撑，要坚持生态优先、绿色发展，保护农村自然生态资源，推动农业生产方式向生态化、绿色化转变，建设宜居宜业美丽乡村；组织振兴是保障，要坚持以农村基层党建为引领，选优配强村组织班子，把基层党组织建成为坚强“红色堡垒”，凝聚群众力量打造善治乡村，推进共建共享①。“五个振兴”互促互进、相辅相成、互为条件、缺一不可，是一个内在联系紧密的有机整体。“五个振兴”不能搞单打独斗、单兵突进，而必须科学统筹、协同推进，共奏出农业强、农村美、农民富的和谐华美乐章。

（二）乡村振兴的实施需重点防范十大问题

实施乡村振兴战略，是新时代我国做好“三农”工作的总抓手，也是到20世纪中叶把我国建成社会主义现代化强国前处理工农城乡关系的行动指南。乡村振兴战略一经提出，立刻引起社会各界的广泛关注，成为社会各界探讨和争论的焦点议题，主流政策派、学界理论派和基层实践派等三方基于各自侧重的角度纷纷发声。但从近期社会各界的讨论和实践行动来看，特别是结合国外乡村建设的经验教训和我国社会主义新农村建设的已有经验，乡村振兴战略的实施应重点防范十大倾向，这对于提升乡村振兴战略实施的质量、效益和可持续性具有重要意义。

1. 防范战略规划战术化倾向，加强顶层设计

2018年中央一号文件中清晰描绘了乡村振兴战略实施到2020年、2035年和2050年分“三步走”的目标任务蓝图，并将实施乡村振兴战略确定为一项长期历史性任务，要求“科学规划、注重质量、从容建设，不追求速度，更不能刮风搞运动”。这是党中央在客观研判影响乡村振兴的全局性、关键性、阶段性和方向性的问题后，在战略层面科学谋划和系统规划的体现。乡村振兴战略的实施，是决胜全面建成小康社会、全面建成社会主义现代化国家的重大历史任务，必须久久为功，加强顶层设计至关重要。从以往经验教训来看，在政策实施和执行过程中极易出现战略问题战术化的倾向。尽管战略问题要通过具体的战术手段

---

① 韩俊．深入理解“五个振兴”的关系、目的以及保障措施［N］．人民日报，2018－11－05（7）．

来解决，但战略规划显然要比战术操作更加重要。如果不重视全局性、阶段性的系统谋划，只重视特定行动的战术安排，极易出现方向性失误，在总体目标判断不清、阶段任务识别不明的情况下贸然上马、仓促行动，只会落入“效率越高，问题越大”的发展陷阱。有些地方已经出现此类倾向的苗头，主要表现有“目标不清决心大，方向不明考核多”“缺乏科学统筹，热衷碎片化行动”、政策推行中过度追求“立竿见影”“运动式监管过热，持续性动力不足”等[①]。这类倾向可能会增加战略实施过程中战术政策的反复，导致行政资源和自然资源的极大浪费，还会加大战略实施的系统性风险，影响战略实施的成效及可持续性，造成难以逆转的颠覆性失误。

为规避战略规划战术性的倾向，在实施乡村振兴过程中，加强顶层设计应注重把控长期与短期的关系。把控乡村振兴战略的长短期任务关系，有利于在乡村振兴战略实施中做到分清轻重缓急和实现可持续发展。乡村振兴是一个长期战略，不可能一蹴而就，因此切忌操之过急，更不能大兴形象工程或单纯追求乡村外在形态的变化。要按照中央有关乡村振兴战略的三阶段发展要求，制定短期与长期相结合、内在与外在相结合的规划与行动计划。此外，乡村振兴战略实施中对于长短期关系的把控，不仅要考虑战略目标和建设项目的长短期结合，还要考虑体制机制改革与建构的长短期结合。围绕改革先行和重点突破两大重心，注重改革措施的配套和落地[②]。对于国家已经明确的改革思路和举措，各级政府应力求在短期内抓落实，大胆推进，力争取得成效并有所创新；对于国家没有完全明确、但有原则性指导意见的改革，应结合自身发展的实际与条件，进行积极的探索和大胆的试验，争取为国家提供经验与借鉴。

---

① 姜长云. 实施乡村振兴战略需努力规避几种倾向［J］. 农业经济问题，2018（1）：8－13.

② 黄祖辉. 准确把握中国乡村振兴战略［J］. 中国农村经济，2018（4）：2－12.

2. 防范目标导向理想化倾向，注重稳健有序

在中央关于乡村振兴战略的“三步走”目标任务的指导下，除积极地因地制宜、因时制宜和因阶段制宜的科学谋划乡村振兴的“成长坐标”外，同时也要防范发展目标理想化、浪漫化倾向。既要有适度的高标准严要求，又不宜脱离现实吊高农民胃口，严禁行浮夸跃进之风和滥开“空头支票”的行为。实施乡村振兴战略必须坚持实事求是、稳健有序的工作作风和工作态度。如果好高骛远、偏离实际，追求一些空想甚至违背发展规律的理想化、浪漫化目标，不仅削弱乡村振兴战略实施的可行性，还可能形成政策误导、市场扭曲，造成中国经济社会发展的不可持续。

在制定乡村振兴目标过程中，有人片面理解乡村振兴战略要解决城乡收入、基础设施和公共服务差距过大问题的这一表述，提出要“全面消灭城乡收入或基础设施、公共服务的差距，将乡村建设成为经济社会发展的中心”。这显然与以推进供给侧结构性改革为主线的要求相悖，地方政府如果以此为导向制定乡村振兴战略的具体政策措施，将会导致资源的极大浪费和经济社会运行效率的下降。实施乡村振兴战略，初心是促进城乡差距的合理化，通过构建城乡融合发展的体制机制，推进城乡规划、基础设施和公共服务一体化。但在今后相当长的时期内，工农差距、城乡差距仍将适度存在，依然是推进新型工业化和新型城镇化的基本动力。努力消除过大的、不合理的城乡差距，与完全消灭城乡差距不是一回事（见图 1.1）。

需要强调的是，实施乡村振兴战略应坚持循序渐进的原则，避免“大跃进”式运动。乡村振兴不能一哄而上，要注意优化选择和合理布局的问题。否则，“大跃进”式的乡村振兴轻者劳民伤财、重者伤及国家元气①。

① 刘合光．乡村振兴战略的关键点、发展路径与风险规避［J］．新疆师范大学学报（哲学社会科学版），2018，39（3）：25－33.

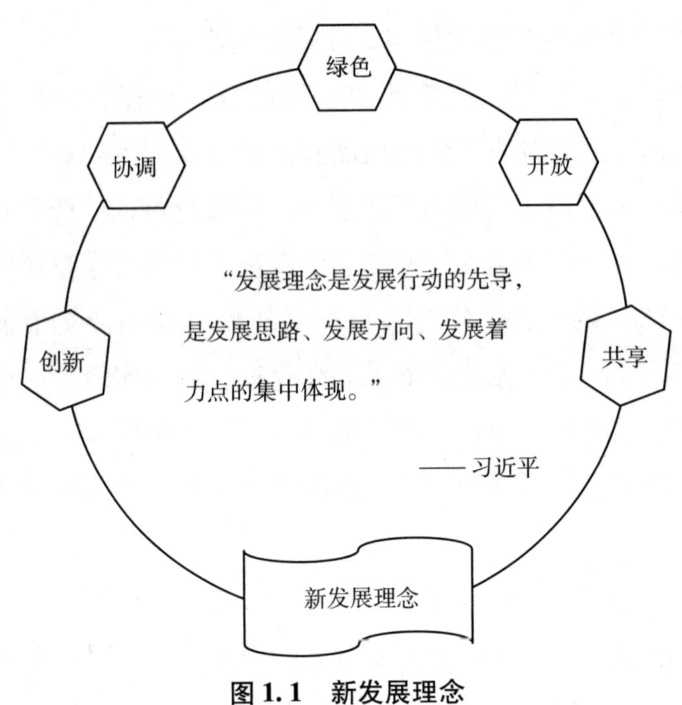

图 1.1　新发展理念

我们必须明白，乡村的现代化和振兴必须以城市化的充分发展为前提。我国城镇化进程还在加速，农村人口向城镇转移的趋势还没有发生转变。在此背景下，一些乡村注定是要退出历史舞台的。乡村振兴不是要无差别得振兴所有乡村，应该有所为有所不为。将是否有历史文化积淀、是否有可以持续发展的产业、是否有人口的凝聚力、是否有适宜居住的生态资源、是否有善治和良治的前景作为首批入选乡村振兴重点村镇的筛选标准。然后按照乡村振兴的战略部署和阶段划分，量力而为、精心有序地分批次实现“农业强、农村美、农民富”的新格局。

3. 防范实施方案单一化倾向，倡导分类施策

按照党的十九大精神和习近平新时代中国特色社会主义思想的要求，实施乡村振兴战略，要在坚持稳中求进工作总基调的基础上，牢固树立新发展理念，落实高质量发展的要求，紧紧围绕统筹推进“五位一体”总体布局和协调推进“四个全面”战略布局，最终实现乡村的全

面振兴和有机振兴①。在有机全面推进农业农村经济建设、政治建设、文化建设、社会建设和生态文明建设进程中，乡村振兴方式的多元化和特色化是有价值和必要的，实施方案的单一化或“一刀切”会严重遏制创新和发展活力。

在地方具体实践过程中，部分区域简单地将实施乡村振兴的过程等同于推进农村人居环境整治的过程，热衷于宅基地整治、标准化新村建设、道路硬化、水电管网铺设等基础设施配套等项目，轻视乡村产业振兴对于带动农民持续增收和改善农村公共服务的奠基性作用，轻视组织治理、培育文明乡风对于维护农村社会稳定的深远影响，极大妨碍农业农村活力魅力再造和乡村振兴的可持续性。甚至还有些地方要求村庄建设凸显“异国风情”或“城市品位”，不惜“大拆促大建”，严重冲击乡村本真和传统风土格局，淡化乡村的人文特色和乡土记忆②。

即便是在全国乡村建设层面，推进乡村振兴战略也不能千村一面，不能大范围复制有限的乡村样板，不能形成单调的乡村发展局面。对不同乡村，要准确把握其形态及其变化趋势，采取因地制宜的发展策略，倡导分类施策。一是非农产业发达、区位条件优越的乡村，宜以就地城镇化为主，但应注意避免照搬城市建设，需要保留乡村特色；二是生态环境非常脆弱、村庄人口分布极为分散的乡村，宜以异地搬迁或就地保护为主；三是广大的传统农区与人口外迁地区，则宜通过土地整理、产业升级、基础设施投资等多措并举，实现农村与城市生活的平等融合发展，逐步缩小城乡差距。我们相信，在乡村振兴战略实施方式多元化和特色化的基础上，经过分类有序推进，大量的村庄将会成为“产业兴旺、生态宜居、乡风文明、治理有效、生活富裕”的美丽家园。

---

① 2018 年中央一号文件《中共中央国务院关于实施乡村振兴战略的意见》。

② 陈文胜．实施乡村振兴战略要避开八个误区［N］．湖南日报，2018－05－26（7）．

4. 防范支持政策盆景化倾向，贯彻新发展理念

所谓政策支持盆景化倾向，具体是指在政策导向层面普惠不足、特惠有余且强度过大，通过短期高强度的政策支持和公共资源调配，人为营造政策“高地”和福利“孤岛”，导致支持对象过度依赖于政府投入甚至逐步丧失自我发展能力，相关试点示范区不具备可供复制和推广经验和价值。政策支持盆景化，不仅容易导致乡村振兴主体缺乏内生发展动力、自主发展能力，还容易限制乡村振兴政策的普惠范围，造成农民主体难以参与共商共建共治共享过程，并进而在乡村振兴进程中缺乏获得感、幸福感和安全感。有效防范政策支持盆景化倾向，关键是要保障政策创新的可持续性和政策倾斜的机制化，尤其是在加强财税金融支持方面“宜用温火、忌用猛药”，防止政策的“大上快下”带来乡村振兴的“大起大落”。

但是，上述举措都是治标之策，要想治本，还必须回到对乡村振兴战略指导思想的理解上来。2018 年中央一号文件指出，实施乡村振兴战略，必须树立“始终把解决好‘三农’问题作为全党工作重中之重，坚持农业农村优先发展”的工作理念，将“按照产业兴旺、生态宜居、乡风文明、治理有效、生活富裕的总要求，建立健全城乡融合发展体制机制和政策体系”落到实处。因此，为确保乡村振兴支持政策具有广泛性、普适性和可推广性，应继续坚持以供给侧结构性改革为主线，在更大程度上更好地通过深化体制机制改革和政策创新，增加有效供给，减少无效供给，按新发展理念要求促进广大农民在共商共建共治共享中获得更多幸福感。

体制机制的改革和支持政策的创新，需要以新发展理念作为引领[①]。一是要以创新为动力，转换发展动能，从外需拉动、资源推动、

① 关于落实发展新理念加快农业现代化实现全面小康目标的若干意见［N］. 人民日报，2016－01－28.

政策驱动等粗放型发展，升级为集约型质量型增长，不断提质增效，构建农业发展新引擎。二是要以协调为标尺，习近平总书记指出，“协调既是发展手段又是发展目标，同时还是评价发展的标准和尺度”①。由于我国城乡、区域、行业之间发展差异较大，所以必须注重培育和使用好共享经济、分享经济、数字经济、数字产业等革命性新生产要素来实现“大协作、大融通”的新经济形态发展，抢抓数字技术引领的战略新机遇期。三是要以绿色为底色，深刻汲取发展中付出的沉重生态代价的教训，树立和践行“绿水青山就是金山银山”的理念，努力构筑“绿色治监、绿色产业、绿色生活”的“三位一体”体系。四是要以开放为抓手，深入把握主动开放、双向开放、公平开放、全方位开放、共赢开放等内涵，通过构建新体制、形成新格局、培育新模式，为高质量开放型经济增添新活力。五是要以共享为方向，必须提高广大农民的经济地位，“小康不小康，关键看老乡”，让农民更多地参与到社会经济的建设过程和成果分配中来②。

5. 防范振兴主体配角化倾向，坚持农民为本

实施乡村振兴战略，必须坚持农民主体地位。一方面，“农民主体”是让广大农民成为乡村振兴的主体力量，而不是旁观者和跟随者。虽然乡村振兴是国家战略，是自上而下提出的乡村发展蓝图，但是乡村振兴不能没有村民的参与。如果农民在这场关乎家乡前景和自身利益的建设运动中集体“失语”，极有可能造成乡村振兴这一国家战略落入纸上谈兵的尴尬境地。因此，要使农民成为乡村振兴的主体力量，必须确立农民在乡村的主体地位。这需要从完善乡村治理体系

---

① 杨嘉懿．以新发展理念破解经济发展的不平衡不充分［J］．理论月刊，2019（2）：132－137.

② 余永跃，雒丽．以共享发展理念引领乡村振兴［J］．福建论坛（人文社会科学版），2018（10）：33－41.

入手，赋予农民更多的主体权利和主体责任，强化村民的自主意识和自治功能[①]。只有这样，才能在未来各地落实中央关于乡村振兴的战略部署中充分调动起农民的积极性和主动性，激活村民的活力和潜力，结合自下而上和自上而下的两种力量探讨制定具体村庄的振兴规划和方案，使村民积极为乡村发展蓝图建言献策、有效参与乡村组织治理、培育文明乡风淳朴民风、为乡村的“富强、民主、文明、和谐”贡献自身力量。

另一方面，“农民主体”还意味着让农民成为乡村振兴战略实施的主要受益者。随着乡村振兴战略的实施，农民工返乡创业、工商资本下乡、外来经营主体加盟将是必然趋势。顺应趋势的同时，也要注意通过政策引导和法律规范，引导和督促社会资本替农民做事，防范替农民做主；鼓励其帮助农民拓展发展空间，防范“鸠占鹊巢”，挤压“三农”发展权益；支持其引领农民增强自我发展能力，防范将农民导入过度依赖资产性收入而丧失生产发展技能的轨道。通过加强实施乡村振兴的立法和执法，借鉴国际经验，更好地规范乡村振兴过程中利益相关者的行为，让乡村振兴战略的“阳光雨露”更好地惠及“三农”，有效防止乡村振兴过程中农民利益“边缘化”的风险。

防范乡村振兴主体配角化倾向，还应将农民全面发展作为坚持农民为本的本质要求。习总书记反复强调，要始终将农业全面升级、农村全面进步和农民全面发展作为新时代“三农”工作总抓手。不单是追求农民增收致富，还要重点关注农民产业技能的拓展、农民素质和精神风貌的提升以及农民发展机会的增加。因此，通过教育、社保、产权等体制的深化改革与“新农人”政策的完善，提升乡村人力资源质量，优化农民主体结构，也是让农民成为乡村振兴主体的重要环节。

---

① 叶敬忠，张明皓，豆书龙．乡村振兴：谁在谈，谈什么？［J］．中国农业大学学报（社会科学版），2018，35（3）：5－14.

6. 防范振兴主业非农化倾向，明确三产融合

就农业发展阶段而言，我国正处于大规模非农就业、人口自然增长减慢和农业生产结构转型的三大历史性变迁的交汇之中①，人们寄希望于通过土地流转、适度规模经营来解决种植效益低和粮食安全问题。种植大户、家庭农场主、合作社社长以及农业龙头企业迅速成长起来，整合土地以及投资经营的能力愈加成熟。现实情况却是，随着土地流转快速推进，“非粮化”和“非农化”趋势明显，“新型农民”改种经济效益高的作物而放弃粮食种植，大量工商资本甚至改变农地用途从事非农行业经营，违背了土地流转的初衷。剖析农地非农化的内在逻辑，不难发现非农化本身是一个资本增密和风险积累的过程。近年来随着“农业供给侧结构性改革”以及乡村振兴战略的相继提出，产权制度改革使得农地经营权适度放活，农业领域展现出来的较大发展潜力和获利空间，正好迎合从股市和楼市泡沫中挤压出来的大量工商资本急于寻找具有高额利润空间产业的需求；从地方政府角度看，土地财政政府行为助推农地非农化的利益驱动。由于土地集体所有制和产权的模糊性，地方政府成为真正的土地供给方，在土地流转过程能够凭借绝对优势地位来低价圈占土地高价卖给企业，失地农民利益难以得到保证②。

鉴于农地流转过程中“非农化”趋势对实现高质量农业规模经营和国家粮食安全目标的损害，政府一直对此保持零容忍态度。2014 年，农业部表示，耕地流转后“绝对不能非农化”，对于工商资本进入农地流转后，应通过相关土地流转制度的建立，来保证和规范企业行为。同年，国土资源部也明确表示，严防集体土地流转中的“非农化”，实施

① 黄宗智，彭玉生．三大历史性变迁的交汇与中国小规模农业的前景［J］．中国社会科学，2007（4）：74－88，205－206.

② 王永慧，张丽．农地发展权与失地农民利益保障研究［J］．农业经济，2007（1）：60－62.

最严格的耕地保护措施，保证质量与数量并重①。乡村振兴战略实施过程中，同样要紧盯农地“非农化”趋势。既要鼓励工商资本进入农村，带动现代农业的发展和农民增收，同时也要杜绝土地农转非，防止资本占农地进行非农经营而将农民排挤出土地，保证农地粮食生产的基本能力。2019 年中央一号文件明确提出要求“严守 18 亿亩耕地红线，全面落实永久基本农田特殊保护制度，确保永久基本农田保持在 15.46 亿亩以上”。

在坚决预防和制止“非农化”的基础上，为确保乡村振兴战略的顺利实施，政府还应继续引导工商资本的进入农业，促进三产融合发展。“产业兴旺”具有丰富的内涵，不能仅局限于第一产业农业的发展，而应着眼于“接二连三”、一二三产融合、功能多样、质量取胜的现代农业产业的兴旺与发展。一方面，引进先进技术、专业人才和管理经验，利用广泛地社会资源更新农业生产设备和基础设施，促进农业产业链的建立；另一方面，对工商资本要予以限制。工商资本主要参与农产品的加工、流通、营销和社会化服务环节，而不应大规模长期租赁土地排斥小农生产②。在农村产业融合发展的过程中，坚持适度流转原则，重视广大农民主体和合作组织的培育，重视工商资本或企业在产业融合中的龙头引领作用和企业与农民之间利益机制的完善，实现产业融合的共赢格局。

7. 防范振兴主场偏离化倾向，打造宜居乡村

乡村振兴的战略重点与任务在乡村。农村作为乡村振兴的主阵地，国家战略对其规划和展望体现在表象与内涵两个层面。表象是乡村振兴

---

① 刘洋，邱道持．农地流转农户意愿及其影响因素分析［J］．农机化研究，2011，33（7）：1-6.

② 匡远配，刘洋．农地流转过程中的“非农化”“非粮化”辨析［J］．农村经济，2018（4）：1-6.

的外在形态，内涵是乡村振兴的内在本质。乡村振兴的外在形态因不同村落自然生态与资源禀赋的不同，会呈现不同的形态风貌。在实施振兴乡村战略的过程中，首先要从所属区域的自然生态特点出发，进行乡村建筑和风格的规划设计，不宜脱离实际，避免简单照搬其他地区示范样板。乡村振兴的外在形态和风貌，既取决于乡村的自然地理条件与资源禀赋，更取决于乡村振兴的内涵，即其内在的本质①。这主要体现为乡村发展的体制机制，如治理有效的乡村自治制度，激励与约束相融的乡村生态环境保护与补偿机制，健康文明淳朴的乡风民风，产权界定清晰并且集聚活力的村集体产权制度，完善的乡村社会保障制度和农民财产权益制度等。因此，乡村振兴中应高度重视乡村内涵建设，要内涵和表象两手抓，以内涵建设促进表象建设。

乡村振兴战略的实施要注意避免偏离“乡村”搞建设，脱离“乡村”搞振兴。乡村振兴的建设主场要放在农村。一方面，谨防乡村建设过程中“统一城镇化”思维抬头，乡村是保存传统人文特色和乡土记忆的地方，要吸收当地建筑传统风貌与格局，体现以人为本和可持续发展理念，突出乡村特色和本真，与城市加以区别。另一方面，劝导地方政府不盲目实施“三变改革”发展集体经济，在未经科学规划之前一味利用村庄宅基地整理出来的建设用地开发工业项目，会使得部分乡村丧失内生发展空间。必须杜绝“房地产化”“圈地化”等苗头，偏离“三农”轨道的生产经营，将导致农村没了“农味儿”，从而失去了乡土文明固有的“精气神”。

对于乡村振兴的主阵地，践行“两山”理念，生态宜居是关键。良好生态环境是农村的最大优势和宝贵财富。改善农村人居环境，建设美丽宜居乡村，是实施乡村振兴战略的一项重要任务，既关乎农民的钱

① 黄祖辉．准确把握中国乡村振兴战略［J］．中国农村经济，2018（4）：2－12.

袋子，也有利于推进农村生活垃圾、污水、厕所粪污的治理，有利于解决农村环境污染问题，是农村生态保护的现实需要，决定着农村社会的发展①。打造宜居乡村包括三个核心要素：乡村自然生态环境保护、生活类基础设施建设和乡村特色文化传承，每一部分都应该在乡村振兴战略实施过程中得到提升和重塑②。只有注重建设与经营美丽乡村，才可能在未来培育出农村新型业态、激发出农村内生动力。

8. 防范战略排斥城市化倾向，实现城乡融合

乡村振兴战略有序推进的前提是精准把握乡村振兴战略和城市化战略的关系。通过乡村振兴战略解决中国城乡发展不平衡和农村发展不充分的矛盾，并非意味着中国城市化战略将放缓，更不是乡村振兴战略要排斥城市化战略。恰恰相反，乡村振兴战略必须置于城乡融合、城乡一体的架构中推进，并且应以新型城市化战略来引领，以建成“以城带乡”“以工哺农”和“城乡互促共进”融合发展的美丽乡村。

当前，无论从中国产业转型升级和协调发展的要求，还是从三次产业结构的演进规律看，中国均处在城市化加快发展的时期③。尽管受城乡二元结构的影响，中国城市化进程中存在农业转移人口市民化滞后和城市群发展不充分等问题，但自党的十八大以来的一系列重大方针和举措表明，破解城乡二元结构，推进城乡发展一体化，推进以人为本的新型城镇化，到2020年解决“三个一亿人”问题，以城市群为主体构建大中小城市和小城镇协调发展的城镇格局，加快农业转移人口市民化，正在成为中国城市化战略坚定不移推进的重点与方向。

---

① 走进习近平心中“那座城”［EB/OL］.（2016－05－10）. 新华网，http：//www. xinhuanet. com/politics/2016－05/10/c_128972619. htm.

② 孔祥智，卢洋啸．建设生态宜居美丽乡村的五大模式及对策建议——来自五省20村调研的启示［J］. 经济纵横，2019（1）：19－28.

③ 陆铭．城市、区域和国家发展——空间政治经济学的现在与未来［J］. 经济学（季刊），2017，16（4）：1499－1532.

从世界发达国家的现代化历程看，城市化是现代化的必经之路。城市化是人口和非农产业在空间集聚的过程，必然存在乡村本土人口减少的情况，但是，城市化并不排斥乡村的现代化和振兴，相反，乡村的现代化和振兴要以城市化的充分发展为前提。同样，从人口流动和空间集聚的角度讲，中国乡村振兴的过程，一定也是城市化充分发展的过程，是人口与产业在城乡之间优化配置、城乡互动和融合发展的过程。最终出现乡村本土人口减少，但空间分布渐进优化，城市化离不开乡村人口和要素的融入，而乡村振兴和现代化也离不开城市对乡村的带动和城市人口对乡村生活的向往。

中国乡村振兴战略与城市化战略的逻辑关系进一步表明，乡村振兴的战略重点与任务既在乡村，又在乡村以外。要实现城乡人口的交互流动和优化配置，必须拓宽乡村振兴战略的视野，既重视乡村内部的建设发展和体制机制的创新，又重视乡村振兴外部环境的改善。从破解城乡二元结构的体制机制的角度看，以城乡社会保障体制和农村集体产权制度为重点的三大联动改革，即城乡联动、区域联动以及中央和地方联动的改革，应纳入乡村振兴的战略框架，并成为乡村振兴战略的基本驱动力①。具体来讲，从中国不同区域乡村的发展实际出发，在有条件的地区，探索城乡共治与融合发展的新型乡村治理结构，对乡村组织、干部体制、人口集聚、产业发展、公共服务和产权制度等进行深化改革和优化配置，实现新型城镇化与乡村振兴的深度融合。

9. 防范政府市场错乱化倾向，保障全面振兴

在推进乡村振兴战略的进程中，政府主要起主导作用。政府要想发挥好主导作用，关键还是要处理好与市场的关系，避免角色错位，充分发挥市场在资源配置方面的基础性作用。

---

① 刘彦随．中国新时代城乡融合与乡村振兴［J］．地理学报，2018，73（4）：637－650.

“政府主导”是指政府在乡村振兴战略实施中应主要发挥主管和引导的作用。所谓“主管”，首先是中央政府对乡村振兴战略的实施与推进进行科学的顶层设计，以清晰乡村振兴的科学内涵、推进思路、发展目标、阶段任务等，确保乡村振兴战略方向的正确性。其次是各级政府根据顶层设计，结合地方实际，制定具体的实施规划和推进乡村振兴战略的改革方案与工作计划。所谓“引导”，主要体现在政策引导、示范引导和投入引导三个方面①。党中央对“三农”问题非常重视，中央农村工作会议反复要求，“把农业农村优先发展的要求落到实处，在干部配备上优先考虑，在要素配置上优先满足，在公共财政投入上优先保障，在公共服务上优先安排”，将“三农”工作置于各项工作“重中之重”的地位，在农业农村供给侧结构性改革这一主线下，优先加强“三农”政策的兜底和“保基本”公共服务功能，优先加强对农业农村发展的支持和促进，推进公共政策导向和公共资源配置向农业农村适度倾斜。

同时，市场要在资源配置中起决定性作用，坚持新发展理念的要求，以完善产权制度和要素市场化配置为重点，以激发参与主体活力和人才潜能为依托，激活农业农村发展活力和农村资源要素的发展潜能，培育拉动“三农”发展的新产业新业态新模式。在乡村振兴战略的实施中实现政府和市场的合理分工、优势互补，要求政府除了发挥主管和引导的作用外，还应对非竞争性和非排他性的资源配置以及类似公共产品的供给，提供合理的制度安排。在其他的资源配置以及产品或服务供求方面，应充分发挥市场的主导作用，通过市场机制来配置和供给。此外，处理好政府与市场的关系还需要充分发挥行业组织制度的作用，以弥补政府和市场都低效甚至失灵的情况，形成政府、市场、行业组织

---

① 黄建红. 三维框架：乡村振兴战略中乡镇政府职能的转变 [J]. 行政论坛，2018，25 (3)：62 – 67.

“三位一体”的经济治理结构。

10. 防范振兴力量不足化倾向，形成科技支撑

乡村振兴战略在落地阶段，要注意规避后劲不足的问题。例如，浙江省安吉县在美丽建设之初，出现部分村子规划不当导致大规模举债的现象，村集体经济发展尚未成型便陷入债务泥潭，翻身无望，后期才慢慢吸取教训，谨慎贷款；还有些村子群众思想没能很好统一，欠缺攻坚克难精神，碰到问题浅尝辄止，创建不成怨天尤人。这类规划不专业、融资不合理、思想不统一、工作不团结等情况，严重困扰乡村振兴战略的有序推进。要想防范乡村振兴后劲不足、乡村建设和产业发展“虎头蛇尾”的倾向，还需从科技创新和人才储备层面探讨应对之策。

科技创新支撑乡村振兴，就是说科技创新将为乡村经济振兴注入新的关键动能。首先是知识创新为乡村经济振兴提供理论指导，以习近平新时代中国特色社会主义思想为指引，结合广大农村地区实际、用创新的知识充实政策和制度设计，以在全社会形成各行各业支撑农村农业发展的良好局面。其次是技术创新为乡村经济振兴奠定物质基础，主要是发挥农业技术对现代农业的支撑作用，现代农业是“接二连三”、功能多样的农业产业，要发展农业多功能性，必须拓宽农业技术的范畴，建立现代农业技术体系。农产品存储、初加工与深加工以及销售领域的技术支持将会极大地提高农业生产力的发展水平，对于改善我国广大农村地区，特别是主要依靠农业生产的欠发达地区经济环境、延长农业产业链起到积极的推动作用，实现质量兴农，保障农民增收。最后是机制创新为乡村经济振兴提供根本保障。新型科技引领的管理变革，有利于引导农业资源的有效配置，激发人们的创造性和积极性，带动农村经济发展[①]。创新的人才培养体制机制，有利于加快转变人才流向趋势，减缓

① 王书华，郑风田，胡向东，冷杨，程郁．科技创新支撑乡村振兴战略［J］．中国科技论坛，2018（6）：1－5.

农村地区人才缺失。同时，适应于农业现代化进程与乡村经济振兴战略的高素质人才的出现，反过来又极大地推动了科技创新进程。机制创新带动下，财政支农政策改革、农村金融创新、多元化社会资本参与的鼓励和引导也将迈入新的台阶，要素投入得到保障。机制创新还会对农地产权制度改革的完善、传统小农生产意识的转变产生积极影响。因此，努力发展科技创新，能够向乡村提供源源不断的动力，使走中国特色乡村振兴道路的步伐更加坚定。

第四节　本章小结

本章从历史背景、政策体系、重点问题三个方面对中国乡村振兴战略进行了论述。第一节从乡村是社会文明的起源、乡村是国家强盛的根基、乡村是新时代的要求三个方面探讨了乡村价值和乡村振兴的历史背景。乡村文明是整个社会文明的基础，从文明起源上看，人类文明起源于村落和农业文明；我国城乡二元经济结构主要表现为城市经济以现代化的大工业生产为主，而农村经济以典型的小农经济为主；全球范围来看，任何一个国家和地区在发展过程中，都需要不断处理工农城乡关系；而且对工农城乡关系处理的科学程度直接决定了经济社会发展的好坏及其程度；当前，中国特色社会主义进入了新时代，必须坚持农业农村优先发展，建立健全城乡融合的体制机制和政策体系，全面实施乡村振兴战略，走中国特色的乡村全面振兴之路，加快推进农业农村现代化进程。实施乡村振兴战略是“三农”工作一系列方针政策的继承和发展，是新时代“三农”工作的总抓手。本章第二节从乡村振兴战略的提出与内涵、构建乡村振兴战略政策体系要把握的原则、加快构建实施乡村振兴战略政策体系三个方面解析了我国乡村振兴战略的政策体系。

第三节则从乡村发展不平衡不充分是核心问题、乡村振兴战略实施的重点在于“保五防十”两个方面论述了我国乡村振兴战略实施的重点问题。中国特色社会主义进入新时代，我国社会主要矛盾已经转化为人民日益增长的美好生活需要和不平衡不充分的发展之间的矛盾。这一主要矛盾的转变，一方面标志着国家对新时代中国特色社会主义建设提出更高的要求和期待，特别是“美好生活需要”相对于“物质文化需要”而言，其要求更高、范围更广、内涵更丰富。“保五”即“产业振兴、人才振兴、文化振兴、生态振兴和组织振兴”五大振兴要求；“防十”即乡村振兴战略的实施应重点防范战略规划战术化倾向、防范目标导向理想化倾向等十大倾向，这对于提升乡村振兴战略实施的质量、效益和可持续性具有重要意义。

第二章

乡村振兴战略理论基础与国内实践

第一节　乡村振兴的理论基础

一、农业产业的理论

（一）产业链理论

从事产业理论研究的荷兰瓦格宁根大学的经济学家大卫·K·莱文（David K. Levine）认为，产业链是指参与产品生产过程的所有行业或社会单元及组成顺序。产业链被看成是在同一产业中或相关产业间所有行业或单元的综合。行业或单元在微观水平上可代表一个人，如独立的生产者、一个企业家等；在宏观水平上，行业或单元可代表为了一个共同目标而协作的团体，如一个部门、公司、研究机构和政府部门。其目的和效果是他们可以潜在地工作在一起，进而为消费者和自己创造价值，增加利益。所谓产业融合，是基于制度创新或技术创新形成的产业边界模糊化和产业发展一体化现象。产业融合在当今世界已经成为产业发展的新趋势，其通过产业渗透、产业交叉和产业重组等，激发产业链、价值链的分解、重构及功能升级，引发产业功能、形态、组织方式和商业模式的重大变化，逐步形成新的内涵和产业模式（魏益民，2007）。大部分农产品加工或食品制造业与农业生产（第一产业）具有密切的关系，而且绝大部分食品企业是从农业或农产品加工业衍生发展而来。另外，农业既是农产品加工或食品制造业的原料供应部门；也是食品产业的市场或消费者。因此，如何根据产业链的理论，合理向下游或上游延伸，通过产业链整合，连接机制或经营模式创新，获得最大的效益或溢出效益，是值得关注的经济学问题（魏益民，2007）。

（二）比较优势理论

经济学基本原理中，效率是指社会能从稀缺资源中得到的最大利益（曼昆）。一种东西的机会成本是为了得到这种东西所放弃的东西。理性人通过资源的有效配置和合理利用，系统而有目的地尽最大努力去实现其目标。理性人通常通过比较边际利益与边际成本做出决策。一个可以用较少投入生产该物品的人称为在生产该物品上有绝对优势。生产该物品的机会成本较小的人被称为有比较优势（魏益民，2007）。在经济全球化和信息技术快速发展、资源有限、机会相对均等的后工业化社会，对生产某些物品具有绝对优势的机会和企业（或人）在减少，除非企业自身具有创新团队，且具有明显的创新能力和竞争优势。然而，生产同类产品的机会成本较小的企业（或人）却大有人在，特别是在传统产业和食品产业领域。因此，制定合理的产业单元和体系、提高自动化水平、扩大产业规模，都能扩大企业生产某一物品的比较优势，提高企业的生产效益。同时，通过专业化、规模化和自动化，还可显著增强企业的核心竞争力（见图2.1）。

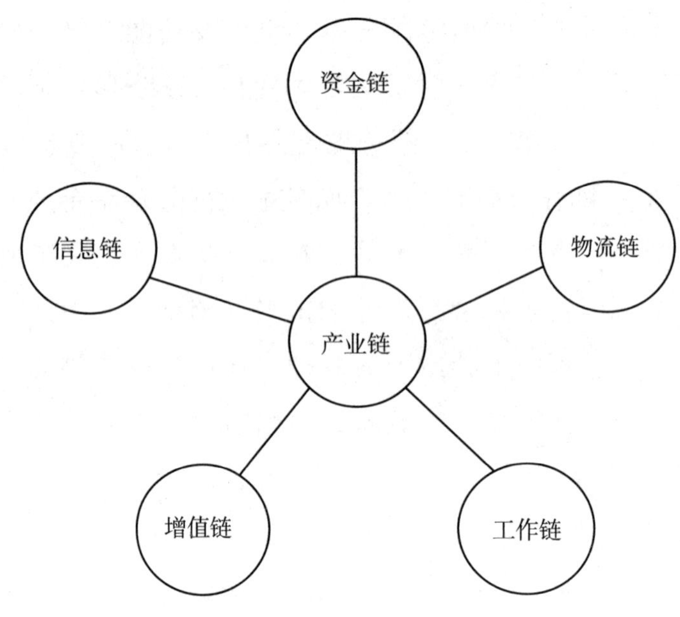

图 2.1　产业链分析与整合

（三）供给侧结构性改革

供给与需求是使市场经济运行的动力。市场是由某种物品或劳务的买者或卖者组成的一个群体。买者作为一个群体决定了一种产品的需求，而卖者作为一个群体决定了一种产品的供给。一种物品的需求量是买者愿意，并且能够购买的该种物品的数量。经济学家提出的需求定律认为，在其他条件不变时，一种物品的价格上升，对该物品的需求量减少；一种物品的价格下降，对该物品的需求量增加。市场经济利用供给与需求的力量来实现配置稀缺资源的目标。同时，供给与需求共同决定了经济中许多不同物品与劳务的价格，而价格又是引导资源配置的信号。

供给侧结构性改革是指从提高供给质量出发，推进结构调整，矫正要素配置扭曲，扩大有效供给，提高供给结构对需求变化的适应性和灵活性，提高全要素生产率，更好地满足广大消费者的需要，促进经济社会持续健康发展。“供给侧”与“需求侧”相对应。需求侧有投资、消费、出口三驾马车，三驾马车决定短期经济增长率。供给侧有劳动力、土地、资本、创新四大要素，四大要素在充分配置条件下所实现的增长率，即中长期潜在经济增长率。而结构性改革旨在调整产业结构，使产业要素实现最优配置，通过产业模式创新，提升经济增长的质量和数量。其核心就是从消费者需求出发，按市场经济规律办事，以产品质量提升为目标，优化资源的合理配置，保障产品的有效供给要，促进经济社会持续健康发展。农产品加工和食品制造业的供给侧结构性改革的重点应放在质量升级、产品开发、功能拓展、营销体系重组、管理模式创新五大方面，即通过支持一产提高原料的质量和等级水平，开发更多满足消费者新需求的产品，改进或拓宽产品的使用价值（功能），建立以信息技术为手段的销售网络（物联网），创建适合农产品加工和食品制造企业自身发展的管理构架，及产业可持续发展模式。

（四）农村一二三产业融合发展

产业链理论是将行业各单元、环节有机衔接，产生新的优势或活力，体现了企业内外部优势融合发展的思路。比较优势理论不仅仅体现在投资方向、产品开发、市场拓展等阶段，更贯穿企业发展的整个过程之中。供给侧结构性改革是企业生产要素优化组合，通过提升供给产品的质量和满意度，增加企业的效益，是企业内部改革发展的路径。农村一二三产业融合的前提是通过融合创造出比单一产业单元更高的价值或更多的溢出效益；融合的动力是产业单元的相互依存和相互支撑；融合的稳定性是合理的利益分配机制。依据经济学原理，设计良好的公共政策可以提高经济效率。政府政策的目标是既要把经济蛋糕做大，又要改变这个蛋糕的分割方式；既要考虑效率目标，又要考虑公平分配。农村一二三产业融合发展的前提是必须持有科学的态度，遵循市场经济规律。政府在法规、政策和投资环境方面及时出台相关的政策，给以适宜的政策支持和引导。

二、集体经济的理论

（一）农村集体经济股份制改革的制度变迁理论

实际上，农村集体经济股份制的改革就是一次制度变迁的过程和手段，从这个角度来分析，制度变迁理论能够指明改革的思路和方向。我国著名经济学家林毅夫将制度变迁理论划分成强制性变迁与诱致性变迁两种形式，我国的变迁大部分是强制性变迁。根据理论我们可以在改革时得到这样的启示：第一，在变迁制度中要确保方向的正确，政府要按照相关法律法规安置农民，明确组织结构、产权、土地等问题，最大限度避免改革中投机取巧不合理获利现象出现；第二，变迁制度中要掌握农民对政府政策指导的需要，以农民需要为改革推动内在动力，以政府政策为改革实施保障。①

（二）农村集体经济股份制改革中的产权理论

在农村集体经济股份制改革中产权理论是至关重要的理论，这一理论有多种体现形式，其中法权关系是其最主要体现形式。马克思主义经济理论中提出不同类型的所有权在产权关系中都具有核心作用，只有实现多元化终极所有权，才能实现土地归属。除此以外经济学家巴泽尔提出在实现权力需必备个人保护权力付出努力、分享权力、第三方保护权力三个条件，产权单位需要从属于个人，所有社会制度都能够分析、容纳产权分析框架（兰少泉，2017）。由此可知巴泽尔与马克思理论为农村经济股份制改革带来了以下四点启示：一是农村集体经济产权需要他人、政府以及农村的共同努力；二是产权关系并不是静态的，而是动态

① 郭晓鸣，王蔷．农村集体经济股权分配制度变迁及绩效评价［J］．华南农业大学学报（社会科学版），2019，18（1）：1－8.

过程；三是产权改革过程必须要付出相应的努力，付出努力的程度直接关系着改革成功与否；四是在农村集体经济股份制改革中要明确农村集体是改革对象。

三、人口流动的理论

关于人口对社会经济的影响，较有影响力的理论是人口决定论。人口决定论源于两种观点，一是马尔萨斯人口论，二是斯大林人口决定理论（陈功等，2016）。马尔萨斯在《人口论》中指出人口增长与食物增长的关系，支持马尔萨斯人口决定论的学者认为人口增长会给食物生产、资源和环境造成压力，将社会贫困及其他社会问题归咎于人口增长。斯大林指出社会物质生活条件由生产方式、地理环境和人口增长三因素共同决定，认为生产方式是社会发展的主要决定力量，而地理环境和人口增长的作用无足轻重，引发人们对人口决定论的批判（汪树敏等，1998）。上述理论虽有一定局限性，但学者已充分认识到人口是社会经济发展的一个重要因素。后继学者进一步丰富相关理论，提出如适度人口学说等较具影响力的人口理论观点，倡导人口与经济、社会、资源、环境的协调发展（王婷，2017）。近年相关学术研究重点是人口变化与经济增长间关系（齐明珠，2013；杨静，2012；李昕等，2009；陈宇学，2012；王丰等，2006）。

关于“三农”问题中人口因素的探讨，基于中国城乡二元体制造成的农村发展不平衡不充分问题。因此，“三农”问题始终受学者高度重视且从不同视角展开研究，成果丰富。部分学者从人口学视角研究“三农”问题。主要涉及农村居民生育水平、农村人口城市化、提高农村人口素质及完善农村居民社会保障等方面，关于“三农”问题与人口因素的文献数量相对较少。近年“农村空心化”问题引起较多关注，学者将农村空心化归结为农村人口空心化，研究集中于农村人口空心化特点及挑战，农村人口空心化特点及影响因素、农村人口空心化测度等（周祝平，2008；陈坤秋等，2018；陈涛等，2017；于水等，2013）。此外，部分研究关注人口变化与农业生产关系，如中国古代人口与耕作关系，研究发现古代人口因素与耕作制关系即人口数量过少导致耕作制落后的规律（阎万英，1994）；有关泰国农业生产发展与人口增长间关系的研究认为，两者间既相适应又相矛盾（徐琪，1993）；对中国“三农”问题与劳动力关系的研究指出，应充分认识农村人口资源开发和劳动力资本投资是农业发展的重点和关键，是解决“三农”问题的根本（赵晓芬，2014）。部分研究从区域视角分析人口因素影响农牧交错带生态环境，结果表明，人口增加、减少及人口素质变化影响农牧交错带生产环境，人口增加、人口素质低导致农牧业生态环境退化，人口减少及人口素质提高有利于生态环境改善（其其格等，2005）。关于实施乡村振兴战略的研究，学者主要分析乡村振兴理论、模式及实施路径（蒋和平，2017；叶兴庆，2018；廖彩荣等，2017）。

综上所述，关于人口与经济的相互作用及“三农”问题中人口因素的研究均认为人口是经济运行的重要因素，对本研究具有重要参考价值。国家提出实施乡村振兴战略，涉及各种基本资源投入，人口为要素之一。过去的30多年间，农村人口自然增长速度大幅减缓，同时经历和平时期最大规模的人口迁移，造成农村常住人口规模不断缩小，农村人口空心化及老龄化程度逐渐加深，而实施乡村振兴战略过程中各项目标均须在人口主体作用下实现。因此，本书从中国农村人口变化特征中梳理人口变化与乡村振兴相互关系和分析框架，并基于此提出人口经济学视角下实施乡村振兴战略的政策建议。

四、环境整治的理论

（一）交易费用理论

按照交易费用理论，农村环境治理的困境由环境治理的交易主体、交易范围、交易成本、交易收益等不确定因素导致，与资金投入总量和利益分配不均有关，要在市场经济条件下完善制度，将农村环境治理纳入政府绩效体系和市场轨道，按照交易费用理论实现农村环境治理的规范化，真正达到满足农民利益的目的，才能改善农村环境、推动农村经济长效发展和社会和谐稳定。

农村环境治理事关地方政府、乡镇企业、公益组织、农民社团和农民的根本利益，无论是环境治理的项目内容，还是基础设施建设等都需要资金保障。从交易费用角度看，扩大财政资金的投入力度，需要政府扩大交易范围、细化交易项目、提高交易水平，从根本上解决资金不足造成的环境保护基础设施薄弱、环境治理观念滞后、参与性不强等问题，各级地方政府要在继续加大财政投入力度的基础上，针对地方农村环境治理中的具体问题，下拨专项治理经费，根据环境治理出现的新情况、新特点、新问题，按比例投放资金，将农村环境治理纳入与城市环境治理同步发展的水平。

（二）公地悲剧理论

公地悲剧是英国经济学家加雷特·哈丁于 1968 年提出的一种博弈理论模型，通过对“公地”放牧行为中牧民理性选择的仔细研究，揭示了公共资源遭受无尽破坏的内在机理。在一块对所有人开放的牧场上，每个理性的牧民基于利益最大化都倾向于增加牧群最大限度地利用公共牧场，虽然每个牧民都深知自己的行为将使牧场遭受严重破坏，而且知道破坏的结果是由大家共同承担，但是这种行为还会一直持续下去，直至牧场不能自然修复，造成“公地悲剧”，最终走向集体性毁灭。在所有“公地”行为中，每个人都知道自己行为带来的后果，但每个人都无力阻止局势继续恶化，而且都抱着“及时捞一把”的心态加剧事态的恶化。正如加雷特·哈丁所言：“在共享公有物的社会中，每个人也就是所有人追求各自的最大利益，这就是悲剧所在。”

公共产品在消费上具有非排他性和非竞争性，不能排斥社会上任何人消费该种产品，任一消费者都可以免费消费公共产品，并且增加一个消费者不会减少任何一个人对该产品的消费数量和质量，由此可能出现的“搭便车”现象使得公共产品不能由市场提供。农村环境具有非排他性，但具有竞争性，严格意义上说不属于纯公共产品，但仍然会产生“公地悲剧”。“非排他性”意味着农村环境会不可避免地被过度使用，另一方面，环境具有的自我修复能力使得人们更加肆虐地破坏环境，加大对环境的掠夺，“悲剧”随之产生。从“公地悲剧”博弈模型看待当前我国农村环境问题，“公地”上的各个主体——政府、企业和村民为了各自利益相互博弈对环境施以超负荷压力。地方政府间为了经济发展相互竞争；企业间为了赚取更多利润道德滑坡；村民间为了自身利益冷漠以待；政府尽情开采自然资源，村民无处维权；企业占用资源给予赔偿，村民得利无话可说；政府招商引资争取项目，企业随意排污无人监管，才导致农村环境问题愈发严重。

（三）社会资本理论

20世纪七八十年代，社会资本作为研究经济现象的一个变量，首先在西方国家兴起，随后，这一理论逐渐扩展到社会学、政治学等学科与领域，并引起其他国家学者的关注，从而成为世界范围内研究经济社会现象的一个理论视角。

1980年，布尔迪厄在《社会科学杂志》上发表了题为《社会资本随笔》的论文，正式提出“社会资本”概念。他认为，社会资本就是个人在社会结构中的社会网络联系以及成员资格，这一网络联系和成员资格有助于个人目标的达成，并像货币资本，人力资本一样可以获得回报。随后，科尔曼从社会结构和功能出发，认为社会资本的定义由其功能而来，它不是某种单独的实体，而是具有各种形式的不同实体；与其他形式的资本一样，社会资本是生产性的。因此，是否拥有社会资本，对于人们是否可能实现某些既定目标具有决定性意义。社会资本具有五种形式，即“义务与期望”、信息网络、规范与有效惩罚、权威关系以及多功能社会组织和有意创建的社会组织。真正使社会资本概念广为人知的是美国学者帕特南，他在科尔曼关于社会资本解释的基础上，将社会资本从个人层面上升到社会层面。帕特南在对意大利南北经济发展差异进行分析的基础上，提出了社会资本的概念，他说：“这里所说的社会资本是指社会组织的特征，诸如信任、规范以及网络，它们能够通过促进合作行为来提高社会的效率。”

可见，社会资本是基于普遍的社会信任、广泛的社会参与、复杂的网络结构和持久的互惠规范而形成的能促进社会合作的一种社会关系网络，它是一种可以促进社会资源的优化配置进而实现社会可持续发展的重要资源。相对于物质资本和人力资本而言，社会资本是一种嵌入在社会结构中的特殊资源，它具有公共性、再生性、可转化性等特征，对促进经济发展、维护社会秩序和政治稳定具有重要作用。作为一种特殊的社会资源，社会资本强调信任、规范、参与、互惠、网络、合作、共享等内涵，其中，信任、规范与合作是它主要的构成要素。社会资本的基本属性及其与乡村环境治理的契合性关系表明：实现乡村环境合作治理的目标依赖丰富的乡村社会资本。社会资本丰富的乡村，可以通过信任、规范和互惠等机制以及网络化社会结构，采取合作策略，开展合作行为，促进乡村环境治理；反之，在缺乏社会资本的乡村，由于缺乏信任、互惠行为、社会规范以及社会联系等，治理主体间难以开展合作，即使存在一定的合作，也是建立在追求个人利益的基础上，难以保证合作的有效性和持久性，这必然会对乡村环境治理产生制约作用和消极影响。在乡村社会转型过程中，社会资本也发生巨大变化，乡村环境治理面临着严峻的现实困境。

第二节　乡村振兴的国内实践

一、中国现代化与乡村发展

中国对于现代化的认识是经历了一个不断实践、不断认识、不断再实践、不断再认识的反复过程，也是一个正确与错误、成功与失败、顺利与曲折交错的过程，还是一个不断开拓、不断创新的中国特色社会主义现代化之路的过程。中国的现代化总体布局并不是一次性完成的，而是多次性认识，不断完善的，也经历了六十多年的中国现代化的实践、探索、创新之后才逐渐形成，逐步深化，更加全面。中国现代化包含两个方面的基本线索：一是国家现代化建设，从国家工业化、四个现代化到小康水平、小康社会再到“五位一体”，现代化的方面越来越全面与协调。二是国家治理现代化，从新中国现代国家制度建设，到改革开放重建现代国家制度和不断改革、不断完善国家制度，再到国家治理体系和治理能力现代化。两者相互关联、相互作用、相互促进，从而构成中国特色现代化道路。中国道路拥有不断扩大的现代化因素、不断扩大的社会主义因素，不断扩大的中国文化因素，具有后发优势、社会主义优势、中国文化优势，为世界的经济增长、减贫和贸易做出了贡献，同时中国也实现了从落伍者、失败者，到后来者、追赶者、赶超者，再到成功者、贡献者的角色转变。因此在实现中国现代化的进程中必须坚持中国特色社会主义道路，才能为我国的现代化建设增加更加强劲的定力。[①]

乡村振兴最终要体现于农业农村发展与乡村现代化。在农业、农村发展方面，中共十九大报告首次提出农业农村优先发展，这一表述具有很强的公共政策含义。一是农业与工业、农村与城市相比，由于其产业与空间上的特性，在资源配置和效率上处于竞争劣势，需要在公共政策上予以优先安排。二是在已有的农业、农村公共政策中，一直强调农业的基础地位，近些年不断加大财政资金对农业、农村的投入。但是随着农业在国民经济中的份额下降，以农业基础地位作为不断加大投入的理由越来越受到挑战，加上这些资金使用的绩效和分配存在问题，致使已有的农村政策受到质疑。将农业、农村优先发展作为一种理念提出来，意味着在公共政策上不仅仅是一种权宜之计，而是使其成为一种有理论支撑的政策安排。在乡村现代化方面，中共十九大报告在原来与工业化、信息化、城镇化并列的农业现代化中加了一个农村现代化。这一表述尽管在字面上只是加了“农村”二字，但反映了发展理念上的重大进步。一是如果只有农业现代化，还是农业为城市服务理念的延续，在城乡不平等格局下也实现不了农业现代化。二是乡村是农民、农业、农村的有机体，农村是农民和农业的载体，乡村现代化才是全面的现代化，它只有在三者互动和相互影响下才能实现。[②][③]

---

① 胡鞍钢．中国现代化之路（1949—2014 年）［J］．中国战略报告，2016（2）：29－59.

② 习近平．决胜全面建成小康社会夺取新时代中国特色社会主义伟大胜利——在中国共产党第十九次全国代表大会上的报告［N］．人民日报，2017－10－28.

③ 刘默．乡村仍是中国现代化主战场——访中国人民大学经济学院刘守英教授［J］．中国经济报告，2017（12）：48－52.

二、百年乡村建设的历史扫描

中国近百年的乡村振兴实践，始于20世纪初民间自发的乡村建设派围绕文化和教育进行农村建设的尝试，兴于国家进场后中国共产党带领农民围绕土地所有制进行的变革，盛于国家主导下开展的对农村从“汲取”到“给予”的新农村建设，成于新时期的乡村振兴战略。纵观近一百年中国现代化历程，乡村不断衰败凋敝。建设什么样的乡村、怎么建设乡村，是近代以来中华民族面对的一个历史性课题。面对这一课题，在20世纪二三十年代便掀起了一场论战。在这场论战中，绝大多数人将中国的乡村问题简化为农业问题，要么主张农业化，要么主张工业化，要么主张工农并举。1949年以后，在特定的历史条件下选择了工业化道路。在工业化初期乃至中期阶段，以农业支持工业发展，导致工农、城乡之间发展的严重失衡，乡村沦为工业和城市的附庸。总之，近百年来的现代化基调是工业化，工业剥夺农业，城市剥夺乡村，不仅成为一种常态，而且固化为一种社会体制。乡村振兴战略，是中国共产党对近百年现代化经验、教训进行认真总结和反思后，所提出具有深远战略意义的国家发展之策，它对前一个时期将现代化简化为工业化、并片面强调城市化战略的适度纠偏和政策调适。城乡互融、农工互促，理应成为未来中国现代化的主基调①。

（一）清末民初：乡村自治

中国作为农耕形态最完备的文明古国，对乡村社会的有效治理一直是历代治理者孜孜以求的梦想。中国的乡村建制历史久远，从周代的乡遂制、秦汉的乡亭制、唐代的乡里制，到宋代以后的保甲制，乡村社会

---

① 吴理财．近一百年来现代化进程中的中国乡村——兼论乡村振兴战略中的“乡村”［J］．社会科学文摘，2019（1）：11－13.

的生息繁衍一直保持高度稳定的自治状态。近代以来，随着专制王朝的急剧衰落与解体，中国社会面临“千古未有之大变局”，保甲废弛，国家意志渗透到乡村，以“代理人”的方式参与乡村社会治理。“清末新政”以后，清廷即在乡村推行了一系列积极有效且具有现代治理色彩的举措。1904 年，河北定县翟城村乡绅米春明以翟城村为样板，兴办新式教育、制定村规民约、发展乡村经济，被认为拉开了乡绅探索本地地方自治和乡村自救的序幕。米氏父子以翟城村为示范，发动民众成立自治组织，为本地村民制定村规民约、兴办新式教育并积极发展当地经济，一系列的举措改善了翟城村的面貌，为村一级的农村建设和乡村自救，趟开了一条新路。

（二）民国时期：乡村建设

1920 年代，乡村建设运动渐成风尚，众多社会精英投身其中，最具影响的是由晏阳初主持的中华平民教育促进会开展的“定县实验”，梁漱溟领导的“山东乡建运动”，中华职业教育社在江南进行的农村改进工作，华洋义赈会在河北乡村推行的合作运动，以及河南村治学院在河南推进的乡村建设活动等，此外陶行知、卢作孚、黄炎培、张謇等也开展了不同形式的乡村建设运动。[①] 地方“良绅”在不同范围内自发进行的挽救乡村的实践经验，无疑是宝贵的探索，为之后轰轰烈烈的百年乡村振兴实践迈出了第一步。但不容忽视的是，在传统“皇权不下县”的政治格局下，乡绅代表着本地的统治者阶层，有着自身的阶级利益，其挽救乡村的行动除了基于爱国救国心之外，也不可避免是为了维护自己作为权贵阶层的统治基础。因此，阶层与利益的局限性，使得地方“良绅”并不是推动乡村建设运动最佳领袖。民国时期前后，大批地方乡绅与知识分子积极投身于乡村建设，探索地方自治与乡村自救之道。

① 冯俊锋，唐琼．清末民初中国乡村治理再考察［J］．四川大学学报（哲学社会科学版），2017（5）：97－103.

根据国民政府的统计，民国初期的乡村建设机构有600多个，各类的乡村建设试验区有1000多个，但此时的建设实践主要集中于文化教育方面，对于农村发展的复兴效果并不明显。

在地方良绅和知识分子开展乡建运动的同时，中国共产党在中央苏区根据地，也开辟了乡村建设试验田，其间的尝试和举措，为推进中华人民共和国成立后的中国农村建设积累了宝贵经验。与乡建派的乡村建设实践不同的是，中国共产党开启了没有乡建派的乡村革命实践，彻底改变了乡村内部的社会结构，通过领导广大农民围绕土地所有制的一系列革命，先后实践了农民土地私有制、合作化、人民公社、包产到户等不同时期的土地所有和经营形式，在农村进行农田水利建设、基础公共设施建设、提供教育医疗等基本公共服务，显著提高了农业生产与农民生活水平。

（三）中华人民共和国成立（1949—1978年）：乡村社会主义改造

在新民主主义革命时期，确立的是农民土地私有制。1950年颁布的《中华人民共和国土地改革法》，明确规定实行农民土地私有制，大大激发了农民的生产积极性，农业生产快速恢复。1953年开始，“一化三改”完成，又开始了农业合作化运动，农民在国家动员下，不断交出土地所有权，相继加入了互助组、初级社和高级社，将农村从个体经济，改造成社会主义集体经济。1958年，中央政治局讨论通过了《关于在农村建立人民公社问题的决议》，在全国范围内推动实现人民公社化，农村土地制度完全变成了集体所有。由于农业生产水平一直无法满足国家发展和人民生活所需，必须在生产关系上做出突破。1983年中央下发文件，指出联产承包制是“农民的伟大创造”，人民公社解体，以家庭联产承包为主的责任制、统分结合的双层经营体制，成为我国乡村集体经济组织的一项基本制度，得以确立。生产关系的变革，使得农业生产力得到快速发展。同时，通过大力发展乡镇企业和促进农工商综合发展，大大提高了农民收入和生活水平。

（四）改革开放（1978—2005 年）：以家庭承包制为核心的乡村建设

从 1978 年改革开放至今已有 40 余年，农村的率先改革和发展成为推进城市改革和其他各个方面的改革的动力，迅速地推进了工业化和城市化进程。家庭联产承包责任制的实质是打破了人民公社体制下土地集体所有、集体经营的旧的农业耕作模式，实现了土地集体所有权与经营权的分离，确立了土地集体所有制基础上以户为单位的家庭承包经营的新型农业耕作模式。家庭联产承包责任制是特定社会经济条件下的历史选择，该种农业生产组织形式与传统的农业生产组织方式（大集体时期）相比具有较大的进步，在改变农村经济格局的同时，奠定了经济发展和后续改革的基础，调动了农业生产者的积极性，为我国农民脱贫起到了重要作用，推动了农业生产的快速发展，极大地改变了我国农业生产和农民生活，被邓小平同志誉为中国农村改革与发展的“第一次飞跃”。①

除开改革初期家庭承包制的发生和乡镇企业发展具有一定自发性以外，中国政府对农村的发展在不同的阶段实施不同的发展战略。1978—1988 年，是中国改革开放的初期十年。这一阶段的农业主要是解决粮食产量问题，关键措施就是以家庭联产承包责任制为核心的体制改革。农村和农业战略可以概括为：实施家庭承包责任制与“温饱战略”或“粮食产量战略”。1989—1997 年，将近 10 年。这一时期，虽然每年的中央一号文件不是涉农的，但是中央丝毫没有降低对“三农”的重视。综合这些文件和措施，可以把这一时期的农村发展战略概括为：“农业和乡镇企业并举”战略或“农业乡镇企业两条腿走路”战略。1998—2005 年，这一阶段是中国经济体制改革艰难而又关键的时期，也是涉农改革方面比较多、文件和改革措施比较密集的时期。前所未有地重视

① 萧浩辉．决策科学辞典［M］．北京：人民出版社，1995.

增加农民收入和进行粮食流通体制改革，同时把小城镇建设作为带动农村经济社会全面发展的综合性大战略。可以把这一时期的农村发展战略概括为“减负增收、粮食流通体制改革和小城镇战略”，重点是《土地承包法》、减负增收、粮食流通体制改革和小城镇建设。[①]

（五）新农村建设（2005—2017年）

中华人民共和国成立后，农业生产组织形式和城乡交换关系，都在国家主导之下。通过模仿苏联的“国内外市场相隔离条件下不同经济成分间的不等价交换”，农业和农村为国家工业化提供原始积累，带来了汲取性的制度安排。到2005年，农业在国民经济中的比重降至12.4%，农业为工业提供原始积累的历史任务已经完成。同时，国内生产总值增速保持9%以上，GDP实现18万亿元，国家财政收入突破3万亿元，工业反哺农业的条件已基本成熟。汲取性的城乡二元结构，严重制约着农业和农村发展，必须要进行战略转变。通过“以工促农、以城带乡”，新农村建设调整了国民分配关系，加大了公共财政支持三农的力度，增强了农村基础设施建设，提高了农村基本公共服务水平，使得农村面貌焕然一新。2005年，从国家层面开启的新农村建设，是中国乡村发展的新阶段。面对全球化的新形势，这一波乡村振兴的尝试已经不再局限于乡村，而是在以工补农、以城带乡的全面部署下，动员更广泛的社会力量广泛参与。新农村建设提出了“生产发展、生活富裕、乡风文明、村容整洁、管理民主”的总要求，坚持和完善农村基本经营制度，加快农村要素市场建设，深化农村产权综合改革成为新农村建设的重点任务。在农村基础设施和基本公共服务的建立完善上，取得了决定性进展。

2005年10月，党的十六届五中全会提出建设社会主义新农村的历

① 黄少安．改革开放40年中国农村发展战略的阶段性演变及其理论总结［J］．经济研究，2018，53（12）：4－19.

史任务，提出三农工作“重中之重”的战略思想，制定了“多予、少取、放活”的工业反哺农业、城市支持农村的重要方针，并提出了新农村建设的基本要求：生产发展、生活宽裕、乡风文明、村容整洁、管理民主。涉及农村政治、经济、文化、社会的方方面面，与乡建派侧重于文化教育，革命派侧重于农村土地制度变革，中华人民共和国成立后侧重于发展农业生产提取农业剩余相比，大大拓展了农村建设的内涵和外延。新农村建设以改革国民收入分配关系为前提。2005 年全国各省份基本取消了农业税费，地方因此减少的收入由中央财政进行转移支付，同时，对农民实行直接补贴、良种补贴、农机具购置补贴、农资综合补贴以及退耕还林补贴。通过国民收入的再分配实现财政支农。与此同时，政府大力推进农村教育、卫生等社会服务，2007 年起农村义务教育阶段的学生全部免除了学杂费，新型农村合作医疗自 2003 年试点以来，迅速覆盖了大部分农村居民。社会主义新农村建设中，中央财政加大投入，逐步完善农村公共基础设施建设。对农村的基础设施建设体现在方方面面，包括村庄自来水管建设和电网改造，村庄垃圾搜集，沼气、秸秆发电、风能、太阳能等可再生能源建设，广播电视和互联网建设，公路村村通、电话村村通、金融网点村村通等。以上建设均得到了中央财政的专项支持，财政支农投入每年呈现增量趋势。要补齐农村短板，不但需要财政总量投入增加，更需要人均财政投入超过城市中的人均投入，这样农村的基础设施和公共服务水平才能缩小与城市的差距，进而赶上甚至超越城市。

虽然国家对农村的支持保护力度逐年增大，但不容忽视的是，农村依然呈现衰败态势，农民收入与城市收入差距的绝对额一直在扩大，农村的优质教育、医疗服务水平依然很低，农村空心化老龄化趋势一直在加剧，农业现代化严重滞后于工业化、信息化和城镇化。乡村振兴不仅仅是维持现状，而是要全面振兴。舍弃农村的城市繁荣，只是表面的不可持续的繁荣，放弃农民后的市民小康，也不是中华民族的全面小康。因此，党的十九大报告提出的乡村振兴战略，是解决人民日益增长的美好生活需要和不平衡不充分的发展之间矛盾的必然要求，是实现“两个百年”奋斗目标的必然要求，是实现全体人民共同富裕的必然要求。[①]

（六）乡村振兴战略（2018 年至今）

2017 年 11 月，由十九大开启的乡村振兴战略，在前两个阶段的基础上，进行全面超越。乡村振兴被第一次提升为国家战略，而且成为国家七大战略中的唯一一项新战略。乡村振兴战略以“产业兴旺、生态宜居、乡风文明、治理有效、生活富裕”为总要求，在各方面对新农村建设进行提档升级。通过建立健全城乡融合发展体制机制和政策体系，加快推进农业农村现代化。体现了优先发展、精准定位、突出矛盾这三大特点。在全面决胜建成小康社会的新时代，重点解决三大问题：最大的发展不平衡，即城乡发展不平衡；最大的发展不充分，即农村发展不充分；最大的不同步，即农业农村发展滞后于城镇化、工业化和信息化，成为中国现代化进程中的最大发展短板。振兴乡村，成为实现“两个百年”目标的关键节点。[②]

三、乡村振兴的地方实践

走中国特色社会主义乡村振兴道路，要立足于现实；让农业成为有奔头的产业，要守得住根本；让农民成为有吸引力的职业，能预见未来；乡村振兴是农业农村现代化必经之路，既要认清现实约束，又要有足够的历史耐心，选择适合国情及区域特征的乡村振兴实现模式。目前

① 郭海霞，王景新．中国乡村建设的百年历程及其历史逻辑——基于国家和社会的关系视角［J］．湖南农业大学学报（社会科学版），2014，15（2）：74－80.

② 周立．乡村振兴战略与中国的百年乡村振兴［J］．人民论坛，2018（3）：6－13.

乡村振兴主要从产业振兴、旅游文化、生态环保、地理位置等方面着手，现从八个发展模式分析我国乡村振兴部分案例。

（一）模式一：产业主导模式

掌握新时代农业农村发展新定位，培育能够满足新需求的潜力乡村，发挥自然资源及地理区位优势，打造具有产业基础的核心乡村，形成要素集聚、特色明显、效益突出的产业主导的乡村振兴模式。产业主导模式主要方式是把产业发展落到农民增收上来，全力以赴消除农村贫穷。目前主要东部沿海等经济相对发达地区被采用，其特点是产业优势和特色明显，农民专业合作社、龙头企业发展基础好，产业化水平高，初步形成“一村一品”“一乡一业”，实现了农业生产聚集、农业规模经营，农业产业链条不断延伸，产业带动效果明显。

1. 利用原有产业优势，使农业生产聚集化、规模化，产业链不断延伸。

代表案例：江苏省张家港市南丰镇永联村。该村依托永钢集团、建个私工业园，解决了就业问题，增加了农民收入，并获取了大量投资和资金，从而成立永联苗木公司，实现了土地集约化经营，规划建设农业示范区，其发展模式如图 2. 2 所示。永联村辖 10. 5 平方公里，拥有 77 个村民小组，村民 10400 人。永联村是 1970 年在长江边上围垦建村的，直到 1978 年，还是全县最小、最穷、最落后的村。改革开放，给永联带来了生机和活力。当年，永联突破“以粮为纲”禁锢，在低洼地上挖塘养鱼搞副业，掘到了第一桶金。紧接着，永联开始走以工兴村道路，陆续创办了玉石厂、花砖厂等七个小工厂。2005 年起，永联借助集体经济实力雄厚的优势，积极响应新农村建设号召，全面推进城镇化建设，现在 12 平方公里的村域，呈现出一幅由小镇水乡、花园工厂、现代农庄、文明风尚构成的“中国农村现代画”，让老百姓过上了幸福的生活。“十二五”期间永钢和永联村所有建设项目总投资 90 亿元，到2013年永钢将跻身为炼钢和轧钢产能各1000万吨的综合型冶金企业，年销售收入达700亿元，利税50亿元。永联村先后获得“全国文明村”“全国先进基层党组织”“江苏省百佳生态村”“全国农业旅游示范点”等30多项省和国家级荣誉称号。2014年，入选中国九大土豪村。2017年12月，荣获2017名村影响力排行榜300佳。2019年7月28日，入选首批全国乡村旅游重点村名单。①

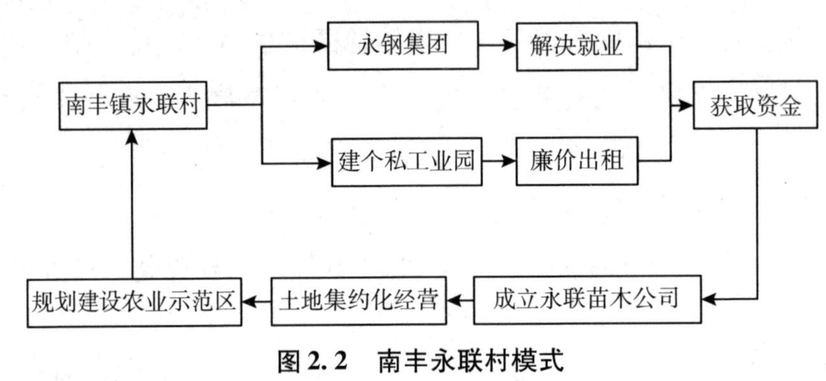

图2.2　南丰永联村模式

2. 利用新经济模式，带动农村产业发展

“互联网＋实体农场＋电子商务＋社区服务”的创新发展模式，集“互联网＋农场＋产品溯源＋电商＋生态优质产品＋黏性用户＋社区”于一体的商业发展闭环，构建了一条完整的生态养殖产业链，国家政策支持生态农业发展，未来发展潜力巨大。代表案例：乐农之家。乐农之家是云联乐农（深圳）农牧科技有限公司旗下的高端互联网养殖综合服务平台，总部位于深圳科技园，注册资本一亿元人民币。乐农之家积极响应国家互联网＋号召，率先在国内提出“新三农”理念：知农、富农、乐农，以“互联网＋农场＋电商”为发展模式，通过互联网、

① “美丽乡村”十大模式和典型案例［EB/OL］. http：//www. cxhyplan. net/zhuanti/mlxc/list/list3_1. html.

物联网、智能终端的创新技术和现代化生态农牧业养殖相结合，解决千百年来农业的粗放式管理、资金不足、供需失衡、产业链松散、食品安全等难题，推进中国农牧业全产业链的创新发展。乐农之家以互联网为工具，利用互联网高度透明和强用户体验等特性，将实体农场与大众连接起来，打造全新的线上认养、线下代养 O2O 生态养殖场景，引导那些远离山林、草原、田园的都市人投身于生态农业的建设中（见图 2.3）。2017 年 4 月 29 日，乐农之家“互联网 + 农业”模式获得社会各界的高度赞誉，斩获中国企业信用论坛“中国商业模式创新奖”。同时，由于其商业模式具有创新性和可持续性，对传统养殖模式的转型与升级意义重大，被授予“中国互联网养殖最具价值品牌”。

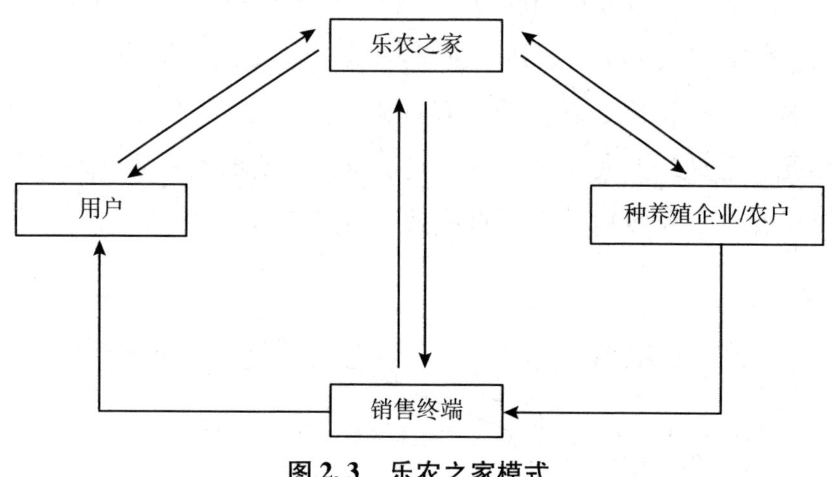

图 2.3 乐农之家模式

（二）模式二：文化主导模式

文化主导模式亮点在于将农业文化传承与特色小镇建设衔接，选择具有民族民俗特色乡村为支持重点，深入挖掘农耕文明及农作文化，保留原汁原味原生态，营造乡村所有、经营灵活、公益性与盈利性并重的乡村文化载体，提供城镇居民心灵家园与情感归宿，形成文化主导的乡村振兴模式培育文明乡风，良好家风，淳朴民风，提高乡村社会文明程度，以此获取收益。文化振兴选址主要在具有特殊人文景观，包括古村落、古建筑、古民居以及传统文化的地区，其特点是乡村文化资源丰富，具有优秀民俗文化以及非物质文化，文化展示和传承的潜力大。

1. 文化传承型模式

典型案例：河南省洛阳市孟津县平乐镇平乐村。平乐村地处汉魏故城遗址，文化积淀深厚，因公元 62 年东汉明帝为迎接大汉图腾筑“平乐观”而得名。该村以农民牡丹画而闻名全国，农民画家已发展到 800 多人。“一幅画、一亩粮、小牡丹、大产业”，这是流传在河南省孟津县平乐村村民口中的一句新民谣。随着洛阳旅游业的日趋繁荣，外地观光者在欣赏洛阳牡丹芳姿的同时，对极具特色的牡丹画爱不释手，他们积极踊跃购买，促进了牡丹画产业的持续健康发展。近年来，平乐村按照“有名气、有特色、有依托、有基础”的“四有”标准，以牡丹画产业发展为龙头，扩大乡村旅游产业规模，探索出了一条新时期依靠文化传承建设“美丽乡村”的发展模式（见图 2.4）。

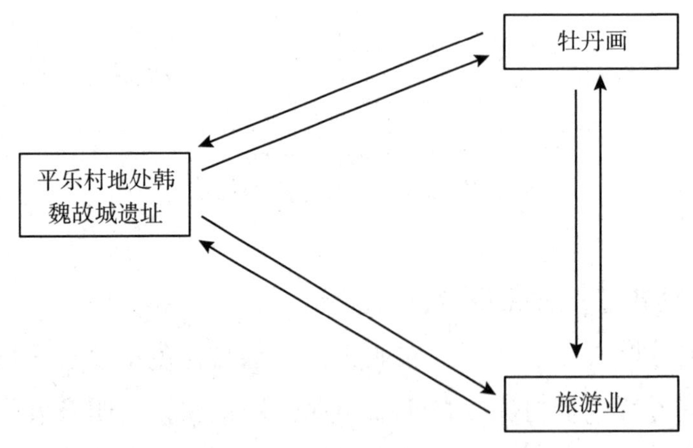

图 2.4　乐平镇平乐村模式

2. 新型文旅小镇模式

休闲旅游型美丽乡村模式主要是在适宜发展乡村旅游的地区，其特点是旅游资源丰富，住宿、餐饮、休闲娱乐设施完善齐备，交通便捷，距离城市较近，适合休闲度假，发展乡村旅游潜力大。代表案例：江西省婺源县江湾镇。近年来，江湾镇积极发展乡村旅游，着力打造乡村旅游的示范镇，促进乡村旅游与农业、农民和农村发展有机相结合，使乡村旅游参与主体的农民，成为受益主体。投资8000万元建设篁岭民俗文化村和投资7亿元重点开发以徽派古建筑异地保护区定位的梨园新区处于紧张的建设阶段，这两个重点旅游工程的建成，将使更多当地群众受惠于乡村旅游。积极引导开发农业观光旅游项目，打造篁岭梯田式四季花园生态公园，使农业种植成为致富的风景，成为乡村旅游的载体。作为全国首批特色景观旅游名镇的江湾镇，乡村旅游效益逐年提升。

（三）模式三：生态环保型

扎实实施农村人民环境政治，推进农村“厕所革命”，完善农村生态设施。主要是在生态优美、环境污染少的地区，其特点是自然条件优越，水资源和森林资源丰富，具有传统的田园风光和乡村特色，生态环境优势明显，把生态环境优势变为经济优势的潜力大，适宜发展生态旅游。

1. 生态保护型模式

典型案例：浙江省安吉县山川乡高家堂村。高家堂村将自然生态与美丽乡村完美结合，围绕“生态立村——生态经济村”这一核心，在保护生态环境的基础上，充分利用环境优势，把生态环境优势转变为经济优势（见图2.5）。

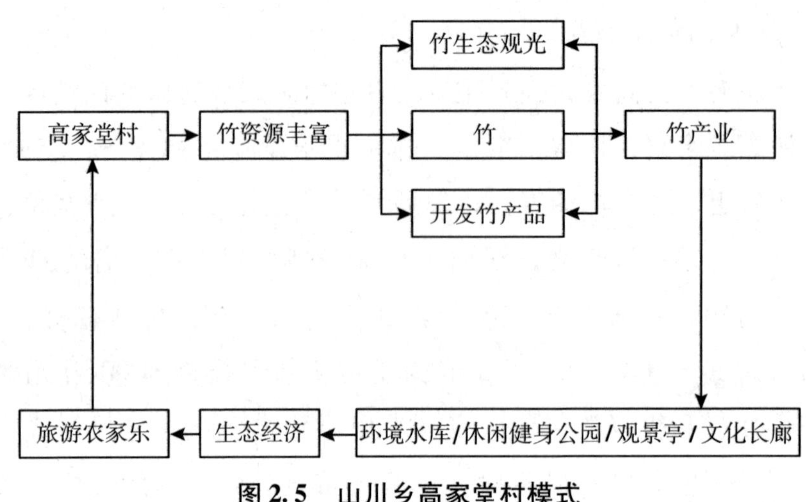

图 2.5　山川乡高家堂村模式

2. 环境保护型模式

在农村环境综合整治方面，主要从居民端和农业端两方面着手，农村居民层面：供水、污水、水源地治理，固废环卫以及能源方面的光伏、散煤替代等问题，都比较重要；农业层面：如化肥、农药的减量化、畜禽粪污的治理、秸秆“五料化”、节水灌溉以及耕地的修复等。代表案例：山东省平邑县环境保护。①

山东省平邑县共投资4600万元，建设20吨生活垃圾中转站22个；投资656万元，配备三轮、四轮钩臂车55辆，25吨大型专用钩臂运输车10台；投资1005.93万元，配备3立方移动垃圾箱1603只；投资525.38万元，配备240升垃圾桶2602只，120升垃圾桶23351只，其他垃圾桶31823个。“十二五”期间，全县通过综合实施结构减排、工程减排和管理减排，治污减排成效显著。大气污染治理取得阶段性成果，优化能源结构，强化煤质控制，万元GDP能耗累计下降16%；关停淘汰土小企业66家，各类燃煤小锅炉220台、清洁能源置换80台；

① 乡村振兴四大类型八种模式分析：振兴之路在于创新［EB/OL］. https：//www. askci. com/news/chanye/20180831/1712151130713_4. shtml.

完成1家电厂1.2万千瓦时机组超低排放改造；累计治理污染企业40家（次），新建或改造提升各类治理设备78台；狠抓机动车排气治理，累计淘汰黄标车1300辆，推进“黄改绿”试点，完成改造23辆；全面完成储油库、加油站、油罐车油气污染治理，实现国四车用油品升级；累计安装油烟净化器617台，取缔燃煤大灶31个，41家烧烤店全部实现“三进”，城市扬尘综合治理取得明显成效。流域污染治理成效显著，关停淘汰了一批造纸、印染等行业的高污染企业，实施了87家企业87项污水深度治理再提高工程；完成浚河、鲁埠河等多条河流（河段）综合治理，累计治理骨干河道7.9公里；新（改、扩）建污水处理厂4座，城市污水集中处理率达到90%以上。生活垃圾无害化处理率达到100%，危险废物和医疗废物安全处置率达到100%。平邑县人民政府于2019年3月27日公开发布《平邑县人民政府关于印发平邑县生态环境保护“十三五”规划的通知总体思路》提出发展目标为到2020年，城乡生态环境质量明显改善，主要污染物排放总量持续减少，资源节约、环境友好的生态环境空间格局基本形成，环境公共服务水平全面提升，环境安全得到有效保障，实现与全面建成小康社会和生态文明建设水平相适应的环境质量目标（见表2.1、图2.6）。

表2.1　　平邑县“十三五”生态环境保护规划主要指标

类别	序号	指标名称	2020年	备注
环境质量	1	跨界水体断面水质达标率（%）	100	
	2	建成区黑臭水体比例（%）	<10	国家要求
	3	地表水劣V类水质的比例（%）	0	国家要求
	4	城市集中式饮用水源地水质达到或优于Ⅲ类比例（%）	100	国家要求
	5	城市空气质量质量优良天数比例（%）	>80	国家要求

续表

类别	序号	指标名称	2020 年	备注
环境质量	6	重污染天数比例（%）	基本消除	
	7	SO_2 年均浓度（微克/立方米）	达到二级标准	
	8	PM_{10}年均浓度（微克/立方米）	94	
	9	NO_2 年均浓度（微克/立方米）	<40	
	10	$PM_{2.5}$年均浓度（微克/立方米）	52	
	11	全年 O_3 超标天数下降比例（%）	持续改善	
排放控制	12	化学需氧量排放总量削减率（%）	12.5	
	13	氨氮排放总量削减率（%）	13.5	
	14	二氧化硫排放总量削减率（%）	20	基于质量改善目标
	15	氮氧化物排放总量削减率（%）	22	基于质量改善目标
	16	烟粉尘排放总量削减率（%）	30	基于质量改善目标
	17	挥发性有机物排放削减率（%）	20	基于质量改善目标
环境管理	18	城镇污水集中处理率（%）	95	
	19	农村生活垃圾无害化处理率（%）	>85	
	20	工业固体废物综合利用率（%）	>90	
	21	危险废物综合利用和无害化处置率（%）	100	
	22	林木绿化率（%）	41.2	
	23	机动车环保定期检测率（%）	100	
	24	重点工业企业在线监控率（%）	100	

资料来源：平邑县人民政府关于印发平邑县生态环境保护“十三五”规划的通知［EB/OL］. http：//py.gov.cn/info/1394/80045.htm.

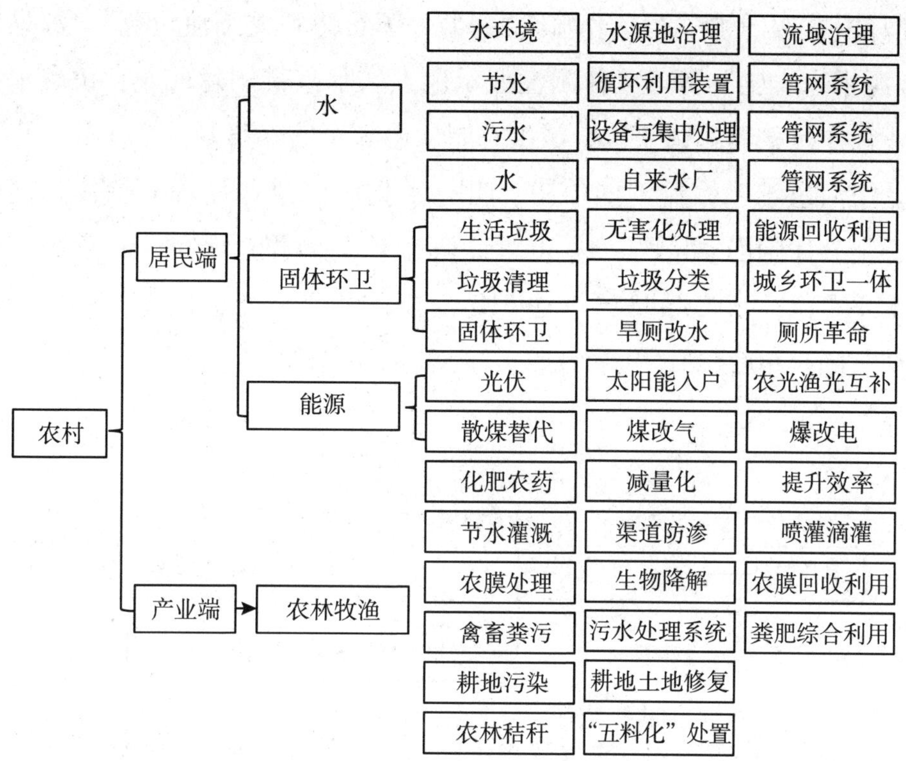

图 2.6　山东省平邑县模式

（四）模式四：地理位置型

1. 渔业开发型模式

主要在沿海和水网地区的传统渔区，其特点是产业以渔业为主，通过发展渔业促进就业，增加渔民收入，繁荣农村经济，渔业在农业产业中占主导地位。代表案例：甘肃天水市武山县。

武山县位于甘肃省东南部，天水市西端的渭河上游。武山县坚持把休闲娱乐、观光旅游、生态建设、渔文化、特色餐饮与渔业生产有机结合，逐步探索出了一条产业融合发展的休闲渔业新路子，实现了从粗放到精养、从单一生产到集垂钓、餐饮、休闲观光等综合服务为一体的渔业发展大转变。武山县近年来以休闲渔业示范点建设为重心，强化示范，突出引领，先后建成了龙台镇“冷水鱼养殖示范区”、鸳鸯镇“盘古渔村”、四门镇“鲟鱼养殖园”、城关镇石岭“龙王池鱼苑”、温泉镇“福源生态农庄”等五大休闲渔业示范点。示范带动建成龙台镇鑫水源专业合作社、鸳鸯镇丁门金麟生态园、榆盘军信养殖专业合作社、马力镇龙川河鱼场、榆盘刘能山庄、咀头乡党口清泉鱼场等一批休闲渔家乐，全县休闲渔家乐场户达40个，养殖场总面积达千亩，养鱼净水面积550多亩，水产品总产量达510余吨，渔业总产值达1300多万元，带动贫困户90余户，户均增收1000多元（见图2.7）。

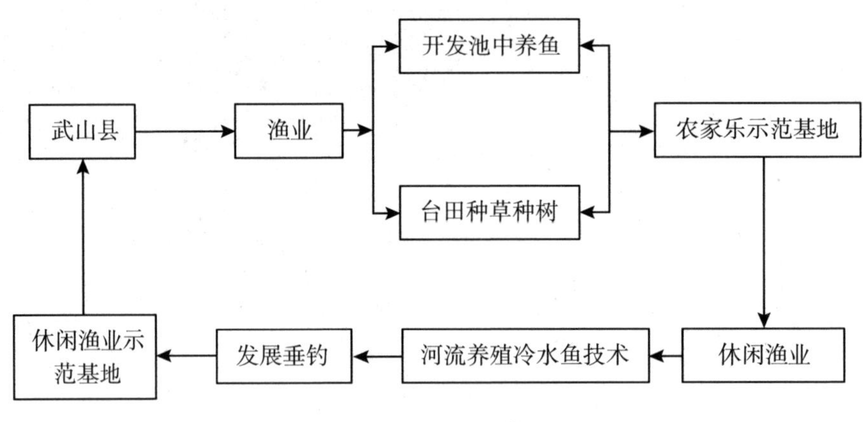

图2.7　武山县模式

2. 草原牧场型模式

草原牧场型模式主要在我国牧区半牧区县，占全国国土面积的40%以上。其特点是草原畜牧业是牧区经济发展的基础产业，是牧民收入的主要来源。代表案例：内蒙古太仆寺旗贡宝拉格苏木道海嘎查村。海嘎查的要点就是草原，对草原牧区来讲，保护好草原生态环境是发展过程中的重要任务。海嘎查在美丽乡村建设中坚持生态优先的基本方针，推行草原禁牧、休牧、轮牧制度，促进草原畜牧业由天然放牧向舍饲、半舍饲转变，发展特色家畜产品加工业，形成了独具草原特色和民族风情的发展模式。近几年，太仆寺旗积极推进“美丽乡村”建设，培育出了一批先进典型，农牧民逐步走上了现代文明富裕的发展之路。几年来全旗共投入扶贫资金6700万元，发放扶贫贴息贷款2.12亿元，争取社会帮扶资金6900万元，帮助14000多户农牧民摆脱了贫困。沼气新能源发展到10624户。全旗公路总里程达到1376公里，实现了乡乡通油路目标。实施安全饮水工程，完成安全饮水工程115处，解决了8.41万人、16.9万头只牲畜的饮水安全问题。实施扶贫搬迁工程，改造农牧区危旧房2119户。建成通信基站117座，基本实现了村村通电话和移动网络信号全覆盖。建设基层卫生院11个，嘎查村卫生室176个，完善了旗、乡、村三级医疗卫生保健网络。乡镇文化站、草原书屋覆盖各苏木乡镇嘎查村。建成旗、乡镇、村级敬老院12所。农村牧区低保标准每年达到2226元，覆盖1.93万人。推行新型农村牧区合作医疗制度，覆盖15.3万人。实施新型农村牧区社会养老保险试点，参保农牧民6.82万人，参保率82%（见图2.8）。①

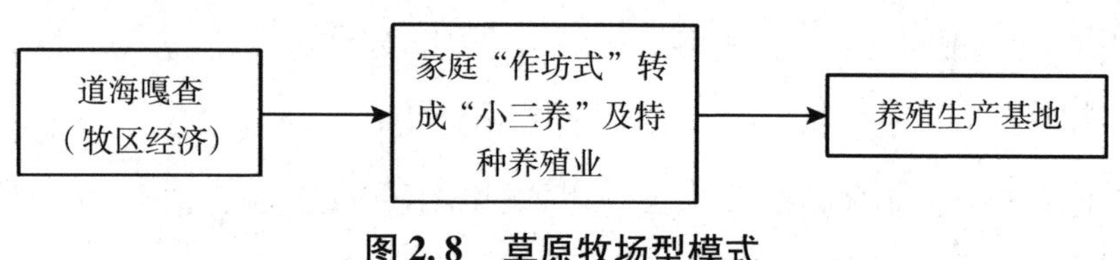

图2.8　草原牧场型模式

总的来说，四种乡村振兴类型八大模式各有侧重，每一种方式的各有不同，各乡村应该根据自身特点、优劣势比较以及对应的风险评估采用合适的发展模式。随着经济的不断发展，新的乡村振兴模式业不断涌现，但各村仍需根据实际，不能简单地复制，而是实事求是，不断发展创新。

① 佚名．“美丽乡村”建设的十大模式［J］．小康，2015（4）：19.

第三节　本 章 小 结

本章介绍了乡村振兴战略的理论基础与国内实践。第一节从农业产业的理论基础、集体经济的理论基础、人口流动的理论基础、环境整治的理论基础四个方面介绍了乡村振兴战略的理论基础。首先，农业产业的理论基础介绍了产业链理论、比较优势理论、供给侧结构性改革、农村一二三产业融合发展。其次，集体经济的理论基础介绍了农村集体经济股份制改革的制度变迁理论、农村集体经济股份制改革中的产权理论等。再次，介绍了人口流动的理论基础。最后，环境整治的理论基础介绍了交易费用理论、公地悲剧理论、社会资本理论等。第二节从中国现代化与乡村发展、百年乡村振兴的路径探索、乡村振兴的主要模式三个方面介绍了乡村振兴的国内实践。中国对于现代化的认识是经历了一个不断实践、不断认识、不断再实践、不断再认识的反复过程，也是一个正确与错误、成功与失败、顺利与曲折交错的过程，还是一个不断开拓、不断创新的中国特色社会主义现代化之路的过程。乡村振兴最终要体现于农业农村发展与乡村现代化。中国近百年的乡村振兴实践，始于20世纪初民间自发的乡村建设派围绕文化和教育进行农村建设的尝试，兴于国家进场后中国共产党带领农民围绕土地所有制进行的变革，盛于国家主导下开展的对农村从“汲取”到“给予”的新农村建设，成于新时期的乡村振兴战略。乡村振兴主要从产业振兴、旅游文化、生态环保、地理位置等方面着手，本章最后分析了我国乡村振兴部分案例、8个发展模式。

第三章

乡村振兴战略的国际经验与启示

不同国家乡村发展虽各有特色，但是在发展路径、城乡人口布局、发展主体、发展模式等方面呈现出一些共性和规律。面对乡村衰落，全球各国都从战略层面予以重视，尝试推进乡村振兴的政策。无论是土地资源较为丰富的欧洲国家和美国，还是在农业资源、发展历史、乡村特征等诸多方面与中国有很强的相似性的日本和韩国，在跨越“中等收入陷阱”的进程中，均结合自身实际情况，采取既有共性又各具特色的政策措施推动农村经济发展和乡村文明建设。因此，在推进乡村发展战略的过程中，学习和借鉴世界发达国家的乡村振兴政策与实践具有重要价值。“他山之石，可以攻玉”。深入挖掘他国在乡村发展理念、思路和政策上的成功经验，可以使得我们“摸着石头过河”的中国道路，进一步发挥后发优势，得到更多的理论和国际经验支撑。

第一节　乡村振兴的日本实践：造村运动与农业六次产业化

第二次世界大战后，日本政府将国家建设重心放在城市建设和工业经济恢复上，实行了一系列城市优先发展政策，过度注重推进城市化和工业化，造成城乡发展失衡。由于农村经济日益下滑，大量农村劳动力流入城市，城乡发展差距日益扩大，20 世纪 50 年代的日本面临农村瓦解、农业凋敝的危机。

为解决这一问题，日本从经济学、社会学和生态学三种不同视角推进乡村振兴的政策体系。经济学关注提升农林渔产业生产效率，社会学注重提升乡村社会福祉，生态学则重视乡村生态环境保护①。各种政策体系相互对立又相互依存，涉及领域广，协调难度大。自 1961 年《农业基本法》施行以来，日本围绕解决城乡发展失衡这一长期目标，统筹各方诉求，采取了立法保障、完善体制、健全机制和财政扶持政策工具，扩展农民增收渠道，改善乡村人居环境和提升乡村福祉水平等措施，形成了符合超小农生产结构特点的乡村振兴政策体系（见图 3.1），实现了缩小城乡差距的目标。

这一体系并非一蹴而就，而是随着社会经济发展的不同阶段所面临城乡矛盾的变化而逐步完善，具有明显的阶段性特征。20 世纪 60 年代，日本乡村收入水平和居住条件相对滞后，乡村振兴政策聚焦在完善乡村生产生活基础建设，力图通过财政资源的制度性再分配，改善乡村发展潜力。70 年代，日本农户收入逐渐超过全国平均水平，出现逆城市化现象。返乡人员不只是满足于温饱，他们在居住环境、教育、医疗、养老等方面提出了更高的要求。此时，乡村振兴政策转向支持就业机会的增加、乡村福祉水平的提升以及生态环境保护等领域。90 年代，日本谷物热量自给率下降到 30% 左右，农业人口比重下降到 4.5%。1999 年，日本开始施行《食物、农业、农村基本法》（简称《新基本法》），决定通过发挥农业的多功能性，缓解经济全球

① 宫崎猛. 農業、農村環境創造の制度と政策［C］. //堀田忠夫国際競争下の農業・農村革新——経営・流通・環境. 東京：農林統計協会，1998.

化进程对本国农业的冲击①。乡村振兴政策的重点转移到促进城乡融合、保护和开发乡村景观和对区位劣势地区进行直接补贴（见图3.1）。

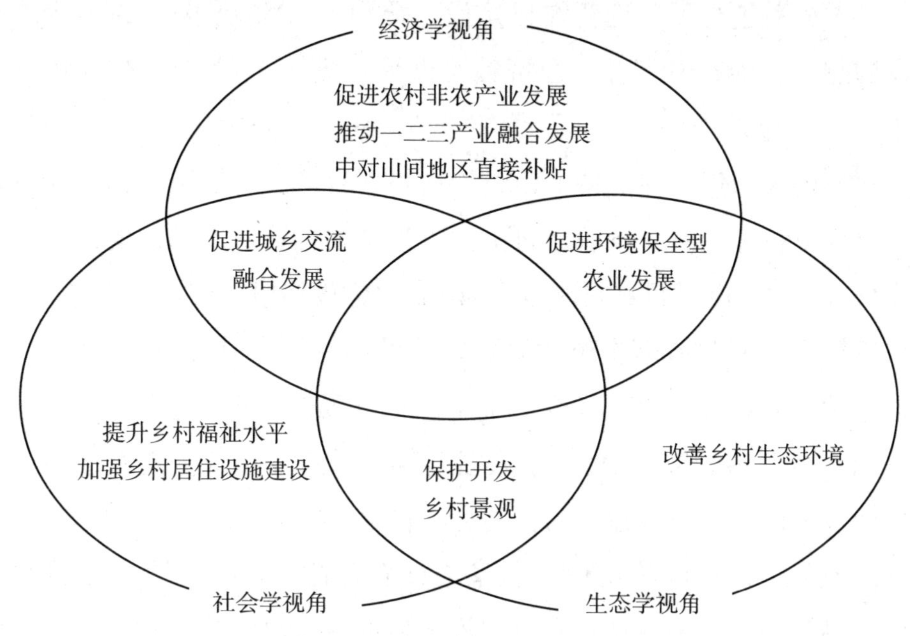

图3.1　日本推进乡村振兴的政策体系

日本乡村振兴的具体实践可归结为两条主线：一是三轮“新农村建设运动”，其中，以“一村一品”因地制宜型的造村运动最为成熟；二是农业六次产业化运动，其理论概念最早由日本学者今村奈良臣在20世纪90年代提出，是指将自身通过乡村产业融合而培育的新业态，称为六次产业。

① 曹斌．乡村振兴的日本实践：背景、措施与启示［J］．中国农村经济，2018（8）：117－129.

一、日本“新农村建设”实践

日本先后进行了3轮新农村建设，分别为1955年提出的“新农村建设构想”，1967年政府“经济社会发展计划”中的“新农村建设”，1979年的实施以“一村一品”为主要内容的“造村运动”①。这一运动是在政府的大力倡导和支持下，各地区根据自身实际情况，因地制宜培育富有地方特色的农业产业，自上而下推动农业农村发展的模式。

（一）第一轮“新农村建设”：新农村建设构想

1955年，日本政府提出“新农村建设构想”，强调发挥农民自主性和创造性，完善农业基建设施，推动农民互助合作②。这标志着第一轮“新农村建设”兴起。此轮“新农村建设”重点如下：一是明确推进新农村建设的区域。围绕建立农民经营共同体为核心，精准识别达到入围标准的农村，避免政策错位。二是成立农业振兴协议会。立足区域特色，发扬民智和民主，在新农村建设区域成立由政府、农民和地方社团共同组建的农业振兴协议会，负责制定该地区发展规划并推动落实。三是加大资金扶持力度。在依靠政策性支农资金和地方农民自有资金的基础上，推行一系列叠加补助，例如，最高可至40%的中央政府特殊补贴等。四是颁布专门法律保障。先后颁布了《农业基本法》等法律，建立政府投资、免息或低息贷款和直接补贴等多种形式支持保护政策，同时不断整合农村地区的金融、教育等资源，加速农业农村现代化。

（二）第二轮“新农村建设”：经济社会发展计划

1967年，日本政府提出“经济社会发展计划”，强调区域协同，推

---

① 万怀韬，蔡承智，朱四元．中外农（乡）村建设模式研究评述［J］．世界农业，2011（4）：26－29.

② 刘松涛，罗炜琳，王林萍．日本“新农村建设”经验对我国实施乡村振兴战略的启示［J］．农业经济，2018（12）：41－43.

进产业均衡发展，缩小城乡差距①。这标志着日本第二轮“新农村建设”兴起。此轮“新农村建设”重点如下：一是成立专门机构。新设构造改善局等机构，专门负责规划农村道路、水利管网建设工作，通过完善农业和农村基础设施，进一步推动农业农村现代化水平提升。二是强调生活环境改善。提出“魅力乡村”目标，开始重视农村生态保护，按照新标准新要求统一翻新和改建农宅，弥补农村科教文卫事业短板，建立农村社会保障制度，改善人居生活质量。三是完善农村劳动力就业保障体系。先后颁布了《农村工业引进法》等法律，借助财税优惠政策，建设农村产业园，鼓励城市产业向农村转移，为当地农民提供非农就业机会，抑制农村人口外流趋势，逐步带动农民增收致富。

（三）第三轮“新农村建设”：造村运动

20 世纪 70 年代末，日本农村开始开展“造村运动”②。其中，最具影响力的当属始于 1979 年的“一村一品”运动，标志着日本第三轮“新农村建设”兴起。此轮“新农村建设”重点如下：一是实行“市町村”大合并。由于农民大量进城，农村空心化严重，“市町村”大合并后，大幅减少村庄数量，降低管理成本，在更大的范围上实行统一规划、统一管理。二是加强政府引导，开发地域农特产品。按照“一村一品”的要求，重点围绕产业基地建设和地理品牌培育两个环节，以地方资源禀赋优势为核心组建产业基地，开发、推广农特产品。同时，发展以农林牧渔产品及其加工品为原料的大规模、专业化工业生产，追求“短平快”发展，增加农产品附加值③。在此过程中，重视发挥农协作用。引导农民统一种植和饲养等标准，统筹农业全产业链各个环节，提

① 武内哲夫．地域開発の功罪と農村振興の前提（農業振興と地域開発）［J］．農業と経済，1975，41（10）：23－29.

② 平松守彦．一村一品运动［M］．上海：上海翻译出版公司，1985.

③ 陈宽宏，程正志，龙智广．日本、韩国及中国台湾地区促进农村经济社会发展的经验及启示［J］．政策，2015（7）：69－72.

高农业组织化水平，促进产品销售交易，提高农民市场话语权。三是完善农村金融体系。在政府强化农业政策性金融支持为农民生产经营提供免息和低息贷款的同时，围绕农协为核心大力发展农村合作金融，日本农协通过全国中央组织建立了农协银行和保险机构，面向农民办理各项农村金融服务，并适当运用农村的闲散资金投资城市和海外市场，保证资金池的充足①。四是注重“职业农民”培养。日本政府在乡村无偿开办各类培训班，建立符合农民学习特点和需求的补习中心，传授农业知识和专业技术，提高农民综合素质，为农村经济的长期可持续发展奠定坚实基础。

日本“一村一品”运动首先在九州岛大分县取得成功，并被推广至全日本的农村，成为日本农村发展的普遍模式。通过造村运动，日本农村经济社会得到较快发展。资料显示，到20世纪末，日本3000多个市町村在通水通电基础上，基本配备了污水、固废处置设施。就城乡居民收入差距而言（见表3.1），20世纪50年代日本城乡居民人均可支配收入差距较大，占比超过1.44倍，；20世纪60年中后期日本进行了“新农村建设”，城乡居民收入差距不断缩小，基本持平；1979年实施“造村运动”后，城乡居民人均可支配收入之比始终处于低位②。

表3.1　　　　日本城乡居民收入差距的变化

年代	1950年代	1960年代—1970年代初	1972年	1970年代中期至今
城市居民与农村居民人均可支配收入之比	1.4以上	0.97～1.44	0.97	0.86～0.97

① 周维宏．现代日本乡村治理及其借鉴［J］．国家治理，2014（4）：34－48.

② 曾国安，胡晶晶．城乡居民收入差距的国际比较［J］．山东社会科学，2008（10）：47－53.

二、日本农业“六次产业化”进程

日本学者今村奈良臣在20世纪90年代提出六次产业理论。他认为，六次产业是以地域单位为主导，发展农业生产后续的综合加工、开发和销售以及农村观光的复合型方式推动的产业，以农民为主体推动一二三产业融合发展，其目的是为了农村农民增收①。

20世纪90年代末，日本开始新一轮的农村振兴实践。2010年，日本施行《农林渔业经营主体使用本地资源开拓新业务及促进使用本地农产品的相关法律》（简称《六次产业化及地产地消法》）②，鼓励农民立足乡村，开发、销售具有本地特色的农产品，延长产业链，提升价值链，获取流通环节的利润。政府给予从事新产品开发、修建加工设施、零售设施的农协、农业生产法人以及NPO法人（Non – Profit Organization）一定额度的补贴和贷款优惠，并提供销售、融资等咨询服务。2011年，日本正式通过《六次产业化法》，确立产业融合政策的法律地位。2013年，日本政府出资125亿日元，与多家民间金融企业合资成立政策性投资机构“农林渔业成长产业化支持机构”，采取与地方政府、农协等共筹基金或者直接注资参股的方式，帮助小微农牧企业解决在发展初期面临的资金、管理和市场的问题。截至2015年，日本六次产业的年均增长率一直保持在3% ~5%的区间③。

以发展六次产业为代表的乡村产业融合政策，是日本在推动乡村产

---

① 今村奈良臣．農業の6次産業化の理論と実践［EB/OL］. http：//global-center. jp/sp/res/20120818 – 173659 – 8874. pdf.

② 参见農林水産省.6次産業化支援対策のご案内［EB/OL］. www. maff. go. jp/j/shokusan/sanki/attach/pdf/6jika – 9. pdf.

③ 日本农林水产省.6次産業化総合調査［EB/OL］. http：//www. maff. go. jp/j/tokei/syohi/rokuji/index. html.

业振兴，推进乡村振兴的最新实践。如图3.2所示基于对六次产业的经验梳理，其作用机制可归纳为：从表面意义看，六次产业的名称源自一二三产业的简单运算，即“1+2+3”（加法效应）和“1×2×3”（乘法效应）的运算结果均等于“6”。而从内在逻辑看，一方面，加法效应和乘法效应同时存在，二者紧密互动的过程是，加法效应侧重于在产业连接过程中创造新供给，意味着对于消费者新需求的满足，而乘法效应侧重于通过产业融合，实现各类生产要素的重组和创新，培育新业态。新业态要以新供给为基础，代表产业融合和振兴的努力。最终目的是实现基于农业多功能性的价值增值，提高农民收入，创造新的就业机会，以推进乡村振兴。另一方面，两者本质上蕴藏着不同的机制，对产业融合产生两种不同效应。相比加法效应，乘法效应对产业的融合程度要求更高，也更强调农业多功能性对开发和整合资源配置，培育新业态

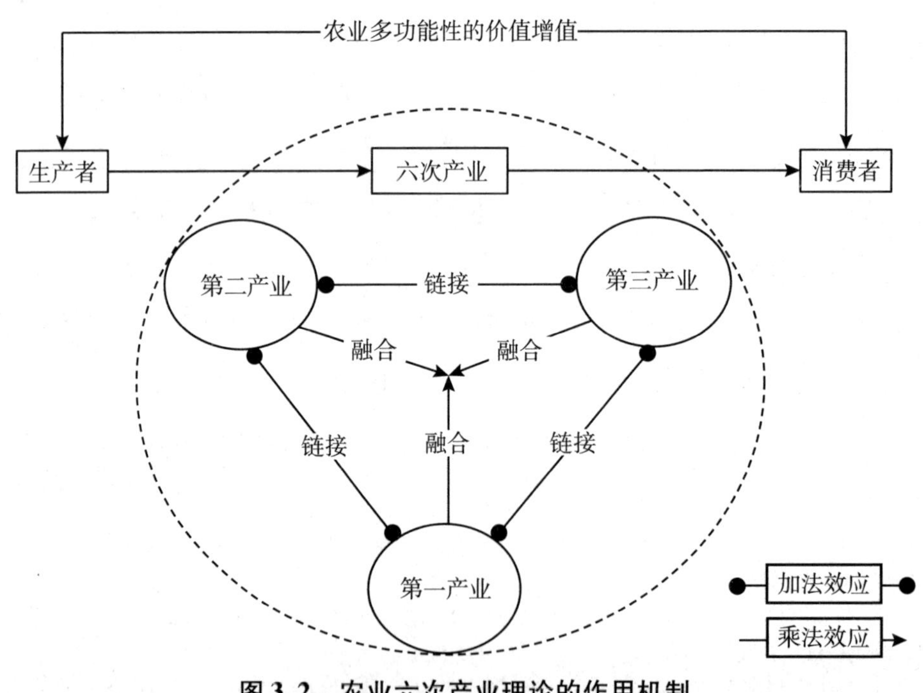

图3.2 农业六次产业理论的作用机制

的重要性。产业链条上任何一个环节的产值都不能为零，否则六次产业对乡村产业振兴的综合效益将降为零。例如，在第一二产业发展良好，但第三产业欠缺时，说明乡村已能够提供优质的农产品，且具备一定加工、销售能力，乡村经济开始发展壮大。然而，第三产业的缺失，则意味着经济发展不具备可持续性，新产业的发展并没有充分挖掘乡村能够提供的文化、生态产品，无法完整地呈现农业的多功能性，产品更高层次的价值增值也就无从谈起。

正是在上述两种效应的综合作用下，得以实现日本乡村产业在经济、社会和生态效益方面的全面提升，使得乡村新供给完成价值增值，实现乡村产业振兴，为乡村振兴战略的全面实现夯实基础。

三、日本“新农村建设”经验对我国实施乡村振兴战略的启示①

（一）推行“政府主导 + 农民参与”模式

一是明确政府定位，加大资金支持。政府应主动承担责任，轻口号宣传，重政策落地，可考虑汇集产学研多方力量，成立专业化理论研究中心、规划设计院等机构，协同开展理论和实践研究，确保乡村振兴战略政策的科学性。政府也应构建以财政保障为基石、以金融倾斜为重点、以社会参与为目标的资金投入体系，着力加大农村科教文卫、养老保障等社会事业投入，加快补齐农村公共产品欠账，以便为乡村振兴战略实施提供良好环境。二是坚持农民参与，切实解决难题。政府应在乡村振兴战略的政策设计、规划制订等方面坚持“自下而上”原则，围绕农民需求为核心颁布政策，且应注意凸显农民的自主、积极和主动

① 刘松涛，罗炜琳，王林萍．日本“新农村建设”经验对我国实施乡村振兴战略的启示［J］．农业经济，2018（12）：41－43.

性。同时，中央和各地方政府在实施乡村振兴战略中，应着重、优先解决中西部和山区农村农民的致富、行路、上学、看病等基本生活难题，并在此基础上由浅入深、循序渐进，逐步引导农民参与其中，使农民成为落实乡村振兴战略真正的主体。三是支持建立专业化农业合作经济组织，推动农民自我管理、服务和发展。政府应在落实乡村振兴战略过程中，在做好引导、管理和监督的基础上，鼓励新型农业经营主体带头创办专业化农业合作经济组织，政府则重点在资金、管理、法律等方面予以支持，并要求此类组织应努力作为农民利益代言人，这亦有助于培育农民主体意识和创造力，为乡村振兴战略全面深入实施注入持久动力。

（二）注重政府参与和政策落实的灵活性

一是适时调整政府的参与力度和广度。乡村振兴战略是一项需要分阶段、稳步实施的国家战略，政府应依照实情适时调整自身的参与力度和广度，在乡村振兴的不同阶段推行差异化的区域规划、基建设施、环境整治、法律法规等政策，既避免教条，也不走极端，着力提高政策针对性、灵活性和有效性。二是结合地方区位优势出台相关政策。政府在细化落实乡村振兴战略过程中不可推行“一刀切”模式，应避免“放之四海而皆准”“千镇（村）一面”等乡村发展模式重现，转而立足地方区位优势和资源禀赋差异，找准定位，特色立身，围绕地方特色谋发展，探索出一条兼具差异化、特色化和高效化发展之路。

（三）构建切实有效的体制机制作为保障

一是重视人才培育和人才流动。政府应全面推广新型职业农民培育工程，全面建立新型职业农民制度，大力培育新型职业农民。政府也应加快出台乡村振兴人才参与机制，通过激励和保障并行的方式，鼓励高等院校和科研机构人才参与乡村振兴。二是在处理好农地关系的基础上进一步激活土地要素。政府应加快探索推动以土地流转和适度规模经营为基础且适合多元化乡村产业融合形式的土地改革。政府也应在立法和行政上尽快明确并统一农村土地三权分置边界，消除模糊空间和灰色地带。政府也考虑在不改变土地利用总体规划框架的基础上，科学整合农村碎片化土地用于服务乡村振兴。三是加快明确宅基地“三权分置”改革中的关键问题。政府应明确宅基地“三权分置”改革过程中，非房产企业未通过政府土地拍卖市场所合法取得的土地需要由谁审批、是否需要符合城市供地结构、是否对该类土地设有供应上限等关键问题，以明确市场预期，压缩寻租空间。政府也应加快制定科学、合理且可供地方参照的宅基地有偿退出补偿指标，以加快推动宅基地有偿退出。建议政府应在严控土地用途、坚持宅基地所有者为农民的前提下，适度放活宅基地和农民房屋使用权，允许宅基地用途多样化，有序开展宅基地非住房化试点。四是加快明确农村集体产权制度改革中的关键问题。政府应在有效维护农村集体经济组织成员权利的基础上加快改革试点，破除乡规民约、固有习俗、宗族势力等阻碍，着重探索、明确集体经济组织具体成员认定、集体经济股权设置方式和管理模式等关键问题，并交由法律出台原则性认定标准。政府也应在继续扩大多种形式的股份合作制试点的基础上探索科学合理的股份量化机制，逐步完善管理机制，保障村民权益。

第二节　乡村振兴的韩国实践：新村运动和产业融合

韩国是中国的近邻，与中国同属儒家文化圈，为了改变农村的面貌，20 世纪 70 年代朴正熙政府发起了整合农村发展的全国性农村现代化运动——新村运动，它致力于“将韩国的每个村庄变为繁荣的且适合居住的地方”。在短短的十年时间内，它迅速改变了韩国农村贫穷落后的局面，韩国民众将其视为韩国历史上最重要的成就之一①，研究者也普遍认为，新村运动是韩国农村现代化和社区发展的重要战略②。

同时，在新村运动实践中，韩国通过农村基础设施和公共服务均等化，奠定产业融合的基础。随后，政府主导的产业政策，开始强调产业融合对乡村产业振兴的重要性。在20世纪90年代末，韩国也出现了类似日本的六次产业的实践③，将乡村产业融合发展推进到新阶段。

一、韩国“新村运动”的实践

从新村运动开始，韩国的乡村振兴实践已经连续开展超过40年。金仲恺（Jin Chung－Kap）认为，新村运动对于促进农业农村现代化的作用主要体现在三个方面，即农村社区的启蒙（农民的认知革命）、农村生活条件的改善（村庄环境的改善、住房环境的提升、水电路网的完善等）和农业经济的发展（基础设施的建设和农户收入的提高）④。这些实践可以分为以下四个主要阶段（见表3.1和表3.2）。

（一）新村运动的第一阶段：基础设施建设阶段（1971—1973年）

这一阶段的主要内容和目标是进行农村基础设施建设，改善农民的居住条件，改变农村的落后面貌，如改善厨房、屋顶、厕所，修筑围墙、公路、公用洗衣场，改良作物、蔬果、畜禽品种等。自1970年冬季开始，政府无偿提供水泥、钢筋等物资，激发农民自主建设新农村的

---

① 根据2008年韩国《中央日报》的调查，评选出的韩国最重要的成就中，新村运动高居榜首，排在前五的分别是1988年奥运会、五年经济计划，京釜高速、2002年世界杯。

② Asian Development Bank. The Saemaul Undong Movement in the Republic of Korea：Sharing Knowledge on Community－Driven Development ［R］. Manila：ADB，2012.

③ 金光春，单忠纪，翟绪军，等．韩日两国农业第六产业化发展的比较研究［J］．世界农业，2015（4）：57－60.

④ Jin Chung－Kap，Experiences and Lessons from Korea's Saemaul Undong in the 1970s ［R］. Sejong-si：Korea Development Institute（KDI），2012.

积极性、创造性和勤勉、自助、协同精神。由中央内务部直接领导和组织实施，建立了全国性组织——新村运动中央协议会，并形成了自上而下的全国性网络，同时建立新村运动中央研修院，培养大批新村指导员。新村运动经过基础建设阶段，初步改变了农村的生活居住条件，引起了广大农民的共鸣，调动了他们立足家乡、建设家乡的积极性，妇女也开始参与各种社会活动①。

表 3.2　　1970 年代新村运动的主要工作安排②

<table>
<tr><th rowspan="2">类别</th><th rowspan="2">推进时期</th><th colspan="2">支援工作</th><th rowspan="2">村民自力工作</th></tr>
<tr><th>主要工作</th><th>附加工作</th></tr>
<tr><td rowspan="2">基础村庄（18415 个）</td><td rowspan="2">1970—1973 年</td><td>环境改善</td><td>生产性基础建设</td><td rowspan="2"></td></tr>
<tr><td colspan="2">道路、供水、排水等设施建设</td></tr>
<tr><td rowspan="2">自助村庄（13943 个）</td><td rowspan="2">1974—1976 年</td><td>生产性基础建设</td><td>提升收入</td><td rowspan="2">新村广场，农业合作，住宅改良等</td></tr>
<tr><td colspan="2">道路和供水设施建设，围绕提升收入的有关工作</td></tr>
<tr><td rowspan="2">自立村庄（2307 个）</td><td rowspan="2">1977—1979 年</td><td>提升收入</td><td>文化和福利事业发展</td><td rowspan="2">标准住宅，新村工厂，接通电话等</td></tr>
<tr><td colspan="2">围绕提升收入的有关工作，完成环境改善方面的未尽工作</td></tr>
</table>

至于具体建设项目，国家提出包括草屋顶改造道路硬化、改造卫生间、供水设施建设，如集中建水池或给水井加盖、架桥、盖村活动室等 20 种工程，由村民民主讨论、自主选择。政府免费分给每个村 335 袋水泥，平均每户约 4 袋，每袋 50 斤，但规定农户不得自行处理，而必须用于村里的公共事业。第一年中，全国 3 万多个村庄中有 16600 个村表现积极，成绩显著。第二年，政府对表现良好的村庄继

① 李水山．韩国的新村运动［J］．中国农村经济，1996（5）：76－79.

② 内务部．从新村运动开始到今天［Z］．内务部新村策划科，1981.

续提供物资，平均每村增加到500袋水泥和1吨钢筋。表现不好的村庄如果第二年表现好，还可在第三年追加给1000袋水泥。政府把全国的村庄按表现得好中差分为自立村、自助村、基础村三等，在村口立上牌子，以激发大家的积极性。1973年，全国农村中约1/3的村被划成基础村，此后，基础村迅速减少，到1978年，基础村已基本消失，约有2/3的村提升为自立村。三类村庄建设的整体工作安排如表3.2所示。

需要注意的是，虽然只有第一阶段强调基础设施建设，但在整个新村运动进程中，改进村庄基础设施的工作就没有停止过。到1980年，诸如道路扩宽与硬化、修建农用道路、建设小桥、新建会堂、排污系统等都超额完成，这使得农村的生产生活条件得到了极大的改善。不能不说，新村运动强调改善居民的生产生活环境等举措有助于激发了农民共同建设家乡的积极性和合作精神，巩固了农民对其政权的支持与认同。

（二）新村运动的第二阶段：扩散阶段（1974—1976年）

从1974年开始，在新村运动的全面扩散阶段，收入增长项目超过了生活环境改善项目，成为第一追求的目标；也正是在1974年，农民的名义和实际家庭收入与城市持平，甚至略高于城市（见表3.3）。原来划分的自立村，根据村民的收入情况均改划为福利村。不只是农民收入大幅提高，农业也迎来连年丰收。政府推出增加农、渔民收入计划，支持农村调整农业结构，推广良种和先进技术，普及高产水稻新品种“统一稻”①。1974年达到大米自给，1975—1978年实现自给有余，畜牧业、渔业、林业也都实现较快发展。

① 金英姬．韩国的新村运动［J］．当代亚太，2006（6）：13－22.

表 3.3　　韩国新村运动与农民增收①

年份	农业在 GDP 中的占比/%	农业人口在总人口中的占比/%	城乡家庭收入（千韩元）		
			农村	城市	农村/城市
1965	37.6	55.8	112.3	112.6	99.7
1970	26.8	45.9	255.8	381.2	67.1
1975	24.7	38.2	872.9	859.3	101.6
1980	14.4	28.9	2693.1	3205.2	84.0
1985	13.5	21.1	5736.2	6046.4	94.9
1986	12.3	19.7	5995.0	6735.0	89.0
1987	11.7	18.5	6535.3	6740.1	97.0
1988	11.0	17.4	6996.3	6031.1	116.0

新村建设的重点从上一阶段进行农村基础设施建设、改善农民居住生活条件转变为美化农村居住环境，提高农民生活质量。各地农村修建了村民会馆和自来水设施、生产公用设施，并新建住房，发展了多种经营。政府对新村指导员、国家各级公务员、社会各界负责人分批进行了新村教育，向卓有成效的农村提供贷款，并在各方面提供优惠政策，动员理工科大学和科研院所的教师、科技人员轮流到农村进行巡回讲授，推广科技文化知识和技术。

这一阶段的另一个重要变化是新村运动逐渐向城市扩散，号召各行各业以新的思维和行动来发展经济，而不再局限于农村地区。新村运动的第一阶段在农村取得了明显成效，受此鼓舞，政府有意将运动范围扩散到城镇企事业单位，并将其与国家宏观发展战略联系起来。1973 年 10 月召开的振兴出口扩大会议发表工厂新村运动基本构想，力图促进生产第一线焕发新活力。结合当时第一次石油危机的时代背景，韩国政

① SangIn Jun. 新村运动印象与再考［C］.//新村运动中央会，新村运动：过去 40 年，未来 40 年．韩国：新村运动 40 周年国际学术会议，2010.

府希望借以工厂、企业为中心的城市新村运动来克服依赖石油进口带来的经济萧条和恐慌，主张最大限度地节约能源和物资。工厂新村运动的目标是“节约物资、节约能源、改善产品质量、提高生产力，应对国际经济的波动”；城市新村运动的基本方向则是“树立新的市民形象、新的职工形象和新的领导形象，以新的思维方式和行动来促进国家现代化”。

自此，由农村发端的新村运动开始向城镇各行业扩散和蔓延，逐渐发展为社区新村运动、妇女新村运动、职场新村运动、工厂新村运动、新村青年运动、学校新村运动等。1975 年开始，新村运动将目标再定位为克服经济困难，将工作重点放在了增加农户收入、改变落后村庄面貌、综合治理国土、扩大就业机会、提高城镇居民工资待遇、进行国民教育方面。

（三）新村运动的第三阶段：充实和提高阶段（1977—1980 年）

1977—1980 年为“新村运动”的充实和提高阶段，在这一期间，韩国大力发展以农产品加工为主的农村工业，并在城镇强调全民精神文明建设。1977 年为韩国第四个五年计划的第一年，政府推出了“建设新村、增加收入、综合开发事业”规划①。随着城乡差距的逐步缩小，社区经济的开发日趋红火，政府推进新村运动的工作重点放在鼓励发展畜牧业、农产品加工业和特产农业，以及积极推动农村保险业的发展。政策红利的释放颇见成效，据内务部统计显示，1978 年韩国农村企业约 384 个，1980 年迅速增加到 790 个。另外，新村运动的内涵逐渐从物质文明的建设扩大到物质和精神文明齐头并进，倡导新村精神的生活化，使精神文明能够跟上经济增长和物质文明发展的步伐。为推动乡村文化的建设与发展，政府积极为广大农村提供各种建材，支援农村的文

① 金俊，金度延，赵民.1970—2000 年代韩国新村运动的内涵与运作方式变迁研究［J］.国际城市规划，2016，31（6）：15 – 19.

化住宅和农工开发区建设。

同时，新村运动确定将目标放在巩固和扩大经济自立基础，将工作重点定为建设文化福利农村、持续增加农户收入、推进城市新村运动、加强工厂新村运动、新村运动的生活化等。工厂、企业、学校等单位的新村运动仍旧在轰轰烈烈的开展，倡导着人们爱岗敬业、埋头苦干，为祖国的现代化建设贡献力量。1977 年 3 月，大韩商工会议所成立工厂新村运动促进本部，确立了民间主导、独立开展工厂新村运动形式，制订并实施了一系列工厂新村运动的基本理念和推进计划。在最初的十年间，工厂新村运动的主要内容始终坚持以工厂经营的合理化为核心，如节约物资和能源、降低生产成本、提高生产效率、提高员工福利等。

在此阶段，国内政治不断动荡，新村运动受到种种批评和责难。经过调整以后，新村运动从政府主导的“由上而下式运动”开始转变为民间自发，更加注重活动内涵、发展规律和社会实效的群众活动。

（四）新村运动的第四阶段：国民运动阶段（1981—1988 年）

20 世纪 80 年代以后，政府逐步从中退出，新村运动渐进转变为由以新村运动中央会为核心的民间主导。民间主导和在全国推广是这一时期新村运动的基本特征。

1980 年 12 月 1 日，韩国创建全国性民间组织——新村运动中央本部①，形成自上而下的全国性网络，并制订了新村运动组织培育法。之所以采取民间主导替换官方主导的新村运动模式，主要是为了消除上一阶段中出现的问题：一是由于所有的新村运动组织都成为官方或准官方的官僚组织，使得在全国范围内出现千村一面的倾向；二是人们建设的积极性和主动性下降；三是单纯以成果和政绩为考核标准，抑制了各地区因地制宜、自主发展的动力。

① 该组织于 1989 年 4 月 24 日改称“新村运动中央协议会”，2000 年 2 月 10 日开始使用新村运动中央会这一名称。http：//enc. daum. net/dic100/新村运动。

新村运动中央本部成立之后，政府大幅度调整了有关新村运动的政策与措施，信息宣传和培训工作改由民间组织来承担。政府只是通过制定规划、协调、服务，以及提供一些财政、物资、技术支持和服务等手段，着重调整农业结构，进一步发展多种经营，大力发展农村新模式和新业态，例如金融业和流通业，进一步改善农村的生活环境和文化环境，继续坚持提高农民收入等。

在这一阶段，新村运动的建设方向被重新塑造为五大重心：一是积极开展新村运动各类组织的活动，包括开展国民意识改革运动、开展本乡环境改善运动、实施新村教育、倡导读书生活化运动、实施邻里互助合作以及志愿服务等活动。

二是加强国民教育。20 世纪 80 年代的韩国政府施政目标确定为“实现民主主义，建设福利社会，构筑正义社会，进行教育革新，促进文化发展”，在这一施政理念的指引下，新村运动的目的和作用已经从最初的改善农民生活、建设新农村扩展为国家的政治和经济现代化建设，文化自信和教育现代化的构建成为当务之急。

三是扩大和完善福利基础。这一时期的新村运动，没有 70 年代那样过于强调农村和农业，而是更加关注于缩小城乡居民的生活及收入差距，在持续改善农渔村的生产条件和居住环境的基础上，将工作重点逐步向优化农渔村地区的文化福利环境转变。

四是继续促进城市的新村运动。80 年代韩国主办了两个重大国际赛事，分别是 1986 年的第十届亚运会和 1988 年的第二十四届奥运会，这对于韩国的城市新村运动轰轰烈烈的开展具有积极的推动作用。赛事举办前韩国提出奥运会新村运动，并在城市同步开展遵守秩序运动、市民健康生活运动和邻里互助保护运动等。在此之后，城市新村运动进一步将活动范围拓展到改善城市生活环境上来，实施全国公园化城市行动。

五是持续充实工厂新村运动的内容。随着工厂新村运动的持续推进，在1983年，共有13个道、市设立工厂新村运动推进协议会，约1.5万多家工厂和企业陆续参与了工厂新村运动①。根据“工厂新村运动推进指南”，商工部和工厂新村运动推进本部进一步明确工厂新村运动的核心理念：一是以主人翁意识树立新的、生产性的价值观；二是通过劳资合作建立共同运营体；三是树立具有韩国特色的企业新风尚，促进经营合理化；四是发展新的行动哲学，使新村运动成为强国富民的产业运动。

在过渡到新村运动第四阶段后，农村居民普遍认为，他们的经济收入和生活水平已再次接近城市居民生活水准，如表3.3所示，城乡收入占比由1980年代的84%重新增长到1987年的97%。可以说，民间主导的组织模式与之前的政府主导模式之间形成了完美的转换与衔接，并使得新村运动迸发出更大的激情与活力（见表3.4）。

表3.4　　新村运动第四阶段的主要内容

农村新村运动	城市新村运动	工厂新村运动
精神启蒙 奠定生产基础 修建公用设施 增加收入 改善不良结构	精神启蒙 勤俭消费 厉行节约 整顿社会秩序 美化环境 提高社会福利 邻里互助	精神启蒙 劳资合作 提高生产效率 提高员工福利 支持农村建设

资料来源：http：//enc. daum. net/dic100/新村运动.

（五）新村运动的第五阶段：自我发展阶段（1988年以后）

随着韩国城市化和产业化的快速发展，一派繁荣气象从城市开始逐步向四周农村地区扩散，使得新村运动也带有鲜明的社区文明建设与经

① 金英姬．韩国的新村运动［J］．当代亚太，2006（6）：13－22.

济开发的特征。政府一方面积极倡导全体公民自觉抵制各种社会不良现象，致力于国民伦理道德建设、共同体意识教育和民主与法制教育；另一方面也在积极推动城乡流通业的健康发展。

1988年韩国成立第六共和国，卢泰愚上台执政。国会开始进行国情监察和第五共和国腐败听证会，在新村运动第四阶段中成立的新村运动中央本部存在的一些严重问题浮出水面。在所谓“新村腐败”被揭露之后，新村运动热潮受到了致命打击。新村运动中央本部不得不进行机构精简，并于1989年改编为新村运动中央协议会①，将新村运动彻底转变为完全的民间主导型运动。自此，韩国新村运动进入自我发展阶段。

在新的阶段，为在运动初期开启农村经济、文化新局面而建立的政府机构、活动内容和形式逐步弱化，而符合客观存在与发展规律，有助于农村经济、文化发展的组织机构、活动内容和形式，如农业科技、推广及培训组织、农村教育机构、农协、流通、农村综合开发、农村经济研究等组织机构应运而生，并在不断优化其结构中生机盎然地传承着新村运动的精神和理念，发挥着应有的作用。

就新村运动的理念而言，90年代的新村运动将其目标从“致富运动”转变为“共同致富运动”，并为此开展了一系列活动，如美化农村环境、修建村庄之间的道路和桥梁、修筑水渠、构建城乡间商品流通体系来直接改善商贸往来条件和营商环境，间接缩小城乡收入差距，还大力宣扬共同体意识，提倡大家共同发展、共同致富。

与70年代和80年代热火朝天的景象相比，90年代的新村运动日渐式微。出现这一趋势的原因在于：首先，韩国的产业化、城市化和经济

① 民间的新村运动中央协议会分成6个社会团体：①新村指导者中央协议会；②新村妇女会中央联合会；③工作单位新村运动中央协议会；④工厂新村运动推进本部；⑤新村文库中央会；⑥新村金库联合会。据1990年统计显示，全国共拥有23万~24万名新村运动指导员、30万名会员。在全国8万个城镇与乡村中，以20~30名新村指导员为核心，持续开展新村运动。

发展已取得了巨大成就，不需要再模仿过去政府集中力量办大事的方式来推进新村运动；其次，民间主导、自主发展的方式在运动持久性和声势方面存在一定的局限性；再次，经过20多年的实践，新村运动的理念和精神已经深入人心，时刻体现在人们的生活和工作当中；最后，新村运动的部分开展方式略微滞后于国内外形势的变化和时代发展的步伐。

在1998年，新村运动再次迸发出新的活力，标志性事件是同年的12月在全国新村运动指导者大会上，新村运动的领导机构——新村运动中央协议会提议并宣布开展第二次新村运动。第二次新村运动以“生活改革运动”和“构建新的地区共同体”为两大核心，以“共同和谐生活的国民运动”为理念，将目标定位为“克服经济困难，构建共同体社会”。新时期的这一新村运动以“勤奋、自助、协作”的新村精神为实践原理，将其性质和发展方向定位为拯救国家、构建和谐社会、保护环境、维护民族统一、保障共生共荣等内容。为此，在新村运动反思和再评价的基础上，开展新村运动国际化经验推广和国际开发援助改善计划，主要有恢复国民经济运动、解决失业问题运动、沿海州合作运动、生活与意识改革运动、环境保护运动、统一及国际化运动、向朝鲜提供化肥帮助朝鲜同胞等活动（见表3.5）。

表3.5　　1980年代以后新村运动的主要内涵①

类别	时期	主要内涵
民间转换	80年代	民间介入新村事业：教育和民间组织的培育泛国民参与扩大：农渔村和城市新村运动
增进自律性	90年代	地区新村运动：“建设我的故乡”“我们的农产物”等运动教育和协同事业：搞活经济、爱国教育等

① 金俊，金度延，赵民.1970—2000年代韩国新村运动的内涵与运作方式变迁研究［J］.国际城市规划，2016，31（6）：15-19.

续表

类别	时期	主要内涵
新村运动再评价	2000 年以后	社会建设维度的新村运动审视：从工作单位、地区及家庭、妇女等角度的评价等 新村运动的国际化：国际开发援助的方法和评价

尽管如此，单纯从居民收入水平角度来评价新村运动，90 年代的新村运动仍然凸显出后继乏力的问题。自 1990 年以后农村家庭收入较城市家庭再次降低，但城乡间的收入差距不大。1996 年后政府全面中断面上的普遍支援，自此城乡家庭的收入差距再次拉开。尽管农渔村和山村综合开发事业仍在进行，2000 年以后还推出了农村信息化建设及主题村庄和体验式项目，试图引导农渔村地区的活性化发展，但终因农村中青年人口大量流向城市，以及农渔村人口高龄化趋势不断加剧等，城乡家庭收入的差距日渐扩大。为了确保既有农村人口的福利以及吸引外来人口流入，政府与民间协力的农村振兴事业持续在推进。

二、韩国的产业融合发展

产业融合发展主要是指以农村地区居民作为经营主体，利用地区有形和无形的资源，将农业生产、加工、流通、销售、旅游观光、医疗保健等行业进行水平和垂直的融合及复合，从而提高农产品的附加值，开发新的就业岗位，形成商业生态系统的一种经济活动。其目的是创造就业机会，增加农产品的附加值，使农民增收，恢复农村社会经济活力，乃至提高地区和国家的竞争力。

韩国的产业融合发展道路基本上是围绕着新村运动进行的。如表 3.6 所示，韩国通过兴建基础设施和完善公共服务，改善乡村生活环境和农业生产能力，为随后二三产业的兴起，奠定了基础。进入 20 世纪 90 年代后，通过转变政府职能，提升社会管理水平，激活了社会自我发展能力，促进了产业的融合。在2010年前后，韩国政府开始正式为乡村产业融合提供更高效的政策支持，通过推广“农工商+政产学研”合作模式①，在乡村发展过程中，大力推广六次产业，实现基于农业多功能性的价值增值。

韩国的产业融合发展的特点主要体现在五个方面。第一，涉足产业融合生产的农产品或加工品直销店少，虽然韩国农协作用很大，但是直销店仍然不够。第二，农村合作社、女性经营组织的事例少，农家饭店不多，与地方农业联系少。第三，因农业产业融合步伐相比日本发展的较晚，发展基础不牢固，风险较大，现在还处于发展阶段。第四，对农产品加工比重低，主要加工大米、蔬菜、水果和药草等农产品。第五，经营主体以个人为主，依靠农协少（见表3.6）。

表3.6　韩国产业融化发展与新村运动同步推进

时间	阶段	具体政策措施	产业融合发展
1971—1976年	基础设施建设	政府组织农民改善居住条件，并改良农业生产品种。自1970年冬季开始。政府无偿提供基建物资，激发农民自主建设新农村的积极性	通过改善农村环境，补齐公共设施短板，为发展三产奠定基础
1977—1980年	充实提高	从政府主导转变为社会自发，鼓励发展农产品加工业和特产农业。政府侧重发展农村金融业，流通业	促进农业多元化经营，特色农业在发展过程中，开始尝试产业融合
1981—1988年	社会管理	政府构建体制机制。社会组织则承担和完善了新村运动的组织工作	社会活力的释放，在乡村中培育出大量新业态
1988年以后	自我发展	政府侧重社区文明建设与经济开发，同时，出现农村综合开发、六次产业研究等对应产业融合的组织机构	新产业为六次产业发展提供配套服务。实现基于农业多功能性价值增值

资料来源：本书课题组2017年赴韩国清道郡（新村运动发源地）所获的调研资料整理。

① 金光春，单忠纪，翟绪军，等．韩日两国农业第六产业化发展的比较研究［J］．世界农业，2015（4）：57－60.

三、韩国“新村运动”经验对我国实施乡村振兴战略的启示

（一）注重政府主导作用的发挥

在推进乡村振兴实践过程中，韩国高度重视发挥政府在推动乡村振兴中的主导作用。政府主导作用主要体现在四个方面。一是政府倡导与大力推动乡村振兴。韩国在农村掀起的“新村运动”，起初是由政府倡导发动的。虽然政府的初衷不尽相同，但结果殊途同归，改变了工农业发展严重失调、城乡之间的差距急剧扩大的状况，实现了农村的发展、农民收入的增加，最终促进了城乡的协调发展。

二是注重科学规划农村建设。韩国的“新村运动”就十分重视规划，“新村运动”发展到今天，虽然已经历了多个阶段，但并不是漫无目标的发展，政府对每一个阶段都有明确的规划目标。纵观韩国“新村运动”的各类项目及其进程安排，都制定了详细科学的战略规划和实施方案，这些都为新村运动的健康发展提供了科学依据和指导。

三是注重体制机制建设。韩国政府为了支持“新村运动”，特别重视体制机制保障，中央政府成立了特别委员会，在地方也均成立了相应机构，形成了从中央到地方的组织领导体系，为新村运动的发展提供了有力的组织保障。四是政府为农村发展提供财力保障和支持。应该说韩国在启动“新村运动”之初，采取很多措施筹集经费，全力支持新村建设，在运动之初，为支持农村房屋改造、道路铺设、桥梁修建等项目建设，就采取了无偿提供水泥和钢筋的方式。据统计，“仅在1971年至1978年的财政预算中，农村开发项目费用就增加了7.8倍，中央和地方财政投资合计增加82倍，1994年政府和民间投资额高达11万亿韩元”。

（二）尊重农民的主体地位

实施乡村振兴，必须尊重农民在推动乡村振兴伟大实践中的主体地

位。尊重农民的主体地位，要注重保护农民的利益。实事求是地说，不论哪个国家开展农村改革或者农村建设，姑且不论其主观出发点是什么，但在客观上都增进了农民的权益，韩国在1961年通过的农协法，也是为了保护农民的利益。在推动乡村振兴实践中，必须发挥农民的主体作用。没有农民的参与和主体地位的发挥，就难以真正推进乡村振兴，结果只会流于形式，最终也会无疾而终。韩国“新村运动”无疑给我们提供了一些有益启发。韩国在推进新村运动中，特别注意发挥农民的主体作用，注意调动农民的积极性和主动性，如在新村运动中所确定的建设项目，都是能够让农民看得见、摸得着的项目（诸如村里的公共设施、住房等）。项目建成以后效果立竿见影，农民很快就能受益。同时韩国政府又特别注意塑造农民的自立、自助和勤勉精神，而不是包办，采取的策略是“扶上马”“送一程”，最终实现自主发展，从而为“新村运动”注入了持久的动力。

（三）注重依法治理

国外普遍比较重视依法治村。为了促进农协的发展，韩国于1961年颁布了《农业协同组合法》，以立法的形式着力推动农协发展。借鉴发达国家的成功经验，中国应通过立法使乡村振兴获得稳定的制度性保障，通过法治手段推动乡村振兴的深入发展，使农村治理逐步从行政推动型向法治推进型过渡。

（四）注重文化传承，推动多元参与

韩国在推动乡村振兴的实践中，姑且不论其初衷是什么，又采取了何种步骤，在实践中，政府都认识到乡村振兴是一个系统工程。实施乡村振兴并不囿于发展农村的经济，同时也发展农业，改善农村的生态环境，加强农村的基础设施建设。在实践中，两国政府在注重搞好农村物质文明的同时，特别注重对农民精神层面的培育，尤其是重视对传统文化的传承与发扬。如韩国在运动伊始就倡导培育农民的“勤勉、自助、合作”精神。客观上说，单个农民的力量是非常弱小的，也不会得到人们的重视，只有组织起来，对外才能形成合力和压力，对内才能形成力量，从而有利于维护农民的整体利益。无论是在韩国还是在日本，在推进乡村振兴进程中，都非常重视发挥民间组织的积极作用，注意推进多元治理和参与，政府只管其职责范围内的事情，大量的事务交给多元治理主体来承担。韩国和日本的乡村振兴经验显示，农村民间组织特别是农民组织既是农民权益的坚定维护者，也是科技、工业、先进农业知识等在农村顺利推广的有力推动者。借鉴这一经验，就要高度重视发挥农村民间组织特别是农民自组织的积极作用，积极引导其参与乡村振兴实践。在1961年，韩国就成立了农协组织，支持农民组织起来形成发展合力。据统计，到1994年全国农协的会员共200万人，基层单位农协1359个。

第三节　乡村振兴的欧洲实践：城乡等值化理念下的多元化策略

欧盟及其主要成员国的乡村振兴实践经历了从注重建设共同农业市场、推进农业现代化到广泛关注农村经济社会发展、居民就业和生活、资源环境保护等多元问题，推动城乡融合发展的演变过程。目前，欧盟正着力创新竞争导向的多元化农业农村经济发展政策，构建魅力导向的农村社区发展政策，增强创新导向的农村组织培育政策，完善兼容导向的自然环境保护政策①。

尽管我国与欧洲国家的发展阶段不同，农村土地所有制、乡村治理

① 芦千文，姜长云．欧盟农业农村政策的演变及其对中国实施乡村振兴战略的启示［J］．中国农村经济，2018（10）：119－135.

结构、城乡关系等重大制度安排均有较大差异，但都具有深厚的农耕文化传统，都很重视城市化进程中的乡村发展问题。整体而言，欧洲国家城市化起步较早，在其城市化的不同发展阶段，乡村地区面临的问题和挑战有较大差异，采取的应对措施也在不断调整完善。从欧盟及其主要成员国家应对乡村发展危机的主要做法中，可以为我国如何找准切入点、有效促进乡村振兴提供一些启示。

一、欧盟共同农业政策的演变：由单一走向多元

欧盟中农村区域约占欧盟成员国总面积的86%，居住约1.28亿、占比25%的人口，全职农民约1200万[①]；农业及其关联产业贡献了成员国GDP的6%，涉及1500万个企业，提供了4500万个就业岗位[②]。农村地区是欧盟实现可持续发展战略目标的重要支撑，承担着保障食品安全和持续供给、农村居民就业和生活、城市居民休闲旅游、自然资源和生态环境保护、文化传承和发扬等重要功能。农业农村的重要性决定了农业农村政策是欧盟发展政策框架的重要组成部分。欧盟农业农村政策的主体是共同农业政策。共同农业政策以实现食物生产良性循环、自然资源的可持续利用、农村区域均衡发展为主题，内容涵盖直接补贴、市场支持、农村发展、农业与环境、生物能源、气候变化、有机农业、生物技术、政府援助、食品安全、研究创新和教育培训等。共同农业政策有两个政策支柱，第一支柱是直接补贴和市场支持政策，第二支柱是农村发展政策。每年通过欧洲农业担保基金和欧洲农村发展农业基金两

① World Bank. World Development Indicators [EB/OL]. https：//datacatalog. worldbank. org/dataset/worlddevelopment-indicators.

② European Commission. The Common Agricultural Policy (CAP) and Agriculture in Europe——Frequently Asked Questions [EB/OL]. http：//europa. eu/rapid/press-release_MEMO - 13 - 631_en. htm.

个政策工具执行支出约590亿欧元，其中农民收入支持补贴、市场支持政策和农村发展政策占比达到7：1：2。

伴随着欧盟各成员国经济、社会、政治一体化水平的提高，共同农业政策对各成员国农业农村发展的影响程度经历了逐渐增强的历史过程，其核心诉求和主要内容也先后经历多个阶段，总体上呈现出由单一农业政策向农业农村全面发展政策转变的趋势：

第一阶段：20世纪60年代到80年代的主要目标是建设共同农业市场，发展现代农业。1960年9月，欧洲经济共同体（“欧洲共同体”的前身）委员会提出在6个成员国之间实行共同农业政策的建议，目的是建立共同市场组织，实现农产品自由贸易。1962年，欧洲经济共同体理事会批准成立覆盖六类农产品的共同市场组织，并设立欧洲农业指导和担保基金，标志着共同农业政策正式诞生。20世纪70年代，共同农业政策开始关注农业现代化问题，增加了开展农民职业培训和鼓励老年农民提前退休等方面的政策①。20世纪80年代，为解决食物产能过剩问题，减轻财政压力，欧洲共同体开始对共同农业政策进行调整：引入牛奶生产配额，扩大糖料生产配额；设置预算拨款上限和支持限额。这一时期，共同农业政策只是单一农业政策，未来其影响范围逐步从成员国农业市场扩大到农业生产领域。

第二阶段：20世纪90年代到2006年间的政策导向转变为关注农村多元问题，提出农村优先发展。1991年，欧洲共同体通过了《欧洲联盟条约》，标志着欧盟正式诞生，成员国迅速增加，经济、社会、政治一体化程度迅速提高，这就需要共同农业政策的关注范围更加广泛。因此，除了关注农业生产和农产品价格领域，欧盟还把经济、社会、环境目标都纳入共同农业政策的政策目标和支持范围。其中，农业支持政策

① European Commission. The Common Agricultural Policy at a Glance [EB/OL]. https://ec.europa.eu/info/foodfarming-fisheries/key-policies/common-agricultural-policy/cap-glance.

从对农产品的价格支持转向对生产者的收入支持和直接补贴；将直接补贴与农业生产“脱钩”，与食品安全和环境保护等“挂钩”。另外，农村发展政策在共同农业政策中的地位迅速升高。1996 年，欧盟在爱尔兰港口城市科克召开农村发展会议，提出农村优先战略，要求构建城乡公平的公共支出和投资机制。2000 年，农村发展政策的预算支出超过市场支持政策，成为共同农业政策的“第二支柱”[①]。这一时期，共同农业政策强调发挥农业农村多重功能，重新认识和定位农民所能参与的生产和服务范围，实现了从单一农业政策向农业农村全面发展政策的转变。

第三阶段：2007 年到 2013 年的政策侧重于改善生产生活环境，提高绿色发展质量。鉴于农业农村在应对气候变化、保护资源环境等方面的重要性日趋凸显，可持续发展成为欧盟农业农村政策的鲜明主题。这一时期，在注重提高农场经营能力、挖掘农业生产潜力的基础上，共同农业政策开始注重保护农村环境、增加就业机会、提高生活质量和支持村庄建设[②]。一是推出绿色直接补贴政策，对农民保护自然环境、减缓气候变化的行为进行补贴；二是鼓励发展与农业关联的制造业和服务业，如食品加工业、乡村旅游和休闲产业等，以抓住资源环境保护中的发展机遇；三是修复、建设和发展村庄，提高农村生活质量。

虽然欧盟共同农业政策得到越来越多欧洲国家的支持，但鉴于历史原因，在与共同农业政策全面接轨以前的欧盟成员国还各自针对国情发

① European Commission. The Common Agricultural Policy at a Glance [EB/OL]. (2018). https://ec.europa.eu/info/foodfarming-fisheries/key-policies/common-agricultural-policy/cap-glance.

European Commission. The Rural Development Policy and Its Principles (2000 – 2006) [EB/OL]. (2018). https://ec.europa.eu/agriculture/rural-development-previous/2000 – 2006_en.

② Spychalski, G. Evolution of European Union Policy towards Agriculture and Rural Areas in the New Programming Period (2007 – 2013) [J]. Acta Scientiarum Polonorum – Oeconomia, 2008, 7 (3): 109 – 119.

展出一些特色有效的做法。本书选取德国、法国及荷兰作为典型代表进行经验分析，它们既是欧洲一体化的主要推动者，也是主要的农产品生产和出口国家，还均是以中小规模农场为主的农业振兴模式。它们的农业农村政策演变及乡村振兴的建设经验具有重要的借鉴价值。

二、德国：等值化理念指导的村庄更新计划

德国早在1850—1855年间城市化率就超过30%、进入城市化快速发展阶段。尽管如此，德国进入城市化快速发展阶段后同样面临乡村发展危机问题。① 在城市化率30%至50%的发展阶段，也就是19世纪中叶至19世纪末，农村人口大量流入城市、大片土地出现荒废，乡村景观和生态环境遭受工业化城市化的破坏。在城市化率50%至70%的发展阶段，也就是20世纪初至20世纪60年代，人口和就业向城市的集中导致乡村人口进一步减少，乡村“空心化”更加严重，村庄衰落趋势更加明显。在城市化率超过70%以后，也就是20世纪60年代以后，无计划的“返乡运动”，导致农村地区建筑密度增大、交通拥挤杂乱、土地开发过度、土地使用矛盾加剧，工业化思维的建设改造破坏了农村原有的村落形态和自然风貌。21世纪以来，由于人口老龄化以及乡村公共服务的规模不经济，美丽乡村仍然难以避免人口衰减、经济活力下降的问题，德国面临人口“再城市化”、乡村“再振兴”的新挑战。

在此背景下，德国政府逐步贯彻“城乡等值化”理念指导来应对乡村衰落问题。概括而言，“等值化”理念指在保持村庄地方特色和独特优势的基础上，通过土地整理、产业逆城市化、村庄更新和创新发展

① 德国在1945年分裂为东德和西德，1990年东德、西德合并。为叙述简便起见，后文凡涉及德国1945—1990年间的政策均指的是西德相关政策。

等方式，提升农业生产效率和农村生活水平，使农村与城市生活不同类但等值，使在农村生活和做农民成为一种自然选择。

（一）以“土地整治”促进产业“逆城市化”

第二次世界大战结束后，大规模重建使城市成为经济和生活的中心，加之农业机械化使大量劳动力从农业中解放出来，乡村人口大量减少，缺乏生机活力。针对此情况，1953 年和 1954 年，德国政府先后出台《联邦土地整理法》和《农业法》，正式将土地整治与村庄更新结合起来，推动小规模农户退出后的土地流转集中、发展农业规模经营，推动完善乡村基础设施、提高乡村生活水平①；其次，通过完善产业基础设施和功能区布局规划，强化小城市和镇的产业配套与服务功能，增强其对工业企业的吸引力，让在小城市和镇工作、回乡村居住成为理想的工作生活方式，形成了产业和人口的“逆城市化”发展趋势。德国排名前 100 名的大企业，只有 3 个将总部放在首都柏林，很多大企业的总部设在小镇上②。这在很大程度上带动了乡村的现代化，促进了城乡的均衡协调发展。

（二）以“村庄更新”提升乡村生活品质

经历了工业化驱动的“逆城镇化”阶段后，德国乡村人口结构已由传统的农业人口为主转变为非农业人口为主。把这些人留在乡村，除了就业外，还需要重视村庄规划，增强乡村绿色生态环境和特色风貌对他们的吸引力。为满足这一需求，1969 年联邦德国颁布《“改善农业结构和海岸保护”共同任务法》，通过补贴、贷款、担保等方式支持乡村基础设施建设，保护乡村景观和自然环境。1976 年对《土地整治法》

---

① 吕云涛，张为娟．德国土地整治的特点及对中国的启示［J］．世界农业，2015（6）：49－52.

② 叶剑平，毕宇珠．德国城乡协调发展及其对中国的借鉴——以巴伐利亚为例［J］．中国土地科学，2010，24（5）：76－81.

进行修订，突出保护和塑造乡村特色①。1977年由国家土地整治管理局正式启动实施以“农业－结构更新”为重点的村庄更新计划（Village Renewal，Dorferneuerung），主要内容是在保留原有特色基础上整修房屋和强化基础设施，使乡村更加美丽宜居。

经过逐步演变，村庄更新计划已成为“整合性乡村地区发展框架”，旨在以整体推进的方式确保农村能够享受同等的生活条件、交通条件、就业机会。依据村庄更新规划，主体工程包括房屋更新、道路更新、水电气设施建设、教育卫生公共服务机构建设等项目。项目建设采取公私合营方式，但主要是由政府支持推进，其资金50%来自欧盟，25%来自联邦政府，剩余25%由市级政府筹集。当地政府通过土地整治项目，鼓励地主将土地优先卖给政府，以便于整体规划乡村建设，并以此保障为居民提供较为便宜的住房和为产业提供低成本的用地②。但在具体实施过程中，是在强化美丽乡村共同愿景基础上，以居民广泛参与项目决策、规划设计和自主改造的方式自下而上推进实施，积极引入专业机构提供设计、评估、认证、促进合作等方面支持，形成多方联合参与推进乡村建设的行动者网络。

此外，在村庄更新过程中，德国政府高度重视农业农村生态环境保护，很早就提出发展生态农业，通过土地整理推动生态农场形成。目前，已拥有不同规模和类型的生态农场及村镇8000多个。在村庄更新过程中，德国政府注重历史文化和老街小巷的保护修复和历史场景的维护重现，形成了如今德国各乡村独特的历史文化风格。德国东、南、西、北部均呈现不同的建筑风格和独特文化特点（见表3.7）。

---

① 毕宇珠，苟天来，张骞之，胡新萍．战后德国城乡等值化发展模式及其启示——以巴伐利亚州为例［J］．生态经济，2012（5）：99－102，106.

② 曲卫东，斯宾得勒．德国村庄更新规划对中国的借鉴［J］．中国土地科学，2012（3）：91－96.

表 3.7　　　　德国村庄更新的历史阶段及工作重点

历史阶段	村庄更新开始	保护塑造	整体发展	区域发展
年代	20 世纪 50～60 年代	20 世纪 70 年代	20 世纪 80 年代	20 世纪 90 年代至今
工作重点	大拆大建	保护塑造乡村特色形象	村落与乡村地区发展相结合	结合欧盟政策重构乡村定义与角色

（三）以创新发展推动乡村“再振兴”

通过实施村庄更新项目，德国大部分乡村形成了特色风貌和生态宜人的生活环境，乡村成为美丽的代名词。但由于乡村人口老龄化和人口数量的减少，使得基本生活服务因缺乏市场规模而供应不足，生活便利性下降又导致人口进一步从乡村流出。特别是医疗服务的不充分使越来越多的老年人卖掉乡村住房到城市居住，现代生活服务设施和就业机会的不足使年轻人越来越难以留在乡村。面对持续保持乡村活力的新问题，德国又出现乡村“再振兴”的需求。

2014 年 10 月 29 日，德国联邦农业与食品部提出了新的农村发展计划，其目标是支持农村创新发展，让农村成为有吸引力、生活宜居、充满活力的地区。该项目包括四大板块：一是未来导向的创新战略样本和示范项目。资助农村发展的利益相关者针对特定问题提出创新解决方案，根据专家对这些创新实践项目的评价，为未来农村发展政策设计提出建议，关注的主题包括保障基本服务、改善内部社会发展、增强中小企业发展所需要的基础设施、发展新形式的乡村文化、应对变化与挑战。二是乡村提升项目。支持 13 个结构劣势区域积极应对人口结构变化、增加区域价值和保障乡村就业，为每个区域提供 1500 万欧元支持。三是“活力村庄”（Kerniges Dorf，Robustvillage）和“我们的村庄有未来”（Our Village Has A Future）的竞赛奖励。四是研发和知识的转移，让乡村能够获得创新资源，并支持乡村发展领域的研究创新[①]。为有效推进乡村的进一步发展，德国联邦食品与农业部将促进乡村可持续发展作为其重要任务，并于2015年专门成立了乡村战略司。

经过多年努力，德国村庄更新取得明显成效，村庄的特色文化、独特风貌等得以保留，居民的自我认知感和归属感大幅增强；村庄房屋、道路、教育、卫生等基础设施和公共服务明显改善，村民生活水平不断提升；村庄居民收入持续增加，城乡经济发展差异大幅缩小。据统计，目前德国共有2630万人口居住在乡村，约占总人口的32%；1200万个就业岗位分布在乡村地区，占总就业岗位的28%。有些地区，如德国巴伐利亚州，城市和乡村的GDP已基本相当。

三、法国：一体化农业进程下的领土整治计划

1945—1975年是法国经济快速发展、城市化迅速推进的时期。为促进城乡稳定协调发展，法国及时调整农业农村政策，经历了以提高农业生产力（1947—1959年）、发展乡村经济（1960—1962年）、推动乡村全面均衡发展（1963—1975年）为重点的三个时期，1975年以后法国农业农村政策逐步与共同农业政策接轨[②]。2009年8月，法国内阁会议通过了《2010—2015年法国农村发展实施条例》，标志着法国农业农村政策与欧盟共同农业政策的全面接轨[③]。在这一进程中，法国也涌现出值得关注的改革经验。

---

① 叶兴庆，程郁，于晓华．德国乡村振兴的主要做法及启示［N］．中国自然资源报，2018（11）．

② 汤爽爽，冯建喜．法国快速城市化时期的乡村政策演变与乡村功能拓展［J］．国际城市规划，2017，32（4）：104－110．

③ 邢琳．法国农村发展政策（2010—2015年）研究［J］．世界农业，2016（6）：104－108，223．

法国的农业农村改革主要包括两方面内容：一方面是发展“一体化农业”，另一方面是开展“领土整治”。“一体化农业”即将农业与同农业相关的部门结合起来，组成利益共同体。通过相关部门提供的资金技术支持，实现对农业的反哺。这其实是一个宽泛的概念，在实际执行过程中，法国深度贯彻落实三个基本方向：一是发展适度规模经营农场，在20世纪60年代，法国就建立了老年农民退出和青年农民培训机制，对自愿退出农场经营的农场主发放退休金或补助金，同时帮助青年农民转入土地扩大规模。但相关政策主要支持中型家庭农场，适当地限制农场规模无限扩大。法国政府成立了土地整治和农村安置公司，从私人手中购买土地再以低价卖给家庭农场，辅以信贷政策，对最小安置规模以上的农民给予支持①。为推进农业机械化，法国通过补贴和贷款鼓励农民成立农机合作社，共同购买和使用农业机械，实行农业生产资料的一体化共营和使用上的互助②。二是贯彻现代“理性农业”理念。20世纪80年代，法国提出了“理性农业”理念，即在现代农业生产过程中，要通盘考虑生产者利益、消费者需求和环境保护要求，发挥农业的多功能性，实现农业可持续发展。法国将“理性农业”作为农业发展的根本，制定了发展“理性农业”的参照标准和实施细则。三是推进农村产业融合发展。法国重点支持农产品加工、食品产业和乡村休闲旅游业，以促进农产品增值和农民增收。以乡村旅游为例，法国先后出台国家公园、区域自然公园、乡村整治规划等政策，支持村庄保护自然和文化资源、改善生活和接待设施等，为发展乡村旅游创造条件。

“领土整治”则是通过国家相关的法律法规支持经济欠发达地区乡

---

① 汤爽爽，冯建喜．法国快速城市化时期的乡村政策演变与乡村功能拓展［J］．国际城市规划，2017，32（4）：104－110.

② 张梅，杨志勇，高志杰．农机合作社的管理机制和模式——来自法国和加拿大的经验［J］．世界农业，2016（2）：74－77.

村发展，实现农村社会资源的优化配置，将农村的空间环境和生态环境作为保护重点。在实施“领土整治”的过程中，法国用城市总体规划和土地利用规划来指导城乡土地利用，优先保证各类绿地、开放空间、农场牧场、村庄建设用地及规模，以及农房高度边界和绿色边界，保持乡村形态和自然景观的原始延续。保护自然景观的同时，注重对乡村人文景观的保护，避免城市化引起的乡村衰落。在领土整治过程中，分区域差别化施策是重点。20 世纪 60 年代，法国划定了 5 个农村薄弱地区，针对各自特点提供政策和资金支持。1995 年，法国推出了农村复兴区政策，把农村分为郊区农村、新型农村和落后农村，分别给予不同的发展扶持政策，并为面临人口稀少和社会经济结构转型难题的农村地区提供针对农民创业活动的长期税收优惠①。2005 年，法国又推出了优秀农村中心政策，对划入优秀农村中心的村镇提供发展资助，支持范围包括提升乡村空间的自然、文化、旅游价值，为外来人口提供服务，促进工业、手工业和服务业发展等②。

四、荷兰：土地整理与开发的系统性创新实践

以奶粉、郁金香、风车等标志性符号享誉海外的荷兰，拥有令人惊讶的土地和空间利用秩序，以及高密度、高效率的城乡宜居环境，一直是欧洲国家中乡村发展的优秀案例。从人多地少的基本国情、积极有为的地方政府、政府直接参与土地开发并获取利益、政府在征收农地中有优先权以及上级—下级的有效调控与博弈等角度看，荷兰与我国存在诸

① 刘健．基于城乡统筹的法国乡村开发建设及其规划管理［J］．国际城市规划，2010（2）：4－10.

② 冯建喜，汤爽爽，罗震东．法国乡村建设政策与实践——以法兰西岛大区为例［J］．乡村规划建设，2013（1）：115－126.

多相似之处，但较之我国却拥有更为优质的乡村自然环境和农业产业化前景，并在乡村规划上具备悠久的传统和卓越的表现，同时乡村规划和城市规划和谐共生，相得益彰，堪称典范。

20 世纪以来，荷兰乡村地区的规划主要以“土地整理”和“土地开发”两种具体形式开展。土地整理是指通过交换农户间土地、减少碎片化农田、修建道路、优化土壤和水质，创造更好的农业生产条件、提升农业生产效率，是一种结构性的农业优化措施。而土地开发除了关注农业生产功能以外，还注重自然保护、景观发展、户外娱乐等功能，是一种综合性的乡村发展手段①（见表 3.8）。

表 3.8　荷兰土地整理法和土地开发法分时期发展演变

法律名称	年份	意义	目的	缺陷与评判
土地整理法	1924	第一次在法律意义上明确了土地整理作为乡村规划的手段，改善农业的土地利用，促进农业的发展，使不同土地所有者的土地相对集中，规整划一	提高农业生产效率，解决一战后的粮食短缺问题	政府缺少相关财政配套措施：土地整理项目法定过程过于苛刻，难以实施
	1938	提高了土地整理项目的可操作性，简化了土地整理项目的手续，政府给予项目财政补助：为减少经济危机造成的失业，大多数项目与失业补助项目联系在一起	推动农业发展，减少失业问题	传统上具有生态多样性的乡村区城在土地整理后失去了自然景观，被改造成了单一的现代农业生产形式

① 张驰，张京祥，陈眉舞．荷兰乡村地区规划演变历程与启示［J］．国际城市规划，2016（1）：81－86.

续表

法律名称	年份	意义	目的	缺陷与评判
土地整理法	1954	土地整理成为乡村区域战后重建中政府农业政策的基石，除了农业生产外，其他土地利用方式也得到考虑，法案允许预留出最多5%的土地服务于农业生产之外的其他目的，如自然保护、休闲娱乐、村庄改造．景观改善等	促进农业、园艺、林业以及养殖业的生产力，解决第二次世界大战后的粮食短缺问题	随着时代的发展，在粮食生产不成为问题后，1970年代人们越来越重视乡村环境，开始反对土地整理项目：并且5%的非农用地已经不能满足人们的需要
土地开发法	1985	农业在乡村支配性的地位被改变，其他方面的利益也得到同等地位的关注。根据项目区的不同特点和项目的主要目的，法案提供了多种可选的土地开发方式，并在安排户外休闲娱乐，自然保护区等用地方面提供了更大的可能性	淡化以提高农业生产为目的的土地开发，逐渐加强以综合土地利用为目的的乡村开发，应对20世纪七八十年代出现的环境污染和自然景观保护问题	土地开发的权力过度集中在中央：项目从申请到执行的周期太长
	2007	加强私人和政府在土地开发过程中的合作	解决私人与政府合作开发土地过程中涉及的成本和收益分配问题	较为完善，可执行力强

纵观荷兰在20世纪逐渐从土地整理向土地开发演变的过程，显而易见三个阶段性特征：如表3.8所示，第一阶段，1924年到第二次世界大战开始，这一时期荷兰在乡村规划中的政策主要以土地整理为手段，通过重新分配土地，运用农业技术，建设乡村基础设施来提高农业生产效率；第二阶段，第二次世界大战结束到1985年，在战后初期，土地整理作为乡村区域战后重建中政府农业政策的基石，起到了提高农

业生产效率的作用，同时也开始向多种土地利用方式过渡①；第三阶段，1985 年至今，随着对环境和自然保护的关注，农业生产不再是乡村规划的主要目的，非农化的多种土地利用方式得到重视，从以土地整理为主的规划方式转变为土地开发为主的规划方式。

从法律上来看，荷兰颁布的第三《土地整理法》，明确规定了允许预留出 5% 的土地服务用于除了农业生产之外的其他目的，如自然保护、休闲娱乐、村庄改造、改善景观等。乡村景观规划自此在荷兰获得法律地位，荷兰的“农地整理”得以重塑乡村景观。

第四节　乡村振兴的美国实践：城乡互惠共生模式

美国的乡村发展经历了较为漫长的过程。从 1830 年农村人口占比 91.2%，到 20 世纪 70 年代城市人口占比大幅超越农村②，逐步形成以大型家庭农场为主的农业生产经营模式，走出了一条以乡村基础设施建设为支撑，以城乡人口、土地等生产要素自由流动为保障，以农业农村支持政策为引导的乡村发展道路。

一是建设联通城乡的交通运输体系。早在 19 世纪，美国就致力于全国交通设施建设。联邦政府拨付巨量资金修建了大量铁路、公路，开通了五大湖区至东海岸的运河航路，基本建成了城乡一体化的交通运输网络。在为各类生产要素进入乡村建立畅通渠道的同时，使乡村土地和自然资源优势更加显著，增强对外部生产要素的吸引力。

二是大力发展个性化小城镇。20 世纪 20 年代，美国城市中心已经

① 廖蓉，杜官印．荷兰土地整理对我国土地整理发展的启示［J］．中国国土资源经济，2004，17（9）：25－27.

② 高强，王富龙．美国农村城市化历程及启示［J］．世界农业，2002（5）：12－14.

过度拥挤，加上城乡交通路网十分发达、汽车等交通工具不断普及，大量中产阶级开始向郊区迁移。顺应这一趋势，美国推行“示范城市”实验计划，结合各地区位优势和地区特色，大力建设富有个性化功能的小城镇，建立带动乡村发展的人口中心和经济中心①。

三是支持农业产业加快发展。美国十分重视农业产业发展，建立了完备的支持政策体系。其主要特点在于：第一，以完备的法律体系为支撑。根据每一时期农业发展重点，制订或调整支持农业农村发展的涉农法律体系，如现在执行的《2014 年美国农场法案》，并依据法案出台《气候变化政策》和《低碳经济法案》等，为农业发展、农业补贴等提供法律依据。第二，以发达的农业科技为动力。目前美国有四大农业研究中心、130 多所农学院、56 个州农业试验站、57 个地区性推广站、3300 多个农业合作推广站和大约 1.7 万名农技推广人员。此外，还有 1200 家主要服务于农业领域的不同性质的科研机构。第三，以大额补贴进一步提升农产品竞争力。美国农业补贴实行两大集中，即向部分出口农产品品种集中，小麦、玉米、棉花等主要出口农产品集中了美国 90% 左右的农业补贴；向大规模农业生产者集中，补贴数量与农业种植面积和产量相挂钩，大规模农产品种植能获得更多补贴。据统计，美国 30% 左右的大农场，享受 70% 左右的补贴。第四，以大量的财政投入提升农业产业化水平。2014 年，《美国农场法案》为农业产业化项目安排了 444 亿美元预算，一方面，支持农业龙头企业发展，全球前 20 大农业生物技术公司中美国占 10 家；另一方面，大力推动农业机械化、企业化和服务社会化②。

① 沈费伟，刘祖云．发达国家乡村治理的典型模式与经验借鉴［J］．农村经济问题，2016（9）：93－102，112.

② 张涛．美国农业政策对发展我国农业经济的借鉴与启示［J］．农家科技旬刊，2017（7）：1－2.

四是建立完备的农村金融体系。美国农场信贷系统作为合作性金融机构，主要为农场主、牧场主、水产养殖主、农业企业、农业合作社等提供信贷服务，其信贷资金在农场部门贷款余额中的占比长期保持在41%左右，排在第一位；美国商业银行贷款在农场部门信贷余额中的占比略低于合作金融机构，排在第二位，但其服务范围远超合作金融机构，包括农业贷款、消费贷款、农村住房贷款、农村小企业贷款和社区贷款等信贷业务；美国针对农场主设计的政府贷款，通过商品信贷公司以农产品营销援助贷款的形式发放①。

在上述政策措施的作用下，美国逐渐建立了以城市为中心、以个性化小镇为聚居区、以大型农场为农业经营主要载体的城乡发展融合格局，有效实现了城市与乡村、工业与农业的均衡发展，城乡居民收入差距不大且持续保持稳定。美国农业部数据显示在1995年至2001年期间，美国城市中位数收入家庭的收入与农村中位数收入家庭的收入之比一直处于1.28～1.34之间②；2007年至今，城市家庭收入中位数与农村家庭收入中位数之比仍平均为1.33（见表3.9）。

表3.9　以中位数收入来衡量的美国城乡家庭收入差距的情况

年份	城市家庭收入（美元）	农村家庭收入（美元）	城市家庭收入/农村家庭收入（倍）
1995	48166	36881	1.31
1996	49312	36922	1.34
1997	50825	38687	1.31
1998	52527	40679	1.29
1999	53888	42048	1.28
2000	55203	41829	1.32

① 鞠荣华，何广文．美国农村信贷供给体系及其对中国的启示［J］．世界农业，2012（11）：61－64.

② 曾国安，胡晶晶．城乡居民收入差距的国际比较［J］．山东社会科学，2008（10）：47－53.

续表

年份	城市家庭收入（美元）	农村家庭收入（美元）	城市家庭收入/农村家庭收入（倍）
2001	54657	41012	1. 33
2007	57408	44974	1. 27
2012	52988	41198	1. 29

资料来源：美国农业部网站，http：//www. usda. gov/。

第五节　全球化背景下乡村振兴的启示

欧美发达国家美国、德国、法国和荷兰以及东亚发达国家日本、韩国在特定历史时期和发展阶段的农业农村发展经验，其中内含着共通之处：

第一，政府加强顶层设计，研究制定促进乡村发展的倾斜政策，或以少量资金为引导或提供大量资金直接建设，是推动乡村发展的强大动力。各国在推进乡村发展过程中，充分发挥政府“有形之手”与市场“无形之手”的作用，特别是注重政策引导和资金撬动作用，对乡村发展各项事务并不是大包大揽，通过投入一定的资金，为乡村发展提供基本政策和制度保障等，激发农民和其他市场主体积极参与乡村建设。如韩国政府在新村运动中投入的资金有限，主要是提供库存已久的水泥、钢筋等实物，并且通过制定竞争性支援政策激励村民开展新村运动；德国各级政府都制定了详尽的村庄更新规划，并注重将村民的合理化建议和要求吸纳进规划中，提高村民在村庄更新过程中的参与程度；美国政府财力雄厚，投入了巨量的财政资金进行城乡基础设施建设；日本政府投入一定资金、科技、人力等，积极引导支持各地开展“一村一品”运动。

第二，加强基础设施建设，全面改善农村居民生产生活环境，是各国推进乡村发展初期的重点工作。各国乡村发展初期都致力于农业农村基础设施建设，为后期的农业产业发展、农民生活质量提升打下了坚实的基础。如，韩国新村运动基础阶段（1971—1973 年）主要任务是进行屋顶修缮、公共洗衣台修建等以及农田水利等生产性基础设施建设，为新村运动推广阶段和深化阶段进行更高层次的建设打下了良好的基础；德国的村庄更新具有典型的渐进式特点，20 世纪 50 年代乡村更新的主题主要集中于完善基础设施，70 年代后关注主题转移到保护传统古老的建筑文化、发展生态农业等；美国的城乡一体化发展也是得益于 19 世纪末到 20 世纪初建立的四通发达的交通系统、健全的基础设施。

第三，注重乡村规划引导，有效利用当地资源优势，保持当地特色文化和传统，是各国推动乡村发展的重要手段。各国都十分注重规划引领作用，注重保持乡村特色，尊重当地历史文化传承，开发当地优势资源，使现代文明与乡村传统有机融合，而不是建成风格雷同、产业结构相似的乡村和小镇。如，德国 20 世纪 70 年代的村庄规划非常重视保护和塑造乡村特色，保存了大量历史文化遗产古村落。此外，德国城市区域与村庄区域泾渭分明，形成风貌各异的乡村小镇；美国的城乡尽管生活水平差异不大，但各地小城镇非常强调个性化功能的打造；日本“一村一品”运动是紧紧围绕当地自身优势，发展具有特色且有销路的特色产品，包括培育特色农业产品、开发特色文化资源和旅游项目等。

第四，推动城乡融合、工农结合，积极将各类生产要素引入乡村，为农民本土化就业提供更多渠道，是推动乡村健康可持续发展的有效措施。各国都注重城乡协调统筹、一二三产业融合发展，推进产业合理布局，培育地区性主导产业，引导劳动力、技术、资金等生产要素向广大农村地区集聚流动，逐步实现城乡一体化、工农融合发展。如，美国和德国侧重于依托城市工业向周边辐射，带动郊区小城镇和农村发展。德国宝马等工业企业将生产基地向城市郊区镇转移，带动辐射周边农村人口本地就业；美国制定富有针对性的一系列优惠的郊区税收政策，鼓励城市工厂迁往郊区，为农村工业化发展创造了有利条件。日本和韩国则主要通过提高农业生产效率、增加农民就业，提高农业竞争力和增加农民收入。韩国推广水稻新品种，增种经济作物；推动创办“农户副业企业”“新村工厂”“农村工业园区”等，增加农民本地就业。

第五，培育多层次市场主体，加强职业农民培养，并适当引导各类人才资源流向农村地区，是推动乡村可持续发展的强有力的保障。各国高度重视农村劳动力素质提升，适度引进各类人才进入农村地区，把挖掘培育农村地区人力资源优势和资本等其他要素投入有机结合起来，充分发挥人力资本作为生产要素对农村经济增长的推动作用。如，韩国新村运动中，尽管当时政府财政收入有限，执政党政治上也面临艰难的局势，但仍然开展了一次全民教育运动，包括对广大农民、新村运动指导者、各级官员、公务员以及其他社会指导层的教育；日本“一村一品”运动开展特色农产品基地和品牌的建设以及发展 1.5 次产业（即一二产业融合），都离不开对农民进行各类专业知识培训；德国拥有世界最著名的职业教育体系，在整个村庄更新过程中，各级政府在农村地区开办农民职业培训学校，还与各大专院校合作，开展村庄规划、生态农业以及非农就业技能等方面的培训。

第六，乡村发展战略符合当时国民经济社会发展阶段和未来发展规律，是各国推动乡村经济社会发展取得成功的内在要求。各国乡村发展模式无论是自上而下主导还是上下协同驱动，关键是与当时经济社会所处的发展阶段相适应，是经济社会发展到一定水平后，针对城市人口过度拥挤、城乡居民收入差距扩大、乡村经济社会相对衰微等问题而必须采取的政策举措，是国民经济社会发展的内在要求。如，20 世纪 50 年代，日本大量农村劳动力开始涌入城市，70 年代的石油危机给日本城市经济造成了沉重打击，而发展农村经济消耗石油资源较少。在此背景下，日本政府采纳大分县前知事平松守彦建议，倡导推进“一村一品”运动。20 世纪 20 年代的美国城市化水平已较高，中心城市过度拥挤，大力发展乡村经济，加强农村地区基础设施建设，推动城乡一体化发展成为必然的经济逻辑。20 世纪 70 年代韩国造村运动也是在农村家庭收入与城市家庭收入差距快速拉大的情况下实施的。

目前，我国正处于跨越“中等收入陷阱”的关键时期。发达国家推进乡村发展所采取的政策措施，给我国当前实施乡村振兴战略提供了有益启示。

一是要基于城乡统筹发展理念调整城乡产业布局。德国提出的城乡等值化发展理念，美国实施的城乡互惠型乡村治理模式，都是城乡统筹发展理念的具体体现。目前，我国发展战略已由工业优先农业、城镇化优先农村发展转变为工农业协调和城乡统筹发展①，应借鉴有益经验，着力采取以城促乡、以工带农的政策措施，推进我国乡村振兴进程。重点应侧重于产业调整、城市定位和县域经济培育方面，首先是调整产业特别是工业布局。合理的产业布局，将会极大推动区域经济均衡发展，缩小城乡差别。美国 177 家 500 强企业，主要分布在小城镇，全球四大粮商的总部大都在小镇。而我国大型企业总部大多分布在大中城市。建议研究制定新的产业政策，引导大型工业企业向三四线城市或县域有序转移，更好发挥企业在农村地区的投资、就业和社区建设的拉动作用。其次是重新定位城市发展道路。我国用短短几十年时间走过了发达国家上百年的城镇化道路。建议转变城市建设规划理念，把城市群与乡村发展紧密结合起来，集中力量发展 50 万 ~ 100 万人的中小城市，让更多农民就近进城务工。同时，规划建设城郊辐射带动的特色小镇、远郊旅

① 张军. 乡村价值定位与乡村振兴［J］. 中国农村经济，2018（1）：2 - 10.

游和山区村落、历史文化古村落、特色产业村庄等风格各异的农村。最后是积极培育县域经济发展增长极。县域经济是兼容城镇和乡村特点的最为重要的区域经济，其好坏决定乡村振兴成色。应改变大部分县域农业大、工业小、三产弱的产业格局，大力推进城镇化和工业化建设，加强县级产业园区建设，确立主导产业，坚持一业为主、多元互补，形成产业集聚效应，走农村地区新型工业化、城乡融合之路①。

二是要以保障激励为目标，发挥村集体和农民推进乡村振兴的主体作用。在市场经济条件下，国家政策最重要的目标是帮扶、引导和激励，绝不能大包大揽。政策设计应激励各类市场主体参与乡村建设，确保发挥各类市场主体特别是村集体和农民在乡村建设中的主体作用。政府应致力于农村经济社会各领域的行为规范、制度建设，为各类市场主体提供良好的市场环境和制度依据。通过财政转移支付、收入二次分配等宏观调控手段，适当调节城乡居民收入差距。各级政府应把基础设施建设的重点放在农村地区，加快农村公路、供水、环保、电网、物流、信息等基础设施的规划和建设，推进城乡基础设施互联互通。加大农村公共事业领域等纯公益性领域的投入，鼓励农民以市场化方式参与本地区或所在村集体的基础设施建设。完善统一的城乡居民基本医疗制度和大病保险制度。按照城乡居民养老标准一体化原则，建立健全城乡居民基本养老保险待遇确定和基础养老金正常调整机制。

三是要深化农村土地制度改革，充分释放农村土地资产功能。发达国家在推动乡村发展过程中，土地作为生产要素的资产功能和作为抵押物的资本功能得到有效释放。我国推动乡村振兴，依赖的重要生产要素就是土地，土地的价值很大程度取决于土地产权权能②。因此，必须在

① 王兆阳．关于通过城市和工业再布局推进乡村振兴的探析［J］．农村金融研究，2018(6)：66－70.

② 黄少安，赵建．土地产权、土地金融与农村经济增长［J］．江海学刊，2010（11）：4－19.

坚持农村土地集体所有制的基础上，加快改革创新，盘活农村土地，充分释放农村土地资产功能。建议加快农村征地制度改革，增加农民对土地的用益物权权能。进一步缩小征地范围，缩小至宪法规定的公共利益需要的范围之内。按照市场经济等价交换的原则提高征地补偿费，规范征地程序，建立程序规范、补偿合理、保障多元的新型农村土地征收制度。加快建立同权同价、流转顺畅、收益共享的农村集体经营性建设用地入市制度。建立依法公平取得、节约集约使用、自愿有偿退出的农村宅基地制度。在不改变农村集体土地所有权和农民宅基地资格权的前提下，鼓励农村居民与城镇居民合作建房。完善承包地和宅基地“三权分置”制度，推动资源变资产、资金变股金、农民变股东，积极探索农村集体土地使用权以联营、入股等方式参与城镇化、工业园区等项目建设。完善土地指标跨省调剂机制，进一步搞活新增耕地指标、城乡建设用地增减挂钩节余指标跨省域调剂机制。

四是要加大力度培育新型职业农民和乡村振兴带头人。各国乡村发展的过程中，人力资本作为主要生产要素之一，对推动农村经济社会发展发挥了不可替代的作用。科学技术、现代管理方法、先进乡村治理经验等都需要通过加强农民学习培训以及经验积累，转化为农村现实生产力。这一转化过程就是人力资本发挥作用的过程。乡村发展是否成功在很大程度决定于农民，特别是乡村精英的积极参与。应建立新型职业农民培训机构和工作机制，加强对“三农”新主体的职业教育，重点培训乡村振兴中涌现出的“新四军”，即以 400 万专业大户、家庭农场主为代表的“新农民”，以 700 万返乡创业创新人员为代表的“新农人”，在乡村治理中发挥积极作用的“新乡贤”以及以“一懂两爱”队伍为主体的农村“新干部”。逐步建立有效激励机制，以乡情乡愁为纽带，吸引企业家、退休党政干部、专家学者、医生、教师等各类技能人才，通过下乡投资兴业、行医办学、咨询服务等方式，提升当地农民职业素质，服务乡村振兴事业。还需要政府部门构建畅通的利益表达机制、参与机制、决策机制等，切实维护和实现农民的利益，引导农民发挥自身主观能动性，以主人翁的心态更加积极地投身到乡村振兴中去。

五是要以满足多元化金融需求为目标健全农村金融体系。乡村发展离不开金融。借鉴发达国家金融支农经验，建议进一步建立健全农村金融体系。其中，要将强化金融机构服务乡村振兴的共同责任放在首位。凡是在县域农村设立分支机构的银行业金融机构，其在县域吸收的存款总体上仍要用于县域，贷存比原则上不应低于 50%，确保资金取之于农、用之于农。大中型商业银行开展普惠金融服务，重点应放在乡村振兴、脱贫攻坚等领域。同时，注意突出发挥商业金融支持乡村振兴主力军作用。农业银行、邮储银行、农业发展银行、农村信用社作为农村金融体系的主要组成部分，应立足各自职能定位，分工合作、有序竞争，共同为乡村振兴提供全方位高质量金融服务。按照“使市场在资源配置中起决定性作用”的要求，突出发挥农业银行等商业金融服务乡村振兴主力军作用。凡是适合商业金融提供服务的领域，原则上均要通过商业银行开展。对投资期限长、回报率低、政府提供贴息或担保的政策性业务，鼓励商业银行积极介入，探索政策性业务商业化运作模式，提高政策性业务运作效率效益。尽量避免明确指定某一金融机构承担专项金融服务的做法。另外，还应加大对金融服务乡村振兴的政策支持。通过差异化的财税、货币和监管政策支持，提高金融机构支持乡村振兴的自觉性主动性。

第六节　本章小结

全球在现代化进程中均面临着乡村衰落的趋势，各国结合自身资源要素条件，研究探索出许多乡村振兴层面的政策和实践经验。尽管不同的国家乡村发展具有很大的差异性，但在振兴路径、振兴主题和振兴模式等方面仍然呈现出较多的相似性。本章先从与中国在农业资源、发展历史、乡村特征等诸多方面非常相似的日本和韩国开始梳理乡村振兴进程，不难看出，以六次产业为重点的产业融合政策，是日韩两国推动乡村振兴、实现国家现代化的重要经验。通过推进乡村产业融合，借助六次产业的加法效应创造的新供给，以及乘法效应培育的新业态，实现基于农业多功能性的价值增值，切实提高农民收入，实现农业产业振兴，推进乡村振兴战略。此外，日本和韩国作为东亚经济圈国家，在新村建设方面也表现出较多的趋同性。

对于土地资源远比中国丰富的欧洲国家和美国来说，他们在应对乡村衰落的挑战时，将重心放在创新竞争导向的多元化农业农村经济政策、构建兼容魅力导向的农村社区发展政策、增强创新导向的农村组织培育政策、完善兼容导向的自然环境保护政策等方面，上述政策对中国实施乡村振兴战略有极大的启发价值，主要在于注重建立城乡平等发展的合作伙伴关系，通过法律法规和规划体系框定农村发展重点，自下而上激发各方参与农业农村发展的积极性。

第四章

乡村产业振兴的理论与实践

推动乡村产业振兴、人才振兴、文化振兴、生态振兴、组织振兴，是习近平总书记关于实施乡村振兴战略重要论述的重要内容，是贯穿《乡村振兴战略规划（2018—2022年）》的一根红线，是“五位一体”总体布局和“四个全面”战略布局在农业农村领域的具体体现。“五大振兴”是乡村振兴战略的核心内容和主要抓手。产业振兴是乡村振兴的物质基础，事关提供乡村就业机会和拓宽农民增收渠道。推动乡村振兴，必须让农业经营有效益、成为有奔头的产业，让农民增收致富、成为有吸引力的职业，让农村留得住人、成为安居乐业的美丽家园。

产业振兴这一乡村振兴战略的主要抓手，其本质内涵与“产业兴旺”这一核心要求是高度一致的。推动乡村产业振兴，应坚持质量兴农、绿色兴农，大力发展现代种养业，推进农产品就地加工转化增值，大力发展乡村现代服务业，促进农村一二三产业深度融合，加快构建现代农业产业体系、生产体系、经营体系，在此基础上实现小农户与现代农业的有机衔接。这也是2018年中央一号文件对“产业兴旺”层面提出的实施方向和操作要点。可以说，“产业兴旺”是乡村产业振兴的最终目标和根本任务。

第一节　产业兴旺是实现乡村振兴的战略核心

产业兴旺位于20字实施乡村振兴战略总要求之首。推进产业兴旺是实现农业强、农村美、农民富的扎实基础和依托，否则，美好目标就会变成无源之水无本之木。2017年12月召开的中央农村工作会议中强调，“农业强不强、农村美不美、农民富不富，决定着亿万农民的获得感和幸福感，决定着我国全面小康社会的质量。”习近平总书记多次指出，产业兴旺是解决农村一切问题的前提。无论是政策文件中的核心表述，还是领导人的关键讲话，无不凸显出产业兴旺在乡村振兴战略实施过程中的基础性作用。在当前乃至21世纪中叶“把我国建设成为富强民主文明和谐的社会主义现代化强国”前，发展仍是解决当今社会主要矛盾的基础和关键。“发展才是硬道理”，“聚精会神搞建设、一心一意谋发展”等一代代国家领导集体的智慧仍未过时。发展首先是产业发展，以经济建设为中心是兴国之要。就中国广大的农村地区而言，如果产业不兴，即便再有“生态宜居、乡风文明”，广大农民也不可能“饿着肚子唱着歌”“看着美景跳着舞”，更不可能专心致志搞好组织建设和治理有效，“生活富裕”的要求更无异于天方夜谭。

相对于建设社会主义新农村的要求，即“生产发展、生活宽裕、乡风文明、村容整洁、管理民主”，在实施乡村振兴战略的总要求中，一系列词语也实现了提档升级，内涵更为丰富，目标更为长远。其中，用“产业兴旺”代替“生产发展”，突出了以推进供给侧结构性改革为主线的要求，突出了用现代产业发展理念和组织方式改造传统农业农村产业的趋势。在加快推进现代农业方面，乡村振兴战略坚持把保障国家粮食安全作为发展现代农业的首要任务，守住国家粮食安全底线，促进农业高质量发展。粮安天下安，乡村产业振兴要求摈弃片面追求增产的传统粮食安全观，要树立“大粮食安全”观，进一步落实以我为主、立足国内、确保产能、适度进口、科技支撑的国家粮食安全战略和确保谷物基本自给、口粮绝对安全的粮食安全战略底线，积极推进粮食生产由生产导向向消费导向转变，由单纯追求数量效益向追求数量与质量并重方向转变①。在此引领下，按照增加有效供给、减少无效供给的要求，拓宽实现粮食安全的视野，通过树立大农业观、大食物观，向统筹山水林田湖草系统治理要粮食安全，拓展实现粮食安全的选择空间；同时，按照抓重点、补短板、强弱项的要求，将加强粮食综合生产能力与加强粮食综合流通能力建设有效结合起来，积极实现从增加粮食产能要安全向增强粮食综合供给能力要安全的转变。此外，用“产业兴旺”代替“生产发展”，还突出了推进乡村产业形态多元化、融合化的发展方向。乡村产业振兴要求各地依托乡村资源，发掘新功能新价值，培育新产业新业态；同时跨界配置农业和现代产业要素，促进产业深度交叉融合，形成“农业+”多业态发展态势。同样从保障粮食安全角度分析粮食生产发展，要结合完善质量兴粮、绿色兴粮、服务兴粮、品牌兴粮推进机制和支持政策，鼓励新型农业经营主体、新型农业服务主体带动小农户延伸粮食产业链、打造粮食供应链、提升粮食价值链，构建分工明确、优势互补、风险共担、利益共享的利益联结机制，积极培育现代粮食产业体系，鼓励发展粮食加工业、流通业和面向粮食产业链的生产性服务业，促进粮食产业链创新力和竞争力的提升。结合推进农业支持保护政策的创新和转型，优化粮食仓储的区域布局和加强粮食物流基础设施建设等措施，全面提升粮食产业链和粮食产业体系的质量、效益和可持续发展能力，把中国人的饭碗牢牢把握在自己手里。

---

① 叶兴庆．我国农业支持政策转型：从增产导向到竞争力导向［J］．改革，2017（3）：19－34.

习近平总书记在参加山东代表团审议时提出实施乡村振兴战略要从五大振兴入手，产业振兴同样被放在首位。乡村振兴战略在提出之初，就明确其指导思想为“紧紧围绕统筹推进五位一体总体布局和协调推进四个全面战略布局”。乡村的全面振兴，是涵盖着乡村经济建设、政治建设、文化建设、社会建设和生态文明建设的全面振兴，借此激活农业农村的多重功能和多维价值①。在避免农业一二三产业分割和农业多功能性被忽视的基础上，乡村产业振兴首先激活的应该是乡村的经济价值，这是增强农民获得感、幸福感和安全感的最有效手段和坚实支撑，不仅有利于农民实现就地就近就业增收，也有利于缓解国家在城镇化进程中不可避免的发展矛盾，适当规避家庭成员空间分离和留守等问题的发生。当然，乡村经济建设不等于乡村政治建设、文化建设、社会建设和生态文明建设，乡村产业振兴也不可能替代乡村全面振兴的其他方面，但是乡村经济建设或产业振兴能够为其他层面建设或振兴提供基础性甚至是决定性作用，这是毋庸置疑的。

第二节　产业兴旺的政策演变和未来选择

“三农”是关系国计民生的根本性问题。中华人民共和国成立 71 年来，中国农业政策经历了从索取农业到反哺农业的演变。在农业发展的过程中，三农政策起到指引、激励和调控的作用，特别是宏观层面的农业政策的导向至关重要。回顾中国农业发展波澜壮阔的 71 年历程，总结中国农业政策演变的内在规律、提炼理论概念，以期为促进新时期乡村产业振兴和农业现代化发展提供参考。

① 陈秋珍，John Sumelius. 国内外农业多功能性研究文献综述［J］. 中国农村观察，2007，38（3）：71－79，81.

一、1949—1977年：土地所有制转变，探索社会主义农业发展

中华人民共和国成立后至改革开放前，中国经济处于特殊的探索发展时期。首先是经历了三年的土地改革，极大地提高了农户的生产积极性，粮食产量大幅增加，年增长率最高达到16.74%。随后建立了农民土地所有制，农户个体经济成为农村的主流经济形态。然而，由于小农经济存在天然的弱势，无法扩大再生产，因此对农业领域进行社会主义改造，发展合作经济成为满足当时社会生产力发展的客观需要。到1956年底，随着农业领域社会主义改造的完成，农民个体所有、家庭经营制转变为社会主义集体所有制①。但之后由于冒进发展导致人民公社化运动后期（1958年）分配不合理问题严峻，严重挫伤了农民的生产积极性，粮食大幅减产。据统计年鉴数据显示，1958—1961年间，全国粮食产量连年下降2000多万吨。整体而言，这个阶段国家政策导向优先发展重工业，以工农产品“剪刀差”的形式转移农业部门剩余价值用于发展工业，同时伴随着政策引导偏激，致使农业经济发展道路蜿蜒曲折，但也奠定了中国国民经济改革和发展的物质基础。②

二、1978—1984年：农村经营体制改革起步，粮食流通体制改善

1978年之后，中国农业发展处于提高粮食供给、解决人民温饱问

① 高帆．中国农地“三权分置”的形成逻辑与实施政策［J］．经济学家，2018（4）：86－95.

② 肖小虹，王婷婷，王超．中华人民共和国成立70年来农业政策的演变轨迹——基于1949—2019年中国农业政策的量化分析［J］．世界农业，2019（8）：33－48.

题的重要阶段。农村开始农业经营体制的改革，起始于安徽省凤阳县小岗村的“大包干”，历经1982年、1983年、1984年的中央一号文件对家庭联产承包责任制的连续肯定，逐渐形成统分结合双层经营制度的萌芽①。同时，1984年，国务院发布《农副产品购销合同条例》，在健全农业生产责任制的基础上，梳理农村商品流通渠道，完善农村商业体制。在此背景下，农户得以“包干到户、分户经营、自负盈亏”，极大解放了农村生产力，在农业科学技术的应用推广下，农业产出和全要素生产率大幅提升，并且在国家国家实行粮食流通改革政策的带动下，增产的粮食得以顺畅销售②。因此，这个阶段国家致力于发展农村生产和农业经济，放活农副产品管理等以求破除农产品流通障碍、妥善解决食品供给问题。

三、1985—1993年：农产品市场化改革启动，家庭联产承包责任制完善

中国改革是从农村土地制度开始的，市场化改革也是从农业开始，并且采用的是渐进式改革模式。在改革初期，并没有激进地完全废除计划经济体制，而是将市场体制当作对计划经济体制的补充，直到改革后期，国家才逐步退出购销和定价的计划经济体系。从农产品种类上看，改革也是从农副产品开始逐步扩展到具有战略意义的大宗农产品上。改革启动的标志性事件是1985年中共中央、国务院下发《关于进一步活跃农村经济的十项政策》，其中决定取消农副产品统购派购制度，开始

---

① 周振，孔祥智．新中国70年农业经营体制的历史变迁与政策启示［J］．管理世界，2019，35（10）：24－38.

② 叶兴庆．演进轨迹、困境摆脱与转变我国农业发展方式的政策选择［J］．改革，2016（6）：22－39.

探索实施“合同订购”和市场收购，以促进农业产业结构调整，保障农村商品生产发展[①]。尽管逐步放松了跨区域流通和交易的限制，但当时的农村市场仍然主要以传统的周期性赶集市场为主。自此，市场化改革开始分阶段地向粗粮、主要畜产品、糖料、油料、大豆、棉花和三大主粮（小麦、水稻和玉米）推动，并从 90 年代初开始加速农产品市场化改革的进程。

这一阶段，对于粮棉油糖等大宗农产品，国家采用的是双轨制的市场化改革模式。鉴于粮食的改革历程较为曲折，特以此为例进行叙述。我国自 1985 年废除统购制度，粮食收购开始向双轨制演化，主要内容是：在逐渐降低国家的定购量和提高国家议购量的同时，不断提高国家收购粮食的议购价，以此来促进粮食市场发育和农民增收。同时，在 1990 年国务院发布《国务院关于建立国家专项粮食储备制度的决定》，用以调节粮食粮食市场供需、平抑年际粮食波动、保障国家粮食安全。为了加快中国农产品流通市场化的步伐，1993 年 11 月党的十四届三中全会通过《中共中央关于建立社会主义市场经济体制若干问题的决定》，深化以城市为重点的经济体制改革，促进城乡要素流动和劳动力转移，通过城乡互动的形式搞活农村商品流动。尽管这一阶段农产品流通机制改革和市场发育，使得资源配置由政府为主转向市场为主，但经济发展的重心仍不可逆转的脱离农村转向城市[②]。中国城乡二元结构的存在和政策的倾向性继续拉拉大了城乡差距。

与此同时，家庭联产承包责任制的不断完善，对农业生产继续发挥促进的作用。1984 年 1 月，中共中央发出第三个“三农”问题一号文

① 吴丰华，韩文龙．改革开放四十年的城乡关系：历史脉络、阶段特征和未来展望［J］．学术月刊，2018，50（4）：58－68.

② 郑有贵．1978—2012 年中国农村发展变迁及其原因［J］．中国农史，2016，35（4）：115－123.

件《关于1984年农村工作的通知》，提出要巩固和完善联产承包责任制，迅速把主要精力转到抓好商品生产上来。1991年1月，全国农业工作会议提出：以家庭联产承包为主的责任制是党在农村的基本政策，应在稳定的前提下逐步加以完善，主要途径应是发展多形式、多层次的服务，并逐步形成社会化服务体系。1991年11月举行的中共十三届八中全会通过了《中共中央关于进一步加强农业和农村工作的决定》，提出要把以家庭联产承包为主的责任制、统分结合的双层经营体制作为我国乡村集体经济组织的一项基本制度长期稳定下来，并不断充实完善。对于农地产权稳定性存在的问题，国家在1993年决定在原定的耕地承包期到期之后，再延长30年不变，承包权的稳定性得到显著提高①。上述政策文件均在提高农户生产积极性和投入效率、加强土地流转的信心方面产生积极影响。

四、1994—2003年：全国一体化市场建立，农业走向对外开放

此阶段为农村改革的全面推进阶段。按照建立社会主义市场经济体制的要求，稳定与完善农村基本经营制度，深化农产品流通体制改革，调整农村产业结构，推进乡镇企业体制创新，促进农村劳动力转移，农村改革得到进一步深化。

在深化粮食流通体制改革领域，国家在粮食定购价格、粮食收购工作、保障粮源等方面建立粮食储备调节体系，促进市场主体多元化发展。1994年，国家取消了粮食统购统销政策，在全国范围内放开粮食价格，全国粮食市场形成。1995年4月发布的《国务院关于深化粮食

① 冀县卿，黄季焜．改革三十年农地使用权演变：国家政策与实际执行的对比分析［J］．农业经济问题，2013（5）：27－32.

棉花化肥购销体制改革的通知》提出深化农产品购销体制改革，实行“米袋子”省长负责制和“菜篮子”市长负责制。同年，全国粮食总产量达到9332亿斤，同比增长5%[①]。但随着粮食产量不断提高，并于1966年突破5亿吨后，粮价开始呈现下降趋势，国家库存剧增。为保护农民利益，国家于1998年出台了一项颇有争议的粮食流通体制改革：按照保护价敞开收购农民余粮、粮食收储企业实行顺价销售粮食、粮食收购资金封闭运行的“三项政策”，标志着农产品价格政策已经从抑制向保护性过度和转变[②]。然而，政策执行三年后便因困难重重而逐步放松，并于2004年正式取缔，最终粮食完成了市场化改革。研究表明，到21世纪初，几乎全国所有地区的粮食市场趋于整合，市场运行效率显著提高[③]。对于除粮食之外的其他农产品，因为改革期间干预较少，进展比较顺利，更早建立了全国一体化市场。

农产品市场化改革对农业发展和农民增收起到至关重要的作用。市场化改革首先提高了农业资源的配置效率，促进农业生产结构的调整和优化；市场化改革还降低了农民购买农业生产资料的价格，推动农民加大对农业生产的投入；市场化改革在提高农产品销售价格的同时，由于全国一体化市场的建立，会极大降低交易成本，激发农民扩大生产的积极性。

在国内农产品市场化改革基本完成后，中国农业对外开放的步伐开始大幅提速。这得益于2001年中国成功加入世界贸易组织（WTO）。世贸组织规则要求中国放宽农产品进出口贸易的准入条件和许可证，消

① 鲁晓东．从1996年粮食形势看粮产区“米袋子”省长负责制［J］．中国农村经济，1996（11）：18-19.

② 任景明，喻元秀，王如松．中国农业政策环境影响初步分析［J］．中国农学通报，2009，25（15）：223-229.

③ Huang，J. and S. Rozelle. 2006. The Emergence of Agricultural Commodity Markets in China［J］. China Economic Review，2006（17）：266-280.

减农产品进口关税。此后，中国还承诺取消对农产品的出口补贴。农业对外开放使中国农产品市场逐渐同国际市场整合起来。研究表明，随着市场化改革和对外开放的同步推进，到21世纪初（2002—2005年）国内农产品市场已基本与国际市场接轨，大宗农产品价格差异最高不超过20%①。

整体而言，在这个阶段，国家在市场经济体制下，强调实行以农业保护、促进农民增收为主的农业政策。国务院于2002年1月在“三农”最高级别工作会议上更是明确提出增加农民收入的总的指导思想——“多予、少取、放活”。一系列改革措施、惠农政策，促进了解决农民收入问题。同时，无论是农业市场化改革，还是农业对外开放，也都对国内农业生产结构调整和农产品贸易结构改善产生积极影响。尽管如此，由于城乡二元政策的延续以及农业宏观调控的政策手段未及时见效，城乡差距继续扩大，与工业、城市和城市居民相比，农业、农村和农民的弱势格局仍未被打破。

五、2004—2012年：工业反哺农业，城乡统筹互促发展

2004年，中国总体进入“以工促农，以城带乡”的发展阶段。国家不断健全农村土地管理制度，深化粮棉流通体制改革，建立农业支持保护制度，扩大农业对外开放，改革农村税费制度，创新农村金融制度，健全农村民主管理制度，建立城乡发展一体化制度，农村改革正式进入了城乡统筹的新阶段。

确保农民增收、粮食安全和农业可持续发展一直是自进入21世纪以来中国农业发展面临的最大挑战。城乡居民收入差距不断扩大，到

① 黄季焜．四十年中国农业发展改革和未来政策选择［J］．农业技术经济，2018（3）：4－15.

2003 年城乡居民收入比首次突破 3∶1[①]；自 2004 年开始中国由食物净出口国转变为净进口国，进口增速显著加快，到 2015 年食物自给率降到 94.5%，引发学界和政界高度关注[②]；同时，过去以牺牲环境资源为代价换取农业的高度增长，导致进入 21 世纪后，许多农区出现的地下水位降低、土壤板结、面源污染加重等问题日益严峻，再议无法回避。

为应对以上挑战，中共中央国务院时隔 18 年之后，在 2004 年再次发出关于“三农”问题的一号文件，并陆续出台了一系列强农富农惠农的重要政策措施。2004 年启动农业直接补贴，之后补贴连年增加，2011 年中央财政用于农业四项补贴（种粮农民直接补贴、良种补贴、农机具购置补贴和农资综合补贴）的资金已达 1406 亿元；2004 年同时开始启动的还有大宗农产品的托市政策，包括 2004 年推行的水稻和小麦的最低收购价政策、2008 年实施的玉米、大豆和油菜籽的临时收储政策，到 2011 年和 2012 年分别推广到棉花和食糖的临时收储政策；进入 21 世纪以来，政府不断加大农业农村的财政投入，特别是农业基础设施建设和农业的科技投入，并在 2005 年 10 月，党的十六届五中全会正式提出按照“生产发展、生活宽裕、乡风文明、村容整洁、管理民主”的要求，建设社会主义新农村；2006 年 1 月，延续了 2600 多年的农业税全面取消，整体导向减税直补，工业反哺农业，夯实农业发展基础、促进农民增收；为保障粮食安全，2008 年国家发布《国家粮食安全中长期安全规划（2008—2020）》，成为最新的战略性指导文件；2020 年 10 月，中共中央发布《关于制定国民经济和社会发展第十二个五年规划的建议》，更是将农业现代化提升到与工业化和城镇化并行同

---

① 资料来源：国家统计局：中华人民共和国 2017 年国民经济和社会发展统计公报．http：//www.stats.gov.cn/tjsj/zxfb/201802/t20180228_1585631.html.

② Ali，T.，J. Huang，J. Wang，W. Xie. Global footprints of water and land resources through China's food trade［J］. Global Food Security，2017（12）：139－145.

步的高度。

以上政策对农业增长和农民增收起到直接效果。一是使得我国粮食产量实现破纪录的“十二连增”，2011 年全国粮食总产 11424 亿斤，首次迈上 11000 亿斤新台阶，粮食产量的年均增长率也从 2000—2005 年的 1% 提高到 2005—2016 年的 2% 以上[①]；二是城乡居民人均纯收入比例自 2003 年破“3”后，在 2009 年达到顶峰（3. 3 ∶ 1），之后开始出现下降趋势，最新统计数据显示，2017 年城乡居民人均可支配收入比值下降到 2. 7 ∶ 1[②]。

然而，巨额农业补贴和大宗农产品托市政策在实施过程中仍引来不少争议。一方面，农业四项补贴虽然总量很大，但由于我国农户规模多达 2. 07 亿[③]，平均每户拿到的补贴尚不足 700 元，对农民增收的影响有限；同时，部分农业补贴发放与实际生产“脱钩”，仍按照原来农户承包地面积来核算，未考虑土地流转等现象[④]；此外，巨额农业补贴对政府财政也造成巨大负担。另一方面，大宗农产品托市制度，特别是玉米临时收储政策带来了一系列供给侧结构性问题，首先是种植结构的失衡，玉米生产的扩大，必然压缩其他粮食作物或经济作物的种植面积；其次，玉米价格在国内外市场上“倒挂”现象严重，“国内新粮进谷仓、国外粮食进市场”连年发生，影响国内畜牧饲料等下游加工行业的生产；随之而来的是，玉米库存剧增，新粮积压 2—3 年后才会以远低于收购价格卖出，粮食品质下滑，利用效率低下，且耗费的成本完全由

---

① 黄季焜 . 四十年中国农业发展改革和未来政策选择［J］. 农业技术经济，2018（3）：4 – 15.

② 资料来源：国家统计局：中华人民共和国 2018 年国民经济和社会发展统计公报 . http：//www. stats. gov. cn/tjsj/zxfb/201902/t20190228_1651265. html.

③ 资料来源：第三次全国农业普查主要数据公报 . http：//www. stats. gov. cn/tjsj/tjgb/nypcgb.

④ 黄季焜，王晓兵，智华勇等 . 粮食直补和农资综合补贴对农业生产的影响［J］. 农业技术经济，2011（1）：4 – 12.

国家财政承担（见图4.1）。

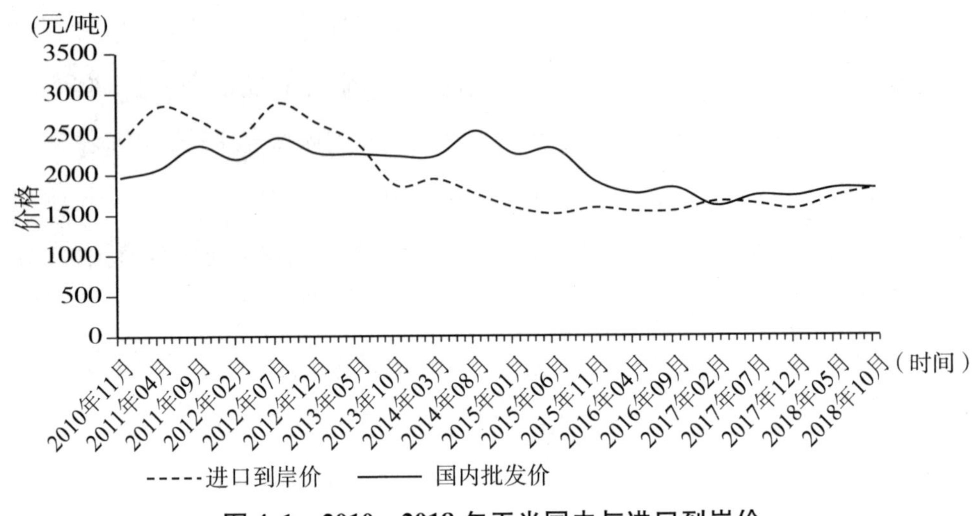

图4.1　2010—2018年玉米国内与进口到岸价

资料来源：布瑞克农业数据库。

六、2013年至今：新时代“三农”再创新，全面深化改革

党的十八大以来，在以习近平同志为核心的党中央领导下，在继承中求发展，逐步形成习近平新时代中国特色社会主义思想。新时代“三农”思想战略正是其中重要内容，也是新时期党应对“三农”问题的总纲领[①]。坚持新时代“三农”思想，国家加快全面深化改革的步伐，以全面建成小康社会为目标，围绕抓关键补短板，全面推进农村综合改革和其他领域各项改革，注重改革的全局性、系统性、协同性，着力深化农村体制机制创新。

在保障粮食安全方面，党的十八大明确提出要“确保国家粮食安全

① 李明．习近平“三农”战略思想论纲［J］．科学社会主义，2017（3）：102－107，142.

和重要农产品有效供给”，习近平总书记在2013年参加山东省农业科学院座谈会上更是提到“手中有粮，心中不慌，保障粮食安全对中国来说是永恒的课题”。鉴于巨额农业补贴和大宗农产品托市政策实际执行效果所引发的争议，自2013年以来农业开始了新一轮改革，已初见成效。首先是在农业补贴层面，国家在经历2012—2014年的补贴总量保持不变的时期后，于2015年开始调减四项补贴，把部分补贴支出转向用于“转变农业生产方式、调节农业产业结构”方面，进而在2016年把除农机补贴之外的其他三项补贴合并为农业综合支持补贴；其次是在农产品市场政策层面，大豆首先于2014年取消临时收储政策，随后施行了短暂的目标价格政策后，最终在2017年全部取消大豆托市政策；油菜籽和食糖的临时收储政策则先后在2014年和2015年被取消；在玉米方面的改革更为“大刀阔斧”，政府在2016年实施了“价补分离”的市场化改革，改革效果也是立竿见影：玉米收购价格迅速下降，生产热情开始回落，国内外价差缩小，进口也随之下降，到2017年，玉米、玉米替代品和以玉米为原料的所有生产加工下游产业都进入了正常的市场运行环境。综合来看，从之前的市场干预到这一阶段的市场深化改革，我国尽管走了不少弯路，但也再次佐证市场化改革是中国农业发展的关键和重要驱动力这一论点。

在促进农业可持续发展方面，政府在新阶段也做出了巨大努力。在耕地资源方面，提出“藏粮于地”发展思路，实施基本农田保护，加大耕地地力保护等投入力度。在水资源方面，加大水利基础设施建设等供给侧投入，推进水价与水市场构建等需求侧改革。在科技方面，提出“藏粮于技”的发展战略，加大科技投入水平，在已有较为齐全的公共农业科研体系和国家农业技术推广体系的基础上，进一步挖掘体制和激励机制的创新潜力。在农业农村环境方面，以绿色生态为导向，引导农民综合采取秸秆还田、深松整地、减少化肥农药用量、施用有机肥等措施，提高农民农业生态资源保护意识；同时在农村人居环境整治和农村生态宜居建设方面提出更高要求，持续推进农村生活垃圾、生活污水、厕所粪污治理和村容村貌提升等任务，加快补齐农村人居环境基础设施建设短板。在政策层面，2014 年和 2016 年中央一号文件分别提出发展生态友好型农业和推动农业可持续发展，2017 年出台《关于创新体制机制推进农业绿色发展的意见》，成为新阶段中国农业绿色发展的纲领性文件①。从上述政府举措和政策中不难看出，这个阶段中国农业政策的发展愈发关注资源约束和环境污染治理，在提质增效过程中不断探索可持续发展道路。

整体而言，在农业方面，得益于新时代“三农”思想再创新，国家已经对未来农业发展战略和发展路径做出了整体部署。习近平总书记强调，完善农业基本经营制度来协调农民与土地的问题，推进农业供给侧结构性改革以化解农产品阶段性供过于求和供给不足等问题，构建新型农业经营体系以加快现代农业建设，落实乡村振兴战略以统筹城乡间要素自由流动、实现城乡融合发展，以绿色发展理念引领可持续农业发展，坚持以人民为中心的发展观促进农民增收、提升农民的获得感和幸福感②。新时代“三农”思想中关于跳出“三农”抓“三农”的全新发展思路，正在指导着中国农业产业兴旺、加速实现农业农村现代化的进程。

综上所述，中国农业 71 年的发展历程，凸显了改革的成就和政策的引领。以家庭联产承包责任制为核心的农村土地制度改革及其后续制度创新、农业科研体系和技术推广体系的建立与完善、农产品市场化改

---

① 肖小虹，王婷婷，王超．中华人民共和国成立 70 年来农业政策的演变轨迹——基于 1949—2019 年中国农业政策的量化分析［J］．世界农业，2019（8）：33－48.

② 徐田，苏志宏．习近平新时代“三农”战略思想的三维解析［J］．求实，2018（5）：21－30，109－110.

革和对外开放、农业技术进步和生产投入的增加，成为中国农业增长的四大驱动力，也是中国农业发展与改革的四大法宝。

正值中国农业向实现“十九大”提出的2035年和2050年的两阶段奋斗目标之时，解答如何保障未来30年中国农业继续深化改革和发展这一问题至关重要。尽管国家近期已经提出要加快农业供给侧结构性改革，并把实施乡村振兴列入建设中国特色社会主义强国的重大战略，但究竟如何走、走什么样的路仍然值得我们去探讨和挖掘。所幸，未来农业发展、产业振兴道路并非摸着石头过河，我们拥有过去71年农业发展改革的成功经验可以借鉴，这些是难以估价的财富。

七、乡村产业兴旺的未来政策选择

聚焦党的十九大报告，文件中明确指出实施乡村振兴战略要坚持农业农村优先发展，按照产业兴旺、生态宜居、乡风文明、治理有效、生活富裕的总要求，建立健全城乡融合发展体制机制和政策体系，加快推进农业农村现代化。与此同时，习近平总书记也强调，推动乡村振兴健康有序进行，要在科学把握各地差异和特点的基础上，把乡村产业的发展落到促进农民增收上来，全力以赴消除农村贫困，注重地域特色，体现乡土风情。在《中共中央国务院关于实施乡村振兴战略的意见》（2018年中央一号文件）中，关于实施乡村振兴战略要“进一步拓宽农民增收渠道”“促进农民持续增收”等表述也被频繁提及。总览近三年政府文件，并结合前面梳理的关于农业产业发展的国家政策演变规律，不难看出，加快农民增收、缩小城乡差距仍然是十九大以来中央农村工作的重点。

要想实现这一点，实施乡村振兴战略是必经之路，实现乡村产业兴旺是前提条件。在海口考察时，习近平就表示乡村振兴要依靠产业发展，产业发展要有特色。2018 年国家发改委牵头编制《乡村振兴战略规划（2018—2022 年）》，其中，“农村一二三产业融合发展”“适度规模经营”和“促进小农户和现代农业发展有机衔接”等语句紧密围绕“拓宽农民增收空间”的目标任务和“提升农业发展质量，培育乡村发展新动能”的产业兴旺要点进行叙述。同年，《农业农村部财政部关于深入推进农村一二三产业融合发展开展产业兴村强县示范行动的通知》下发，要求以实施乡村振兴战略为总抓手，以农业供给侧结构性改革为主线，以产业融合发展为路径，以乡土经济、乡村产业为核心，以农业产业强镇示范建设为载体，推动农业转型升级，推进产业全面振兴，带动农村全面进步、农民全面发展，走出一条中国特色社会主义乡村振兴道路。可以预见，乡村产业融合发展将成为实现产业兴旺的关键举措之一，在继续重视收入总量的同时，也更加重视结构性问题，注意通过促进农业一二三产业融合发展等方式，拓展增加农民收入的新空间。

同时，处理好发展适度规模经营和扶持小农生产的关系，也将是乡村产业振兴的重大政策问题。自 2015 年以来，政府一直强调发挥适度规模经营的引领作用，出台了一系列扶持新型农业经营主体的政策，这些都符合现代农业发展方向。但小农生产仍然不可忽视，人均一亩三分地、户均不过十亩地的小农生产方式是我国农业发展需要长期面临的现实。如何提升小农生产经营组织化程度、改善小农户生产设施条件和提升小农户抗风险能力等都是将小农生产引入现代农业发展轨道必须要解决的关键问题，也是一项实现乡村产业兴旺和社会稳定的重要先决条件。

因此，实施乡村振兴战略作为自 2004 年始以促进农民增收为工作重点目标任务的中央农村政策的延续，其根本和关键在于产业兴旺，“农业兴，百业兴”，而乡村产业兴旺就是要求一二三产业融合发展和小农户与现代农业发展的有机衔接，这不仅是产业兴旺的关键实现形式，也是中国农业农村政策未来的引领方向。最后，为保障顺利实施上述两个核心举措，基于过去 71 年农业农村发展经验，仍然要将处理好政府与市场的关系放在首位，让市场更好地发挥资源配置的作用；同时坚持农业产业发展有所为有所不为，兼顾把提升高值高效农业的生产力、食品安全和培育这些产品的市场作为国家支农的重点任务。

第三节　构建农村一二三产业融合发展体系

党的十九大提出了实施乡村振兴战略并将其写入党章，中共中央、国务院于 2018 年 9 月 26 日印发《乡村振兴战略规划（2018—2022 年）》，并发出通知，要求各地区各部门结合实际认真贯彻落实。就实现乡村振兴这一伟大目标而言，产业兴旺是根本和关键，而农村的产业兴旺就是一二三产业融合发展，通过产业融合实现资源、技术、市场需求等要素的整合重组，以实现发展方式的升级、产业空间布局的优化。在市场化发展进程中，农业功能呈现收窄趋势，现代农业一元化的发展诱发了农业多功能性的丧失，大大制约了农民收入的增加，急需通过一二三产业融合发展来实现农业多功能性开发、促进农民增收①。

一、农村三产融合的概念与内涵

2015 年中央一号文件围绕加大改革创新力度，加快农业现代化建设的主题，提出了一系列既富有战略高度和创新价值又能落地生根的政策措施。其中，最引人注目的便是提出了推进农村一二三产业融合（下

---

① 张利庠，罗千峰，王艺诺．乡村产业振兴实施路径研究——以山东益客现代农业产业园为例［J］．教学与研究，2019（1）：42－50.

又称“农村三产融合”）发展的理念。2015 年 12 月 30 日，国务院办公厅印发《关于推进农村一二三产业融合发展的指导意见》，强调要通过推进农村三产融合发展，促进农业增效、农民增收和农村繁荣，为国民经济持续健康发展和全面建成小康社会提供重要支撑。推进农村三产融合发展，是拓宽农民增收渠道、构建现代农业产业体系的重要举措，是加快转变农业发展方式、探索中国特色农业现代化道路的必然要求。根据国内外的发展实践经验看，农村一二三产业融合发展指的是以农业为基本依托，通过产业联动、产业集聚、技术渗透、体制创新等方式，将资本、技术以及资源要素进行跨界集约化配置，使农业生产、农产品加工和销售、餐饮、休闲以及其他服务业有机地整合在一起，使得农村一二三产业之间紧密相连、协同发展，最终实现农业产业链延伸、产业范围扩展和农民收入增加①。很显然，以农业为基本依托，推进农村一二三产业融合发展，有利于农民分享三次产业“融合”中带来的红利，有利于吸引现代要素改造传统农业实现农业现代化，有利于拓展农业功能培育农村新的增长点，有利于强化农业农村基础设施互联互通促进新农村建设，有利于促进产业链增值收益更多留在产地、留给农民②。

此处还应明确“产业融合”与“农业产业化”的区别。农业产业化是单一产业内部分工的思路，强调对单一的农业内产业的建设，而农村产业融合则立足第一产业，强调与第二、第三产业中高度发达的细分产业的融合，要求实现农业与其他产业中的组织发生大规模的、跨越产业边界的分工合作，因而与单一产业内深化分工有着根本差异。从这个角度而言，判断“产业融合”与“农业产业化”的主体标准存在客观差异。判断是否发生了农业产业化，可以把个别企业作为评价对象，而

---

① 马晓河．推进农村一二三产业深度融合发展［J］．中国合作经济，2015（2）：43－44.

② 黄祖辉．在促进一二三产业融合发展中增加农民收益［N］．农民日报，2015－08－14（1）.

判断是否发生了农村产业融合，必须把绝大多数的农村地区整体作为评价对象。换言之，个别企业的产业一体化行为不能视为实现了农村产业融合。

（一）农村一二三产业融合发展的四大内涵

产业是承担农村各项事业可持续发展的载体和基础，产业兴旺是乡村振兴的根本出路。产业振兴的一二三产业融合发展是缓解农村资源环境的刚性约束、推动城乡一体化发展、促进农业现代化的必然要求①。三产融合是以第一产业为基础，通过产业联动、业务聚集、技术交叉等方式实现三大产业的深度融合和协调发展，农民收入增长等是衡量其融合的效果指标，乡村产业振兴的一二三产业融合发展具有深刻的发展内涵。

1. 农村一二三产业融合发展的本质是延长产业链和价值链

我国农村生产过程中没有形成较高层次的产业融合，要注重农业、加工业、服务业的融合，延伸农业产业链，同时又可以打造农业新产业和新业态，培育农村经济新的增长点。在一二三产业融合发展的同时，完善利益联结机制可以提升产业融合的持续性，形成一个良性循环发展体系。

2. 农村一二三产业融合发展的根本是促进农民增收

农民在我国当前产业融合的利益的分配体系中易被边缘化。从一二三产业融合的主体来看，企业依靠资本、技术和管理等优势，代替了农民的主体地位。从利益分配机制看，购销关系和利润分配机制主导权主要被企业掌握，农民很难最大限度地获得产业融合的“红利”。因此一二三产业融合发展要始终保证农民的主体地位，促进农民增收。

3. 农村一二三产业融合发展的关键要发挥农业非传统功能

要充分利用农村田园资源、乡土文化等独特优势，加快其与旅游、

① 汤洪俊，朱宗友．农村一二三产业融合发展的若干思考［J］．宏观经济管理，2017，(8)：48 -52.

文化、培训等产业深度融合，充分挖掘农业非传统功能来培育新产业、创造新价值，促进城市与乡村的可持续协调发展。

4. 农村一二三产业融合发展的支撑是建立要素保障体系

一二三产业融合发展遇到多种瓶颈，产业融合发展需要要素保障体系的大力扶持。扶持方式上，需要一二三产业融合发展的发展基金来促进基础设施和生产条件的改善；扶持对象选择上，需要对专业农民合作社和优势产业群体进行重点扶持；政策体系配套上，要从土地、财政、金融、税收等要素综合考虑，制定切实可行又可持续的政策扶持体系。

（二）农村一二三产业融合发展是乡村振兴战略的主要抓手

乡村振兴战略是一个复合的战略体系，产业兴旺的一二三产业融合发展是该体系的主要抓手。不同国家乡村发展进程和面临的问题有所不同，但都经历过很多共性问题，包括农村基础设施落后、农业经济地位下降、年轻劳动力持续外流、生态环境破坏等；实施乡村振兴有利于解决农村发展过程的问题，而乡村振兴计划关键要抓住“人、地、钱”，一二三产业融合发展可以有效地将“人、地、钱”结合在一起①。

过去主要强调农业生产，现在强调一二三产融合发展，实施乡村振兴战略就要做“乘法”，推进一二三产业融合发展，促进产业链、价值链、供应链的全面升级；实施乡村振兴战略，需要遵循产业融合发展的规律，以产业融合相匹配的经营机制和利益连接机制来延伸产业链条，通过推进一二三产业融合发展来促进农业提质增效和转型升级。农村一二三产业融合在中国尚处起步阶段，对农民增收、生态环境保护、农村可持续发展等方面具有重大意义，也是主动应对经济新常态的重大战略举措；同时，农业现代化建设也必然要求一二三产业融合互动②。

---

① 罗必良．明确发展思路，实施乡村振兴战略［J］．南方经济，2017，（10）：8－11.

② 熊小林．聚焦乡村振兴战略探究农业农村现代化方略——“乡村振兴战略研讨会”会议综述［J］．中国农村经济，2018（1）：138－143.

推动产业振兴的一二三产业深度融合与推进乡村振兴战略密不可分，有利于释放农业农村内生动力，促进农业提质增效、农民持续增收、农村兴旺发展；要以新理念为指导，以市场需求为目标，以建立和完善利益联结机制为核心，以创新制度和商业模式为动力，构建一二三产业融合的现代产业体系，促进产业发展和农民增收。

二、农村三产融合主要模式

从农村内部来看，第一产业即大农业，包括种植业、畜牧养殖业、水产养殖业和林业；农村二三产业即农村的非农产业，包括农业经营主体兴办的加工业、采矿业、商业服务业、运输业以及与农业生产密切联系的科技信息、中介服务企业等。实现农村一二三产业融合是农业转型升级的根本选择。为此，各地争相开展了实现产业融合的路径探索，并取得了积极成效，归纳起来主要有以下几种典型模式。

（一）农业产业链纵向延伸型融合模式

农业产业链纵向延伸模式主要发生在农业产业链上不同产业组织之间，通过组建涉农产业合作联盟等形式来实现互惠共赢。按照产业融合方向可以细分为向前和向后延伸融合模式。

农业产业链向后延伸型融合模式是以农业为基础，向农业产后加工、流通、餐饮、旅游等环节延伸，实现农业接二连三，带动农产品多次增值和产业链、价值链升级。多表现为专业大户、家庭农场、农民合作社等本土根植型的新型农业经营主体发展农产品本地化加工、流通、餐饮和旅游等，对农民增收和周边农户参与农村产业融合的示范带动作用较为直接，农民主体地位较易得到体现，与此相关的农村产业融合项目往往比较容易“接地气”，提升农户的参与感，并增强农户发展产业融合发展的能力。然而，推进农村产业融合的理念创新和实际进展往往较慢，产业链、价值链延伸与提升面临的制约因素往往较多。农户发展农产品产地初加工、建设产地直销店和农家乐等乡村旅游也属此类。部分农产品加工企业建设农产品市场、发展农产品物流和流通销售；部分农户和新型农业经营主体推进“种养加结合”、发展循环经济，引发农业产业链、价值链重组，也属农业产业链向后延伸型融合模式①，部分学者也将这种模式看作农业内部立体循环发展模式（见图4.2）。

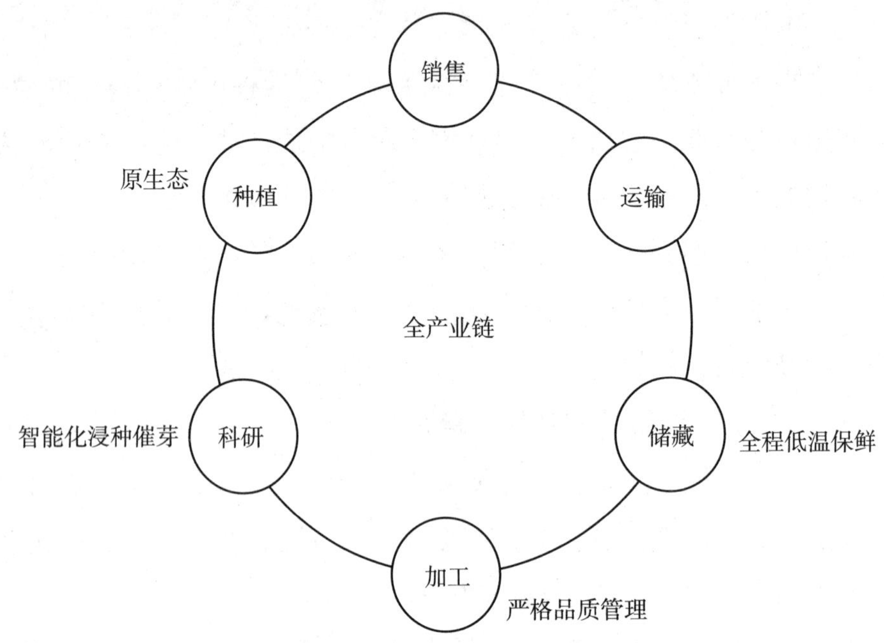

图4.2　稻米加工企业纵向延伸型全产业链

农业产业链向前延伸型融合模式主要是依托农产品加工或流通企业，加强标准化农产品原料基地建设，或推进农产品流通企业发展农产品产地加工、农产品标准化种植，借此加强农产品（食品）安全治理，

① 姜长云．推进农村产业融合的主要模式及其对农民增收的影响［J］．农业经济与管理，2017（4）：5－10，36.

保障农产品原料供应的数量、质量，增强农产品原料供给的及时性和稳定性。部分超市或大型零售商结合农业产业链向前延伸型融合，培育农产品自有品牌，创新商业模式，发展体验经济，还可以利用其资金和营销网络优势，更好地发现、凝聚、引导甚至激发消费需求，促进农业价值链升级，推动农业发展更好地实现由生产导向向消费导向的转变。农业产业链向前延伸型融合，多以外来型的龙头企业或工商资本为依托，往往有利于创新农村产业融合的理念，更好地对接消费需求，特别是中高端市场和特色、细分市场，促进产业链、价值链升级；也有利于对接资本市场、要素市场和产权市场，吸引资金、技术、人才、文化等创新要素参与农村产业融合，加快农村产业融合的进程。然而，在此模式下，容易形成龙头企业、工商资本主导农村产业融合的格局，导致农民日益丧失对农村产业融合的话语权和利益分事权，陷入农村产业融合利益分配的边缘地位。在此模式下，也容易出现农民对农村产业融合参与能力不适应的问题。因此，强化同农户的利益联结机制，增强龙头企业、工商资本对农民增收的带动能力，鼓励其引导农户在参与产业融合的过程中不断增强自身能力，都是极其重要的。日本政府在推进农村“六次产业化”的过程中，更多地鼓励农业后向延伸，以避免出现工商资本下乡之后过度侵占农民权利的问题。

（二）集聚集群型融合模式

依托农业产业化集群、现代农业园区或农产品加工、流通、服务企业集聚区，以农业产业化龙头企业或农业产业链核心企业为主导，以优势、特色农产品种养（示范）基地（产业带）为支撑，形成农业与农村第二、第三产业高度分工、空间叠合、网络链接、有机融合的发展格局，往往集约化程度高、经济效益好、对区域性农产品原料基地建设和农民群体性增收的辐射带动作用较为显著。典型实践如《河南省人民政府关于加快农业产业化集群发展的指导意见》要求“加快发展农业产业化集群，以农业优势资源为基础，以若干涉农经营组织为主体，以农业产业化龙头企业为支撑，以相关服务机构为辅助，以加工集聚地为核心，以辐射带动的周边区域为范围，围绕农业相关联产业发展种养、加工和物流，形成上下游协作紧密、产业链相对完整、辐射带动能力较强、综合效益达到一定规模的生产经营群体，实现产、加、销一体化”。农村三产集聚集群型融合能否取得竞争优势，很大程度上取决于产业集群专业化、集中化、网络化、地域化特征的发育程度。许多地方发展一村一品、一乡（县）一业也属此种模式。

（三）农业农村功能拓展型融合模式

通过发展休闲农业和乡村旅游等途径，实现农业与旅游、教育、文化、康养等产业深度融合和互动发展。激活农业农村的生活和生态功能，丰富农业农村的环保、科技、教育、文化、体验等内容，转型提升农业的生产功能，通过创新农业或农产品供给，增强农业适应需求、引导需求、创造需求的能力，拓展农业的增值空间；甚至用经营文化、经营社区的理念，打造乡村旅游景点，培育特色化、个性化、体验化、品牌化或高端化地休闲农业和乡村旅游品牌，促进农业农村创新供给与城镇化新增需求有效对接。近年来，许多地方蓬勃发展的特色小镇和田园综合体当属此种模式。如浙江省部分村镇综合开发利用自然生态和田园景观、民俗风情文化、村居民舍甚至农业等特质资源，发展集农业观光、休闲度假、商务会谈、科普教育、健身养心、文化体验于一体的休闲小镇，形成类似薰衣草主题花园、佛堂开心谷、农业奇幻乐园等旅游产品。许多地方推进“桃树经济”向“桃花经济”的转变，发展“油菜花”等“花海”经济。近年来，北京市大力发展“沟域经济”，促进农民增收效果显著，也是这种模式的成功范例。许多山区、贫困地区长期以来经济发展缓慢，但生态环境优良，发展休闲农业和乡村旅游，促进了其生态资源向生态资产的转换，有效带动了农民增收，加速了精准脱贫的进程。农业农村功能拓展型融合带动农民增收效果，在很大程度上取决于理念创新的程度和服务品质。单靠农民自身推进农业农村功能拓展型融合，往往面临观念保守、理念落后等制约，农户之间竞争有余、合作不足，也会影响区域品牌的打造和效益的提升。工商资本、龙头企业的介入，有利于克服这方面的局限，但防范农民权益边缘化的重要性和紧迫性也会突出起来。

除上述农业农村的生态、文化和旅游等功能拓展型融合发展模式之外，近三年又出现了新技术渗透发展模式，生物科技、信息技术、互联网+等为代表的新技术迅猛发展，不断向“三农”领域渗透和普及，深刻地改变着农业的生产方式和农民的生活方式，也使农村面貌发生了翻天覆地的变化，催生了一大批三产交叉融合的新业态、新模式。其中比较典型的是“互联网+农业”或“农业+互联网”型融合模式。

依托互联网或信息化技术，建设平台型企业，发展涉农平台型经济；或通过农产品电子商务，形成线上带动线下、线下支撑线上、电子商务带动实体经济的农村一二三产业融合发展模式，拓展农产品或农加工品的市场销售空间，提升农产品或农业投入品的品牌效应和农业产业链的附加值。许多地区在发展设施农业和高端、品牌、特色农业的过程中，越来越重视这种方式。有些地区还结合优势特色农产品产业带建设，加强同电子商务等平台合作，形成电子商务平台或“互联网+”带动优势特色农产品基地的发展格局。潍坊市是全国农产品电子商务发展的先行者，着力加强电子商务企业孵化基地建设，打造“中国农产品电子商务之都”，现已形成企业独立投资、建设和发展，企业投资、政府部门配合，小微企业和个人网店等三种运营模式，通过电商平台建立的农产品销售网店已近万家。推进“互联网+农业”或“农业+互联网”型融合，有利于创新农业发展理念、业态和商业模式，促进农业产业链技术创新及其与信息化的整合集成，发挥互联网对农业延伸产业链、打造供应链、提升价值链的乘数效应，也有利于更好地适应、引导和创造农业中高端需求，拓展农业市场空间，提升其价值增值能力，促进农民增收。然而，此种模式对参与者的素质要求较高，农产品物流等配套服务体系发展对其效益的影响较大，增强创新能力、规避同质竞争的重要性和紧迫性也日趋突出。此种模式能否有效带动农民增收，很大程度上取决于平台型企业或者农产品电商能否同农户形成有效的利益联结。

（四）服务业引领支撑型融合模式

通过推进农业分工协作、加强政府购买公共服务、支持发展市场化的农业生产性服务组织等方式，引导农业服务外包，推动农业生产性服务业由重点领域、关键环节向覆盖全程、链接高效的农业生产性服务业网络转型；顺应专业大户、家庭农场、农民合作社等新型农业经营主体发展的需求，引导农业生产性服务业由主要面向小规模农户转向更多面向专业化、规模化、集约化的新型农业经营主体转型；引导工商资本投资发展农业生产性服务业，鼓励农资企业、农产品生产和加工企业向农业服务企业甚至农业产业链综合服务商转型，形成农业、农产品加工业与农业生产性服务业融合发展新格局，增强在现代农业产业体系建设和农业产业链运行中的引领支撑作用。农业生产性服务业引领支撑型融合有利于解决“谁来种地”“如何种地”等问题，确保小农户与现代农业发展有机衔接，促进农业节本增效升级和降低风险，带动农民增收。许多地方通过发展农业会展经济和节庆活动，带动农产品销售和品牌营销，推进农业供给与城市消费有效对接，促进农民增收，也属服务业引领支撑型融合。

三、农村三产融合主要组织形式

从实践成效来看，农村产业融合的组织载体越灵活，同农户的利益联结机制越紧密，越是能有效推进农村产业融合发展。不论产业融合的模式如何多样，组织永远是载体和依托。调研发现，地方在推进农村产业融合的过程中，其组织形式主要分为单一型和复合型两类①。

（一）单一型组织

参与农村产业融合的单一型组织大致有普通农户、专业大户和家庭农场、专业合作社、农业产业化龙头企业、非农企业和工商资本、平台型企业等六类。

1. 普通农户

农户是农村产业融合的重要参与者和受益者。从事农村产业融合活动，对直接参与的农户增加收入的带动作用最为直接，但农户往往也是农村产业融合经营风险的直接承受者。对参与农村产业融合的农民来说，是否能够有效促进收入的增加，很大程度上取决于农户特别是其主要决策者的经营理念、营销和市场开拓能力、资源动员和要素组织能力（以下合称“决策者的经营能力”），甚至农户实现和其他经营主体合作共赢的能力。但就总体而言，农户经营规模小、发展理念差、面临的基础设施落后，往往限制了其参与农村产业融合的选择空间。

2. 专业大户和家庭农场

专业大户和家庭农场是新型农业经营主体的重要组成部分，日益成为推进农村产业融合的重要力量。从推进农村产业融合的角度来看，可以说专业大户和家庭农场是普通农户的升级版，其介入农村产业融合的深度和广度往往明显大于普通农户，实现自身增收和辐射带动周边农户增收的能力也明显强于普通农户。在参与农村产业融合的过程中，专业大户和家庭农场面临的局限类似于普通农户，只是程度不同而已。主要决策者的理念和经营能力，在很大程度上左右着专业大户和家庭农场推

---

① 姜长云．推进农村产业融合的主要组织形式及其带动农民增收的效果［J］．经济研究参考，2017（16）：3－11.

进农村产业融合、带动农民增收的效果。近年来，培育新型职业农民日益受到重视，以期在促进农村产业融合和农民增收方面发挥推动作用。

3. 专业合作社

专业合作社正在成为带动农户参与农村产业融合促进农民增收的中坚力量。真正意义上的农民专业合作社往往本土根植性和与农户之间的亲和力较强，同农户或农村社区之间具有较强的地缘甚至亲缘联系，容易同农户或农村社区之间形成紧密而直接的“相互作用”，带动农户参与农村产业融合、实现农民增收的效果较为显著和持续。在推进农村产业融合和发展现代农业的过程中，农机、植保等生产性服务合作社和土地、资金等要素合作社的运行，对于缓解关键环节、重点要素供给的瓶颈约束，还可以发挥特殊重要的作用。但专业合作社发展到一定阶段后，合作社带头人的理念和经营能力容易成为其发展面临的瓶颈制约，合作社规模小、层次低、功能弱、抗风险能力不强等局限，不仅会限制其推进农村产业融合的选择空间，也容易妨碍其农村产业融合项目的提质增效，影响其对农户辐射带动效应的发挥。引导各类专业合作社走向合作，借此促进功能互补、要素集聚、市场集成，日益成为推进农村产业融合的必然要求。

4. 农业产业化龙头企业

农业产业化龙头企业是推进农村产业融合的先行者，推进农村产业融合往往具有理念新、规模大、市场拓展和资源动员能力强等优势，对农户参与农村产业融合的带动力较强，且凸显出区域性和群体性的特点，使得龙头企业成为区域农村产业融合的领跑者。许多龙头企业通过“公司 + 农户”“公司 + 基地 + 农户”等方式，带动农户参与农村产业融合，并向农户提供“统一田管”“统一种苗”等“几统一”服务，成为农村产业融合的积极实践者。有些龙头企业或农民合作社面向现代农业的重点领域、关键环节，创新生产性服务供给，发挥在现代农业产业体系建设中“补短板”的作用，有效促进小农户与现代农业的有机衔接。然而，农户存在规模小、分散性强的特点，往往导致龙头企业直接带动农户的交易成本较高。农户相对于龙头企业在发展理念、经济实力、市场拓展和资源动员能力方面的巨大差距，往往容易导致农户与龙头企业之间缺乏话语权，相对于龙头企业处于“被动跟跑”的地位，甚至加剧农村产业融合过程中农户权利边缘化的问题，影响龙头企业带动农民增收的效果及其可持续性。特别是，部分龙头企业社会责任意识和对产业链整合能力不强，同农户的利益联结机制不完善，也容易加大食品安全治理和对接中高端市场的困难，进一步增加农户权益被侵蚀的风险。龙头企业与农户之间亲和力不强，也容易导致双方容易因机会主义行为形成“毁约跳单”等诚信危机。

5. 非农企业和工商资本

随着工业化、信息化、城镇化和农业现代化的推进，随着政府对农村产业融合政策支持程度的提高，非农企业和工商资本投资农村产业融合的热情迅速高涨。这些非农企业和工商资本多数经营理念较为先进，拥有人才、资本实力、市场网络等优势，但缺乏从事农业经营和投资的经验，容易出现对农业投资风险估计不足的问题。多数非农企业和工商资本缺乏同农村社区和农民的地缘、亲缘联系，本土根植性不强，在推进农村产业融合的过程中，容易产生同农户利益联结不紧密，甚至挤压农民权益的现象。有些非农企业和工商资本推进的农村产业融合活动中缺乏农户参与，除通过土地流转为农户提供一定土地流转收入、为农民提供务工机会外，与农户基本没有其他链接机制。

6. 平台型企业

平台型企业通过提供实体交易场所或虚拟交易空间，整合资源和发展要素，吸引关联各方参与并组成新的经济生态系统；通过发挥服务中介和服务支持作用，集成市场，促成关联方交易和信息交换，形成核心竞争力和价值增值能力。以此为基础的平台经济往往具有双边市场性、集聚辐射性、共赢增值性和快速成长性等特点，在增强农业产业链的创新驱动能力，减少信息不对称和重构产业链、供应链、价值链，增强引导需求和创造需求的能力方面，发挥着重要的作用，是培育新产业、新业态、新模式的有效带动力量。平台型企业推进农村产业融合提质增效升级的方式有以下几种：一是构建从餐桌到田间的产品需求信息流和标准体系，引导作为产业链、供应链参与者的生产者行为，培育以需求为导向的发展方式；二是有效整合科技、金融、物流、营销网络和政策资源，形成覆盖全程的要素流动和服务供给引导机制，带动优质资源和专业性生产要素加快进入农业农村，整合集成城乡消费需求，增强产业链、供应链、价值链不同环节的协同性；三是推进以平台型企业为主导的产业生态治理和节本增效降险保障机制，形成覆盖全程、链接高效的产业链或价值链治理新模式。电子商务公司可以看作是比较典型的平台型企业，很多地区按照“电商平台 + 配送中心 + 合作社（基地、农户）”模式，推进订单农业，实现生鲜农产品“当天采摘，当天分拣，当天配送、当天食用”。一般而言，平台型企业的运行有利于延伸产业链、打造供应链、提升价值链，进而有利于农民增收。尽管利用平台型企业来开展农村产业融合项目的主体越来越多，但主要是家庭农场、专业大户、农民合作社、龙头企业等新型经营主体，普通农户直接利用平台型企业的难度仍然较大。

（二）复合型组织

在实践中，参与农村产业融合的组织形式往往多元多样，并且是由上述单一型组织通过不同的利益联结结构组合而成。为叙述简便起见，我们可将其简称为复合型组织。如“公司 + 农户”“合作社 + 农户”“公司 + 合作社 + 农户”“合作社 + 公司 + 农户”、农民专业合作社联合社，以及各具特色的行业协会、产业联盟等。这些复合型组织的产生，很大程度上正是为了实现不同类型组织的优势互补和资源整合。部分复合型组织保持了相对稳定和紧密的形态，对推进农村产业融合、促进农民增收形成了日益广泛的影响。

1. 现代农业产业化联合体

最先形成于安徽省宿州市，是顺应农业发展方式转变和推进农业产业化转型的需求，按照分工协作、优势互补、合作共赢原则形成的以农业产业化龙头企业为核心、农民专业合作社为纽带、专业大户和家庭农场为支撑，不同类型主体间连接紧密的新型农业经营主体联盟，也是农产品生产、加工、流通、服务有机融合的重要组织形式。在现代农业产业化联合体内部，龙头企业、农民合作社、专业大户或家庭农场等新型农业经营主体均保持独立经营地位，通过签订合同协议等方式，建立权责利益明晰的联盟关系，在平等、自愿、互利基础上实行一体化经营，充分发挥联合体层面的规模经营优势。从安徽等部分地区的实践来看，现代农业产业化联合体有利于促进农业产业链的节本增效和降低风险，也有利于提升农产品质量、保障食品安全和促进农民增收，带动农业价值链升级和农村产业融合发展。许多现代农业产业化联合体，需要在实践中逐步完善和规范。多数现代农业产业化联合体面临的一个突出问题是，农民合作社多为农机、病虫害统防统治等生产性服务合作社，负责种养环节的合作社较少，且主要是专业大户或家庭农场来负责，因此在种养环节对普通农户的辐射带动作用较为有限。最终，农村产业融合带动农民增收的效果主要惠及的是专业大户、家庭农场等少数精英农户，并不具有普惠性质。当然，已有一些现代农业产业化联合体尝试通过土地托管、为农户提供农业生产性服务或粮食银行服务等方式，带动普通农户增收。

2. 农业共营制

2010 年以来，发端于四川崇州市的农业共营制日益引起各级政府的重视。其要义是构建“土地股份合作社 + 农业职业经理人 + 农业综合服务体系”的新型农业经营体系，借此破解农业生产经营中“谁来经营”“谁来种地”“谁来服务”的难题，规避“地碎、人少、钱散、服务缺”对发展现代农业的制约，推进农民职业化和农业规模经营的发展。农业共营制实现了六大“有机结合”，即把培育现代农业企业家（新型职业农民）、健全农业生产性服务体系和创新发展土地股份合作制有机结合，把稳定农户土地承包权与放活土地经营权权有机结合，把发展农业生产规模经营与推进农业服务规模经营有机结合，把提高土地产出率与提高资源利用率、劳动生产率有机结合，把培育新型农业经营主体与带动普通农户参与现代农业发展有机结合，把构建新型农业经营体系与营造适宜现代农业发展的产业生态有机结合起来，实现了不同利益相关者的共建共营和利益共享。农业共营制还为科技、人才、金融等可持续发展要素与农业发展的对接提供了一个窗口。因此，实行农业共营制是推进农村产业融合、加快农业发展方式转变的重要组织和制度创新，也是促进农民增收的重要组织形式。尽管如此，中国人民大学乡村振兴课题组通过实地调研发现，农业共营制虽然兼顾了社员收益和职业经理人的预期收益，其短期成功效应却有其特殊的地域适用性和推广局限性，是以成都市作为改革试验区和巨额财政补贴等特殊优越条件作为后盾的，多数地区难以效仿复制。随着主要粮食产品价格形成机制改革和农业补贴政策转型的推进，特别是当前粮价下行压力的加大，其运行的潜力不断受到挤压。职业经理人连年竞聘承诺增收压力的加大，也在逐步助推产业融合项目向“非粮化”趋势过渡。工商资本大规模流转土地后，因经营不善退地导致农户转出的土地无人接盘，也是崇州市农业共营制目前遇到的突出挑战。

四、农村三产融合发展实践之现代农业产业园

（一）乡村产业振兴背景下农业现代产业园实施路径

农业现代产业园的发展对于促进乡村产业振兴的一二三产业融合发展具有重要意义。我国居民生活水平和经济发展水平不断提高，但是发展过程中面临着资源环境过度承载、农产品价格低迷、农民收入增长乏力等挑战，无法满足居民需求和消费结构的逐步全面升级。三产融合的实践不仅是克服现实发展瓶颈的需求，也是推动农业供给侧改革和培育发展新动能的有效途径。

产业链环节的时空分割、利益主体过多等问题直接造成产业链利益的分割，不利于产业链长久机制的发展；同时，尽管单个产业主体的效率可能很高，但降低了产业结构效率和组织效率；并且食品安全问题难以监督，直接导致可追溯体系的建立和运作难以实施。面对这一系列发展过程中的瓶颈，现代产业园一二三产业融合有效地解决了当下产业存在的利益分割问题、环境污染问题、结构效率问题、食品安全问题、在地化问题等多种问题，因此作为一种先进的生产模式，对三产融合的典型案例进行总结具有现实的迫切性和重大意义。

正是鉴于一二三产业融合发展的重大意义，国家对其给予高度重视和各种扶持政策。2015 年中央一号文件提出了推进农村一二三产业融合的理念，同年国务院出台的《关于推进农村一二三产业融合发展的指导意见》对三产融合工作进行了总体部署；2017 年中央一号文件指出建设现代农业产业园，要以规模化种养为基础，以农业产业化龙头企业为带动，以现代生产要素为聚集，实现现代农业产业园的“生产 + 加工 + 科技”；同时农业产业园是发展现代农业的重要任务和载体，也是推进一二三产业融合发展的平台和基地，在经济新常态和供给侧结构性

改革全面推进的背景之下，如何实现有效供给，怎样促进产业的升级，这些不仅与三产融合息息相关，同时也需要对农业产业园进行大力发展。

农业现代化产业园是实现乡村产业振兴的一二三产业融合发展的有效途径。现代农业产业园是实现一二三产业融合发展的载体，延伸了一二三产业的产业链和价值链；在增加农民就业和带动农民增收上具有显著效果；现代农业产业园可以最大程度吸引和发挥资金、技术、人才等优势，可以与田园综合体建设完美匹配，以“生产、生活、生态”功能的发挥促进现代农业发展新模式的培育，发挥农业非传统功能；现代农业产业园的发展得到国家的大力支持，要素保障体系日臻完善，是优化现代农业经营体系的重要一环。

农民增收的推动机制、产业融合的内涵认识、产业融合主体的核心竞争力、产业融合的服务系统等因素制约了一二三产业融合发展；因此要从顶层机制设计、新兴业态打造、多元主体培育、利益联结形式创新等方面推进农村一二三产业融合发展；同时重点要把握农业适度规模与多种规模经营、多元化农业服务体系建设、产业纵向融合的经营与利益机制构建等几个方面。农业现代化产业园在土地规划利用、乡村建设规划等方面为乡村振兴发挥着重要的协同作用。在规划引领和科技支撑下探究乡村人口、土地、产业结构优化具有重要意义，乡村的“三生”（生产、生活、生态）功能提升和“三产”融合发展的长效机制对乡村振兴至关重要。农业现代化产业园在一二三产业融合发展的过程当中，可以为乡村振兴提供持久动力。

因此，以下介绍一下山东 YK 产业园，积极总结乡村振兴和产业兴旺背景下现代产业园发展的新模式，探索乡村产业振兴的一二三产业融合发展的新道路，推动乡村振兴战略实施。

（二）YK 产业园乡村产业振兴的一二三产业融合发展实施路径

山东 YK 产业园位于山东省泰安市汶南镇，是综合性畜禽食品工业专业园区，是一家涉及一二三产业融合发展的生态型农牧食品企业。YK 产业园逐步形成了以现代农业（畜禽养殖）为基础、以消费型产业（肉禽食品、羽绒制品）为重心、带动现代服务业（物流运输、商业贸易、信息工程、电子商务、工业旅游、现代服务外包、现代金融服务）集群发展的产业格局，一二三产业融合发展模式大大降低了交易成本，促进了当地区域经济发展和产业的全面升级。

1. 种养循环模式

以山东 YK 产业园为中心，按照“家庭农场”建设标准，可形成一个现代化生态养殖产业区，辐射面积达 1 万平方公里（1500 万亩），开创了“家庭农场 + 合作社 + 龙头企业 + 政府 + 金融”五方协同的新模式，以养殖和加工为产业发展的核心，重点实施上游养殖“千户家庭农场”工程，打造现代化、高标准、生态化的畜禽养殖场，形成以新泰为主导的生态畜禽产业区，同时政府和金融平台在两翼进行支持，相对于“公司 + 农户 + 基地”模式要更为先进，对农户的服务效果和各方协同性都更加优秀。

养殖产业是 YK 产业园的核心产业，YK 产业园进行肉鸭养殖是建立在世界最先进的笼养鸭技术之上的全封闭棚舍立体养殖，依据肉鸭的生长阶段不同而开发三层立体养殖技术，充分利用土地并向空间拓展，实现生产过程中的饮水、喂料饲养、粪污处理、光照控制、通风换气、温度湿度控制等环节上的全自动化，提高养殖效益。同时，对于肉鸭棚舍产生的粪污进行集中收集，进入全封闭发酵池，综合开发沼气等绿色资源；对于沼渣、沼液进行干湿分离技术，分离出水和肥料，将净化水和肥料用于小麦、绿化灌溉和施肥，不仅实现生产环节的零排放、无污染，而且解决了种植业的肥料问题，降低了成本（见图 4.3 和图 4.4）。

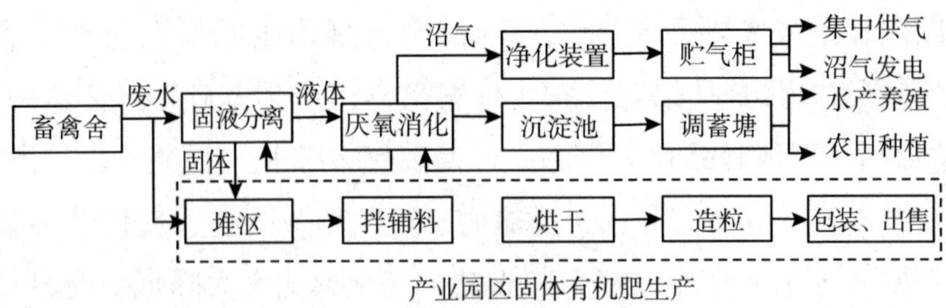

图 4.3　种养循环生态模式

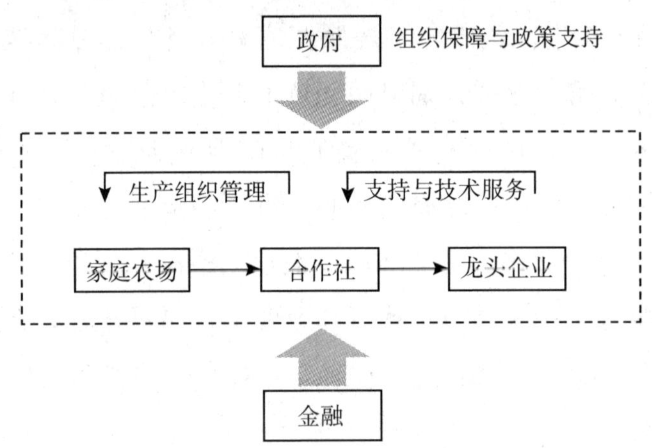

图 4.4　家庭农场生态模式

2. 屠宰加工循环模式

通过畜禽屠宰产业深化食品的深加工和产业链的拓展，开发了熟食加工、肉制品深加工、调味品等食品项目以及羽绒制品、羽毛制品、羽毛粉等项目，终端连接商业连锁、物流运输，实现一二三产业的贯通发展，通过“农业养殖—工业生产—商贸流通服务”的发展模式实现产业升级（见图 4. 5）。

科技化的屠宰分割生产线建立在强大的畜禽养殖基础之上，实现对产品的精细分割，以满足市场多元化需求。畜禽养殖和屠宰一方面可以以上游产业供货商的产业角色为周黑鸭等企业提供深加工的原料，另一方面可以依托产业园完善的产业链，建立自营的熟食连锁门店，以产品深加工和终端自营门店相互配合，在降低经营成本的同时扩大市场份额，形成产业竞争优势。

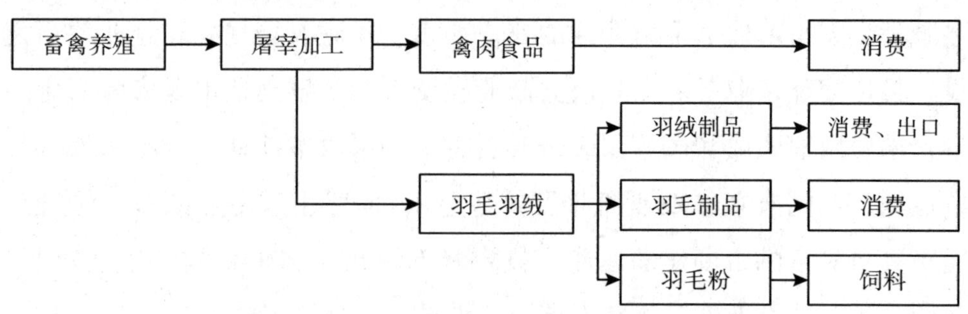

图 4.5　屠宰加工循环模式

羽绒产业链建立在畜禽屠宰之后的羽毛分类处理和精细加工，提升羽绒及羽绒制品加工等高附加值、高利润的消费产业实力，发展羽毛加工、羽毛工艺制品、体育用品等产业；同时将羽毛、羽绒生产过程中产生的废弃原料生产为羽毛粉，为下游饲料生产提供原料，并运用于畜禽养殖，实现产业循环。这样实现了产业链外延范围的扩大，对于拉动产品出口、提高产业价值具有重要的意义。

畜禽养殖、屠宰加工、羽绒及羽绒制品产业链充分实现了资源的充分利用和不同产业链之间的衔接合作，以先进的笼养鸭技术并配合“千户家庭农场”项目，夯实畜禽养殖基础，然后基于扎实的供应链发展畜禽屠宰和产品深加工产业，最后基于拓展产业链的经营模式发展羽毛、羽绒等高附加值产业，不仅以循环经济发展模式达到了绿色生产的要求，而且降低了产业运营的综合成本，彰显了“畜禽养殖、屠宰加工、羽绒及羽绒制品产业链”的价值。

3. 服务平台协同模式

产业园区重点配套现代金融平台、商业服务、信息化服务、教育培训、技术研发五大服务平台，提升产业园科技化、工业化、信息化的现代化水平，为产业长期发展和整体产业提升提供持续支撑。

（1）打造金融和投资两大现代金融平台。一是建立金融服务平台。成立村镇银行、担保公司、小额贷款公司等金融机构，结合传统银行金融服务，支持产业上下游经营的农户养殖、家庭农场建立和企业项目建设，打造完整产业链。二是成立产业投资平台。以当地市委市政府为主导，结合政府财政和产业园区企业资金，并吸收本地社会资本和外部投资机构，共同成立“农业产业引导基金”；同时引进专业的基金管理公司来进行规范的市场化的运作，投资具有发展前景的优秀企业和项目，共同推进农业企业的升级和发展。产业园积极争取政府有利政策，加之蚂蚁金服、海尔金融等金融平台为家庭农场和合作社组织提供养殖贷款等资金支持，金融平台和产业园积极保障生产资料的及时供应和养殖技术的推广，提升产业链管理能力，发挥产业园辐射带动作用。

（2）打造社会化商业服务平台。根据市农业产业化的不同发展阶段的需求，由当地政府、行业协会、企业共同举办农业产业博览会和农业产业化论坛，促进商业交易、产业研讨、投资与招标、产品展示和品牌传播等功能的实现。

（3）打造信息化平台。引进国际一流的设备和技术手段，用信息技术改造传统农业、用信息化带动工业化，做到标准化管理、自动化生产、信息化控制。一是构建产品质量追溯系统，确保食品安全。在产品生产、加工和检测过程中实现信息化同步，原辅材料进园、产品出园全程实现监测监管，实现检验数据同步在线处理、质量同步追溯，解决食品安全防范与追溯难题。二是提供原料采购与销售客户服务。对原料的供应商信息以及采购的数量、质量、等级、价格等信息进行系统监控，同时实现产品销售订单的下达、经销商产品的配送、库存、在途产品的调控、资金的收支和调度全部通过信息化实现，提高市场交易的效率。

三是搭建电子商务平台。根据市场经营主体的需求，搭建产品的供需信息对接、产品推广与销售、产品渠道拓展的平台，其内容主要涵盖市场新闻资讯、政策法规宣传、品牌文化传播、产品市场推介、行业质量标准、电子交易对接、技术支持服务、专家技术指导、经验交流分享等板块。通过整合庞大的农业市场及产业信息资源，形成覆盖省份、乡镇、行业协会、农户的多级信息网络和多边商贸服务平台。四是充分利用价格指数平台。依托商业服务平台的大宗贸易及交易结算数据，通过数据挖掘进而打造价格指数平台，实时发布鸡鸭苗采购价格、主要物质资料投入品价格、商品禽出栏价格、主要食品出厂价格、各种类型羽绒收购价及成品绒出厂价格与离岸价格等主导产品价格，在此基础之上，可及时发布准确权威的行业预测、预警信息，为农户养殖、企业经营提供价格信息参考，指导其生产经营决策。

（4）打造教育培训平台。建设商学院，进行农业生产技术、职业技能、企业管理与市场销售的培训，形成教育培训平台。培养新型农民、现代产业工人和经营管理人才，提升全市民众的技术水平和整体素质，为企业发展及全市农业产业升级提供人才支持。依托 YK 产业园商学院教育资源和产业园运营的管理、技术优势，YK 产业园在全省畜禽及相关行业进行管理输出、技术输出，大力拓展以信息技术外包、业务流程与管理外包、知识流程外包为核心的现代服务外包产业，拓展教育培训产业的附加值。

（5）打造研究开发平台。设立研发中心，依托企业力量，与全国各大科研单位进行合作，构建研究开发平台。加大技术研发投入，在养殖与育种技术、生产加工技术、新产品开发、生物工程开发、产业链开发等方面重点突破，着力提升产业园自主创新能力。建立农产品（畜禽食品、羽绒制品）质量检测中心，加大对食品安全、产品质量的监控检测力度；同时参与国家和省份各级农产品（畜禽食品、羽绒制品）质量标准、产业标准的制定，提升行业影响力。

（三）依托现代农业产业园实施产业融合的政策启示

三产融合是提升产业竞争力、推进农业的产业化经营、促进农业的转型发展中的重要方向。要紧跟城乡居民消费需求的新变化，通过乡村旅游、休闲农业、农村电商、现代食品产业等新产业新业态为乡村振兴提供引领力量，以现代产业体系、生产体系、经营体系助推农业向二三产业延伸，通过一二三产业融合发展来促进农村产业体系全面振兴①；要按照一二三产业融合的理念促进机制的创新，利用村镇空间来做实村镇经济，积极培育主导产业。

农业现代化产业园区乡村产业振兴实施路径是对实施乡村振兴战略的重要探索和实践，YK 产业园区实现了种养循环换模式为代表的第一产业、屠宰加工循环模式为代表的第二产业、服务平台协同模式为代表的第三产业融合发展的产业模式，产业集群和服务平台形成互动，开启了产业的全面升级。乡村产业振兴背景下农业现代化产业园的一二三产业融合发展不仅兼顾了农民的利益，增加农民就业进而解决现阶段农民增收困难的问题，同时也推动了中国城乡的一体化进程，其成功经验也对当前乡村振兴战略实施提供了一定的借鉴意义。

1. 产业链建设与产业布局是基础

日本、韩国在产业链延伸、价值链提升、农村经济繁荣等方面的成就促进了六次产业的发展，农业产业集群不仅有利于区域农业产业布局的优化，而且优化配置农业资源的重要途径。乡村产业振兴是一个系统工程，要通过产业链的整合和建设来实现一二三产业融合发展，形成原料供应、生产加工、运输销售等环节一体化的产业链体系，提升整条产业链的效益和产品附加值，也有效解决了农业短板问题，实现农业发展

---

① 叶兴庆. 新时代中国乡村振兴战略论纲［J］. 改革，2018（1）：65－73.

的规模化、集约化、现代化；同时要充分基于产业链优势和地区优势加强产业布局，注重乡村产业区域性分工和配合，利用现代服务体系提供有效支撑，提升产业运作效率。

2. 品牌建设和推广是关键

创建强势品牌是获取竞争优势的重要途径，区域声誉溢价效应促进了农户向市场提供优质安全农产品的功能的发挥，农产品生产经营组织化程度和管制制度决定了区域声誉的形成与维护。习近平总书记于2018年4月13日视察海口市石山镇施茶村时指出："乡村振兴要靠产业，产业发展要有特色"。乡村产业的振兴和发展必须注重发展特色农业、品牌农业。我国当前农业品牌建设总体发展水平还有待提高，产业组织经营规模较小，产业的集群效应较低，直接制约着农业产业发展水平。通过产业融合发展，提升产业发展的质量和品牌，推动产业转型升级，进一步优化资源配置，集中精力通过产业链的整合和优化来打造优势品牌和现代化品牌，带动区域产业布局重新调整，全面提升产业发展质量，为产业品牌的打造和推广创造有利条件。

3. 注重产业扶贫是保障

推进农村集体资产产权制度改革，要赋予集体村民更多的财产权，在完善的乡村产业振兴的一二三产融合发展的基础上促进利益成果的分配的科学化，重视对弱势群体的扶持，扩大一二三产业融合发展的群众基础，促进了组织成员之间的团结；要通过一二三产业融合发展开拓第三就业空间，促进新产业、新业态的发展，让农民在农村新产业、新业态中去扩大就业，在产业融合过程中应充分发挥农业的带动作用①，这不仅遵循了市场经济的运作法则，而且激发了产业发展中重要生产要素的活力。

---

① 陈锡文．实施乡村振兴战略，推进农业农村现代化［J］．中国农业大学学报（社会科学版），2018（1）：5－12.

农民既是乡村振兴的主体，也是乡村振兴的受益者。乡村产业振兴需要调动农民群众的积极性、主动性、创造性，通过乡村产业振兴为农民的生活提供持续性保障。开发乡村新产业新业态，通过本地就业和外出就业相结合，提高农民家庭经营收入和工资性收入；同时通过产业的发展带动农村资源要素的流动，保障农民财产性收入和转移性收入，并且以产业振兴来带动精准扶贫、脱贫的推进，保障农村贫困人口的生活，为乡村产业振兴奠定群众基础。

4. 提升产业综合效益是动力

促进乡村振兴，必须把产业融合作为乡村产业兴旺的核心要点，把乡村产业振兴的一二三产业融合发展作为发展农村经济的基本路径，一二三产业融合发展要以农产品终端消费需求为导向，通过产业链一体化整合，最大限度地增加农副产品附加值，促进全产业链条升值，全面提升一二三产业综合效益。

保持一二三产业融合发展中的本色不丢失，保障乡村发展中的生态美；让绿水青山逐渐变为现实，为推动农业与其他产业融合创造条件，推动乡村休闲、观光、养生、旅游、度假等产业的综合发展①。乡村产业振兴的一二三产业融合发展要实现生产、生活、生态的高度融合，注重综合效益的提高，这是促进乡村持久振兴和发展的前提。

五、促进农村三产融合所面临的问题及对策建议

尽管我国农村产业融合取得了较大的成绩，但要做强第一产业，做优第二产业，做活第三产业还存在一定距离，各省份采取的融合方式还比较单一，多为产业链纵向融合，横向融合（功能拓展）欠佳。因此，

① 张军．乡村价值定位与乡村振兴［J］．中国农村经济，2018（1）：2－10.

我国农村产业融合尚在起步阶段，存在的问题有以下几点：

一是农业与二三产业融合程度不高。一方面，农户只从事生产，不从事加工、物流、销售，导致产业融合链短，农产品生产规模小。另一方面，农产品大多以粗加工为主，精深加工基本为零，附加值低，没有形成品牌辐射效应，因此市场竞争力水平低。而企业与农民缺乏信任感和长期合作，使农民很难分享到第二产业和第三产业的利润。少数地区融合还存在同质性，没有新技术、新业态，没有差异化竞争和地区资源深度开发，对资源和市场的抢夺过于激烈，导致过度开发，市场无序竞争，环境遭到严重破坏。

二是产业融合的金融支持力度不足。在产业融合进程中，加工业和旅游业是不可或缺的两大产业。首先，加工业对资金的需求较大，除了机器厂房的建设，还包括粮食收购、储藏、运输、广告宣传、员工培训等费用；其次，发展旅游业不仅需要交通等基础设施的修缮，还需要旅游文化挖掘、旅游资源规划和旅游产品推荐等无形资产投入。而农民受自身文化素质和传统文化的影响，在观念上主动融资的积极性不强。对于金融机构来说，农民缺乏抵押物品作为保障，还款能力较弱，致使金融机构主动营销的动力不足。在国家层面上，农业补贴基本都是针对生产环节的补贴，对农村第二三产业的扶持力度还不够，所以农村产业融合发展的资金缺口较大。

三是生产要素瓶颈制约。土地、资金、人才等农业生产要素供给不足直接制约了农村一二三产业融合。第一，在产业融合发展中，休闲农业和乡村旅游、农家乐需要大量的土地，农产品储存、加工、展销对土地供给需求也较大，而农村土地要素短缺使部分产业融合项目实施困难，土地供给不足的问题越来越突出。第二，在农村融资渠道狭窄，抵押贷款方式较少，融资成本过高造成了融资难问题层出不穷。第三，农村产业融合过程中出现的新业态、新模式需要更多的专业性人才，而农村地区在工资待遇、生活设施等方面还远远落后于城镇，对人才的吸引力远不如城镇，导致发展所需人才匮乏。

四是对农业的多功能性认识不足。农业的多功能性并不仅仅是满足人类生存的需要，还包括了生态、文化、教育功能，乡村旅游就是将农业的生产和文化功能结合起来的例子。在欠发达地区对农业的多功能性认识还不足，村落民居、民俗礼乐和手工技艺因为缺乏保护和传承而渐渐地消失。根据统计，我国自然村数量从1990年的377.3万个，减少到2011年的266.9万个，平均每年减少10万个自然村。

五是利益联结机制不完善。目前，我国的农村产业融合利益联结机制还不完善，农民很难从农产品的加工和流通环节获取增值收益。一些地区鼓励农户以土地入股方式成立土地股份合作社，但在后期经营中，合作社的收益未按照股份量化到户和人，农民仅分享到土地资产增值收益的极小部分，以流转至农业用途的土地为例，每亩租金均值为400元，中位数仅为150元。

基于上述分析，推进农村产业融合就要将提升农业的生产功能与激活农业的生活、生态功能结合起来，同时引导不同融合主体之间、农业产业链不同利益相关者之间形成引领有效、分工协作、优势互补、链接高效的战略伙伴关系，同时在政府层面还应加大政策供给，真正激活沉睡在乡村的各类资源和要素，确保农村产业融合健康有序发展。

一是加速培育多元新型农业经营主体。新型农业经营主体是推动农村产业融合发展的主导力量，要延长农业产业链，打破产业壁垒，从农产品的加工、物流、销售环节入手，实施农产品精深加工，在产业深度融合的同时保护农民的利益，吸引青壮年劳动力回村。积极发展家庭农场，优化要素资源配置，打造集观光、采摘、农家乐一体的田园综合体。给予新型农业经营主体资金、技术、人才等方面的帮助，积极引导专业大户和家庭农场与市场有效衔接。要规范发展农民合作社，利用合作社的组织优势扩大生产规模，提高经营能力和抗风险能力。充分发挥龙头企业的带动作用，依托资金、技术、人才优势促进农业转型升级。大力培育新型职业农民，提升农民的文化素质和技术水平，通过规模化经营和精细化管理获得更多的收益。

二是进一步完善产业融合的利益联结机制。积极发展订单农业，稳固企业和农民之间的利益关系，让农民成为产业融合发展的利益共享主体。探索农村股份制、合作制制度，允许农户用土地经营权甚至农机具等耕作机械入股，以保底收益和按股金分红相结合的方式获得股金收入。增强农民参与产业融合发展的能力，增加农民参与产业融合发展的机会，帮助农民获得更多的“话语权”。建立引导机制与激励机制，对提供就业岗位和声誉较好的融合主体及时宣传和推广。通过政府主导制定合同和相关规章制度，使农民与新型经营主体之间互利共赢、风险共担。

三是持续加大产业融合的扶持力度。政府要创新支持形式，搭建融资网络平台，扩展资金来源，优化融合环境。加强农村基础设施与人才建设，引进专门人才和设立专业的教育培训机构，提高农产品生产加工的质量标准和安全等级，培育具有地方特色的农产品品牌。出台相关激励措施，在产业融合发展中有模范作用的经营主体给予土地、税收、信贷等物质激励。农业相关财政税收补贴政策积极向农产品加工、流通环节倾斜，尤其是对加工设备的购置补贴。强化顶层设计，加强宏观指导，推动休闲农业、特色小镇的建设。

四是加大农业多功能性开发，打造新兴业态。要深入挖掘农业的生态、文化、教育功能，大力保护传统村落和农村传统文化，推动农业与休闲、观光、教育融合发展。建设民俗观光园、农事体验区、民宿农庄、打造农业节庆活动品牌，提升乡村旅游的档次。深入推进一村一品，通过招商引资逐步将特色农产品的生产向精深加工、综合利用加工领域延伸，培育特色农产品知名品牌，打造完整的产业链，促进农村三产融合提质增效升级。

第四节 促进小农生产融入现代农业发展

乡村振兴，产业兴旺是重点。为保证乡村产业兴旺的顺利实现，加快构建现代农业产业体系、生产体系、经营体系，提高农业创新力、竞争力和全要素生产率，不仅要从农村一二三产融合的角度发力，同样也要兼顾小农生产融入现代农业的发展问题。

作为一个从农耕文明中孕育而生，拥有漫长农耕历史且农民数量占到世界人口10%的国家，小农群体、小农经济一直在中国经济社会发展中发挥着重要的基础作用。了解小农发展规律，分析当代小农基本状况，展望未来发展趋势，明确引导扶持策略，具有重大的理论和现实意义。

一、习近平总书记关于小农发展的重要思想

20世纪90年代，习近平总书记在福建宁德工作期间，对小农问题就有了深邃的思考。他从农业产业发展的角度分析小农，认为小农业是“传统的、主要集中在耕地经营的、单一的、平面的”，主要“满足自给的自然经济”，并明确提出“走一条发展大农业的路子”，即“多功能、开放式、综合性方向发展的立体农业”。他从农业基本经营制度的角度分析小农，提出要摆正“统”与“分”的关系。所谓的“分”，就是以家庭为主要的生产经营单位，充分农民自身参与劳动的积极性；所谓的“统”，就是依托基层农村组织，帮助农民解决一家一户解决不了

的问题。2001 年，习近平总书记进一步旗帜鲜明地提出，“要走组织化的农村市场化发展路子”，“只有将农民组织起来，才能使农民尽快安全、顺利地对接国内外市场，并能够有效地降低交易成本，提高农产品的市场竞争力和市场占有率”。

党的十八大以来，习近平总书记从国家经济社会发展大局和“三农”全局的高度，对小农问题进行了更加深入、全面、辩证地阐释。2016 年，他在安徽小岗村农村改革座谈会上指出，一方面，我们要看到，规模经营是现代农业发展的重要基础，分散粗放式的农业经营方式难以建成现代农业；另一方面，我们也要看到，改变过去传统的农业经济方式是一个长期过程，需要时间和条件，不可操之过急，很多问题要放在历史大进程中审视，一时看不清的不要急着去动。他强调，农民失去土地，如果在城镇待不住，就容易引发大问题。这在历史上是有过深刻教训的。这是大历史，不是一时一刻可以看明白的。在这个问题上，我们要有足够的历史耐心。

习近平总书记对小农问题的深入思考和实践，最终结出了政策的硕果。党的十九大报告指出，实施乡村振兴战略，构建现代农业产业体系、生产体系、经营体系，完善农业支持保护制度，发展多种形式适度规模经营，培育新型农业经营主体，健全农业社会化服务体系，实现小农户和现代农业发展有机衔接。这是中央关于小农问题的基本方针策略，充分体现了中央对小农群体和小农经济的高度重视，以及提升小农户竞争力、把小农导入现代农业发展轨道的历史决心。

二、当代小农的概念界定和特征

尽管国内外学者在小农的定义和发展方向上存在分歧，但仍可以从中透视出一些可被总结的基本特质。一是小农是以家庭为单位生产生活。小农以家庭为载体，具有生产与消费统一的特点，不是一个分裂地运用资本和劳动的单位。二是小农必须从事农业生产经营。如果一个家庭不再从事农业生产，那么它应当自然地脱离小农的范畴。三是小农具有鲜明的社区属性。小农是农村社区的成员，小农的参与、认可和支持是维系社区稳定运转、促进社区经济社会繁荣发展的内在动力。

伴随着经济社会的发展和技术的进步，传统小农的概念边界日益模糊。一是小农的衡量标准更加多样。由于不同地区资源禀赋、生产品种和生产模式的较大差异，难以从面积或规模上给小农以统一的标准和定义。小农应是一个相对的概念，根据世界银行定义的经营面积在两公顷以下为小农范畴，中国绝大多数农户的户均经营面积只有这一标准的1/4，属于标准典型小农；即便是美国、加拿大、澳大利亚等地广人稀的新大陆国家也存在资源要素在平均数以下的大量“小农”，在全球农业一体化格局中面临同样的市场竞争环境。因此，资源禀赋不应是界定小农的唯一标准。二是小农的收入来源更加多元。依靠纯粹的种植养殖，在现阶段已不能维系家庭的生存和发展。小农在很大程度上表现为兼业的状态。事实上，绝大多数小农从事农业生产的收入占家庭收入中的比重在逐年下降，早已不是家庭收入的主要来源。2017 年，农民人均可支配收入构成中，家庭经营收入仅占 37. 4% 。三是小农的生产经营的社会化。虽然仍以家庭成员为主要劳动力，但随着农机农技农艺水平的提高、专业分工的深化，小农不再是封闭地、孤立地发展农业生产，而是需要依托社会化服务来生产经营，形成农业共享经济的局面。目前，我国主要农作物耕种收综合机械化水平超过 66% ，农业生产托管服务面积 2. 33 亿亩。同时，我国主要农产品商品化率普遍达 90% 左右，基本实现了农业由自给性生产向商品化生产的转变。

尽管当代小农的内涵和特征在新的时代背景下有了新的发展和变化，但溯本归源，我们在摆脱传统观察视角和把握小农内在特质的基础上，可以归纳和总结为，所谓小农是指在特定资源禀赋下以家庭为单位、集生产与消费于一体、从事小规模生产经营的农业微观主体，其本质是农户经济。也就是说，一旦农户的农业经营规模和经营方式超出家庭经营这个边界，比如需要大量或长期雇工等，就自然地脱离了小农范畴。

三、中国小农发展沿革和现状

中国小农的历史最早可以追溯到春秋战国时期，铁犁牛耕的普及极大提高了生产力，推动了井田制的瓦解和一家一户小农生产的兴起。秦汉以来，历朝历代大都坚持了抑制土地兼并、维护小农经济的制度设计，精耕细作、自给自足的小农经济得以不断发展和稳固，维系着千年来封建社会的稳定。但是，由于土地资源要素禀赋制约，小农生产始终无法从技术层面解决日益突出的人地矛盾问题，农业劳动生产效率的提升有限，农民的实际经营规模逐步低于其有能力经营的规模，成为名副其实的小农。中华人民共和国成立之后，小农经历了三次变革：一是1949—1953 年，土地改革使广大农民群众拥有了土地，成为独立经营的自耕小农；二是 1953—1978 年，土地等主要生产资料逐步收归农民集体所有，长期占据主导地位的小农经济格局被彻底撕裂，小农经济从组织形态和经营模式上宣告完结；三是 1978 年改革开放至今，土地制度改革，家庭承包制的实施使农户拥有了用益物权性质的承包经营权，从组织形态和经营模式上再次激活了小农生产的积极性，并使小农成为今天中国最普通、最基本的生产经营单位。

需要注意的是，我们讨论的小农，从广义上讲就是指实施家庭联产承包责任制后形成的 2 亿多承包农户。在农村土地所有权、承包权、经营权“三权”分置改革深入推进，承包主体和经营主体分离现象日益普遍的时代背景下，2017 年土地经营权流转比例已达到 36.5%，小农群体既包括自己耕种自己承包地的自耕农户，也包括暂时将承包地流转给他人、自己进城务工的不在地农户，还包括流转他人少量土地进行经营的专业大户或家庭农场（主要依靠家庭劳动力生产经营，一般不雇工或雇工不超过家庭劳动力数量）。

改革开放 40 多年来，快速的工业化和城镇化深刻地改变了中国城乡格局。农村人口迁移，劳动力大量转移进城，2017 年城镇常住人口城镇化率已达到 58.52%，较 1978 年增加了 40.6%，农民工数量超过 2.86 亿人（专指农村户籍，在本地从事非农产业或在外就业 6 个月以上的劳动者）；专职务农人数大幅减少，2016 年全国农业从业人员为 2.15 亿，较 1978 年减少 24%。农业劳动生产率大幅提高，2016 年农业从业人员人均产值为 2.96 万元，较 1978 年增长 73 倍，一二三产的劳动生产率比值为 1∶4.47∶3.84，较 1978 年的 1∶7.03∶5.15，差距明显收窄。农民生活质量明显改善，逐步摆脱贫困，2016 年农村居民人均可支配收入达到 13432 元，较 1978 年增长了近 100 倍。

尽管如此，大国小农仍是中国的基本国情农情。一方面，小农在农业生产经营中仍然居主体地位。据第三次全国农业普查数据显示[①]，2016 年全国 2.07 亿户农业经营户中，小农户占比达到 98.1%，在数量上比 1996 年增加了近 4%，保持缓慢增长态势。另一方面，小农群体不断分化，按收入来源划分，可以将农户分为四类：一是纯农户（农业收入占 80% 以上）。实践中，这类农户一般拥有小型农业机械等现代农业生产工具，大多数家庭成员参与农业生产，并通过流转土地从事较大规模的专业化生产，开展农田整理、应用土地改良等新技术的主动性较高。其中，也包括少部分以自给性生产为主的老年纯农户。据全国农村

① 资料来源：第三次全国农业普查主要数据公报，http://www.stats.gov.cn/tjsj/tigbnypgb/.

固定观察点监测数据显示，2015 年纯农户占比为 10.3%，较 2010 年降低 4.5%，较 2000 年降低 13%。二是农业兼业户（农业收入占 50% ~80%）。这类农户仍以农业为主业，一般也拥有部分现代农业生产工具，部分家庭成员参与农业生产，但同时，家庭成员会在农闲时就近打工或从事其他兼业经营。2015 年农业兼业户占比达到 11.6%，较 2010 年降低了 5.9%，较 2000 年降低了 14.8%。三是非农兼业户（农业收入占 20% ~50%）。这类农户主要以非农产业作为家庭主要收入来源，但因粮食自给、惜地等原因仍然经营承包地。他们大多已不再拥有现代农业生产工具、不参与具体生产环节，而更多地通过购买社会化服务的方式完成田间作业。2015 年非农兼业户占比 20.6%，较 2010 年降低了 5.2%，较 2000 年降低了 5.6%。四是非农户（农业收入占 20% 以下）。这类农户一般具有较为稳定的非农就业，承包地已经流转给他人经营，家庭成员也不再从事农业生产，且大多也已不在农村居住。2015 年非农户占比 57.5%，较 2010 年增加 15.5%，较 2000 年增加 33.5%。另外，从收入结构角度也能间接看出农户就业结构的差异，2016 年农户人均可支配收入构成中，工资性收入能占到 49.5%，家庭经营收入只占 35.9%，财政转移收入占 11%，财产性收入约为 3.6%①。

由于区域间自然资源禀赋、经济社会发展存在较大的差异，当前我国不同区域的小农发展特点也略有不同。一是发达地区非农户比例高。据全国农村固定观察点监测数据，北京、江苏、浙江、上海、广东五省份的非农户占比为 77.4%，比全国平均水平（57.5%）高近 20 个百分点；而黑龙江、辽宁、吉林东北三省的非农户占比仅为 36.6%，比全国平均水平低近 21%。二是耕地资源丰富地区纯农户和农业兼业户比例高。东北三省的纯农户和农业兼业户占比分别为 24.7%、18.2%，

---

① 张红宇. 中国现代农业经营体系的制度特征与发展取向［J］. 中国农村经济，2018（1）：23 - 33.

均为全国平均水平（10.3%和11.6%）的2倍左右。三是人口稠密、人地关系紧张地区及发达地区纯农户和农业兼业户比例低。山东、河南、安徽、四川四省份纯农户和农业兼业户占比分别为6.3%、9.9%，显著低于全国平均水平。发达地区如北京、江苏、浙江、上海、广东五省份纯农户和农业兼业户占比分别为4.8%、5.7%，仅为全国平均水平的一半左右。四是非农兼业户分布相对均衡。除发达地区如北京、江苏、浙江、上海、广东五省份非农兼业户占比比全国平均水平低8.5%外，其他地区的非农兼业户分布较为均衡，占比均接近全国平均水平(20.6%)。①

四、扶持小农对接现代农业的实践与探索

为了解决小生产与大市场之间的矛盾，引导小农融入现代农业发展，各地结合实际进行了丰富的探索和实践。

(一) 扩大小农经营规模

部分地方政府通过引导土地经营权有序流转，促进小农适度扩大经营规模，提高经营效益。江苏省建立农村土地规模流转补贴制度，重点扶持土地经营规模100~300亩的种粮农户。广西壮族自治区加大财政支持力度，重点鼓励发展50~100亩适度规模经营的农户。上海松江区鼓励当地农户发展100~150亩的家庭农场，建立健全家庭农场准入退出、财政金融等政策扶持和管理服务体系，目前全区家庭农场经营耕地面积超过粮食耕种面积的90%。

(二) 改善小农生产条件

通过互换并地、土地整理等，推进集中连片经营，提高小农生产条

① 陈锡文，韩俊．农业转型发展与乡村振兴研究［M］. 北京：清华大学出版社，2019.

件和基础设施水平。根据实地调研，山东、河南等主粮产区，如果去掉田间地埂，大约能增加15%耕地面积。湖北省沙洋县以灌溉水源等为参照，引导农户自愿通过村民小组内土地经营权互换等方式，实现按户连片耕种，解决土地细碎化问题，全县总体连片率现已达到89.6%，连片耕种后亩均生产成本可降低300元左右。广东省清远市以完善田间配套设施、提高耕地质量为推动，鼓励和引导集体经济组织成员内部进行土地互换并地，目前已完成整合面积103.4亩，占总103.4万亩，占总耕地面积的39.8%。

（三）促进小农联合合作

鼓励小农之间开展多种形式的联合与合作，提升规模经营水平，进一步节本增效。江苏省盐城市探索推广联耕联种，在农民自愿基础上由村集体组织破除田埂，变“一户多田”为“多户一田”，实行统一耕种、统一管理，机械化连片作业，实现了农户种植经营环节的节本增效，目前联耕联种规模超过500万亩。四川省崇州市探索“土地股份合作社+农业职业经理人+社会化服务组织”三位一体的农业共营制模式，目前共营面积占全市耕地面积的61%，亩均增收200元以上。

（四）发展社会化服务

创新服务方式和服务手段，构建全程覆盖、综合配套、便捷高效的农业社会化服务体系，带动小农发展集约化、规模化经营。浙江省探索构建生产、供销和信用“三位一体”农合联体系，为农民提供多种生产经营服务，目前，全省已经建成纵向的省市县乡四级体系，串联起942个乡镇农合联、83个县级农合联、11个市农合联和6.61万个农合联的会员。山东省大力发展土地托管服务，为农户提供产前、产中、产后等全产业链覆盖性服务，现已建成农业服务中心1092处，托管、半托管土地规模达4800万亩。

（五）加强产业化带动

大力发展产业化龙头企业、产业化联合体等新型经营主体，深化与小农的分工协作，带动小农抱团对接市场。河南省按照“龙头带动、基地支持、配套服务、特色高效”的思路，大力培育现代农业产业化集群，提升农业产业化经营水平，带动广大农户增收致富，当前正在培育11类517个现代农业产业化集群，建设规模化原料基地1400多万亩，累计带动农户数达100多万。安徽省宿州市淮河粮食产业化联合体由淮河种业公司牵头，10个农民合作社，22个家庭农场及6个种粮大户组成，带动小农户6500多户，使4万多亩小麦良种繁育基地实现了规模化经营。

这些探索和创新在实践中都取得较好的效果，为在全国推广小农户对接大市场的经验做法提供了有益的借鉴。

五、新时代小农发展的挑战和方向

大国小农是我国的基本国情农情，并且小农仍将长期存在，这必然影响着中国农业生产经营方式的发展和演进，政府行为导向及相关法律法规政策的制定要充分考虑小农普遍存在这个前提，而经济社会发展的阶段也在深刻改变着小农的运行轨迹，导致小农的生产经营及资源配置方式不断变迁。在新的历史起点上，党的十九大作出了实施乡村振兴战略的重大决策部署，绘制了新时代中国农业农村发展的宏伟蓝图。因此，我们当前要紧紧围绕乡村振兴这一目标导向，从“三农”全局高度把握新时代小农的发展。

（一）小农发展面临的现实挑战

在推动乡村振兴和农业农村现代化，以及中国农业参与全球化竞争的大环境下，中国小农面临的挑战越来越突出，生产生活境况与其他群体相比还比较脆弱。

1. 老龄化、兼业化严重

因为代际分工等原因，我国农业从业人员老龄化现象日益突出，平均年龄约50岁，60岁以上的比例超过24%。同时，随着农民工选择进城务工的倾向逐年增加，农户兼业现象愈发凸显。据全国农村固定观察点监测数据显示，2017年包括农业兼业户和非农兼业户两类兼业农户，在务农农户中所占比重超过3/4。

2. 难以与现代农业有效衔接

现代农业要求大基地、大生产、大物流、大市场，而小农占有土地、机械等资源少，过度分散的小农经济导致土地细碎化，又衍生出组织成本高、融资能力弱等问题，农户运用现代生产技术和信息手段的能力不强，难以依靠自身打破农业生产“低水平均衡”的状态，发展现代农业的先天条件和动力均不足。特别是深度贫困地区，受困于资源环境恶劣、区域经济发展水平低下，小农生产生活极易陷入困难，一方水土难以养活养好一方人，小生产与大市场的矛盾将长期存在。

3. 国际竞争力不强

加入WTO以后，我国小农面临内部工业化、城镇化和外部全球化的双重挑战。然而我国小农的劳动生产率仅为世界平均水平的64%，是欧美发达国家的2%，导致农产品在国际市场上竞争力较弱。在欧美国家农场规模不断扩大的背景下，经营规模畸小的中国小农很难在大宗农产品竞争中获得优势，中国农产品国际贸易年年呈现出巨额贸易逆差的状态①。

4. 制约城乡均衡发展

我国小农目前户均承包地仅8亩左右。尽管农业劳动生产效率不断升高，但也仅相当于二三产业的1/5和1/4。2017年，从事第一产业的劳动力占劳动力总量的27%，但创造的增加值仅占CDP总量的7.9%，农业劳动生产效率偏低，且农业效益不高，致使农民收入仅相当于城镇

① 张红宇，寇广增，李琳，等. 我国普通农户的未来方向——美国家庭农场考察情况与启示［J］. 农村经营管理，2017（9）：19－24.

居民收入的37%。单纯依靠小农自我积累，获得与二三产业从业人员等同的收入水平基本不可能实现。

（二）乡村振兴目标导向下小农发展方向

尽管小农经济所能创造的增加值较少，但它却在保障农产品供给、向非农产业转移劳动力、维系农村社区稳定、传承农耕文明等方面发挥着不可替代的基础性作用[①]。鉴于小农的多种功能，我国在实施乡村振兴战略过程中，既要发展小农，也要依靠小农，既要推动小农生产的现代化，也要推动小农生活生态的现代化。按照产业兴旺、生态宜居、乡风文明、治理有效、生活富裕的总要求，明确小农未来发展方向。

1. 实现小农生产与现代农业有机衔接

虽然小农目前仍是农业生产经营的主要形式，但生产经营比较效益低、管理方式粗放、物质装备和基础设施薄弱等问题越来越突出，已难以满足现代农业发展需要。推动乡村产业振兴，促进农业高质量发展，需要加快由增产导向向提质导向转变，通过健全的社会化服务体系将先进农机装备、农技农艺、信息网络、经营管理理念等现代农业生产要素引入小农生产经营，逐步提高小农的土地产出率和劳动生产率，提升农业质量效益和竞争力。

2. 倡导绿色循环的生产模式

中国精耕细作的传统小农生产，充满着遵循天时、物物循环的朴素哲学内涵，顺应自然资源条件，注重对土地的永续利用。早在原始农业后期，中国就出现了“田莱制”“易田制”等轮作模式；两三千年前的奴隶社会中已有锄草肥田、铁犁牛耕等文字记载。推动乡村生态振兴，就是要秉承绿色发展理念，保护农村区域的山水林田湖草生态系统，统，在应用先进设施装备和技术的同时，传承提升和发展中国数千年小

① 姚洋．小农经济过时了吗［N］．北京日报，2017－03－16.

农生产延续下来的经验和模式，实现农业生产的绿色生态循环可持续发展。

3. 传承优秀农耕文化

小农是中华农耕文明的载体，在相当长的时期内，小农生产保存了优秀的农业生产知识和传统文化，构成了生生不息的中华农耕文明。推动乡村文化振兴，培育文明乡风、良好家风、淳朴民风，就是要深入挖掘和弘扬农户家庭世代传承接续的优秀传统农耕文化和乡土文化，通过扶持和稳固小农经济来维系中华传统文化的根脉。

4. 加强小农人力资本培育

小农群体蕴含丰富的人力资源。推动乡村人才振兴，强化乡村振兴的人才支撑，就是要把人力资本开发放在首要位置，将小农群体庞大的人力资源转化为支撑乡村振兴的强劲人力资本。事实上，中国目前快速成长的家庭农场、种养大户等新型农业经营主体，本源于小农户经济，从劳动力资源到人力资本的形成折射出小农户在发展过程中的自身可塑性和对大市场的适应性。

5. 促进小农持续增收

没有小农的现代化就不可能有中国农业的现代化，没有小农的小康就不可能有中国的全面小康。确保小农户稳定增收增长，促使城乡居民收入差距持续缩小，这是农民最根本的诉求。因此，要千方百计拓宽农民增收渠道，鼓励农村创业创新，引导新型农业经营主体完善利益联结机制，让农民分享全产业链上更多的增值收益，共享美好生活。

六、推动中国特色小农现代化的政策建议

党的十九大报告明确提出，要发展多种形式适度规模经营，培育新型农业经营主体，健全农业社会化服务体系，实现小农户和现代农业发

展有机衔接。要科学把握这一政策导向的内涵外延，明确政策思路，健全扶持措施，加快推进小农现代化。适逢新时代实施乡村振兴战略这一新机遇，更要充分发挥小农的主体作用，重点在以下几个方面做文章。

（一）推进小农户继续分化减少

改革开放四十年，随着城乡融合一体化，农村和城市二元发展的隔阂正在逐步打开，工业化和城镇化的快速发展吸纳了大量劳动力，越来越多的农民离开了第一产业，从事非农产业，我国一二三产业劳动生产率之比出现深刻变化，农业劳动生产率年均增幅超过10%。尽管第一产业劳动生产率提升速度明显高于第二、第三产业，但现阶段劳动力就业结构与国民经济产业贡献率的失衡，又表明在减少务农劳动力、继续提升第一产业劳动生产效率方面还有很大的提升空间。农业直接从业人员的减少将有助于促进规模经营效益的提升，进一步增加农户从事农业所得。要在继续鼓励农民进城就业务工落户定居、持续推进城镇化的同时，大力发展农业机械化，提升农业现代化水平，使务农劳动力的转移与我国经济社会和现代农业发展水平、工业化城镇化进程相适应。要高度重视稳定非农就业的农户逐步退出承包地问题，特别要研究土地承包期再延长30年政策导致“不在地地主”大量并长期存在的背景下土地如何充分利用的问题，引导长期进城落户的非农户有序退出承包地，扩大务农劳动力的土地经营规模，以务农劳动力的大量减少，克服资源约束对提升农业劳动生产效率的影响，进一步提升务农效益和竞争力。

（二）提升小农户自我发展能力

小农户作为我国现代农业生产的基本单元，只有通过提高自身发展能力，转变农业发展方式，积极发展新产业新业态，践行绿色生态发展，才能最终走出一条生产高效、食品安全、资源节约、环境友好的农业现代化道路。

1. 培育新型职业农民

加快推进农民职业化进程，强化政策扶持，完善培育制度，健全培训体系，提升培育能力，加快构建结构合理、素质优良的新型职业农民队伍。要特别注重从传统农民、返乡农民工、退伍军人、农村高校毕业生中培育出一批懂农业、爱农村、懂技术、善经营、富有工匠精神、精英意识和企业家才能的新型职业农民，使他们成为提升小农、带动小农的有生力量。

2. 引导小农户发展规模经营

鼓励有长期稳定从事农业生产意愿的小农户稳步扩大规模，培育一批规模适度、生产集约、管理先进、效益明显的专业大户或家庭农场。建立健全服务专业大户或家庭农场的名录管理、示范创建、职业培训等政策扶持体系，营造规模经营主体健康发展的政策环境。

3. 提升小农户科技装备水平

加快研发经济作物、养殖业、丘陵山区适用机械，推广应用面向小农户的轻简型农业装备和实用技术。鼓励农业科研人员、农业技术推广人员通过下乡指导、技术培训、定向帮扶等方式，向小农户示范推广先进适用技术。

4. 改善小农户生产生活条件

支持各地重点建设小农户急需的沟河灌渠、机耕生产道路、村组道路、生产发展动力电网等设施，合理配置集中仓储、集中烘干、集中育秧等公共基础设施。完善农村水电路气房讯等基础设施，推进农村人居环境整治 3 年行动计划。

（三）提高小农户的组织化程度

提高小农户的组织化程度是提升小农户市场竞争力的必然要求。

1. 发挥集体经济组织对小农户的引领作用

强化集体经济组织“统”的作用，支持集体经济组织统一购置农机、农资等生产资料，建立农机、农技服务队，组织小农户与市场对接，降低小农户生产经营成本和种植风险。支持有条件的集体经济组织依法流转土地、统筹利用土地资源，实施现代农业示范项目，引领带动小农户发展现代农业。

2. 建立健全新型农业经营主体与小农户利益联结机制

支持小农户以土地、劳动、初始农产品等为纽带，与新型农业经营主体开展多种形式的联合与合作，共同打造区域公用品牌，使小农户成为现代农业经营体系中重要的组成部分，进而实现与大市场有效对接。鼓励专业大户或家庭农场与小农户建立稳定的土地流转关系，完善合作社与小农户合作机制，开展农超对接、农社对接，创新农产品销售渠道。鼓励和引导工商资本发展适合企业化经营的现代种养业，通过订单农业、土地入股等多种形式，带动小农户抵御市场风险，参与市场竞争，分享全产业链增值收益。鼓励农垦等国有农业企业通过土地托管、代耕代种代收、股份合作等方式，与农户形成紧密型利益联结机制。

3. 提升对小农户的社会化服务水平

支持农业生产性服务业发展，把“补服务”作为财政支持小农生产的重要方式，采取财政扶持、税收优惠、信贷支持等措施，着力培育针对小农户生产需求的社会化服务组织。支持乡镇发展综合服务中心，为小农户生产生活提供“一站式”服务。支持发展各类农业经营性服务组织，健全农业社会化服务体系，建立面向小农户的农业社会化服务网络。

4. 推动“互联网+”赋能小生产。加快普及大数据、物联网、遥感、移动互联网等技术，为小农户运用现代生产要素、实行集约化生产提供便利条件

深入实施电子商务进农村综合示范，加快推进农产品流通体系现代化。加快“智慧农业”“信息农村”工程，为小农户提供便捷高效的市

场监管、技术推广、农产品质量监管等公共便民服务。积极发展基于互联网的新业态新模式，支持互联网平台积极与农户对接，为小农户提供定制化、专业化电子商务服务。

（四）完善改革配套政策

完善配套改革政策是支持小农户发展的制度保障。

1. 深化农村土地制度改革

落实好第二轮土地承包到期后再延长 30 年政策，在切实维护亿万农户承包权益的基础上，着力促进专业农户或新型经营主体提升经营规模，通过鼓励开展互换并地、土地整理等方式解决土地细碎化问题，促进土地资源要素适度集聚。

2. 健全财政支持政策

完善农业补贴制度，逐步建成以绿色生态为导向，促进农业资源合理利用与生态环境保护的农业补贴体系和激励约束机制。借鉴资产收益扶贫经验，对于财政支农项目投入获得的收益性资产，具备条件的可以鼓励地方折股量化给小农户特别是贫困小农户，让小农户除享受兜底保障外，还能享受分红收益。稳定现有对小农生产的补贴政策，坚持耕地地力保护补贴直补到户，探索建立补贴水平与居民消费价格指数同步增长的机制。研究适合我国国情农情的小农生产收入补贴制度，提高补贴精准性和指向性。

3. 完善金融保险政策

鼓励信贷投向小农户，采取涉农贷款增量奖励，实行差别化存款准备金率，推行涉农贷款尽职免责等措施。探索将无抵押、无担保、财政贴息的小额信贷政策扩大到所有小农户。支持引导互联网企业和农业龙头企业等社会力量的投入，通过互联网金融和产业链金融为小农户提供金融服务。积极推进价格保险、收入保险、互助保险、水产养殖保险试点，加快建立再保险机制。

第五节　本章小结

产业兴旺是实施乡村振兴的战略核心，也是乡村振兴的根本出路。本章在论述产业兴旺的战略地位的基础上，梳理了中华人民共和国成立70年以来中国农业政策从索取农业到反哺农业的演变历程，并总结其内在规律，以家庭联产承包责任制为核心的农村土地制度改革及其后续制度创新、农业科研体系和技术推广体系的建立与完善、农产品市场化改革和对外开放、农业技术进步和生产投入的增加，成为中国农业增长的四大驱动力，也是中国农业发展与改革的四大法宝。这也为促进新时期乡村产业振兴和农业现代化发展提供了参考。

党的十九大以来，加快农民增收、缩小城乡差距重新成为中央农村工作的重中之重。要想实现这一点，实施乡村振兴战略是必经之路，而乡村要想振兴，产业必须先行。乡村产业融合发展、合理处理发展适度规模经营和扶持小农生产的关系成为实现产业兴旺的关键举措。一方面，在继续重视收入总量的同时，也要更加重视结构性问题，注意通过促进农业一二三产业融合发展等方式，拓展增加农民收入的新空间；另一方面，也要重视解决小生产和大市场间的矛盾，处理好小农户与现代农业生产之间的关系，努力创造公平环境，构建“保护小农、组织小农、带动小农、提升小农和富裕小农”五位一体的政策体系，保证小农在新时代的全面发展。

第五章

乡村社会与生态振兴的理论与实践

第一节 生态宜居的理论与实践

一、生态宜居是实现乡村振兴的环境支撑

党的十九大报告提出要实现乡村振兴，实现农村现代化，要按照产业兴旺、乡村文明、生态宜居、治理有效、生活富裕等标准，建设美好乡村和美好家园。乡村振兴的要务是生态宜居，党和政府高度重视三农问题，以农民为主体，让农民参与到生态宜居的建设之中，充分地发挥政府基层党组织的稳定核心作用。生态宜居乡村建设道路上困难较多、压力较大，必须要立足于农村实际情况，因地制宜地制定生态宜居乡村建设方案，真正让农村环境美起来，农民生活好起来。生态和宜居是辩证统一的关系。“生态”首先指的是自然生态，即自然环境。但完全处于自然状态的生态环境是无法“宜居”的，因此，这里的“生态”应该既包括自然生态环境，又包括人文生态环境，是二者的有机统一。“宜居”当然是指适合人类生存，人类理想的居住地。不同地区的自然条件、

人文条件差距很大，但概括起来看，生态宜居至少包括三个要素：

一是自然环境优美。农业景观是自然环境的重要组成部分，这就对农业景观的布局提出要求。在城乡居民恩格尔系数低于 30% 的大前提下，总体上要充分发挥农业的多功能性。作为一个产业，农业已经由过去单纯提供农产品发展为提供景观、休闲、旅游、教育和文化等多功能性产品，产业的布局也要有季节性，使区域内一年四季都有农业形成的景观。同时要求实现清洁生产，农业生产不能污染环境。

二是人文环境舒适。一个地区的人文环境涵盖很多内容，既有古代的，又有现代的；既有有形的，又有无形的。包括历史名人、当代名人、历史典故、特色建筑和特色食品，各类非物质文化遗产（遗存），以及现代文化设施，如图书馆（室）、剧院等。在市场经济发展以及乡村振兴过程中，一方面古代遗留下来的文化遗产有消失的危险，另一方面一些传统技艺逐渐失去市场，相当多的传统技艺后继无人。因此，地方政府要针对本地文化遗存特点制定保护规划，有针对性、分阶段进行合理的保护，使之成为乡村振兴不可缺少的支撑。

三是基础设施齐全。农村的污水处理设施、垃圾处理设施、厕所卫生设施、采暖设施、文体娱乐、医疗保健及养老场所等，都是与农村居民生活质量息息相关的基础设施。这些设施是否健全是衡量一个村庄是否“宜居”的重要标准。没有上述设施，或者设施不健全，人们就不愿意到这样的地方居住。这就是为什么很多村庄风景秀丽，但游人只愿意观赏却不愿意居住的根本性原因。而在上述所有设施中，卫生设施（主要是厕所）是关键。

生态宜居要求的提出，本身也面临极大的必要性和紧迫性：一是有利于保护农村生态环境。乡村由于缺乏像城市那样完整的卫生系统，导致生产、生活垃圾无法得到有效处理，乡村污染问题日益严重。不仅对村民的正常生活造成了负面影响，而且也不利于招商引资，乡村第二三产业也难以发展起来。通过建设生态宜居乡村，一方面是美化了乡村环境，建设一个绿水青山、风景秀丽的乡村生态环境，另一方面则是为产业融合发展以及吸引外部投资创造了必要条件。在德宏州几处试点的生态宜居乡村中，可以发现生态环境明显好转，集采摘、观光、疗养等于一体的乡村特色旅游产业也逐渐发展起来，为农村经济发展创造了源源不断的动力支持。

二是有利于推进城乡统筹发展。建设生态宜居乡村，不仅是要发展农村经济，而且要关注乡村政治、文化、教育、卫生等多方面的同步提升，逐渐向城镇靠拢，缩小城乡差距。只有打破城乡二元结构，才能吸引高素质人才的回流，特别是从乡村到城市务工的青壮年劳动力，以及从农村走出去的大学生等，都可以吸引他们回到农村、建设家乡，为生态宜居乡村建设工作开展提供人力支持，实现乡村的持续、健康和循环发展，对于构建城乡和谐的社会环境也有一定的帮助。

三是有利于建设和谐宜居乡村。在生态宜居乡村建设中，最核心的仍然是“人”的问题，本地村民既是生态宜居乡村的建设者，也是建设成果的受益者。生态宜居乡村的建设，虽然具体工作的出发点不同，但是最终都是围绕村民、让村民受益这一核心。例如，通过整治乡村水污染、垃圾污染问题，重新营造一个宜居的环境，通过推广蔗糖、橡胶等经济作物种植管理经验，增加农民经济收入等。只有提高了农民的幸福感，才能建设一个经济不断发展、环境更加美好、人与自然更加和谐的生态宜居乡村。

二、客观确定生态宜居乡村建设的阶段目标

生态宜居乡村建设，不仅要体现在改善乡村生态环境质量上，更要反映在提升广大农民群众对乡村美好生活的满意度上。建设目标应和实

施乡村振兴战略的总目标相一致，分为两个阶段，即到2020年，农村人居环境明显改善，美丽宜居乡村建设扎实推进，农村生态环境明显好转，农业生态服务能力逐步提高；到2035年，农村生态环境根本好转，美丽宜居乡村基本实现。就近阶段的目标而言，可概括为“清、爽、安、定”四个字。“清”和“安”强调的是农民群众对居住环境最基本的需求，属外在的表现；“爽”和“定”强调的是农民群众对生活质量精神层次的追求，属内在的本质。

“清”是环境优美的外在表现。整洁的人居环境、干净的水源和清洁的空气，是建设生态宜居美丽乡村的首要目标。要学好用好浙江“千万工程”经验，深入实施农村人居环境整治三年行动，重点围绕农村污水处理、生活垃圾收集处置、农村厕所改造和村容村貌提升等关键性内容，加大统筹推进力度，完善各项基础设施，打好实施乡村振兴战略的第一场硬仗，描绘出一幅村容整洁、山清水秀、环境优美的美丽乡村新画卷。

“爽”是环境优美的内在需求。“爽”是一种幸福感，是发自内心深处、油然而生的一种惬意、爽快，是人们在环境清新、绿色生态、鸟语花香的自然状态中，由眼、耳、鼻、舌、身的感知，进而达到神清气爽、内心愉悦。建设生态宜居美丽乡村，既要保持天朗气清的自然环境，又要打造优美怡然的生态环境，让广大农民群众过上幸福美满的生活。

“安”是舒适宜居的物质满足。住房安全和食品安全是人类生活与健康的基础，前者是乡村最基本的民生保障，后者是广大人民群众的共同追求。建设生态宜居美丽乡村，亟须加快改善农民群众住房条件，全面加强饮用水源地保护，大力发展绿色优质农产品，确保农民群众住得安全、吃得放心。

“定”是舒适宜居的精神享受。改革开放40多年来，农民的生活条件极大改善，现在的要求不仅局限于有放心的农产品和安全适用的住所等，公平正义、和谐有序的社会环境也已成为人们生活的重要需求。建设生态宜居美丽乡村，不仅要让农民群众有稳定可靠的收入，有配套完善的公共服务，而且要有平安稳定、无忧无虑的生活，不断提升他们的获得感、幸福感、安全感。

三、科学选择生态宜居乡村建设的实现路径

生态宜居的美丽乡村建设，涉及面广、工作量大，既要全面安排，又要突出重点，当前要着力落实好“一控、两改、三增、四节、五循环”等工作措施。“一控”即控制污染物排放。加大农村生活垃圾治理力度，建立健全符合农村实际、方式多样的生活垃圾收运处置体系，继续开展非正规垃圾堆放点排查整治，有序推进农村生活垃圾就地分类和资源化利用。加快推进农村生活污水治理，完善农村生活污水收集管网，因地制宜推广适合农村特点的实用治理新技术和新模式。加强农村河湖管理，建立完善河长湖长体系，深入开展县乡河道综合整治，全面消除黑臭水体，打造水美乡村、绿美村庄。加强农村工业企业的污染减排监管，严格执行达标排放和排放总量控制制度。坚决制止在农村地区建设高耗能、高耗水、高污染项目，防止城市污染向农村转移。

“两改”即改房、改厕。改善农民居住条件要按照先规划、后建设的原则，统筹安排村庄和产业布局，突出乡村优势特色，推行实用性村庄规划设计。注重保护好历史文化名村和传统村落，体现农村风土人情。优先改造农村建档立卡低收入农户、低保户、农村分散供养特困人员和贫困残疾人家庭等四类重点对象危房，加快推进“空心村”以及全村农户住房改善意愿强烈的村庄改造。积极稳妥推进农民集中居住，加快建设一批新型农村社区，切实提升农民生活水平。对新建改建住房

的农户，要将无害化卫生厕所按规范同步建设到位。推动在行政村村部及有实际需求的村庄配建公共厕所。探索适应不同地区条件的卫生厕所改建模式，提高改厕质量，加大推进力度，到 2020 年实现农村户用厕所无害化改造全覆盖。

“三增”即增绿、增彩、增湿。大力实施乡村绿化美化行动，充分利用公共休闲场地、乡村道路、河渠堤岸、房前屋后等区域，加强村庄绿化、庭院绿化、通道绿化及农田防护林建设，增加农村绿量。积极推动“五彩农业”建设，大力发展各种色彩丰富的苗木花卉、瓜果蔬菜等作物植物，除绿色外更多地开发红色、黄色、紫色等色彩，使农村五彩缤纷。优化农业产业结构，发展生态农业、生态旅游、生态养生等产业，打造生态产业链。加快退围还湖、退耕还林进程，有序推进农村湿地建设，不断扩大湿地面积，充分发挥湿地“生态净化器”的作用。

“四节”即节肥、节药、节水、节能。深入实施化肥减量行动，推进科学施肥、测土配方施肥，增加有机肥资源利用，加快污染土壤治理和修复，不断提高耕地质量水平。大力开展农业病虫统防统治等服务，减少农药使用总量，提高使用效率。加强动物疫病防控和净化，着力推动兽用抗菌药物减量使用，有效保障畜禽产品质量安全。强化农田节水基础设施建设，坚持工程措施与农艺措施相结合，推广水果蔬菜喷灌、滴灌和粮食管道灌溉等高效节水灌溉技术。加强农业生产和农村生活节能，鼓励和扶持使用生物质能、太阳能、风能等清洁能源，推动形成绿色生产生活方式。

“五循环”即加速农村种植业、养殖业、加工业、服务业、居民生活五个主要领域的资源循环利用。种植业方面，大力推广以秸秆为纽带的循环模式，推进农作物秸秆肥料化、饲料化和燃料化利用，加快解决秸秆任意丢弃、焚烧带来的环境污染和资源浪费问题。加强农用残膜和农资包装废弃物的回收处置，着力减少“白色污染”。养殖业方面，积极推广以沼气为纽带的循环模式，实行“畜—沼—果（菜、粮、桑、林)”等循环利用，形成上联养殖业、下联种植业的农牧循环新格局。农产品加工业方面，鼓励企业进行技术改造，采用现代高新技术对农产品加工过程中产生的废水、废渣等废弃物进行循环再利用，实现物质资源的“封闭循环”和废弃物的“零排放”。服务业方面，以餐厨废弃物治理为重点，积极推进回收体系、资源化利用和无害化处理设施建设，加快构建循环产业链。居民生活方面，以生活污水、垃圾等有机废弃物为重点，建立分类回收、利用和无害化处理体系。在上述五个方面建立循环的基础上，推动环环相扣、多环链接，构建复合型循环经济产业链，促进一二三产业融合发展，为实现农业强、农村美、农民富奠定坚实基础。

四、生态宜居的区域实践与典型经验

（一）非农产业带动型

这类村一般临近大型企业，由村集体与企业开展合作，由企业为村民住房、村内生活类基础设施及生态绿化建设等提供初始资金以及后续运维资金。这类乡村投入到生态宜居的建设资金主要来源于非农产业的发展，企业的所有者一般是村集体成员，同时村集体成员一般也都属于企业员工，企业出资为整个村庄进行宏观规划，利用村集体土地建设员工宿舍、生活服务设施等，企业与村集体二者相互依存、合作共赢。

如河南省辉县市孟庄镇南李庄村属于典型的贫困村。2008 年孟电集团党委书记、总经理范海涛担任南李庄村党支部书记以后，开始村企共建生态宜居乡村。孟电集团先后投资 3.6 亿元用于建设农民社区、农村服务中心、农贸市场和敬老院等，并利用节约的集体土地建设用地为企业员工建设了宿舍。2013 年成立了南李庄村股份经济合作社，通过发展村集体经济，实现村集体收入由0元逐步增长到目前的1500万元，人年收入增加到3万多元，分红资金从成立之初的每亩地3000元，增加到目前的1.2万元。2015年荣获全国文明村，2016年荣获河南省先进基层党组织，乡村宜居建设水平稳步提升。

（二）农产品加工业带动型

这类乡村一般侧重于发展第一产业和第二产业，通过农产品加工业带动村民增收致富，摆脱贫困落后面貌，打造宜居乡村。农产品加工业的发展，使农民从传统的种植中获得了更多收入，同时也推进了整洁乡村建设。这类生态宜居建设模式，既充分利用了当地村丰富的农产品原料资源，又通过加工业提升了农产品的附加值，打造了乡村农业品牌，解决了农民增收难题。

如福建省武夷山市桐木村位于武夷山国家自然保护区的核心位置，是一个海拔近千米的偏僻小山村。近年来，当地村民在发展经济、建立“一村一品”过程中，充分挖掘禀赋优势，在茶产业上进行了资源—产品、产品—商品两次升级，单位土地面积的茶山产值大幅度提高，使茶叶生产成为当地可持续发展的特色产业，走出了一条生态保护与农民脱贫致富同步发展的乡村振兴之路。

（三）农旅融合带动型

这类乡村在经济发达地区较为普遍，其依托大城市的客流量，打造农旅融合乡村，使乡村成为城市居民休闲、观光和度假的“后花园”，既能提升乡村的整洁程度、环境优美度，吸引更多的游客，又能壮大村集体经济收入，吸引工商资本助推乡村发展。

如浙江省安吉县鲁家村积极创建美丽乡村精品示范村。该村抓住国家大力发展家庭农场的有利时机，对全村按4A级景区标准进行综合规划和设计，最终确定设立18个家庭农场，根据区域功能划分，量身定制各自的面积、风格、位置和功能等，以“公司+村+家庭农场”为经营模式，启动全国首个家庭农场集聚区和示范区建设。2015 年，鲁家村成立安吉乡土农业发展有限公司，依托家庭农场建设，发展乡村旅游。村民的人均收入从 2011 年的 1. 4719 万元增长到 2017 年的 3. 5615 万元，村集体收入从不足 2 万元增加到 333 万元。

（四）一二三产业融合带动型

这类村充分发挥产业优势，在一产的基础上发展二产，进而发展三产，通过三产融合带动农村经济发展和农民收入提高。

如吉林省和龙市光东村发展经营项目纵贯一二三产业，并实现深度融合发展：第一产业方面，通过成立合作社和公司，运用现代管理方式，将原来松散的农民团结起来，利用本地优越的自然条件，打造大米品牌，成功地提高了农民收入。第二产业方面，光东村努力引进人才和设备，对农产品进行深加工，拉长产业链深度。第三产业方面，光东村把绿色主导产业（水稻生产）与休闲旅游结合，并融入民族文化特色，积极发展民族特色餐、民俗及民宿等项目，接待往返长白山的旅游团队，一是组织参观新农村的村容村貌，二是安排游客亲自体验并品尝米肠、打糕等朝鲜族特色饮食，三是组织游客参观现代农业生产，三产融合提高了农民个人收入和村集体收入，也有效改善了村容村貌。2015 年 7 月 16 日，习近平总书记在光东村考察时提出了“厕所革命”，目前全村全部实现室内厕所，所需费用由市、村和农户共同分担。

（五）种植结构优化带动型

这类乡村大多集中在经济发展较快的江浙地区，依托发达的工商业，整合有限的土地资源、传统的种植结构，大力发展特色果蔬种植，带动农民就业，拉动城市居民在闲暇时来体验农村生活。与此同时，逐步完善村内基础设施建设，美化村内环境。如江苏省泰兴市陈家村是全市重点发展的生态宜居地，在乡村振兴的大背景下，陈家村发挥自身良好的区位优势，发展以逸夏果园、泰供公司和峰茂生态园为代表的特色种植业，并以此为基础打造美丽乡村和宜居生态环境，吸引城市游客。

第二节　乡风文明的理论与实践

一、乡风文明是实现乡村振兴的社会基础

乡风指的是一个地方人们的生活习惯、心理特征和文化习性长期积淀而成的精神风貌，字面含义是风气、风俗、风尚，就是民风民俗。它既包括观念形态的信仰、观念、意识、操守，知识形态的关于社会和自然各方面的知识，也包括物质形态的生产生活中物质对象的形制和功能特点，还包括制度形态的礼制、习惯、规约、道德规范等行为规范，属于文化的范畴，涉及人类生产生活的各个领域、各个方面。从社会学意义上讲，乡风是由自然条件的不同或社会文化的差异而造成的特定乡村社区内人们共同遵守的行为模式或规范，是特定乡村社区内人们的观念、爱好、礼节、风俗、习惯、传统和行为方式的总和，并在一定时期和一定范围内被人们仿效、传播和流行。文明的乡风应以人为本，反映时代精神，顺应历史发展，并体现人文精神、时代精神、历史演进三者相一致、相协调。

乡风文明，通俗地讲就是乡村良好社会风气、生活习俗、思维观念和行为方式等的总和。它由自然条件和社会文化共同作用形成，并在一定时期和一定范围内被人们接受、仿效、传播和流行。乡风文明体现了乡村居民对精神和物质生活的追求。新时代的乡风文明也有着新的时代内涵，既传承了家庭和睦、邻里守望、诚实守信等优秀传统文化，也融

入了“五位一体”和“五大发展理念”等文明乡风建设的新内容。乡风文明是乡村物质文明、精神文明、政治文明、社会文明和生态文明的综合反映。乡风文明有以下特征：一是乡风文明的形成是一个自然的、历史的演进过程。乡风文明反映了人们自身的现代化的要求，是人们物质需要和精神需要得到相对满足的体现，是一种健康向上的精神风貌。同时，乡风文明反映了时代的精神特征，也体现了历史发展的要求。二是乡风文明是特定社会经济、政治、文化和道德等状况的综合反映，是特定的物质文明、精神文明和政治文明相互作用的产物。三是乡风文明建设是一个复杂的系统工程，它涉及社会经济、政治、文化和道德建设的各个层面。

乡风文明是一个多层次的复杂整体，所以可以从不同的角度与层面来认识与划分，从乡风文明蕴含的实质和内容上，可以划分为物质与精神层面的；从乡风文明呈现的载体和表现上，可以划分为个人、家庭与乡邻关系层面的；从乡风文明形成的时间和空间上，可以划分为传统与现代层面的；从乡风文明形态和构成上，可以划分为实体、制度与精神层面的等等。以上几个层面划分的实质，反映了乡风文明在现实中所表现出的层次结构和多维向度，以及他们之间相互渗透、融合、影响以及交互作用的关系，所以要全面理解与把握社会主义乡风文明的结构特点，还要在实践中从多方面多角度入手去研究和总结，以把握和构建一个层次多样、内涵丰富的社会主义新农村乡风文明之体系。同时也要注意这样一个问题，即在乡风文明建设之中，必须处理好其时空秩序、内容结构、主次矛盾、内外要素等问题以及相互之间的关系，以防止与避免不分头绪、急于求成的急躁性，以扎实有效地不断推进乡风文明建设。

乡风文明作为乡村振兴的五项标准之一，既是乡村振兴的重要内容，也是乡村振兴的重要推动力量和软件基础。从我国经济社会发展的客观实际看，乡风文明不仅是实现全面小康和打赢精准脱贫攻坚战的重要抓手，也是整个乡村振兴战略要素中十分关键的因素。需要通过充分借鉴和吸取优秀的传统文化和其他国内外成熟的经验，进而润物细无声地深入到我国广大乡村生产和生活方式转变中，以期达到内化于心、外化于行的积极影响，彻底激发出乡风文明对助推乡村振兴战略成功实践的积极社会发展效能。乡风文明建设是乡村振兴过程中的紧迫任务。全面贯彻落实中央的乡村振兴战略，需要传承优秀传统文化，更需要发挥好先进文化的引领作用。要充分尊重乡村本位和农民主体地位，围绕农民需要提供文化服务，组织农民开展文化活动，提升农民素质和乡风文明程度。实施乡村振兴战略，不仅要让农民“住上好房子、开上好车子”，满足其物质需求；而且要让农民“过上好日子、活得有面子”，满足其精神需求。特别是在乡村居民生活水平已经接近全面小康，衣食住行已经不成问题的现阶段，满足农民的精神需求，就显得更为重要，也更为迫切。理论上，乡风文明建设是乡村振兴的软件基础，这个软件不软；实践上，乡风文明建设是乡村振兴的难点，这个难点不容易突破。

二、重视乡风文明在乡村振兴中的重要作用

历史上，我国长期处于以农耕渔猎为基本特征的农业社会。人们在相对封闭的乡村社区形成一些共同遵守的风俗习惯、道德规范，拥有相近的礼节传统、行为方式，这就是所谓的乡风。用与时俱进、扬善抑恶的眼光来审视当前由历史延续下来的乡风，基本处于精华与糟粕并存的状态。全面贯彻落实中国特色社会主义新时代的乡村振兴战略，应该十分重视乡风文明建设，其基本原则是取其精华、去其糟粕，崇尚时代精神，推动社会进步。可以说，乡风文明反映的既是国家现代化过程中同

乡村的产业兴旺、生态宜居、治理有效、生活富裕一样的五项标准之一，同时也是农民自身提高素质，增强荣誉感、获得感、幸福感的需要。乡风文明建设的两面性表现在，它既是振兴乡村的重要内容，也是振兴乡村的重要推动力量。

第一，为乡村振兴提供智力支持和精神动力。振兴乡村的主体是农民，最终目的是农民素质的提高、乡村物质财富的增加和社区的整体进步。而形成良好的乡风，能帮助农民树立发展信心，改变落后思想观念，主动摒弃陈规陋习，正确处理富脑袋与富口袋的关系；能帮助农民提高思想道德水准和科学文化等各方面素质，凝聚人心、振奋精神、生发激情，为乡村振兴注入强大的精神动力。

第二，为完善农村基层民主建设奠定基础。农村基层民主指农村基层组织实行民主选举、民主决策、民主管理和民主监督以及村务和政务公开。贯彻执行民主，必须以农民具备民主意识和民主生活习惯为前提，必须以党组织集中统一领导下的民主为遵循。只有促进乡风文明，才能不断提高广大农民的主人翁意识，自觉遵守乡规民约，提高农民对社会公共事务的积极参与，并形成办事民主的作风和依法办事的习惯，为推进农村基层民主政治建设打下坚实的基础。

第三，为满足农民对美好生活的需要。生活在中国特色社会主义新时代的中国农民，早已不再满足于吃得饱穿得好，而是具有强烈的求知求乐求美愿望。追求科学文明健康的生活方式，渴望良好的人际关系和社会风气，希望生活在和谐安定、协调有序的社会环境，盼望享受到现代化文明成果，这是农民群体的一致追求和愿望。只有促进乡风文明，才能顺应农民群众的愿望，满足他们的精神需求，增强他们的精神力量，丰富他们的精神世界，促进作为农村主体的农民素质的提高和乡村的全面发展。

三、当前乡风文明建设中需要解决的问题

改革开放40多年来，乡风文明建设一直得到党和政府的足够重视。特别是党的十八大以来，以习近平同志为核心的党中央，采取了一系列继承传统、扬善抑恶、规范行为、凝聚力量的重要举措，收到了很明显的社会效果。但是，辩证唯物主义认为，世界上的一切事物没有最好，只有更好。回顾近些年乡风文明建设的实践，提高和发展是主流，但毕竟存在着一些需要认真研究的新情况，需要认真解决的新问题。

第一，重视物质文明轻视乡风文明。在“三农”工作中，农业生产尤其是粮食生产是重中之重，各地都会摆在显著位置；农村道路、村庄改造等建设周期短，成绩显而易见，地方领导也较为重视。乡风文明建设由于周期长、见效慢，且不容易考核，一些地方领导把它当作“虚功”“慢活”，不愿投入太多精力。随着城镇化的推进和农村人口的迁徙，过去的社区性集体经济的格局已被打破，全国流入到城市的农民工超过2.8亿。在很多村庄，家庭社会功能弱化，血缘关系淡化，乡风治理手段虚化。情况变化了，乡风建设的方式方法没有变化，面对一些亟待解决的社会问题，有些地方重视不够；有些地方看到了问题的严重性，却没有解决问题的办法，推着干、束手无策成了乡风文明建设的常态。

第二，重视政府主导作用轻视农民主体作用。在一些经济欠发达地区，由于投入能力不足，集体经济没有自身积累，往往是政府量力而行地办一些具有民风民俗和文化引导的基础性工作，不注意调动农民的积极性，农民却成了局外人。有的把乡风文明建设简单地理解成给农民修活动室、送文化活动。但事实是由于县乡政府的一厢情愿，不了解农民的真正需要，结果出现政府出钱演戏农民却不看的情况，政府努力的效

果大打折扣。久而久之，农民反而觉得乡风文明建设是政府的事，自己袖手旁观了。农民的主体责任没有得到体现，积极性没有发挥出来，使乡风建设的空间越发变得狭窄。比如，一些地方的村规民约，表面上是村民商量后的共同约定，实际上很多是乡政府定的条款，村民认可度不高，实际操作性不强。

第三，重视硬件建设轻视组织活动。近年来，通过多部门多渠道投入，各地兴建了一大批乡村文化设施和活动场所，包括乡镇文化站、村文化室、农村电影放映厅、阅览室、农家书屋、文化大院等。然而，不少部门满足于把钱花出去，把项目做了，而不愿意投入精力去组织日常活动和负责日常维护。很多村里的图书室蒙满了灰尘，有的农家书屋成了仓库，有的文化设备就从来没有启封，有的活动室常年上锁，农民平时除了看电视就是打牌，正常的文化活动和社会交往缺乏，村委会没有凝聚力，农民自顾自，精神世界空空荡荡。

第四，重视传统文化轻视先进文化。近年来，在一些村出现一种不良倾向：在传承传统文化观念的引导下，本意想在继承和提高上做文章，但由于缺乏理性研究，往往对传统文化进行任意剪裁，好东西没继承多少，腐朽的、落后的东西倒是复兴不少，问题的根源在于个别领导对先进与落后的认识错位，找不准改造传统文化的路径，忽视先进文化的引领作用。个别地方甚至出现文化退步现象，陈规陋习泛滥蔓延。比如，亲情观念冷漠，家庭伦理淡化，婚姻关系随意；淳朴民风式微，偷盗、放火烧柴草等治安案件时有发生。又比如，人情风走样，喜事大操大办，送礼大手大脚，各种要村民出钱随份子的请柬接连不断，聚少成多，村民难以承受。再比如，一些人不信科学信迷信，宁愿不建房也要集资建祠堂修庙堂。特别是在一些地方，宗族势力把持村务，个别领导沾染村霸习气，搞“顺我者好，逆我者压”，正气树不起来，农民群众敢怒不敢言。

四、建设充满生机和活力的乡风文明体系

习近平总书记在十九大报告中指出："人民有信仰，国家有力量，民族有希望。要提高人民思想觉悟、道德水准、文化素养，提高全社会文明程度。"从终极目标上说，乡风文明建设就是通过一系列行之有效的手段，用先进思想武装农民，用典型事例引导农民，用法治条款规范农民，用道德品质约束农民，使广大农民成为乡风文明的倡议者、行动者、建设者，成为国家文明的重要力量。这样一来，广大农村风气正了，文明程度提高了，建设繁荣富强的国家，就大有希望了。乡风文明建设应坚持农民是建设主体的原则，要有整体规划，要在体系建设上下功夫。乡风文明建设要有城市文明的内容，但不能套用城市文明的思路，需从乡村的实际情况出发，用好农村各种传统文化资源；要始终尊重农民的文化需求和文化创造，着力塑造新时代农民的精神面貌。

第一，强化教育引导，把握乡风文明建设方向。乡风文明建设必须反映时代要求和乡村振兴需要，引导农民群众思想观念和行为习惯等逐步与农村社会治理现代化的要求相适应。

开展好形势政策教育。在农民群众中深入浅出地开展中国特色社会主义新时代和中国梦宣传教育，深入宣传党的强农惠农富农政策和乡村振兴战略，把党要带领广大民众实现"两个一百年"奋斗目标的任务讲清楚，把农民群众关心的各类问题搞明白，有针对性地解疑释惑、增强信心、凝聚共识，引导农民群众听党话、跟党走。

发挥好社会主义核心价值观的引领作用。用农民群众乐于接受的形式和通俗易懂的语言解读社会主义核心价值观，引导农民群众增强对核心价值观的认同，弘扬真善美，传播正能量，在乡村形成知荣辱、讲正气、促和谐的好风尚。

组织好科技文化知识学习活动。整合有关部门教育培训资源，统一开展学习培训，注重专业和就业技能培养，帮助农民掌握实用技术，提高农民科学文化素质。

坚持不懈地对农民进行普法教育。应该开动各种宣传机器，广泛宣传法律法规，把普及法律教育经常化、制度化。公检法部门应抽调人员深入乡村，讲法条、讲案例、讲规范，让广大农民知道哪些法律红线是不能碰的，增强农民和基层干部的民主法治意识，努力在农村形成遵纪守法光荣、违规违纪当罚的知法与执法的良好环境。

第二，保护开发并重，传承优秀传统文化。振兴乡村要留得住乡韵、记得住乡愁，保留优秀文化形态、保存文化基因，珍惜文化资源、守护文化根脉。

保护乡土文化的物质载体。维护古镇、古村落、古民居等历史风貌，避免大拆大建，大力发展有历史文化记忆和地域民族特色的美丽乡村。保护和发展民间文化，传承独特的风格样式，赋予新的文化内涵，使优秀民间文化活起来、传下去。

开展好节庆活动。用好各类传统节日，组织开展各类民俗文化活动，让节日更富人文情怀、让农村更具情感寄托。2018 年 6 月，党中央国务院关心农民、关怀农业、关注农村，开怀纳谏，将每年的农历秋分这一天设立为农民丰收节。2020 年 9 月 22 日即将迎来第三个丰收节，在决胜全面建成小康社会、打赢脱贫攻坚战的收官之年，更应该精准策划、精心组织好农民丰收节活动，让农民登台亮相，汇报劳动成果，交流科技和管理经验，凝聚奋斗的力量，再出发，争取连年大丰收，为国家多做贡献。

第三，大力发展农村民俗文化产业，用发展有型实体带动无形资产的积累。充分利用网络技术和设施，运用市场力量，加大财政投入、理顺发展机制，借助农村民俗文化发展各类创意产业。应该发挥地域和资源优势，把乡风建设与乡村旅游和新兴产业建设结合起来，建设各具特色的小镇和专业村，提升乡村文化品位，建设乡村文明的示范村。

第四，移风易俗，消除陈规陋习。移风易俗就是要革除思想积弊，抵制媚俗、庸俗、低俗的人际交往方式，让农民过上健康文明生活，并且要减轻农民负担。依靠群众制定和完善村规民约，遏制天价彩礼、薄养厚葬、不忠不孝、聚众赌博、酗酒闹事等陈规陋习在乡村泛滥，引导农民树立新风、崇德向善。引导各村成立道德评议会、红白理事会、禁毒禁赌会等群众自治组织，发挥好乡贤、家族长老等德高望重人士的积极作用，对村规民约执行情况进行检查并采取必要约束手段，推动农村社会风气的根本好转。

广大党员要带头弘扬正气，抵制歪风邪气。充分发挥共青团、妇联等群团组织作用，树立身边典型，引导群众见贤思齐。提倡乡镇干部包村包户，教育和引导群众实行村民自治，坚决刹住各类歪风邪气的蔓延。

第五，精确政府对农民的文化服务，拓宽乡风文明建设的有效渠道。县乡政府要负起乡风文明建设的责任，领导、组织和协调好有效的公共文体服务。县办文化、体育、展览、图书等事业单位应发挥乡村精神文明建设的主导作用，坚持下乡开展农民喜闻乐见的文艺演出、农科大集和具有乡土特色的文化交流活动。

开展乡土文化和精神文明建设活动，要适销对路，由政府主观推送转向尊重农民实际需求，分层次、有区别地为农民提供文化服务；由政府“单一供给”转向“多元供给”，鼓励和支持社会力量兴办公共文化服务活动。推进乡村各类公共文化设施的整合利用，统筹协调各方力量，推动各类活动经常化、制度化地开展起来。

乡村丰富多彩的文化活动，可以由政府主办，也可以由国有事业单位主办，但是，都不能代替农民的主办。应用市场手段整合民间艺术资源，发挥文化能人、民间艺人的作用，组建群众文艺队伍。广泛动员农民参与，“农民演给农民看”，将道德教化与文艺结合起来，使表演者和观众都能受到教育。

五、乡风文明主要模式与实践经验借鉴

我国历来重视乡风文明建设。中华人民共和国成立后，通过社会主义改造和建设，乡村扫除文盲、解放妇女等一系列移风易俗的政策实施，乡村社会进入了新的发展阶段。社会事业的不断进步和社会主义、爱国主义教育的开展，使广大人民的精神生活进入了一个新的阶段，精神文明和乡村风貌均发生了很大变化，也为改革开放后深入开展文明村镇创建评比、加强农村文化建设、发展社会主义新农村奠定了良好的精神和物质基础。进入新时代，中国梦文化进万家、美丽乡村建设、培育社会主义核心价值观等一系列举措丰富了农民的精神文化生活，也体现出乡风文明建设对于乡村经济社会发展的促进作用，为全面建成小康社会夯实基层基础。2017 年党的十九大报告中习主席提出乡村振兴战略，二十字总要求中就提到了乡风文明。

（一）江西进贤西湖李家村

西湖李家，地处江西省南昌市进贤县前坊镇，位于乌岗山麓、青岚湖畔，是一座具有 600 多年历史文化底蕴的古老村庄，全村山水相济，树木苍翠，田园秀美，乡风古朴，民俗浓郁，具有得天独厚的自然生态优势，自 2006 年以来，积极响应党中央的号召，打造社会主义新农村。在社会主义新农村建设过程中，利用自然风光与文化资源，别具匠心地将山水文化、农耕文化、民俗文化、红色文化与村庄建设融为一体，打造出了一个别样的具有文化传承的新农村。西湖李家有两处体现乡风的标志性建筑物。第一个是陇西堂，李家村先祖自

称陇西李氏，为此兴建了古朴典雅的陇西堂，又称村祠堂，内设村文化活动室。堂内张贴了村赋、村史、村歌、村规民约、上级领导和国内外贤达名仕来村视察观光的照片等，成为村民聚会和进行传统教育，开展文化娱乐活动的场所。第二个是文化墙，文化墙是村庄的东、西两边的围墙，属于外围墙，总长一公里。围墙共有 83 个门楼。西边围墙每个门楼上雕刻的是二十四孝图和典故，东边围墙每个门楼上雕刻的是三字经。西湖李家旨在通过在这种文化宣传的方式唤起村民对亲情观念的重视，对传统文化的敬畏，打造子孝母慈，老有所依的乡村美景图。

（二）安徽宿州官庄坝镇

官庄坝镇党委政府狠抓“五风”建设打造富民强镇新进程：

一是严党风。召开党风廉政推进大会、党员民主生活会等，组织党员干部深入学习《党章》、十九大报告、十九届中央纪委二次全会会议精神、中央八项规定、省委三十条规定、县委机关效能作风建设相关文件精神。严格要求全镇党员干部，要严格按照党章办事，严守政治规矩，牢记入党誓词，不忘初心，砥砺前行。

二是抓政风。镇成立了政风领导组，严查上班纪律、会风、在岗状态、服务水平作为衡量工作人员年度考评的重要依据。对迟到、早退、走读等行为，每周一次公示上墙通报，与绩效工资挂钩。要求服务人员做到一张笑脸、一句问候、一杯热水，热情为前来办事的群众做好服务。

三是淳民风。利用春节期间外出创业人员返乡多的机会，开展形式多样的淳民风宣传教育活动。发动群众开展互助活动，帮老济困，帮弱济贫，特别是农村现在青年人外出的多，留下年迈的父母，生活就医多有不便，开展邻里互助切实提升生活质量。

四是正村风。各村开展正村风活动，成立治安巡逻小组，临近年终岁末，外出群众陆续返乡，有的挣着钱，有的没挣着钱，村情复杂，要及时教育那些蓄意生事的人员，把握村风正确导向，为群众营造稳定祥和的“两节”。

五是美家风。各村利用村级农民文化乐园活动场所，大力开展形式多样的家风评比活动，结合十九大报告宣讲、送戏下乡等活动现场人员多，气氛浓，群众参与性高，评出好婆婆、好媳妇、某某村好人、好爸好妈等，在现场进行表彰。该镇吴集、秦庄社区等村利用开展文化活动机会，评比表彰了多位村民，和谐的家风建设提振了全镇群众的精气神。

（三）湖北荆门中南山村

近年来，为促进全村乡风文明建设，中南山村该村积极探索乡风文明治理模式，通过一项积分制、两个理事会、三大评选活动推动乡风文明建设，培育良好家风、文明乡风、淳朴民风。

积分制管理激发村民自治内生动力。“乡村治理村民是关键，只有激发村民自治内生动力，才能凝聚起乡村治理的强大合力。”中南山村书记吴银革深有感触地说道。

中南山村积分制管理将“讲卫生”“讲节俭”“讲和睦”“讲奉献”“讲规矩”都纳入积分制管理中，分类别对应不同的积分，由村里统一管理，将积分每月统计并公示，并分季度对积分前十名通报表扬，并发放食用油、米、纸巾等物资进行奖励。

该村三组的叶成龙是村里的村医，他掰着手算到：“今年助力乡村清洁行动义务除草、修剪树枝每次有 10 分，房前屋后扫干净堆放整齐每次有 10 分，帮忙村里义务出诊看病每次有 10 分等等，算下来，现在已经有 365 分了，在第二季度排名是靠前的，奖励的有食用油、米。还要继续加油哩，当好榜样。”

湾长理事、红白理事化解矛盾纠纷。村里免不了人多事杂，一个小的事情没有处理好影响邻里关系，也会带来矛盾。对此，中南山村实行湾长理事、红白理事，发挥了很大作用。湾长理事由每个自然湾村民自主推荐湾长理事长，负责各自然湾日常发生的纠纷矛盾。红白理事会由村民大会选举出有能力、有代表性、群众信服的老党员为理事长，负责移风易俗事宜，按照红白理事会章程做好解释及劝导工作。“作为湾长理事最重要的是以身作则，只有自己做到了团结邻里、尊老爱幼、诚实守信，才能让一个湾子的各家各户相信你，湾子的各家各户都熟悉，平时有什么小矛盾小纠纷，我都是主动上门，看有什么能帮助的，大家也愿意和我谈心。”二组村民吴元香是中南山村好妻子道德典范，也是村民推选的湾长理事之一。自从有了湾长理事、红白理事大家有事都好商量，2019 年来村里共调解矛盾纠纷 12 起，做到了大事不出村，小事不出组，小小理事发挥了大作用。

三大评选弘扬乡风文明正能量、道德模范评选，中南山村在打造崔家台美丽乡村建设中，通过村民评议，推选出“中南山好丈夫”吴联西、“中南山好妻子”吴元香、“中南山好媳妇闫正丽”，打造道德模范展示牌，示范带动村民见贤思齐。以乡村清洁行动为契机，在崔家台开展红黑榜评比。红黑榜评比主要包含房前屋后垃圾清理，根据积分，进行排名并公示，通过奖惩机制激发群众参与热情。贫困户自力更生典型评比。整理村里贫困户靠自身努力脱贫的事迹，评选出吴府金、黄红英、张随义三户贫困户自力更生典型，在全村范围内掀起“脱贫先立志，致富靠自己”的热潮中南山村书记说道：一个村的整体进步少不了先进典型的示范引领作用。通过开展道德模范评选、红黑榜评比、贫困户自力更生典型三大评选活动，不断涵育文明乡风，力求达到“表彰一户，示范一片，带动一方”的效果。

第三节　治理有效的理论与实践

一、治理有效是实现乡村振兴的组织保障

乡村作为中国乡土社会的基础存在单元，延续了几千年的历史，当前正经历着前所未有的变化。新中国成立以来的乡村治理，是中国共产党组织乡村干部和广大农民，以乡村公共权力的运行为主导，实现国家目标与乡村秩序和发展的一系列实践。经过改革开放四十多年的变迁发展，政府作为唯一主体的“管理”逐渐走向政府、社会、企业、公民多元合作模式下的“治理”，所体现的是当前整个社会治理模式、手段、环境的转变，这些变化都是步入中国特色社会主义进入新时代的显性特征和必然要求。在中国的乡村治理中，各类单元之间的联系呈现出偶然性、突发性的特征，同时又表现出琐碎的、模糊而不清晰的现状。乡村治理改革是农村改革的关键领域，“基层治、天下安”，四十多年改革历程，逐步让亿万农民群众真正实现当家作主愿望，以农村基层群众自治制度为核心内容的中国乡村治理改革实践是中国特色社会主义民主政治的伟大创举，为农村发展进步提供了全面保障。[①] 健全乡村治理体系在实施乡村振兴战略中处于关键地位，同时又是推进国家治理体系和治理能力现代化的重要环节。

在中国治理实践中，理就是治国理政，乡村治理是治国理政的重要内容，是实现国家目标的重要手段。乡村治理的实质不是治理理论所说

① 马池春，马华．中国乡村治理四十年变迁与经验［J］．理论与改革，2018（6）：21－29.

的多中心治理，也不是市场、社会等原则的共处，而是国家公共权力在乡村施行的公共事务管理。乡村治理体系是公共权力用以引导和组织乡村居民最大限度实现国家目标和乡村公共利益的各类制度与规则的整体。乡村治理体系建设就是确立和发展乡村治理体系，它包含治理目标的确定、作为核心领导力量的党的基层组织的建设、乡村公共权力的正当性塑造、治理资源的汇集和打造、治理机制的创生和配置等方面。中国共产党的领导，国家目标和乡村治理的融合，决定了我国特有的乡村治理体系建设的内容，确保了乡村治理体系可以成为国家治理体系的有机组成部分①。

现代化的短板在乡村，没有农业农村的现代化，就没有国家的现代化。要实施乡村振兴战略，就必须在产业兴旺、生态宜居、乡风文明、治理有效、生活富裕的密切结合中寻找制度配置之道。其中，“治理有效”在诸因素之中起着举足轻重的作用，加快推进乡村治理体系和治理能力现代化是实现乡村振兴的必由之路。改革开放以来，伴随我国新型工业化、信息化、城镇化、农业现代化快速发展，乡村社会正在经历极其重大的社会转型过程。这主要表现为：第一，青年劳动力人口以农民工的身份大量流动到城镇与城市，加速了乡村人口的老龄化进程。第二，乡村社会一家一户的农业生产方式，已日益转变为一家一户与农业大户或农业企业多元并存的生产方式。第三，市场成为农村资源配置的决定性力量之一，乡土关系形成的熟人社会正在转变为半熟人社会半陌生人社会。第四，乡村社会的成员结构发生变化，在传统农民之外，新型职业农民、农民工、农业企业主、个体户等群体日益壮大。第五，乡村逐渐由单一的农业生产单位转变为种养加储销为一体的综合性村落单位。第六，土地质量较低的干旱半干旱地区，正在经历显著的人口空壳

① 中共中央　国务院关于实施乡村振兴战略的意见［J］. 农村工作通讯，2018（3）：5 – 13.

化与产业空洞化过程。第七，贫困的村庄正在从绝对贫困状态转变为相对贫困状态。第八，伴随青年人口的进城，乡村的小学等文化生产资源趋于减少。伴随着工业化和城市化的快速发展，乡村的人口、经济和社会文化环境都发生了深刻变化，经过乡村合并与整合，传统乡村的治理格局被打破。特别是集体经济组织以及党组织的引领作用在不少地区的弱化，村民自治制度并没有落实到位，乡村基层治理呈现出低效状态。

在这种情况下，原有乡村治理体系中的某些成分，已难以适应社会变化的要求。因此，在中国特色社会主义新时代，实施乡村振兴战略，必须进一步深化改革，从社会治理角度进行强有力的制度建设。工作努力的方向，应该集中在以下几个方面：第一，以强有力的党建加强乡村基层自治组织建设。没有坚持原则、尊重农民、清正廉洁、敢于负责的基层组织，就难以振兴乡村。当前，我国农村基层党建存在薄弱环节，需要通过健全党管农村工作领导体制机制和党内法规，确保党在农村工作中始终总揽全局、协调各方，为乡村振兴提供坚强有力的政治保障。《中共中央国务院关于实施乡村振兴战略的意见》（以下简称《意见》）提出了实施乡村振兴战略的基本原则，第一项就是“坚持党管农村工作”。第二，整合乡村各个群体的力量，构建乡村治理新体系。建立健全党委领导、政府负责、社会协同、公众参与、法治保障的现代乡村社会治理体制，坚持自治、法治、德治相结合，确保乡村社会充满活力、和谐有序。第三，严厉打击乡村黑恶势力、宗族恶势力，消除黄赌毒盗拐骗的社会基础，维护好平安祥和的社会环境，建设平安乡村。第四，加强乡村的社会建设，积极发挥新乡贤作用，强化互帮互助社会网络建设。第五，对具备条件的村庄，要加快推进城镇基础设施和公共服务向农村延伸，重视农村养老资源的开发。第六，建立积极向上的乡村文化，传承发展提升农村优秀传统文化，加强农村公共文化建设，开展移风易俗行动，培育文明乡风、良好家风、淳朴民风，不断提高乡村社会文明程度。第七，加强乡村生态文明建设，加强突出环境问题综合治理。

二、乡村治理的历史沿革与主要问题

在传统乡土社会时期，国家治理乡村的主要目标是获取税赋和实现疆域稳定，乡村秩序主要依赖非正式制度和乡绅治理；在全面集体化时期，除了传统的税赋外，国家对乡村还额外追加了工业化原始积累的目标。正式制度被强势建立，而非正式制度则被强力消除；改革初期，国家治理乡村的正式制度开始发生改变，家庭经营制度取代集体经营制度，乡政政权取代人民公社制度，乡村自治取代村庄集体治理。正式制度控制力减弱，基层治理逐渐失序，非正式制度在乡村治理中的功能复归；而在城乡统筹时期，以国家对乡村从获取转向给予为标志，我国乡村治理的正式制度逐渐发生了历史性改变：国家废除农业税，将乡镇和村庄干部工资和开支纳入财政，使得国家与乡村的紧张关系得到缓解，但是国家治理的成本也随之大幅上升。

（一）1949—1958 年中华人民共和国成立初期的乡村治理

中华人民共和国成立初期的乡村治理，是指土地改革、合作化时期（1949—1958）形成和运行的乡村治理。新中国成立后，经由土地改革、合作化运动的改造，乡村治理体系从传统的国家统治与基层自治相结合逐渐变革为国家主导。在土改中，经过对乡村地区的思想改造和组织重构，旧保甲制被废除，新的乡村政权得以建立[①][②]。这一时期，党

---

① 李德满．文化权力、乡村政权与资源动员——解放区土改运动的再认识［J］．中共浙江省委党校学报，2008（4）：14－20.

② 易新涛．建国初期乡村社会的政治整合与重构［J］．理论学刊，2015（2）：91－97.

政权力逐渐成为乡村社会变迁中的主导力量①。土改被学者视作是国家治理向乡村渗透的过程，国家和乡村之间的关系经由土改得以重塑②。可以认为，经由土改，党开始整顿农村的党组织、建立乡村政权，从而使得国家进入乡村治理的通道被打开，国家更深程度介入乡村治理。1955 年 12 月 29 日，国务院发布《关于进一步做好国家机关精简工作的指示》，指出："小区小乡制已经不能适应农业合作化运动迅速发展后的新形势，区乡行政区域应当适当调整。"谭震林在 1958 年 5 月份的一次讲话中提出："农村在合作组织上和合作化的经营管理上、规模上已经开始变革，它已经不能按照原来那些方法、那一套制度、那一套形式来发展了，需要有所改变了。"一种新的乡村治理体系即将诞生。③

（二）1958—1982 年国家工业化积累时期的乡村治理

1958 年，毛泽东在山东省考察的时候明确指示"还是办人民公社好，它的好处是，可以把工、农、商、学、兵合在一起，便于领导"。1958 年 8 月中共中央通过《中共中央关于在农村建立人民公社问题的决议》，人民公社迅速在各地区建立起来。通过将政治、经济、文化和社会管理事务整合为一体，人民公社体制把所有的乡村事务集于一身，实现了乡村治理的统合性治理。这种状况一直持续到 20 世纪 80 年代初。④ 学者围绕人民公社的乡村治理侧面进行了诸多研究。之所以形成统合性的乡村治理，与这一时期国家的发展目标有关。代表性的观点认

---

① 陈益元，黄琨．土地改革与农村社会转型——以 1949 年至 1952 年湖南省攸县为个案［J］．中共党史研究，2013（4）：93－99.

② 李里峰．革命中的乡村——土地改革运动与华北乡村权力变迁［J］．广东社会科学，2013（3）：107－118.

③ 丁志刚，王杰．中国乡村治理 70 年：历史演进与逻辑理路［J］．中国农村观察，2019（4）：18－34.

④ 人民网：农村人民公社化运动［EB/OL］．http：//www.china.com.cn/ch－80years/dangshi/4.htm.

为，国家对人民公社的突出要求是为实现工业化汲取资源，提高农业生产效率①②。但是，这一目标和具体的乡村治理制度之间的关系，仍没有得到清晰透彻的阐明。人民公社制度的治理结构是一元化的治理结构，国家政权深入乡村，村庄社区成为国家的一部分，整个乡村社会均被统摄在一元化的治理结构之下。对于人民公社时期的乡村治理的绩效，学者的意见纷繁不一。一部分学者认为人民公社由于其内在缺陷，限制了整个乡村的地区的发展；也有学者持相反意见，认为人民公社是从传统向现代迈进的关键一步，特别是在改造农村生产方式和农田基础水利建设上③，其本质上来说仍然是近代以来民族、国家现代化的历程④。

（三）1982—2002 年工业化扩展阶段的乡村治理

改革开放之后，随着家庭承包制在全国范围内的推行，原本高度集权管理的人民公社体系解体，由此引起乡村治理体系地再组织和重建。乡村治理上最主要的两项改革，一是建立乡镇政府来取代人民公社，乡镇政权不再直接从事生产管理；二是废除生产大队—生产队体制建立村民委员会，村委会是基层群众性自治组织，乡与村由原来的垂直领导关系变为指导关系，这两项改革的结果被学界称为“乡政村治”⑤⑥⑦。“乡政村治”被学者们认为是改革开放至今乡村治理体系的基本治理结构，主导了乡村治理的基本面貌。在人民公社时期，乡村各级党政组织

---

① 陆学艺．中国社会主义道路与农村现代化［M］．南昌：江西人民出版社，1996.

② 徐勇．乡村治理与中国政治［M］．北京：中国社会科学出版社，2003.

③ 张乐天．告别理想［M］．上海：东方出版中心，1998.

④ 王铭铭．溪村家族［M］．贵阳：贵州人民出版社，2004.

⑤ 张厚安．乡政村治——中国特色的农村政治模式［J］．政策，1996（8）：26－28.

⑥ 徐勇．县政、乡派、村治：乡村治理的结构性转换［J］．江苏社会科学，2002（2）：27－30.

⑦ 许远旺，陆继锋．现代国家建构与中国乡村治理结构变迁［J］．中国农村观察，2006（5）：45－50.

在乡村治理中处于占绝对优势的领导地位，其治理范围深入到人们日常生活中的方方面面。“乡政村治”治理体系建立后，乡村各地党政组织虽然在治理上仍占领导地位，但其他各类主体，如农民合作组织、社会团体、村庄精英，宗族、普通农民等都逐渐在乡村治理中扮演重要的角色[①②③]。在各个治理主体之间的关系上，基层乡镇政权是国家最基层的政权组织，其存在的目标很大一部分是为了完成上级安排的各项任务，而村民委员会则是乡镇政权的“一条腿”，没有它，乡镇政权在乡村寸步难行[④⑤]。其他治理主体与乡村党政组织的关系错综复杂，在乡村治理体系中的作用也各不相同[⑥]。也就是在这样的历史背景下，乡村治理体系迎来了新的发展阶段。

为了落实统筹城乡发展的思路，实施新农村建设战略，党和国家不断加强农村基层组织建设，进行农村基层民主法制建设，健全和完善村务公开和民主管理制度。取消农业税虽然避免了过往因征税而产生各种社会矛盾，但致使乡镇与村之间联系亦变得疏远，乡村社会公共品供给不足问题的矛盾变得突出[⑦⑧]。随着国家综合实力的增强，国家由过去的从乡村汲取资源转为向乡村输入资源，采用“项目制”的

① 张润君．合作治理与新农村公共事业管理创新［J］．中国行政管理，2007（1）：56－59.

② 韩小凤．从一元到多元：建国以来我国村级治理模式的变迁研究［J］．中国行政管理，2014（3）：53－57.

③ 肖唐镖．宗族在村治权力分配与运行中的影响分析［J］．北京行政学院学报，2002（3）：1－6.

④ 许远旺，陆继锋．现代国家建构与中国乡村治理结构变迁［J］．中国农村观察，2006（5）：45－50.

⑤⑧ 贺雪峰．论农村基层组织的结构与功能［J］．天津行政学院学报，2010（6）：45－61.

⑥ 仝志辉，贺雪峰．村庄权力结构的三层分析——兼论选举后村级权力的合法性［J］．中国社会科学，2002（1）：158－167.

⑦ 周飞舟．从汲取型政权到“悬浮型”政权——税费改革对国家与农民关系之影响［J］．社会学研究，2006（3）：1－38.

形式运作[①②③④]。输入资源虽然在一定程度上缓解了乡村治理的困境，但又衍生出诸如“精英俘获”[⑤⑥⑦]，“混混治村”[⑧⑨]，“分利秩序”[⑩] 等一系列新的治理问题，国家输入的资源并不能真正落实到需要帮助的乡村人群中。

（四）2002 年至今，国家工业化中期的乡村治理

从 2002 年起，我国进入工业化中期阶段，工农关系、城乡关系开始了历史性的转变，以工补农、以城带乡成为我国发展的主导趋势。乡村治理承接的国家发展目标有了明显变化。2002 年的党的十六大明确提出，要在 21 世纪头 20 年，集中力量，全面建设惠及十几亿人口的更高水平的小康社会。在全面建设小康社会的整个进程中，必须始终高度重视解决好“三农”问题。2003 年 12 月，中央经济工作会议强调，把解决好“三农”问题作为全党工作的重中之重。2004 年，胡锦涛在党的十六届四中全会上明确指出：“综观一些工业化国家发展的历程，在工业化初始阶段，农业支持工业、为工业提供积累是带有普遍性的趋

---

① 渠敬东．项目制：一种新的国家治理体制［J］．中国社会科学，2012（5）：113－130．

② 李祖佩．项目制的基层解构及其研究拓展——基于某县涉农项目运作的实证分析［J］．开放时代，2015（2）：123－142．

③ 周雪光．项目制：一个“控制权”理论视角［J］．开放时代，2015（2）：82－102．

④ 付伟，焦长权．“协调型”政权：项目制运作下的乡镇政府［J］．社会学研究，2015（2）：98－123．

⑤ 李祖佩，曹晋．精英俘获与基层治理：基于我国中部某村的实证考察［J］．探索，2012（5）：187－192．

⑥ 杨华．乡村混混与村落、市场和国家的互动——深化理解乡村社会性质和乡村治理基础的新视阈［J］．青年研究，2009（3）：1－9．

⑦ 邢成举，李小云．精英俘获与财政扶贫项目目标偏离的研究［J］．中国行政管理，2013（9）：109－113．

⑧ 陈柏峰．两湖平原的乡村混混群体：结构与分层——以湖北 G 镇为例［J］．青年研究，2010（1）：1－13．

⑨ 李祖佩．混混、乡村组织与基层治理内卷化——乡村混混的力量表达及后果［J］．青年研究，2011（3）：55－67．

⑩ 王海娟，贺雪峰．资源下乡与分利秩序的形成［J］．学习与探索，2015（2）：56－63．

向；但在工业化达到相当程度以后，工业反哺农业、城市支持农村，实现工业与农业、城市与农村协调发展，也是带有普遍性的趋向。”“两个趋向”的判断为统筹城乡发展指明了方向。2005 年，党的十六届五中全会提出建设社会主义新农村的战略思路。2005 年，全国人大宣布废止实施了近 50 年的农业税条例。2006 年成为新农村建设的开局之年。

改革开放至今，乡村治理遇到最大的挑战是农村人口大量进入城市工作、生活所带来一系列乡村地区社会结构上的变化。对人员流出地区而言，外出务工经商的人的才能普遍高于在留在乡村务农的人，乡村发展遭遇“空心化”难题①②。少部分留在乡村的精英，一般选择进入体制工作，由于在乡村无法获得和城市务工经商相近的收入，这其中的一些人会通过非正当收入来“弥补”，又进一步恶化乡村治理秩序。对于人口流入地区的村庄（主要是城中村），原本的乡村治理体系无法应对大量人口流入所引起的治理问题③，有的地区开始尝试将村庄自治组织和村庄经济组织联合起来成立集团公司来开展社区治理④。由于人口流动变得频繁，乡村因其相对封闭而形成的“熟人社会”亦受到冲击，学界对当下乡村社会的特点众说纷纭，有“半熟人社会”“无主体熟人社会”“弱熟人社会”“后乡土社会”⑤ 等相似又不太相同的概括。如何认识当下的乡村社会，亦成为乡村治理体系建设必须考虑的内容。

---

① 徐勇．挣脱土地束缚之后的乡村困境及应对——农村人口流动与乡村治理的一项相关性分析［J］．华中师范大学学报（人文社会科学版），2000（2）：5－11.

② 徐勇，徐增阳．流动中的乡村治理：对农民流动的政治社会学分析［M］．北京：中国社会科学出版社，2003.

③ 叶敏，熊万胜．人口流入型地区城乡基层治理的主要问题与地方创新经验［J］．地方治理研究，2018（2）：29－40.

④ 卢俊秀．从“乡政村治”到“双轨政治”：城中村社区治理转型——基于广州市一个城中村的研究［J］．西北师大学报（社会科学版），2013（6）：26－32.

⑤ 陆益龙．新型城镇化与乡村治理模式的变革［J］．人民论坛，2013（26）：14－15.

三、治理有效实现路径的探析

(一) 建立健全现代乡村社会治理体制

“治理有效”是乡村振兴的组织基础。实施乡村振兴战略，必须把夯实基础作为固本之策，建立健全党委领导、政府负责、社会协同、公众参与、法治保障的现代乡村社会治理体制，坚持自治、法治、德治相结合，确保乡村社会充满活力、和谐有序，确保广大农民安居乐业、农村社会安定有序。

“治理有效”要以强化基层党组织建设为抓手。农村富不富，关键看支部；支部强不强，关键看“头羊”。要加强农村基层党组织对乡村振兴的全面领导，不断夯实基层党组织在乡村治理中的领导核心作用，确保乡村振兴战略稳步推进。党支部要担负好直接教育党员、管理党员、监督党员和组织群众、宣传群众、凝聚群众、服务群众的职责，引导广大党员发挥先锋模范作用，推进乡村治理与公共服务能力建设。“治理有效”要以自治为基。依托村民会议、村民代表会议、村民议事会、村民理事会等，形成民事民议、民事民办、民事民管的多层次基层协商格局。进一步推进村务公开建设，组织并引导村民参与到乡村治理中来，在完善民主选举的基础上，规范民主决策机制，通畅村民与基层党组织和政府的沟通渠道，主动接受民主监督。创新村民议事形式，完善议事决策主体和程序，落实群众知情权和决策权。充分发挥自治章程、村规民约在农村基层治理中的独特功能，弘扬公序良俗。“治理有效”要以法治为本。增强基层干部法治观念、法治为民意识，深入推进综合行政执法改革向基层延伸。建立健全乡村调解、县市仲裁、司法保障的农村土地承包经营纠纷调处机制。加大农村普法力度，提高农民法治素养，引导广大农民增强尊法学法守法用法意识。健全农村公共法律服务体系，加强对农民的法律援助和司法救助。要建设平安乡村，通过健全落实社会治安综合治理领导责任制、严厉打击乡村黑恶势力、宗族恶势力，消除黄赌毒盗拐骗的社会基础，健全农村公共安全体系等，维护好平安祥和的社会环境。“治理有效”要深入挖掘乡村社会蕴含的道德规范，继承和弘扬传统文化的有益养分，结合社会主义核心价值观的时代要求，强化道德教化作用，引导农民向上向善、孝老爱亲、重义守信、勤俭持家。建立道德激励约束机制，引导农民自我管理、自我教育、自我服务、自我提高，实现家庭和睦、邻里和谐、干群融洽。建立积极向上的乡村文化，加强农村公共文化建设，开展移风易俗行动，标本兼治“天价彩礼”，培育文明乡风、良好家风、淳朴民风，不断提高乡村社会文明程度。治理有效的三个关键点如下。

第一，发扬乡村自治传统。我国具有悠久的农耕文明和乡村自治传统，在村落里人们使用共同的资源，维护共同的环境和秩序，逐渐形成了共同的信仰和行为规范，也就有了“德业相劝，过失相规，礼俗相交，患难相恤”的乡村治理传统。随着乡村生产与生活方式的变化，人口结构和社会结构的变化，以及人们民主观念和法治意识的增强，传统乡村治理需要与时俱进。为适应乡村治理新要求，广大乡村创造了许多有效的治理经验，如培养农民的主体性，通过农民自己制定“村规民约”实现自我约束、自我管理，维护村民共同利益，解决了许多乡村长期以来难以解决的问题；乡村建设中的“一事一议”促进村民参与能力；设立“说事评理中心”，让农民自己通过辩论明辨是非；设立乡村调解员，逐渐形成矛盾化解机制；构建新的村落共同体，发挥村民互助功能。都是在新的情况下，发扬自治传统的创新之举。

第二，弘扬乡村德治文化。乡村是以熟人社会为基础的人情社会，人情与道德、习俗和文化娱乐融为一体，构成完善的德治体系。我国乡村的“德治”资源非常丰富，从注重个人品德修养，到家庭美德、乡村公德的培养，从节日习俗礼仪到乡村文化娱乐活动，形成一套不成文的但具有潜移默化的教化制度。丰富的德治资源在新的社会环境下发扬光大，往往可以对乡村治理发挥事半功倍的作用，如有的地方通过整理家训、家规，开展“优秀家训、家规进万家”活动，促进了家庭和睦，净化社会风气；有的开展“德孝文化”五进活动，即德孝文化进家庭、进学校、进机关、进农村、进街道，促进了和谐社会建设；有的通过设立“道德讲堂”或文化礼堂建设、建立“好人档案”“功德银行”等，提升村民精神文明素质；有的通过国学教育，恢复尊老爱幼、诚实守信的优秀品质；通过树立道德模范、评选星级家庭和好婆婆、好媳妇以及设立“道德法庭”等活动，推动乡村文明的建设，引导人们提升道德修养与精神境界，营造风清气正的淳朴乡风。特别是“乡贤文化”的兴起，为乡村治理提供了新的动力。乡贤多是乡村中走出去的教师、干部、企业家、商人及族姓威望之人组成，不仅有知识、能力，也有改变家乡面貌的情怀，他们退休后荣归故里，在乡村政治、经济、文化、道德建设等方面具有十分显著的示范和带动作用，应该成为乡村德治的重要力量。

第三，创新乡村治理机制。乡村自治和德治都存在一定程度的局限，需要通过乡村治理机制创新来规范，特别是法治对解决基层民主建设滞后问题、维护农民利益和平等，具有不可替代作用。如何把村民自治、德治纳入法治轨道，是构建乡村治理体系的重要内容。近些年，通过“4+2”工作法等经验的推广，把村民自治程序化、制度化，保障农民的参与权利和民主权利；设立“村民监督委员会”，赋予农民监督权力；有的地区设立“村级事务代办员”制度，方便农民办事，密切干群关系；也有的通过乡村治理单位下沉到村民组，发挥基层组织作用，强化了自治能力。设立村民调解组织，及时化解矛盾；设立村社一体的合作组织，恢复村落共同体文化，使互助传统得以恢复。实行“网格化管理、组团式服务”，成立乡村民情工作中心等。通过这些机制创新实现了乡村治理各种措施的制度化、程序化和法治化。

健全自治、法治、德治相结合的乡村治理体系，自治是基础。民主选举、民主决策、民主管理、民主监督的乡村自治制度为乡村治理提供了基本框架，规定了乡村治理的具体形式和载体。德治是乡村治理的有效途径，也是乡村治理的灵魂所在。纷繁复杂的乡村问题，如果不从提高人的道德修养、强化道德自律等根本方面入手，其治理成效十分有限。法治为调节社会利益关系提供了基本准则，是乡村有效治理的重要保障。乡村治理体系，是要把自治、德治通过法治进行规范、确立制度和机制。未来的乡村治理需要克服两个倾向：一是在认识上，不能把乡村治理单纯理解为秩序稳定、社会安定，而是要作为乡村振兴的重要方面来体现，是人民对美好生活需要的重要内容，体现人们对当家作主权利诉求以及对和谐社会环境的向往。二是在乡村治理途径上，要克服“为民做主”的倾向，不能想当然地安排或干涉老百姓的生产和生活。这就需要了解乡村基本特点，懂得乡村社会文化结构和基本功能，理解村民真实生活需要，更要清楚乡村治理文化的要素和载体。这个载体就是村落以及与村落有关的社会结构，皮之不存，毛将焉附？载体消灭了，乡村治理文化也会消失。最近结束的中央经济工作会议，明确指出健全城乡融合发展体制机制，清除阻碍要素下乡各种障碍，其中有一点对乡村治理特别重要，这就是不要断了人们（乡贤）返乡的路。

（二）“三治”结合实现有效治理

1.“三治”结合的必要性

传统乡村治理模式在现阶段不能简单照搬。在我国传统的乡土社会中，特定社会群体的活动范围有地域上的限制，不同区域之间的接触少，各自保留着相对独立的社会圈子，同一群体内部是“熟人社会”，是利益目标一致的社会共同体①。同时在儒家文化的长期影响下，促进形成了以礼治为基础的差序格局社会结构，乡规民约、伦理道德规范是维持乡土中国有效治理的根本保障。随着我国社会正经历由“乡土中国”到“城乡中国”再到“城市中国”的历史转变②，乡村“不流动性”的特征开始逐渐被打破，城乡之间的劳动力、资本等要素流动加快，仅仅依靠传统乡村治理过程中的人情、友情和互助原则难以适应当前乡村社会的新变化，而且传统治理模式中往往还蕴含着封建迷信思想，未来应“取其精华、去其糟粕”，在确保乡村自治的基础上，才能真正激发农民的主体意识，激活农村发展的内生动力，按照“三治结合”原则，实现乡村有效治理。

2. “三治”结合的路径建议

健全基层党组织，发挥党员引领作用。下移党组织建设中心，适时在自然村落中建立党支部，实现党组织在新时代下对农业农村活动的领导。已有经验表明，在行政村党总支覆盖面较广的区域，将党组织下移到村民小组或村落，能有效发挥党员的积极带头作用，密切党群关系，增强基层党组的活力，以应对农村社会发展及农业经营方式转变过程中出现的新挑战；在地区经济发展到达一定水平以及农业产业发展特色鲜明的地区，可将党组织与优势主导产业发展相结合，依托产业链建设党组织，促进产业的协调发展，增强了农村的经济发展活力。但是，基层党组织的建设要避免为了覆盖而覆盖的误区，确保成立的党组织能够真正发挥党员引领作用；同时，在党的领导下，并不意味着要党员包办一切，不能什么事情都由党员来做，基层党组织的建设在起到政策宣传作

① 费孝通. 我看到的农村工业化和城市化道路［J］. 春秋，1998（4）：35－37.

② 刘守英，熊雪锋. 中国乡村治理的制度与秩序演变——一个国家治理视角的回顾与评论［J］. 农业经济问题，2018（9）：10－23.

用的同时，还要发挥其兜底和有效监督的作用。

合理调整乡村基层自治范围，增强村民主体意识。按照原有自然村、血缘同宗、管理能力等标准，适当缩小乡村自治单元，下移村民自治重心，解决村委会行政化、群众分散化的难题。自治范围调整的核心要义在于调整后的自治单位是村民认同感强的、参与意愿高的村庄，只有村民对自己所在村落的认同感、归属感与建设热情十分高涨，才能激发出农民开展农村产业发展、矛盾纠纷调解、环境卫生整治等具体事务的自主参与意识，才能真正实现清远“四不补”原则，实际上“四不补”也正是检验乡村是否真正实现自治的重要指标。但是，自治范围的调整并不能不考虑条件地盲目开展，在经济欠发达、村级单元过大、管理难到位的乡村地区，下移自治重心能够优先发挥出自治组织的自治功能，乡村治理才能持续有效发展下去；而在经济较为发达的地区，则须首要注意不能“行政暴政”，必须坚持自治过程中农民的主体地位不动摇。

吸引培育乡贤能人，保持乡村发展活力。乡贤、能人在自治组织中发挥作用对促进农村经济发展和民生改善具有积极意义，但是在乡贤、能人的产生过程中应充分发扬基层民主并建立有效的村规民约以及管理监督机制，这样才能使村民自治真正落地生根，在乡村治理决策中充分反映出村民的意见与呼声，从而便于乡村发展政策的推进，实现真正有效的村民自治。乡贤、能人除了是从农村常住居民中选举产生，还应该注重从外部引进具有能力的自治组织管理者，例如大学生村官、成功经商业者等，只有这样才能保持乡村发展的活力。同时，基层自治还需要保护乡村自治骨干的积极性，可以尝试通过以奖代补等多种形式给予相应支持。

调整财政支持方式，完善公共基础设施。乡村振兴实施过程中，政府应自觉明确自身的角色定位，应当在基层村民自治中发挥好好保障、配合和促进发展的作用，因此需要避免实施过多的扭曲市场的政策支持措施，侧重从公共服务角度创造一个公平的发展环境。在未来财政支持方式选择上，集中支持村镇道路的修建、公共河流的清淤整治等，避免出现将公共财政集中支持少数村庄的情况；此外，在区域内实施鼓励农村人才引进的措施，对回流乡村的能人给予适当补助，对区域内所有村庄一视同仁。只有当政府将财政补贴投入到了公共领域，而不是过多的开展不对称支持，这样才能避免出现农村“等、靠、要”的情况，才能真正激发出基层村民自治的积极性，释放出乡村振兴的内生动力。

四、治理有效的主要模式与典型案例

（一）治理有效的主要模式

用“乡村治理模式”概念对乡村治理体制的研究，其实是关心国家政权与基层政权、国家宏观政治与乡村社会之间的关系，采用的是“国家—社会”关系视角，这类研究的切入点是乡镇政权研究。乡镇政权始于晚清政府为加强赋税而进行国家政权建设而逐步确立，中华人民共和国成立后的乡镇政权建设，经历初期议政合一的人民代表大会制度框架内的乡镇体制、1958 年至 1982 年的人民公社体制、1983 年后乡镇政府重新成立这三个阶段。研究者主要围绕县政权、乡镇政权与村委会三个主要的公共权力主体的理想关系和结构展开研究，乃至形成争论。而针对国家政策在乡村治理实践中展开样态的分析主要集中在国家体制特点与乡镇政权本身的运作逻辑进行分析，并且在基础提出了理想的乡镇模式。

县政乡派村治模式。任何孤立或单项的乡政改革很难取得实质性成效，必须从国家对乡村社会治理的角度，进行县、乡、村联动性的结构性改革，有学者提出由“乡政村治”的制度模式向“县政·乡派·村治”模式转换的基本思路，“既可以为乡政减轻自上而下的行政压力，又可以减少因机构人员不断膨胀而造成的财政压力，还可以打通乡政与村治的隔绝机制，通过村民委员会的协助和村干事的委派，有效地履行政府必须履行的职责，由此建构起一个高效廉价、国家与社会良性互动的治理体系。”① 在此基础上，提出了随着税费改革的推进，乡村治理结构改革“应该以强村、精乡、简县为取向，对农村的利益关系进行再调整，使税费改革的好处真正为农民所享受。”②③ “县政·乡派·村治”是符合后税费时代乡村治理需要的一种较好的制度选择，可以将现在的乡镇政府改为县级政府派出机构，在乡镇一级设立“办事处”（或“乡公所”），并在办事处一级同时设立党委，实行党政“合一”，这样改革，既体现了“国家”对乡村社会的有效治理，也充分体现了“国家”与乡村社会的民主合作精神。

乡派镇治模式。这一模式的基本思路与县政·乡派·村治模式类似，由徐勇提出，他认为，“乡级体制改革的基本原则是在工农分业基础上进行乡镇分治”，其基本思路是“精乡扩镇，乡派镇治，从国家体制上进行结构性改革。”这一模式的主要内容是，把乡级基层政权从体制上改为县级政府的派出机构，扩大镇的自主权，将镇改为市以下的基层地方自治单位。把许多由县市控制的权限下放给镇，包括地方性事务的决策权和财权，真正使镇成为一级地方法人自治团体，实行依法自治。在此基础上考虑双轨制体制即县—乡—村、市—镇—社区体制的可行性④。

---

① 徐勇．农民改变中国：基层社会与创造性政治——对农民政治行为经典模式的超越［J］．学术月刊，2009（5）：5－14.

② 徐勇．乡村治理与中国政治［M］．北京：中国社会科学出版社，2003.

③ 徐勇，吴理财．走出“生之者寡：食之者众”的困境：县乡村治理体制反思与改革［M］．西安：西北大学出版社，2004.

④ 徐勇．县政、乡派、村治：乡村治理的结构性转换［J］．江苏社会科学，2002（2）：27－30.

乡镇自治模式。郑法等学者认为，应当“构筑以农民自治体和农民组织为基本架构的乡村农民组织制度”，“建立农民自治体意味着在目前实行村自治基础上实行乡（镇）民自治”。实行“乡镇自治”可以厘清县与乡关系，两者之间不再是行政隶属关系，县政府不得干涉乡镇依法自治范围内的事务。

“乡治·村政·社有”模式。基于“乡政村治”“村社合一”和“村企合一”等现有的各种政治和经济模式，参照日本和中国台湾的治理模式，借鉴西方的自治理念，有学者提出了“乡治·村政·社有”模式。其具体内涵为：“乡治”指乡镇自治。“村政”是指将政府组织延伸至行政村，在村一级设立乡镇政府的派出机构——村公所。村公所成员均由乡镇政府委派，由地方公务员担任。同时设立村民代表会议作为议事机关。村民委员会改称“村社委员会”，其成员可兼任村民代表会议成员。“社有”是指通过立法，明确规定农村土地属于村社所有。它是准许进行管理和依法处置所辖范围内的农村土地（包括耕地和山林、水面等）及其收益的社区法人，施行专门的土地管理和收益分配职能。

另一类研究其实是偏向从乡村社会自身来解释基层政权和自治组织在治理过程中表现出来的稳定特征，研究不同的乡村治理样态（即模式）与不同的乡村社会基础的关系。这方面的研究以贺雪峰团队为代表，结合了研究者对于不同的村庄类型的研究，提出了若干分区域的乡村治理模式。他们采取的研究方法是：将个案村的材料放到区域中去进行比较，从而总结区域的一般特征；从建构出来的不同区域村治模式的比较中发现差异，找到真正构成区域村治模式的关键。这里说的乡村治理模式更多落实在村庄治理，但是也考虑到与村庄社会的不同状况相应的乡镇政权的情况。这些对乡村治理模式的概括，往往和地域和村庄社会结构相关①②。这一类乡村治理模式的研究，对于乡村治理体系研究的贡献是：指出了乡村治理的具体样态是在乡村治理体制与不同的乡村社会基础的互动中产生的，其中对于这种互动的具体分析揭示了诸多乡村治理的具体机制。这在这组研究者后来提出的诸多概念中得到了具体展示。

（二）治理有效的典型案例

1. 广东清远

广东清远在改革过程中将党组织下沉到最基层，推动村级党组织扎根群众，将党组织设置调整为“乡镇党委—党总支—党支部”，在行政村一级建立党总支，在村民小组（自然村）一级建立党支部，通过党组织建设重心下移，扩大了党的组织和工作在农村基层的有效覆盖，推动基层党组织更加贴近党员群众，提高农村党组织自身凝聚力。广东清远打破大行政村为自治单位的概念，重新回归村小组，充分激发村民的内生动力。清远市在具备条件的行政村（片区）设立了1013个党总支，在村民小组（自然村）单独或联合设立党支部9523个。在党组织下沉到村民小组一级的同时，清远充分发挥党员作用，建立了“党支部提事、村民理事会议事、村民会议决事、村委会执事”的民主决策机制，党员利用自身的先进思想、开阔视野和丰富经验为基层治理提出合理建议，再由自治组织民主商议，推动村级事业发展。

清远地处东南沿海，宗族认同感十分强烈，并村运动中将原属两个自然村的两姓宗族合并到一起，双方为维护自身利益斗争激烈，基层村民自治困难重重。为此，广东清远将“乡镇—村（行政村）—村民小组”调整为“乡镇—片区—村（原村民小组、自然村）”，按照有利于

① 贺雪峰．农民行动逻辑与乡村治理的区域差异［J］．开放时代，2007（1）：105－121.

② 贺雪峰．论乡村治理内卷化——以河南省K镇调查为例［J］．开放时代，2011（2）：86－101.

群众自治、有利于经济发展、有利于社会管理的原则，按照法定程序，依据财产关系、地缘血缘关系等因素，在村民自愿的前提下，以 1 个或若干个村民小组（自然村）为单位设立村委会，开展村民自治。试点镇村委会数量由 42 个调整为 390 个，村委会成员的补贴通过“一事一议”从村集体经济收入中解决。广东清远将村民自治范围重新调整缩小之后，激发了农民参与村民自治的积极性，在清远英德市活石水村，美丽乡村建设搞得如火如荼，而在这背后，并不是地方政府在主导，活石水村村民理事会罗会长从整治村庄环境着手，鼓励村民积极参与乡村建设，截至目前，村庄环境整治、休闲农家乐建设等人力、财力投入全部来自本村，参与建设的村民可计算用工量，资金则主要来源于村集体经济组织筹资，各家各户按照自身实际能力出资参股，出资越多，占股比例越高。

目前，在清远农村自治组织内部已经形成“四不补”原则，即拆旧不补、青苗不补、人工不补、让地不补，对于自治组织集体协商定下的事项，需要占用非承包地时，青苗费不予补偿，对于需要适当占用农家院落的情形也不予补偿，有劳动力剩余的家庭参与集体建设时人工费不予补偿。“不补”并不代表政府放手不理，政府在其中仅帮助协调解决困难，最后采取“以奖代补”的方式，对该村予以奖励。在这种模式下，原本“政府要我怎么干”的观念逐步转变为“我自己要怎么干”的想法，村民在基层自治中的主体地位得到确立。在活石水村的示范作用下，周边村小组的积极性也迅速地被带动起来，2016 年，英德市美丽乡村建设项目申报数量已经远远超过奖励体系中确定的指标数量。广东清远在村民小组（自然村）全面建立村民理事会组织，理事会成员由村民主要在农村党员、村民代表、有知识技能声望的能人乡贤中推选，主要从本村热心公益事业的农村党员、村民代表、回乡大中专毕业生、返乡创业农民工、已退休的干部和教师等公职人员、各房族代表、德高望重的乡贤、致富能人中产生。清远市共选举产生了村民理事会16412个，理事会成员67492人，并且已有88.1%的村民理事会建立了章程，村民理事会作为村委会加强村民自治与服务的重要辅助力量，在新农村建设、发展农村经济、化解矛盾纠纷等方面发挥了积极作用，实现了民事民治民管，提高了村民参与乡村治理的积极性。

广东清远大部分农村地区为山区，人口居住较为分散，交通不便，农村公共服务水平低。在原行政村自治功能下移到村小组之后，当地以解决群众办事难为切入点，在县域建立健全县、镇、村三级社会综合服务平台，在县、镇建立了社会综合服务中心，在行政村一级全面建立社会综合服务站，推动基本公共服务重心下移，实现三级服务平台无缝对接。以英德市金牛镇为例，自治重心下移后，当地按照就近原则，划定片区成立社会综合服务站，在金竹片区社会服务综合站，整合了原有各部分设在村级的站点，推行“一站式”代办服务，通过下放审批权限、将网上办事大厅延伸到村、实行代办员制度，为群众免费代办八大类108项党政公共服务事项，群众不需到镇上，只需在村里甚至足不出户即可办理有关事项，切实解决好了服务群众“最后一公里”问题。同时，在完善村级党政公共服务平台的基础上，村级社会综合服务站主动向生产生活服务拓展，结合供销系统综合改革，建设生产生活服务平台，完善农村服务体系，从而有效解决农村行政服务、生活服务、生产服务缺失的问题。

2. 湖北秭归

湖北秭归同样将党小组建立到村落中，并探索简化组织架构，从而更有利于开展基层工作。具体做法为凡是村落有党员三人以上的，同步组建党小组；村落党员人数不足三人的，与邻近村落联合组建党小组。秭归县在2055个村落中组建党小组1256个，实现了党小组在村落内的全覆盖。湖北秭归在“合村并组”之前全县超过3000个村民组，之后合并为1152个村民组，但秭归山大人稀、居住分散，村委会工作人员想要完全了解、治理各个村小村难度较大。因此，湖北秭归探索按照“地域相近、产业趋同、利益共享、有利发展、群众自愿、便于组织、尊重习惯、规模适度”的原则，重新将全县186个村1152个村民小组划定为2055个自然村落，服务半径减少44%。作为农村基层治理基本单元，村民组在管理服务群众，落实村民自治方面发挥重要作用。与行政村相比，村民组不仅规模较小，而村民组范围内村民之间熟悉程度更高，并且农民生产生活方式趋同，相似的公平需求客观上降低农民合作成本，具备协商民主运转基础。以水田坝乡王家桥村为例，该村原17个村民小组于2006年合并成立3个社区，村民和村干部普遍反映“合组之后搞不习惯”。通过“幸福村落”建设，该村又恢复为17个村落，顺应村民生产生活习惯，取得良好治理效果。秭归“幸福村落”建设的首要工作是重划基层治理单元，在基层治理单元划分上，秭归县探索出与行政命令不同的方式，在尊重历史、尊重民意的基础上，通过村民代表讨论方式决定村落边界，因为“村落”在诞生之初就体现村民自治理念。湖北秭归探索建立了“两长八员”制度，由村民民主选举出具有能力的乡村自治骨干。秭归县“两长八员”包括党小组长、村落理事长和经济员、宣传员、帮扶员、调解员、管护员、环卫员、张罗员、监督员，“两长八员”均由本村农民推选产生，且主要发挥群众组织动员能力，由于“两长八员”主要职责不是完成行政任务，因此才会出现农民无偿争相担任“两长八员”的局面。“两长八员”牵头组织开展村落自治，承担村民与村两委之间的沟通对话职责，并协调村内矛盾，实现了村民自主决定乡村的发展建设项目，村民参与乡村建设的积极性大大增强，村民之间的矛盾大大减少，促进了乡风文明。更加难能可贵的是，秭归县全县一万多名“两长八员”并没有给秭归当地带来多大的财政负担。

湖北秭归通过开展“幸福村落”创建，让乡镇、村引导村落群众讨论制定三年或五年发展规划，根据自身需要确定公共服务建设项目。村落理事会每年召开村落群众代表会，民主商定年度工作重点和建设项目，经村落内2/3以上户主表决通过后，由村“两委”统计初审，上报县、乡安排项目计划，显著提高了项目安排的针对性和可操作性。如王家桥村李家院子村落就根据实际需要，在“十三五”发展规划中安排了以下项目：新修胡开钊门口至杨家河大坪果园公路，全长500米；中心院子实行路灯亮化；新修金家坪至胡家岩沟、朱家堡沟八字形排洪沟二条1500米；新修王永龙门口至金家坪果园路1000米；三户困难户脱贫等，有效实现了基层公共产品服务的供给。在“幸福村落”建设过程中，秭归县除了加大项目支持力度，统筹发改、移民、国土、交通、财政、水利等部门的涉农资金，重点投向以村落为单元的基础设施建设和产业发展项目，改善村落群众生产生活环境之外，还着力解决农村治理中“谁来服务”“怎样服务”“服务什么”的问题，搭建农村参与农村治理、表达服务需求、监督政策落实的村民自治平台，实现“幸福村落”建设的硬件软件同步推进。

第四节　生活富裕的理论与实践

一、生活富裕是乡村振兴的民生目标

生活富裕是实现乡村振兴的重要标志。实施乡村振兴战略，就是要通过乡村经济振兴和强农惠农富农政策，不断提高农民收入和消费水平，进一步增进农民福祉，大幅度提升农民生活品质，使农民的获得

感、幸福感和安全感更加充实。

生活富裕，必须提高农民收入。生活富裕的核心是农民增收问题。从乡村振兴和可持续发展的角度看，农民增收的源泉应该来自农业和农村，而不是农业农村之外的城市产业支撑。因此，未来农民的增收要在进一步减少农民数量的基础上，通过农村产业振兴和资源激活，逐步建立一个可持续的农业农村导向型农民增收长效机制。在新的经济形势下，首先要发展新产业新业态，打破城乡二元经济，推动一二三产业融合；其次，要有效促进农民工工资性收入持续增长，通过户籍制度改革及其配套制度，为农民进城务工创造良好环境。

生活富裕，必须完成脱贫攻坚的任务。要聚焦深度贫困地区和特殊贫困群体，瞄准精准脱贫目标，盯准精准脱贫标准，改善贫困地区发展条件，解决特殊贫困群体实际困难，激发贫困人口内生动力，夯实贫困人口稳定脱贫基础。

生活富裕，必须促进农民的全面发展。要优先发展农村义务教育，实施健康乡村战略，推动城乡教育和健康事业一体化发展，全面提高农民文化素质和身体素质。要创新乡村人才培育引进使用机制，强化乡村振兴人才支撑，加大对人才尤其是返乡人才的支持力度。

（一）生活富裕的本质要求：实现新时代农民幸福观

对生活富裕这一要求的具体概念界定，政策制定者、学者和基层工作者观点纷呈，尚未梳理出一致的指标体系和度量标准，至于细分到农民这一群体，随着中国乡村振兴战略的稳步实施，生活富裕的本质内涵进一步增加了许多新内容和新要求。随着改革逐步深入，我国开始进入经济结构和社会结构双重转型的关键时期，无论国家层面还是公民个体，都经历着前所未有的变革，这些变化都可以从个体的精神或观念的改变中寻迹。因此，本章定义的生活富裕，并非是从宏观角度针对国家发展综合指标的比较经验研究得出的结果，而是从国家和社会的微观单元入手，具体要求农民在物质和精神层面达到双重幸福，要让农民有尊严的生活，实现新时代农民幸福观。因此，要优先保障农民物质幸福、制度幸福和人格幸福体系的构建与完善。

首先，农民物质幸福保障体系的构建。要想保障我国农民的物质幸福，首先要明确我国农民物质幸福标准，而物质幸福标准的确定实质也是对农民物质幸福拐点的测定。我国多数农民家庭还处于低水平的小康阶段，若按最新国际贫困线，2018 年我国农村大约有 1 亿贫困人口，就此而言，在农民生活尚未达到全面小康之前，增加个人收入对幸福感的刺激成为人的第一需求，因而，农民增收有利于农民增福。但是，农民物质幸福曲线始终存在着一个幸福拐点。根据幸福拐点理论，农民的物质幸福存在一个与非物质初始禀赋正相关的临界收入水平，当收入尚未达到这个临界水平之前，增加收入能够提高社会或个人的幸福度；然而一旦达到或超过这个临界收入水平，增加收入反而会降低物质幸福水平。因此，对农民物质幸福拐点量化是衡量农民物质幸福的关键一环。至于物质幸福拐点的量化，美国经济学界认为，在美国城乡差距为零的条件下，美国人幸福临界点是人均年收入 15000 美元，低于这个水平，金钱显著提升幸福感；高于这个拐点，金钱对于幸福贡献不大[①]。但是，美国学者显然没有考虑物质财富对幸福的派生功能。因此，我国农民幸福临界点度量，在长期应该以全国人均收入为准，短期要考虑到我国城乡、地区收入差异。

在明确我国农民幸福标准的基础上，农民物质幸福保障体系的建立要坚持以下基本思路：（1）农民物质幸福保障体系的制定应以满足农民家庭日常吃、穿、住、行、用为主，这是衡量农民幸福的最低标准，也是衡量农民小康的依据。（2）农民物质幸福保障体系的成效可以通

① 于传岗．幸福度量学与我国农民幸福问题的度量［J］．江汉论坛，2009（7）：19－21.

过两个指标进行量化：一个是农民为了娱乐而放弃工作的时间的量化；一个是农民主动在高档娱乐中消费支出增长率。但是，这两个指标目前还没有统一的统计标准。（3）农民物质幸福保障体系必须以我国城乡差距（以基尼系数为标准）消失作为终极目标。根据美国经验，如果城乡基尼系数存在并且持续拉大，那么农民绝对与相对幸福指数就会下降。只有在城乡收入差距接近或消失的条件下，才能提高农民相对幸福和确保农民幸福拐点的出现。（4）农民增收对个人具有幸福派生和保障的功能。根据阿玛蒂亚·森（Amartya Sen）的观点，农民增收有利于提高农民的可行能力，从而提高农民个人自由和非物质幸福索取权。因此对农民物质幸福的衡量不能忽视对非物质幸福派生的功能。（5）我国农村绝对贫困人口减少是评价农民物质幸福保障体系最直接的工具。

其次，农民制度幸福保障体系的建构。制度的优劣对农民幸福流获得至关重要。好制度可以使农民获得正态分布、多元幸福流；坏制度导致农民幸福权受损，最终损害农民幸福流的获得。公平的制度可以提高个人非物质幸福，并对物质幸福有保障功能；相反，特权和等级制度有损个人幸福。因而，确保制度的公平性、公正性是构建农民制度幸福保障体系的一个主要原则。改革不公平社会制度有利于提高农民制度幸福。例如，收入制度公平性在发展程度不同的国家有不同的影响。欧美有研究发现，收入不均对幸福的影响轻微，因为收入不均是不公的信号，也意味着未来的发展机会和变动。相反，拉美国家收入不均对穷人的幸福会产生负面影响，对富人影响却是正向的。在收入不公程度越高、公共部门和劳动市场效率低下的地区，不公传递的信号更多更久的是不利，而不是机会。当欧美发达国家农民在享有“从摇篮到坟墓”的福利制度时，我国至今还没有健全城乡统筹的社会保障制度，城市社会对农民工存在就业歧视。因此，中央政府废除农业税，对农业实现五大补贴，不仅给农民带来了物质上的实惠，而且增加了农民的幸福感。

我们可以用成本收益法来衡量农民制度幸福，进而评价制度幸福保障体系的效果。这里，可以分为两种模式：一是针对农民权益扩张所带来的农民幸福增量的制度改革，我国乡村振兴制度创新给农村普通民众带来多少制度型实惠，例如，农村集体产权制度改革、农业支持保护制度等落实情况和普及率都可作为量化农民制度幸福的直接指标；二是农民获得制度幸福间接指标是成本收益法，例如，农民为了获得教育平等权在进行制度博弈、农民为政治权益而放弃经济权益的来博弈等等都是衡量农民制度幸福的有效工具。

第三，农民人格幸福保障体系的构建。2008 年中国妇联调查显示，全国 17 周岁以下的农村留守儿童约 5800 万人，2 亿农民工，二者至少造成近亿个农民家庭长期分居，青年农民工和留守儿童的人格幸福受到巨大伤害。国外对不同人群的快乐水平研究发现，幸福感随年龄的增长呈现 U 型曲线，和睦的婚姻会给人带来的幸福价值约为 100000 美元/年。以此计量家庭分居给农民工带来人格幸福简直是天文数字。传统研究认为人格特征、种族、性别、地位等对人格幸福有重要影响。

以留守儿童为例，张五常认为，享受家庭“天伦之乐是天生下来应有的权利，是维护生存的要素，是一项重要的财富。度量这财富，只能从愿意牺牲而不需要从牺牲的角度来衡量，不能从国民收入或物质享受反映出来。”长期生活在贫困文化环境与隔离状态中的农村留守儿童，孩子教育的缺失不仅使孩子脱离现代主流社会，而且会危及他们与家人共享天伦之乐的权利，最终导致他们成年后可能因可行人格残缺而陷入幸福瓶颈。目前，虽然留守儿童的父母打工可能给孩子带来更多的经济福利，但我们还无法鉴定孩子物质幸福流扩张是否能弥补因缺少父母亲情对留守儿童人格发育造成的伤害。因此，在中央政府全面推进乡村振兴战略的过程中，建立城乡统筹的社会定居机制和保障机制是降低和消除农民及其后代人格异化，建立农民人格幸福机制是构建和谐社会的关键。中央政府在考核地方官员的政绩时，要把度量农民人格幸福的考核纳入地方官员的政绩评估体系。具体做法可坚持遵循以下原则：（1）农民家庭和家人团聚的时间。（2）民工家庭在农民工就业所在地市民化的程度，工作地地方政府为民工家庭提供的住房服务。（3）留守儿童在父母工作地入学定居时间和比重及政府提供的公共服务。（4）农民非自愿失业时间和比重是否下降，以及工作稳定性。（5）农民工被工作所在地市民接纳的程度与定居环境改善。

基于上述农民幸福保障体系的构建，确保农民物质、制度和人格幸福，最终才能实现新时代农民幸福观。乡村振兴，一切都要围绕农民这一主体来统筹推动。必须充分尊重农民意愿，切实发挥农民在乡村振兴中的主体作用，把维护农民群众根本利益、促进农民共同富裕作为出发点和落脚点，促进农民持续增收，持续缩小城乡居民生活水平差距，让农民成为有吸引力的职业，把乡村建设成为幸福美丽新家园。

（二）生活富裕的实现路径：不断提升农民的获得感、幸福感和安全感

看农民钱袋子鼓不鼓是检验农民是否有获得感的重要标志之一。党的十八大以来，农民收入增速连年快于城镇居民，2017 年农民人均可支配收入首次突破 1.3 万元，比 2012 年增长 60.1%。城乡居民收入相对差距持续缩小，由 2012 年的 2.88：1 缩小到 2017 年的 2.71：1（但城乡居民年收入绝对差距从 2013 年的 17037 元扩大为 2017 年的 22964 元）。农村居民恩格尔系数从 2012 年的 37.5% 下降到 2017 年的 29.3%[①]。但是受多重因素影响，当前农民增收形势严峻，继续保持较高速增长后劲不足。从农民收入增速看，农民增收已进入“减速带”。从农民收入结构看，由于农业生产成本提升，国际大宗农产品价格低

① 韩俊. 关于实施乡村振兴战略的八个关键性问题［J］. 中国党政干部论坛，2018（4）：19－26.

迷，国内稻谷、小麦、玉米最低收购价政策调整，家庭经营性净收入增长乏力。同期，由于国内经济换挡降速，劳动密集型产业转型升级，去产能、去库存、调结构涉及多个行业，农民转移就业空间收窄，工资性收入同步降档减力。财产性收入在农民可支配收入中的比重不到3%，短期内难以成为农民增收的重要来源。对此，需要高度重视，要坚持富民为本、富民为先，结合实施乡村振兴战略，进一步研究优化政策环境，深入推进农业供给侧结构性改革，充分挖掘乡村价值，大力发展新产业新业态新模式，推进农村一二三产业深度融合，千方百计拓展农民增收渠道，确保城乡居民收入差距缩小的态势不发生逆转。

农村社会硬设施和软环境是否完善决定着农民对幸福感和安全感的感受。近年来，农村基础设施和公共服务虽有明显改善，提高了农民群众的民生保障水平，但现阶段城乡差距大最直观的依然是基础设施差距大，城乡发展不平衡最突出的依然是公共服务不平衡，特别是在社会保障方面短板问题较为突出。下一步，要统筹公共资源在城乡间的均衡配置，建立全民覆盖、普惠共享、城乡一体、均等服务的基本公共服务体系。对于农村基础设施，不但要加大建设投入力度，还要研究如何完善管护机制，让农村基础设施建得好、护得好、用得久。对于农村基本公共服务，要研究怎样提档升级，改善服务质量，真正实现从有到好的转变，促进城乡基本公共服务从形式上的普惠上升到实质上的公平。继续加大投入力度，推进新增教育、医疗卫生等社会事业经费向农村倾斜。以增强公平性和适应流动性为重点，推动社会保障制度城乡统筹并轨，统筹城乡社会救助体系，完善最低生活保障制度，完善养老体系。要加快农业转移人口市民化进程，落实好户籍制度改革措施，更好解决随迁子女上学、社保、医疗、住房保障等实际问题，使更多的随迁家庭融入城市生活。要加大对返乡创业农民工的政策扶持，使更多留守人群得到家庭团聚、亲人关爱。同时，建立健全留守人员关爱服务体系，在基本生活保障、教育、就业、卫生健康、心理情感等方面及时为他们提供有效服务。

二、实现生活富裕的关键举措

实现生活富裕，归根结底还是要解决乡村的民生问题，这一直是党与政府关注的焦点、热点与难点问题。每年的中央一号文件均聚焦“三农”问题，表明我们党和政府从国家发展战略高度、治国理政高度来思考乡村民生和农民致富问题的破解。党的十九大报告提出在推进新时代中国特色社会主义建设中实现决胜全面建成小康社会与实施乡村振兴战略，为当下乡村民生问题的有效破解提出了更急迫的要求。

（一）决胜全面建成小康社会与乡村民生问题破解的内涵与价值

决胜全面建成小康社会是一项复杂的长期工程，内涵丰富价值多样。从内涵视角看，决胜全面建成小康社会具有多重性的构成因子，不仅仅包括经济、物质上的小康完成，也包括政治、社会、文化、生态层面的小康完成；既包括个人层面、家庭层面的小康，还包括整个城市、乡村以及各个行业的小康完成。其中最关键的小康内涵就是人民的幸福感、获得感与安全感的不断提升，最终实现农民生活富裕，创造新时代农民幸福观。从价值视角看，决胜全面建成小康社会不仅仅能够提升整个社会民生问题的破解，提升整个社会的和谐、协调发展与文明程度；还有利于“四个全面”战略的联动实施与贯彻执行、中华民族伟大复兴的顺利实现以及全体国民的现代公民素质与幸福指数的提高。由此可见，决胜全面建成小康社会是新时代中国特色社会主义建设的应有之义。

乡村民生问题的破解更是个系统工程，项目与功能多样。从内涵视角看，广义上的民生问题包括政治民生问题、经济民生问题、文化民生问题、社会民生问题、生态民生问题等，每个不同的层面又包含着许多细分民生问题；狭义的民生问题主要是指向社会民生问题，比如社会保障、养老、物质宽裕、医疗卫生与教育方面的民生问题。我们此处采用广义层面的大民生概念，以便能全面探讨乡村各个层面问题的协调破解。从价值视角看，乡村民生问题的破解考验与依赖于基层党组与政府治理能力的现代化建设的水平，通过乡村民生问题的有效破解能够助推乡村基层治理现代化的发展。乡村民生问题关乎乡村社会建设问题、关乎乡村“五位一体”建设和乡村振兴战略的实施，通过乡村民生问题的有效破解能助推乡村社会的现代化建设、助推乡村“五位一体”的协调创新发展，助推城乡一体化与更好统筹发展。民生问题关乎每个人的生活、学习与工作，通过有效破解乡村民生问题，能够让每一个村民切实感受到实惠，感受到党与国家的关怀关心，从而促使村民四个认同水平得到提升。可以说，乡村民生问题的有效破解能够极大推进新时代中国特色社会主义乡村建设的方方面面。

（二）当前乡村民生建设中存在的问题

环视新农村建设的现实场域，我国已经取得了很多成绩，但从决胜全面建成小康社会和实施乡村振兴战略的视角去检视乡村的民生建设情况，乡村民生问题破解存在诸多的不足，面临很多的挑战。据调研，不同区域的乡村均存在不同程度的民生问题，且民生问题的具体表现也有所差异，凸显了我国乡村建设的不均衡、不充分发展和各地乡村民生问题破解的水平存在差异。

第一，村民政治参与发展滞后，群众的利益诉求向上反映不及时，说明乡村地区政治民生问题解决不得力。政治民生是乡村民生建设系统政治文明层面的重要内容，关乎乡村民生问题破解的制度保障与组织基础，应受到高度重视。但现实的状况是，基层民主、村民自治、协商民主等落实不够，乡村村民政治素质没有得到很好的提高，乡村村民的民主权利没有得到充分履行，村民利益诉求不能及时上传。这些问题表明，乡村地区政治民生问题有待进一步有效破解，难以为破解其他民生问题提供坚实的政治保障与基础。

第二，经济发展滞后、农民就业创业难、经济收入来源渠道狭窄，凸显了乡村地区经济民生问题没有得到根本破解。经济民生是乡村民生建设系统物质层面的内容，关乎农民的物质生活幸福感，应该受到高度重视与具体落实。但现实的情况是，乡村经济产业单一化，规模经济没有形成，很多地方的村民收入还是来自单一的外出务工模式，农民就业渠道单一，创业渠道与创业机会少且创业技能低下。这些情况均表明乡村地区经济民生问题有待进一步破解，为破解其他民生问题提供坚实的物质保障与基础。

第三，乡村文化生活单一，村民精神世界不充实，表现出乡村地区文化民生问题的解决非常乏力。文化民生是乡村民生系统精神文明层面的内容，关乎乡村民生问题破解的境界与层次，需要高度重视与认真对待。但现实的情况是，乡村居民的文化生活基本还是停留在看电视以及有限的娱乐活动上，农村社区的文化生活没有真正开展起来，比如定期的文化娱乐活动开展缺乏，艺术节、文化节在乡村区域开展得更是少之又少，道德宣讲活动缺乏，各类成人教育、继续教育严重缺位。这些情况反映了乡村地区文化公共产品供给严重缺乏，引发了乡村精神家园与文化建设的严重滞后，表明了乡村文化民生问题有待强力破解，难以为其他民生问题解决提供强大的精神动力。

第四，乡村医疗卫生服务、健身服务、养老服务等软件硬件资源配置不充分，各类纠纷破解预案设计滞后，反映了乡村地区社会保障民生问题解决的步伐与力度远远没有满足村民的需求。社会民生是乡村民生系统社会建设层面的内容，关乎乡村社会公平正义的具体落实，更需要精准细化处理。现实的情况是，医疗卫生保障有所提高，但优质的医疗资源一般都是聚集在县城和大城市，乡村、乡镇医疗资源都是低水平的，很难能真正为村民提供优质的医疗卫生服务；公共的体育健身设施极其有限，一般都布局在村委会办公室区域，其余地方几乎为零；除了养老院外，惠及村民的养老服务系列产品缺乏，大部分乡村基本处于家庭养老的态势；服务学生的教育资源集中在中心乡镇，给距离较远的村民孩子读书求学带来了极大不便。这些情况凸显了乡村地区医疗卫生、体育健身、养老服务、基础教育等公共产品供给非常有限，引发了医疗服务、体育服务、养老服务、教育发展的滞后，表明了乡村社会民生问题有待大力加强。与此同时，家庭纠纷为主的隐形纠纷欠重视，公共纠纷的及时跟踪处理乏力，反映了和谐民生问题破解力度不够。

第五，生态环境改善不得力，彰显乡村地区生态民生问题解决不充分。生态民生是乡村民生系统环境建设层面的重要内容，关乎乡村公共空间的健康运行，需要切实认真对待和及时处理。现实的情况是，很多地区为了发展经济，引进了一些污染产业，为了发展经济忽视了乡村美丽环境的保护与建设；同时，乡村传统农业产业发展，使用化肥、农药等在很大程度上造成面源污染。这两个方面在当前乡村地区没有得到有效的遏制，影响了乡村环境保护与生态文明的建设，影响了村民公共生活空间的健康运行与村民生命生活健康环境的供给。

（三）适应决胜全面建成小康社会和实施乡村振兴战略的新常态

针对乡村民生问题的现状，基层党组织与政府务必要主动适应决胜全面建成小康社会的新常态，以乡村振兴战略实施为强大动力，将乡村民生问题的有效破解置于决胜全面建成小康社会的进程中，推动其观念创新、理论创新、制度创新、实践创新，构建决胜全面建成小康社会与乡村民生问题的有效破解良性互动、协同创新驱动的发展机制，助推乡村生活富裕和农民新时代幸福观的早日实现。

1. 契合决胜全面建成小康社会的价值诉求，完善乡村民生问题有效破解的理念

坚持人民为中心的民生问题破解理念，切实推动乡村民生问题破解为人民。乡村民生问题破解是关乎每一村民的切身利益，乡村民生问题破解务必要切实坚持以人为本，切实把握乡村村民需求诉求的发展态势，切实从乡村村民面临的问题出发，以此方能保持乡村民生问题有效破解不忘初心，提升、扩大乡村民生问题有效破解的群众基础。

坚持科学化的民生问题破解理念，不断提升乡村民生问题破解的合规性。乡村民生问题破解是规律性很强的工程，乡村民生问题破解务必要切实坚持科学化的理念，切实遵循乡村社会建设、地区发展和治理的规律，切实做到科学推进乡村民生问题有效破解，以此夯实乡村民生问题有效破解的合法性基础。

坚持系统化、复合性的民生问题破解理念，推动乡村民生问题全面协调破解。乡村民生问题破解是系统性很强的复合工程，基层党组织与政府推动乡村民生问题破解务必要坚持以系统论为指导，坚持系统复合的理念，切实注重各个环节各个要素各个层面的协调协同发展与联动互通，不断吸收新理念，以此拓展乡村民生问题破解的视阈。

坚持制度化与民主化的民生问题破解理念，推动乡村民生问题破解依法运行与民主运行。乡村民生问题破解需要按照一定的规矩与制度来运行，需要坚持公平正义的理念，基层党组织与政府推动乡村民生问题破解务必要主动适应全面依法治国的战略实施新常态，根据乡村地区的实际情况，坚持制度与法治的理念，努力构建一套推动乡村民生问题有效破解的制度体系，做好相应的制度安排，推动乡村民生问题有效破解制度化运行，依规依法运行；创新完善协商民主的形式，充分调动乡村村民参与其中，力求乡村民生问题有效破解民主化运行。

2. 主动回应决胜全面建成小康社会的各大场域，完善乡村民生问题有效破解的细分领域

积极回应政治建设场域的民生问题，努力满足村民对民主权利行使的要求。乡村政治文明建设是乡村民生问题有效破解的政治前提与基础。基层党组织与政府应全力提升村民的现代政治素质，大力推进乡村村民自治建设、乡村选举、乡村政务服务，加大乡村基层民主、协商民主、信任民主的建设力度，不断拓宽村民诉求表达与满足的渠道。

积极回应经济建设场域的民生问题，努力提高村民物质层面的幸福指数。乡村物质文明是乡村民生问题破解需要的物质基础。基层党组织与政府应坚持以中央“三农”政策为指导，以新时代乡村振兴战略实施为强大推手，以新村建设与精准扶贫脱贫为契机，以增加村民收入与改善村民物质生活为直接目标，以市场经济机制来推动农村产业的现代化、规模化、集约化发展，不断拓宽村民就业创业渠道。

积极回应文化建设场域的民生问题，不断提升与拓展乡村公共文化生活服务。乡村文化建设是乡村民生问题破解的精神动力与智力基础。基层党组织与政府应以文化强国建设为契机，以丰富村民精神生活与价值观的形塑为目标，加大各类文化设施建设，创新各类社区文化服务项目，以此不断激发乡村地区发展的生机活力。

积极回应社会建设场域的民生问题，不断提升乡村医疗卫生、健身、法律、教育等公共服务的质量与水平。乡村社会建设是乡村民生问题破解的直接内容。基层党组织与政府应以和谐社会建设为契机，以城乡一体统筹与融合发展为动力，从质与量上全力提升乡村医疗卫生资源的供给，在乡村各个角落配套好体育健身设施与服务，全力开展普法服务，建设好各类教育的普惠工程，不断提升乡村社会建设的广度、深度与力度，力求把乡村社会建设成一个充满公平正义的普惠性社会。

积极回应生态建设场域的民生问题，加大乡村生态文明建设，不断

提升环保服务的水平。乡村生态文明建设是乡村民生问题破解的环境保障。基层党组织与政府应以美丽乡村建设为契机，加大乡村空气、土壤与水污染综合治理的力度，推动乡村绿色生态可持续发展，力求把乡村地区建成山清水秀、天蓝地美的宜居之地。

3. 开发利用好决胜全面建成小康社会的平台，扩大乡村民生问题有效破解的惠及面与覆盖面

坚持法治手段与思想政治教育手段结合融合，推动乡村民生问题有效破解法治化与人性化运行。法治手段与思政教育手段是民生问题破解的重要措施，各有比较优势。基层党组织与政府应坚持以德治国与依法治国的治国方略，将乡规民约与现代法治相结合，将乡村风俗与现代社会道德体系结合，以此推动乡村民生问题有效破解依法运行、依村情民情而动。

坚持经济手段、舆论手段与行政手段相结合融合。基层党组织与政府应坚持发展是第一要务，切实破解乡村经济发展的困境，积极完善村民自治、发展基层民主与协商民主，努力引导与营造好社会舆情，以此推动乡村民生问题有效破解有序扎实运行，坚持实体平台与网络平台相结合融合，推动乡村民生问题有效破解在网上网下形成互动发展的态势。基层党组织与政府应在创新发展政治实体、经济实体、社会实体、文化实体、环境保护实体平台的基础上，以互联网络发展为基础，大力开发利用好网络平台，充分搭建好乡村民生问题破解的各种信息化平台，力求推动乡村民生问题有效破解信息化发展。

三、乡村生活富裕的实践经验与模式

（一）重庆石柱县：财政资金创新收益模式

近年来，石柱县创新改革财政扶贫资金使用管理方式，通过三种创

新收益模式助力精准扶贫、精准脱贫。一是股权收益模式，整合涉农财政资金 8000 万元，全面推进农业项目财政资金股权分红；二是基金收益模式，基金的投资对象是农民合作社及参与产业扶贫的各类企业，主要投资于乡村旅游、特色产业发展以及能够为贫困户带来稳定收益的项目；三是信贷收益模式，县扶贫办与相关银行建立扶贫合作关系，在银行设立信贷风险补偿金专户，按照风险补偿金的 10 倍向由贫困户组建的农民专业合作社或帮扶贫困户的经营主体发放无抵押、无担保的扶贫信用贷款。石柱县财政资金创新收益模式扶贫成效显著，助力全县实现数万名群众稳定脱贫①。春节前两天，重庆市石柱土家族自治县下路街道湖海村的 130 户贫困户，每户都拿到了 1000 元的分红款。湖海村天池村民组贫困户周世琼拿着由五岗金荞麦专业合作社发放的分红款说："这是我当上'股民'后得到的第一个季度的红利，今后几年内，每个季度都可以分到固定的红利，年底还会有效益分红。"

1. 贫困户获得稳定长效收益

去年下半年，石柱县委负责人在调研扶贫产业发展时，发现一个现象：贫困户市场意识、科技技能普遍较差，所发展的产业，不是产出不好，就是没有市场，最终导致效益不佳。"在进一步调研中，我们还发现，一边是贫困户缺乏发展产业的能力，另一边是专业合作社、家庭农场、龙头企业等在产业发展中受到投入资金的制约。"这位负责人说，如果以资金为桥梁，将这两方面的问题一起解决，就可实现双赢随后，石柱县整合涉农、财政、信贷、旅游等方面资金，将获得资金支持的新型经营主体与贫困户"捆绑"起来，让贫困户通过扶持的各类资金获得"股份"，然后以股份分红的方式，获得稳定长效的分红收入从 2016 年 10 月开始，石柱县陆续启动了股权收益、基金收益、信贷收益、旅

① 资料来源：根据中国人民大学乡村振兴课题组访谈调研案例整理而成。

游收益四种资金投入方式的扶贫。县扶贫办负责人说，这四种方式，每个贫困户只能享受其中的一种，可让上万户贫困户当上“股民”，基本覆盖全县所有贫困户。

2. 整合了数亿元的扶贫资金

石柱探索的这种以资金为桥梁，将新型农业经营主体与贫困户进“捆绑”发展产业的方式，整合了数亿元的扶贫资金，让贫困户从这些资金中获得“股份”，并得到稳定的长期受益。这四种“捆绑”式资金收益扶贫方式是如何运作的呢?

股权收益扶贫：由县上整合涉农资金，建立财政投入股权化资金8000万元，实行农业项目财政资金股权分红。这8000万元的扶持对象为家庭农场、农民合作社、农业企业等新型农业经营主体，享受对象是贫困户，农业经营主体向贫困户发放股权证。财政的农业项目补助资金，按两万元带动一户贫困户进行“捆绑”。财政投入的农业项目资金交由经营主体经营，并按经营主体50%、农村集体经济组织10%、贫困户40%划分股份，项目存续期为5年。每年按持股金额的8%实行固定分红，财政补助资金产生效益的40%用于贫困户和集体经济组织的效益分红。项目存续到期后，经营主体按股份原值返还给贫困户。

基金收益扶贫：县上建立1亿元的资产收益扶贫专项基金，由县国有资产监管中心委托兴农担保公司具体负责管理。基金的申请对象为农民合作社及参与产业扶贫的各类企业。受益对象主要为全县的重点贫困户。经营主体申请借用基金，按五万元带动一户重点贫困户进行“捆绑”，基金借用时限最长为5年。收益由固定收益和效益收益构成，固定收益由经营主体按借用资金乘以同期银行贷款基准利率分配给重点贫困户；效益收益按资金产生效益的40%分配给重点贫困户，10%用于基金管理机构的管理费用。基金借用到期后，经营主体按基金原值返还给基金管理机构。

信贷收益扶贫：由县扶贫办与相关银行建立扶贫合作关系，在该行设立信贷风险补偿金专户。银行按照风险补偿金的 10 倍，由贫困户组建的农民专业合作社或帮扶贫困户的经营主体发放无抵无担保的扶贫信用贷款。经营者按每 5 万元“捆绑”一户贫困户的额度申请贷款，在完成对贫困户的分红后，由县扶贫办进行贴息。经营主体每年按贷款资金的 6%，对贫困户实行固定分红，同时，将贷款资金所产生效益的 40% 用于贫困户效益分红，109% 用于农民专业合作社效益分红。

旅游收益扶贫：从今年（2020 年）起，由县财政每年安排 1000 万元乡村旅游发展资金。此专项资金用于扶持乡村旅游业主，每“捆绑”1 户贫困户按两万元进行补助“捆绑”带动贫困户的乡村旅游经营业主，每年按县里补助资金的 6%，对所带动的贫困户进行固定分红。同时，将补助资金产生收益的 40% 用于贫困户效益分红“这四种资金收益扶贫方式所‘捆绑’的贫困户，都不参与经营管理，也不承担任何债务责任，只享受固定分红和效益分红。”石柱县扶贫办负责人说，因此，这让所“捆绑”的贫困户，在项目存续期内，每年都可获得上千甚至数千元的股份分红收入

3. 扶贫与产业发展实现双赢

“数亿元的扶贫资金与贫困户的收‘捆绑’后，让上万户贫困户有了稳定的收益，还促进了石柱特色农业和乡村旅游等产业发展。”石柱县农委负责人说。五岗金荞麦专业合作社袁理事长介绍，合作社在扩大生产规模，出现了周转资金短缺的难题，向银行申请贷款，抵押物又不足。正当合作社感到无助时，县里信贷收益扶贫启动，于是，合作社在湖海村与 130 户贫困户合作，新建了福海农业专业合作社和五欣生猪养殖合作社，并通过这两家合作社，分别获得了 320 万元和 330 万元的信贷收益扶贫资金，投入到种植和养殖中。“这笔资金投入后，合作社的产业得以发展。”袁理事长说，为了让 130 户贫困户“股东”能过上一

个快乐年，在春节前，合作社提前兑现了部分固定分红款。指石柱县扶贫办介绍，到目前，股权收益扶贫首批就有270个项目申报，经严格审查筛选，最后确定了104个产业项目，总共投入5600万元产业扶贫资金，使2800户贫困户从中获得股权收益。目前，第二批项目的申报也已开始。信贷收益扶贫中，县扶贫办首批投入700万元的风险金后，通过县农村商业银行等放大到7000万元的扶贫贷款。基金收益扶贫中，已有6个养殖、种植项目申报。旅游收益扶贫中，已有20多家从事乡村旅游的业主申报。当这四种扶贫方式的资金全部投入到位后，基本上可以将全县1.5万多贫困户覆盖完。石柱县扶贫办负责人说，“此外，贫困户在产业发展中也可将土地流转给经营主体，从而获得土地流转收入并在这些产业打工获取工资收入。”

（二）福建省建宁县：量化折股扶贫模式

1. 里心镇扶贫资金量化折股做法

里心镇采取“PPP”模式，由里心镇小城镇建设投资有限公司牵头，经济能人领办、村组织入股，吸纳贫困村（户）为社员，投入资金1000万元，组建里心镇精准农机专业合作社。一是规范建制。健全合作社成员大会、理事会、监事会等相关制度，由里心镇小城镇建设投资有限公司代表贫困户、入股村参与合作社入股，担任合作社的监事，对合作社的资产、营运和财务进行监管。二是量化折股。将向上争取的扶贫资金100万元和7个贫困村（其中含结对帮扶的黄埠乡罗源村）自筹的35万元，用作贫困户和贫困村量化折股资金投入合作社，并向贫困村和贫困户发放股权证。三是定期分红。按照协议约定，每年年终合作社将向里心镇小城镇建设投资有限公司上缴固定利润27万元，其中17万元用于持股贫困户人均分红，其余10万元用于入股村分红。四是滚动发展。实行滚动管理，一年一定，当贫困户社员达到脱贫标准，经代表评议确认后将视作自动放弃股权，不再享受固定利润分红，但“摘帽不摘政策”，仍可享受合作社对社员实行的优惠政策，避免出现边脱贫、边返贫现象。合作社运营 8 个月以来，吸收 143 户贫困户入社，带动 106 户贫困户脱贫①。

2. 均口镇隆下村扶贫资金量化折股做法

均口镇隆下村采取“新型经营主体（合作社）＋贫困村＋贫困户”扶贫模式，将上级扶贫资金 100 万元分别投入兴农、汇奇两家食用菌专业合作社，作为村集体和 13 户 36 人贫困户的入股资金，并发放股权证及分红证，推进村集体和贫困户增收脱贫。一是扩大经营规模促发展。新建生产厂房 2000 平方米，平整土地 60 亩，建设标准化菇棚 50 亩，冷库 2 座、烤房 10 座，购置菌棒装袋机 10 台，安装消毒锅炉 2 座、灭菌设备 8 台等生产设备用于食用菌生产发展。二是流转农田土地建基地。合作社租用隆下村耕地 150 余亩用于基地经营发展，其中优先租用贫困户 18 户耕地 83 余亩，每年给予农户 800 元/亩的租金，增加农户收入。三是实行订单农业保增收。采取“社员＋工人”模式，优先安排贫困户到食用菌基地务工，公司每月按时发放工资待遇保证贫困户生活开支，同时公司安排专项技术资金用于聘请专家针对技术、生产管理等方面进行指导；在食用菌生产过程中，公司出售菌棒给贫困户每袋优惠 0.2 元，并给予贫困农户购置菌棒款 100% 的赊欠，收成后基地再与贫困户结清，减轻贫困农户资金压力；在食用菌种植前，公司与贫困农户签订种植收购合同，每棒菌棒保底产值 4 元以上，为贫困农户解决后顾之忧，降低种植风险。四是细化股金分配定机制。示范点补助资金 100 万元入股合作社后，其中 38.8% 作为村集体入股资金，61.2% 作为贫困人口 13 户 36 人入股资金（每股 17000 元/人），合作社发放股权证及分红证，年终按股分红。预计每年可实现分红收入 7.83 万元，其中

① 资料来源：根据中国人民大学乡村振兴课题组访谈调研案例整理而成。

贫困户分红4.79万元，村集体分红3.04万元，贫困户人均可分红1333元。村集体分红收入用于发展本村公共事业，提高村民生活水平。贫困户脱贫后，由村民代表大会和贫困户代表评议，由村集体收回扶贫资金的利润分成，在贫困户中进行二次分配，确保贫困户总数逐步减少、收入逐步增加，最终达到全部脱贫的目标。

第五节　本章小结

乡村的社会和生态振兴包括乡村振兴战略中“生态宜居、乡风文明、治理有效和生活富裕”等四大目标任务，四项任务之间相互衔接，具有很强的协同性。生态宜居是实现乡村振兴的环境支撑，生态宜居的乡村建设，不仅要体现在改善乡村生态环境质量上，更要反映在提升广大农民群众对乡村美好生活的满意度上。其阶段性的目标可概括为“清、爽、安、定”四个字，在建设美丽乡村过程过程中则需要着力落实好“一控、两改、三增、四节、五循环”等工作措施，科学落实各项具体安排。

乡风文明是实现乡村振兴的社会基础，能够在乡村发展过程中起到淳民风、正社风、兴家风的积极作用。但在乡风建设过程中，却出现了重视物质文明轻视乡风文明、重视政府主导作用轻视农民主体作用、重视硬件建设轻视组织活动、重视传统文化轻视先进文化等错误倾向，我们在建设充满生机和活力的乡风文明体系方面还需要更多的探索。

治理有效是实现乡村振兴的组织保障。“基层治、天下安”，四十多年改革历程，逐步让亿万农民群众真正实现当家作主愿望，也开创了以农村基层群众自治制度为核心内容的中国乡村治理改革实践。然而，伴随着工业化和城市化的快速发展，传统乡村的治理格局被打破，特别是集体经济组织以及党组织的引领作用在不少地区的弱化，村民自治制度并没有落实到位，乡村基层治理呈现出低效状态。继续深化乡村治理体系改革成为必然选择，在确保乡村自治的基础上，真正激发农民的主体意识，激活农村发展的内生动力，按照“三治结合”原则，实现乡村治理有效。

生活富裕是乡村振兴的民生目标，也是实现乡村振兴的重要标志。实施乡村振兴战略，就是要通过乡村经济振兴和强农惠农富农政策，不断提高农民收入和消费水平，进一步增进农民福祉，使农民的获得感、幸福感和安全感更加充实，最终实现新时代农民幸福观。就实施路径而言，构建决胜全面建成小康社会与乡村民生问题的有效破解良性互动、协同创新驱动的发展机制将是实现生活富裕的正确道路。

第六章

乡村振兴实施路径研究

第一节　做好顶层设计，精准定位发展

一、支撑乡村振兴的“四梁八柱”

习近平总书记在党的十九大报告中首次提出实施乡村振兴战略，指出“要坚持农业农村优先发展，按照产业兴旺、生态宜居、乡风文明、治理有效、生活富裕的总要求，建立健全城乡融合发展体制机制和政策体系，加快推进农业农村现代化。”这是对乡村振兴提出的历史任务和总体要求，是新时期开展“三农”工作的顶层设计。国家要建设“乡村振兴”的这座大厦需要“四梁八柱”作为支撑[①]，何为“四梁八柱”？中央农办副主任韩俊介绍，“四梁八柱”可以概括为“八个有”：即有国家战略规划引领、有党内法规保障、有日益健全的法治保障、有领导责任制保障、有一系列重要战略重大行动重大工程作支撑、有对农

---

① 新华社. 谋划新时代乡村振兴的顶层设计—中央农办主任韩俊解读 2018 年中央一号文件［EB/OL］.(2018－02－04). http：//www. xinhuanet. com/2018－02/04/c_1122366374. htm.

民关心的关键小事的部署安排、有全方位的制度性供给、也有对解决“钱从哪里来”问题的全面谋划。地方要落实政策需要明确以下几点：明确国家战略规划引领，细化实化工作重点和政策措施；明确有党内法规保障，把党领导农村工作的传统、要求、政策等以党内法规形式确定下来，完善领导体制和工作机制；明确有一系列重要战略、重大行动和重大工程支撑。例如，制定和实施国家质量兴农战略规划等，实施农村人居环境整治三年行动计划、制定坚决打好精准脱贫攻坚战三年行动指导意见等；明确有全方位的制度性供给作保障。文件围绕巩固和完善农村基本经营制度、完善农业支持保护制度、全面建立职业农民制度、建立市场化多元化生态补偿机制等方面，部署了一系列重大改革举措和制度建设。

二、乡村振兴靠谁来抓

乡村振兴从战略落到实处需要上下一心，上面抓乡村振兴就是五级书记一起抓。这需要健全党委统一领导、政府负责、党委农村工作部门统筹协调的农村工作领导体制。[①] 建立实施乡村振兴战略领导责任制，实行中央统筹省负总责市县抓落实的工作机制。党政一把手是第一责任人，五级书记抓乡村振兴。切实加强党委农村工作部门建设，充实人员、强化职能，真正发挥决策参谋、统筹协调、政策指导、推动落实、督导检查等职能作用。下面抓乡村振兴就是培育新型农业经营主体，培养造就一支懂农业、爱农村、爱农民的“三农”工作队伍。就是要在基层干部、乡村企业家、“三农”科技服务、新型农民、新乡贤五支队

① 新华社．习近平：把乡村振兴战略摆在优先位置［EB/OL］.（2018－07－05）. http：//www. xinhuanet. com/politics/2018－07/05/c_1123085019. htm.

伍上下功夫，打造一支带动乡村振兴、推动乡村现代化的坚强力量。[①]找准主导产业发展定位、突出精准贫困人口覆盖，有力推动乡村农业产业发展，以产业促脱贫摘帽、以产业促乡村振兴。

三、乡村振兴需要“五级书记一起抓”

乡村产业振兴。加快构建现代农业产业体系、生产体系、经营体系，推进农业由增产导向转向提质导向。举例：村、企手拉手：过去千家万户“划田埂而种”，生产效率低，规模化程度不够。从政策上看，党的十九大报告提出，第二轮土地承包到期后再延长30年，农民既可以放心流转土地经营权，又能促进规模化生产提升效率。“这样的乡村产业振兴，才叫美呢!”乡村产业振兴的未来是什么样呢？未来农业呈现的六种发展趋势将奠定乡村产业振兴的基础：粮食等重要农产品供给保障水平全面提升，多种形式适度规模经营的引领水平全面提升，农业技术装备水平全面提升，农业生产经营效益水平全面提升，农产品质量安全水平全面提升，农业可持续发展水平全面提升。

乡村人才振兴。把人力资本开发放在首要位置，在乡村形成人才、土地、资金、产业汇聚的良性循环。举例：“绿领”尝到甜头。“用传统方法养猪浪费资源，效益低。”江西省浮梁县经公桥镇歧田村村民程志远是个老牌养猪专业户，现在用循环生态养殖方法养猪：种植玉米、红薯用来喂猪，利用猪粪建起沼气池，沼气用来炒菜烧饭，沼液沼渣用来种植蔬菜，收入比以前提高近三倍。这些得益于他的一个新身份——新型职业农民。乡村振兴，需要一大批新型职业农民，他们从事绿色产业，新希望集团董事长刘永好把他们称为“绿领”。从首届

① 米雅娜，李博．谋划新时代乡村振兴的顶层设计——国新办关于中央一号文件新闻发布会报道［J］．中国合作经济，2018（2）：28－33.

全国新农民新技术创业创新博览会参展台上可以看到现代化农业新趋势：机器人摘黄瓜、猪脸远程识别、云端放养管理、大田测土配方施肥等“互联网+”的农业应用层出不穷。“没有人才，如何驾驭现代农业新技术和新管理呢?”

乡村文化振兴。加强农村思想道德建设和公共文化建设，培育文明乡风、良好家风、淳朴民风。[①] 中国人民大学农业与农村发展学院教授孔祥智表示，目前我国乡土性特征已经发生变化，乡村社会的实体结构及乡土文化呈现新趋势，构成了中国乡村社会的后乡土性特征。举例：河南省兰考县租下了村民闲置的住房，改造成一座村民阅览室“桐花书馆”。村里还成立了艺术团，每逢大小节日都会为村民们演出节目，艺术团现在火了，经常被邀请去邻近的村庄演出。乡村文化振兴，既要“富口袋”也要“富脑袋”，传承发展提升农村优秀传统文化的同时，要加强农村思想道德建设，培育文明乡风、良好家风、淳朴民风，提升农民精神风貌，提高乡村社会文明程度，焕发乡村文明新气象。

乡村生态振兴坚持绿色发展，加强农村突出环境问题综合治理，让良好生态成为乡村振兴支撑点。举例：“厕所革命”在深化。“过去河南西辛庄村村的厕所都是旱厕，冬天还好一些，特别是到了夏天，味大，苍蝇到处飞，这样的乡村生态当然不美。现在不一样了，经过多年不断地改厕，西辛庄村已经全部改旱厕为水厕，味道没了，苍蝇不见了。”“小厕所，大民生”，农村厕所是乡村生态振兴中的短板。《关于创新体制机制推进农业绿色发展的意见》首次指出农业绿色发展“三不、两零、一全”的总体目标，就是耕地数量不减少、耕地质量不降低、地下水不超采，化肥、农药使用量零增长，秸秆、畜禽粪污、农膜等农业废弃物全利用。同时，从资源利用、产地环境、生态系统、绿色供给等

---

① 范连生．农村建设顶层设计的历史考察——从社会主义新农村建设到乡村振兴［J］．理论与当代，2019，420（4）：49－51.

方面，将总体目标细化为到2020年的具体目标和到2030年的远景目标。

乡村组织振兴打造千千万万个坚强的农村基层党组织，培养千千万万名优秀的农村基层党组织书记。举例：2018年2月9日，安徽省小岗村集体资产股份合作社分红大会在大包干纪念馆前举行，小岗村4288位村民作为股东首次每人领到350元的分红。2019年小岗村创新发展有限公司经营上了新台阶，给村集体股份合作社分红156.8万元。小岗村改革的不断深化，村民获得感不断增强，根本原因在于有一个坚强的党组织。孔祥智表示，没有党组织领导的创业创新，农村集体资产股份合作社就很难获得现实利润，村民分红也就无从谈起。群雁要靠头雁领。在实施乡村振兴过程中，深化村民自治实践，发展农民合作经济组织，建立健全党委领导、政府负责、社会协同、公众参与、法治保障的现代乡村社会治理体制，确保乡村社会充满活力、安定有序，乡村党组织就是主心骨。

第二节　突出三变改革，抓住集体经济“牛鼻子”

一、什么是三变改革

2019年中央一号文件中共中央国务院关于坚持农业农村优先发展做好“三农”工作的若干意见中指出：“加快推进农村集体经营性资产股份合作制改革，继续扩大试点范围。总结推广资源变资产、资金变股金、农民变股东经验。”[①] 这是继2017年、2018年六盘水“三变”改革

① 钟倩，王琪，夏瑜燭. 乡村振兴视角下“三变”改革发展现状研究及对策建议——以四川省彝区为例［J］. 农业经济与科技，2019（7）：27-29.

写入中央一号文件后，三变改革连续三年写入中央文件。三变改革受到中央的高度肯定和地方的大力推广，成为脱贫攻坚、产业革命、乡村振兴的“助推器”（见表6.1）。

表6.1　2018年六盘水“三变”改革农民分红明细①

入股农户（万户）	36.36
获得分红（万人）	118.76
分红金额（亿元）	6.49
农户户均分红（元）	1785
贫困户的户均分红（元）	2394

资料来源：数据快闪网站。

农村目前存在资源闲置和村破民穷两大发展困境，农民有资源没资本，有权力没权益。发端于贵州六盘水的“三变”改革，通过整合农村土地、山林、劳动力等资源，进行集中开发或投资入股经营主体，让“死资源”变成“活资产”，有效撬动了农业农村发展，增加了农民收入。② 三变改革是一项系统工程、全局工程。三变核心要义就是增加农民的资产性收入，而要增加农民资产性收入，就必须让农民的手中有资产，这也不难理解为何政府会积极推动“资源变资产”了。③ 只有分类整合并综合利用农村现有的许多闲置的、原生态的资源，才能创造更多财富，否则农民端着金饭碗也没饭吃。然而，“资源变资产”只是农民增收的基础，让农民拥有了资产，并不等于农民就有了资产性收入。就

① 陈诗宗，刘定珲．六盘水“三变”改革连续三年写入中央一号文件［N］．贵州日报，2019-02-21.

② 桑瑜．六盘水“三变”改革的经济学逻辑［J］．改革，2017（7）：70-77.

③ 王东京，王佳宁．“三变”改革的现实背景、核心要义与推广价值［J］．改革，2017（8）：5-15.

好比若你投资办厂的利润为零，那么你的资产性收入就是零。因此要让农民有资产性收入就需要让资产涨价，即资产增值。实现农民增收的重点就是“资金变股金”。资源在变为资本以后，再把它变成可以交易、有价值的股份，才能在流动中保值增值。农民获得资产性收入最终是通过“农民变股东”这一身份的转变来实现的。只有让农民都持有股份，每年都可以获得分红，才能实现社会的共同富裕。而六盘水的“三变改革”目前还是资产租赁和股份合作并存的，企业前三年为入股的农民保底分红，三年后再按照比例进行分红。[①] 保底分红实际上是资产租赁，按照比例分红才是入股。进行这种“先租后股”的筹资方式是为了节省交易成本。以果树栽种为例，三年后果树才会挂果，若按照比例分红意味着农民三年内不能获得收益，想让农民入股就变得不切实际。

总结全国各地推广农村“三变”改革经验，激发农村资源要素活力，可以为实施乡村振兴战略提供强大的内生动力。“三变”改革与乡村振兴之间存在着内在的关联，“三变”改革与乡村振兴在目标指向上都是实现农业农村现代化；领导力量上都必须依靠和坚持中国共产党的领导；在主体上具有同一性，“三变”改革中农民直接成为农业产业链、供应链、资金链、价值链的投资者和受益人。在农民变股民的过程中，农民不是被动参与而是深度融入；具有相近的时代要求，两者都是在实践中发现问题，在探索中提出问题。“三变”是微观层面上的改革实践，乡村振兴是宏观层面上的战略实践。

二、三变改革如何助力乡村振兴

坚定不移并因地制宜推进农村“三变”改革，针对“三变”改革

① 中央农办调研组．万变不离其宗：打造“股份农民”—贵州六盘水“三变”改革调研［N］．农民日报，2016－12－29.

存在的改革认识不到位、风险防控不足、政策不配套、农民积极性不高等实际问题，突破关键隘口，坚定改革的决心。[①] 改革试点时，做到因地制宜，盲目地要求围绕经验“可复制”、改革“可覆盖”是不切实际的，必须总结试点提炼出共性的、规律性的东西才能推广。通过三方面建设夯实“三变”改革的基础。一是抓好总体规划和统筹建设，抓实项目落地增效。二是完善基础设施建设。三是优化建设农村带头人队伍，积极完善政策激励机制，引导能人、“雁归人才”回流到农村带头创业发展。

推进“三变”改革的深化。首先，要在认识上深化。尤其是进一步明确和强化基层党委、政府的主体责任。其次，在化解法律风险上深化。要坚持依法改革，依照法定程序对“三变”改革相关的法律法规进行适当的调整或修订；再次，在农村集体产权制度改革上深化。[②] 完善农村“三变”改革，改革始终就是一个不断完善的过程。最后做好“三变改革”导向的引领：（1）多种方式宣传，做好引领。按照“蹄疾步稳推进农村‘三变’改革试点工作”总要求，抓好示范建设；主流媒体加大对“三变”改革重要意义、经验做法、典型事例、进展成效的深度宣传；运用农村地方戏曲、民谣、小品等多种方式方法宣讲。（2）运用经济手段，做好引领。探索政府资金、集体资产和公益基金折资入股；提取公司参与市场运行收益部分比例，专用于集体经济组织70岁以上成员的养老分红，让一部分“股东”先受益，彻底消灭“空心村”，逐步实现“产业连体、股权连心”。做实农村集体资产经验管理公司平台，“村公司股份全民持股”和“单个项目股份合作”两种分

① 崔红志．农村“三变”改革的影响因素及政策选择［J］．中国发展观察，2017（22）：40－43.

② 王松柏．“三变”改革与乡村振兴的关联及实践［J］．滁州学院学报，2018，20（6）：25－37.

红方式，新型农业经营主体、涉农行业协会、工商资本参与等产业带动形式以及村公司自主经营、村公司 + 工商资本、村公司 + 股份合作社、村公司 + 股份合作社 + 工商资本等合股联营模式。(3) 突出正面典型，做好引领。宣传打造农村“三变”改革典型，发挥榜样示范作用。开展“三变”科技人才、乡土人才、致富能手、农民企业家评比奖励，激励先进典型，发挥引领辐射作用。

以“三变”改革为突破口加快乡村振兴，关键是抓好各项任务目标落实。一是把农村的“三资”激活起来，发展农村各种经营组织。二是进一步落实完善“三权分置”这一农村土地产权新的制度安排，把农民引入股份合作组织和现代化大市场。三是推动农村一二三产业加快融合、促进城镇化协同发展；四是壮大懂农业、爱农村、爱农民的“三农”工作队伍，为乡村振兴提供人才保障。

三、什么是农村集体经济

什么是农村集体经济？它到底是先进还是落后的经济组织形式？西方经济学的权威辞典对“集体农业”的解释是：“生产资料大部分归集体拥有，农业劳动由‘集体’组织，个人收入由‘集体’分配。集体农业搞得并不好。中国的人民公社、苏联的集体农庄都受到批判。”从当前中国实践出发，通过对大量农村集体经济实践经验的提升，认为目前对集体经济的概念应该更宽泛，不能过于狭隘，将把现实中出现的丰富的实践形式排斥在理论视域之外，不利于我们去总结实践经验，也不利于农村集体经济的发展。农村集体经济改变了过去“集体所有、统一经营”体制一统天下的格局，在家庭分散经营与集体统一经营相结合的双层经营体制基础上，衍生出多种实现形式。具体来说，现阶段至少可以在三个层面上理解农村集体经济：一是与家庭分散经营统分结合的双层经营体制中的集体经营层次；二是社区集体经济组织，大部分情况下，它是与村民委员会、村党支部三位一体的，有时候也可以表现为党政分开、政经分开基础上的单独的经济组织，一般实行“集体所有、统一经营”；三是家庭承包经营基础上形成的农民专业合作组织。①

农村“家庭联产承包责任制”是中国“农民的伟大创举”，我国目前的家庭承包经营由于其最主要的生产资料即土地仍然是归村（组）集体所有，经营权由集体经济组织按户均分包给农户自主经营。仍然属于农村集体经济的范畴，属于农村集体经济的一种最基本的实践形式；用农民的话说，就是“大包干，大包干，直来直去不拐弯，交够国家的，留足集体的，剩下都是自己的”。农民获得了对土地这一生产资料的自主经营权，农业生产的积极性空前高涨，农村生产力得到极大的解放。乡镇企业改制是以建立现代企业制度为总目标，通过改制使企业成为产权清晰、权责明确、政企分开、管理科学的市场经济主体。提起乡镇企业改制，人们就想起股份合作制，然而除了股份合作制外，乡镇企业的改制的形式是多种多样的。对效益较好的乡镇企业，可以采取股份合作制、股份制和有限责任公司制，对效益一般和较差的乡镇企业，可以兼并、出租和转化为私营企业等。农村集体经济包括现在农村出现的各类合作组织。既包括以村或村民小组为单位组织起来的社区集体经济组织；也包括土地集体所有基础上的以家庭承包经营为基础、统分结合的双层经营体制；还包括在家庭承包经营基础上出现的专业合作社和各类专业协会等农民新型合作组织。这三类经济组织形式的发展壮大都属于农村集体经济的发展。截至 2018 年底，全国已有超过 13 万个农村集体经济组织完成了改革，共确认集体成员 2 亿多人，量化资产 6664.7 亿元，累计向农民股金分红 3251 亿元，农村集体经济组织身份得到颁证，

① 崔日明，韩渊源．乡村振兴战略下农村集体经济的发展路径研究［J］．农业经济，2019（5）：6－7.

农民群众在改革中有了更多实实在在的获得感、幸福感（见图6.1）。

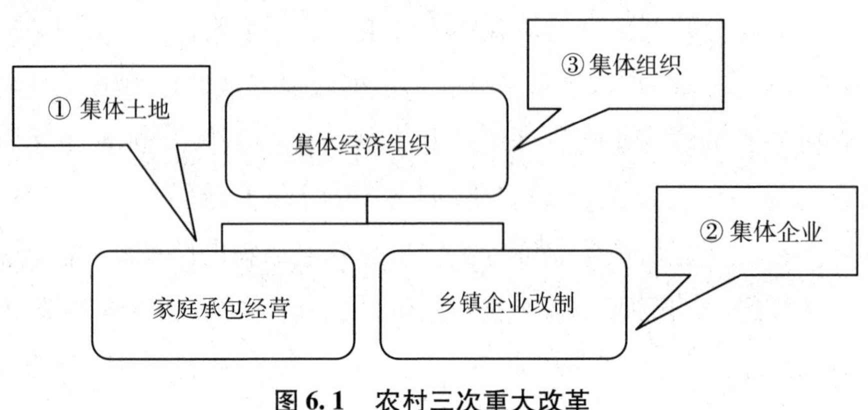

图6.1　农村三次重大改革

当前我国农村集体经济处于“三有三无”的尴尬境地。缺失相关法律和政策扶持。农村集体经济组织相关立法尚不健全，[①] 2017年一号文件指出：抓紧研究制定农村集体经济组织相关法律，赋予农村集体经济组织法人资格。现行的政策不利于集体经济的发展，集体资产在管理上也存在着漏洞。

组织力量薄弱。按理我国乡镇、村、组应当建有党政经三个组织。这是从原人民公社集体经济“三级所有、队为基础”演变而来的，但现在只有村“两委”。

经济基础差。大多数行政村集体资产存量小，经营性资产很少甚至没有经营性资产，可用集体收入少。

从村集体经济收入的构成元素来看，少部分村有资产经营收入、租赁收入，利息收入，大部分村仅靠财政补助性收入和集体土地出让收入度日，入不敷出，村级运转困难。那为什么要发展农村集体经济，主要

① 耿献辉，薛杨晨，方芳．新时代苏南农村集体经济发展观察［J］．综合改革，2017（12）：37－38.

基于以下两点：第一点是解决农村公共开支的需要。农村公共产品是广泛分布于农村地区的、能同时被多人共同消费和使用的产品；第二点是实现农民共同富裕的需要。共同富裕不是同时富裕，也不是同等富裕，而是辖区内没有贫困户，家家都要步入富裕之门。而没有实现共同富裕的根本原因，就在于没有二次分配。

四、什么是产权制度改革

目前，农村集体产权制度改革试点范围已覆盖全国，2019 年基本完成清产核资、2021 年基本完成股份合作制改革。《物权法》明确规定"农民集体所有的不动产和动产，属于本集体成员集体所有"。长期以来，我国农村集体资产产权归属不清晰、权责不明确、保护不严格等问题日益突出，名义上的"集体所有"，往往沦为"国家所有"，甚至是"村干部所有"，作为集体经济组织成员甚至感受不到集体所有制的存在，影响了农村社会的稳定，改革农村集体产权制度势在必行。因此，推进农村集体产权制度改革，就是要把村集体资产的所有权确权到不同层级的农村集体经济组织成员集体，并依法由农村集体经济组织代表集体行使所有权。①

进行产权制度改革时需要把握几点原则。首先是始终把共同富裕作为根本目标；其次，改革的具体细节由农民讨论后再作决定，当地政府在推行制度改革时要在充分尊重农民群众意愿的基础上进行。② 农村集体资产是农民集体所有的，改革过程中要相信农民群众的智慧，支持农

① 郝秀琴．对农村集体产权制度改革若干问题的思考［J］．中国集体经济，2018（20）：43－44.

② 夏英，等．我国农村集体产权制度改革试点：做法、成效及推进对策［J］．农业经济问题，2018（4）：36－42.

民的创造。改革中涉及的重大事项，政府可以给出一些原则性的指导性意见，但最终要让农民自己进行决策和选择。同时在民主讨论时要坚持从各地实际出发，按照因地制宜、先易后难的原则，做到“一村一策”，“一事一策”，不搞“齐步走”，不搞“一刀切”。最后对于争论不休的改革事项可以搁置，先发展壮大集体经济。改革只能在集体经济组织内部进行，制度无论怎么改都要防止外部资本侵占或内部少数人控制，不能把集体经济改弱了、改小了、改垮了，不能让集体资产白白流失了。改革的结果一定是实现集体资产保值增值，这样即保护农民权益，又增加农民的财产性收入。

进行产权制度改革主要分为六步，第一步提出申请，即村两委提交要求改革的申请；第二步清产核资，即弄清家底，确定量化的基础；第三步界定身份，即弄清人口，确定量化的对象；第四步明晰股权，即确定折股量化的方式与方法；第五步推荐代表，即根据股东人数决定股东代表；第六步召开大会，即审议章程选举产生理事监事。农村产权制度改革需要以现代企业制度为依托，现代企业的组织结构有股东代表大会（最高权力机构）、理事会（对股东代表大会负责）、监事会（对股东代表大会负责）。

五、如何培育新时代农村集体经济

我国农村集体资产总量规模庞大，根据最新调查数据显示，全国农村集体账面资产总额3.44万亿元，集体所有的土地资源66.9亿亩。大量的集体资产，如果不盘活整合，把集体资产这个蛋糕做大，就难以发挥应有的作用，不能用来增加农民财产性收入。如果不尽早折股量化、确权到户，把集体资产这块蛋糕分好，就存在流失或者被贪占的危险。总的看，发展集体经济可以是资产租赁型、生产服务型，也可以是企业股份型、联合发展型、农业开发型等多种形式。在实践中，各地一定要在多种联合与合作中寻求发展集体经济的新路径。农业农村部、中央农办将结合推进农村集体产权制度改革，鼓励和支持各地从实际出发来搞好统一的经营服务，盘活用好集体的各种资源资产，鼓励发展多种形式股份合作，进一步创新农村集体经济发展思路，拓宽农村集体经济发展路径，壮大农村集体经济的实力。

（一）存量改革是基础（分蛋糕—解决“婚前”财产问题）

要围绕发展抓改革，抓好改革促发展，切好蛋糕的刀刃就是农村集体产权制度改革。以南京市为例，南京市委市政府出台《深化农村集体产权制度改革的实施意见》，要求构建归属清晰、权能完整、流转顺畅、保护严格的农村集体产权制度，为实施乡村振兴战略提供改革动力。其中，确定集体成员对象，是改革的难点，也是改革成功与否的关键环节。对于身份界定标准以及股权分配机制，南京没有“一刀切”，而是把“游戏规则”交给村民民主协商，并因此形成了“一村一策”。目前，南京大部分合作社的股权管理，采用“量化到人、固化到户、户内继承、社内流转”的模式，户内股份“生不增、死不减”，不因家庭成员户籍、人口变化而调整股权。

（二）增量发展是关键（做蛋糕—实现“婚后”共同富裕）

改革可以促进发展，但不能替代发展。一是利用没有承包到户的集体“四荒”地、果园、养殖水面等资源，结合市场需求，科学规划，集中开发发展现代农业项目，这是增加很多村集体收入的一个重要来源；二是调整优化农村集体经济一二三产业结构。发展种养业的同时利用好人文的、历史的良好生态资源优势发展农产品加工、休闲旅游、电商等二三产业，延长产业链条，多数情况下是跟社会资本合作的，这方面也有很多很好的典型经验；三是创新集体经济的发展模式，实现农村集体发展模式多样化。例如：利用闲置的各类房产设施、集体建设用地等，以自主开发、合资合作等方式来发展租赁物业。目前，大多数村集体像浙江和江苏的主要收入是来自租赁物业；四是整合利用好集体积累的资金。例如：利用政府帮扶资金搞好基础设施建设，将财政支农建设项目与发展村级集体经济结合起来。采用灵活用地置换制度，对村集体经营或参股的其他项目实施税收优惠。村民通过入股或者参股一些企业、村与村的合作、村企联建共建等多种形式来增加集体经济收入。

第三节　调动农户积极性，激活农村发展力

一、农民在乡村振兴中的主体地位

首先明确农民是乡村振兴的受益者。改革开放以来，农民从温饱到实现富裕，但农业经济基础仍然薄弱，加之农民致富的优质产业缺乏，农村脏、乱、差的环境没有实质性改变。面对这样的客观局面，必须认识到乡村振兴的艰巨性和长期性。实施乡村振兴就是为了改变农民生活窘境日积月累努力的结果。其次，实施乡村振兴战略，农民是主力军。乡村要想振兴需要充分调动农民参与乡村振兴的积极性，要充分发挥农民参与乡村建设的主观能动性，让他们发自内心地为之努力。农民作为乡村主要要素土地的承包者和经营者，积极鼓励他们获取信息、参与工作、出谋划策。即“授人以鱼不如授人以渔”，做到凝聚共识一起干，要让农民切实感受到获得感与幸福感。要倾力锻造一支懂技术、有知识、爱农业的农民主力军。乡村的建设要看农民，乡村守护、后续发展也要看农民。打造一支专业化、技能化的农民主力军，就是为乡村振兴安装上一台大功率的“发电机”，不管外部、未来如何变化，乡村都能

在“原住民”的守护、贡献下持续繁荣，动力不竭。最后农民不仅是乡村振兴成果享受着还是风险共担者，乡村振兴的每一步都事关农民利益，不能只有政策没有对策，农民应该深刻体会每个政策实施背后蕴含的原因和可能的风险。

二、农民参与乡村振兴的积极性为何不高

中国农村目前最大的问题却是农村人口大量流失，特别是青壮年劳动力和知识人才和技术性人才的缺失，现今留守农村的大都是“老弱妇幼”。农民参与乡村振兴积极性不高一方面原因就是农民种田积极性不高。导致种田积极性不高的原因有：粮食价格波动。农民“靠天吃饭”。农民主要目标是满足家庭生产，但这并不意味着农民对商品化生产毫无兴趣。当农民通过家庭分工与非农经济收入获得稳定生计来源时，对待土地的态度和行为就会受市场体制的理性法则来支配；[①] 虽有补助，但是门槛高，小规模农户只能享受一些小补贴；农业基础设施薄弱，抵御自然灾害能力差；农村土地流转机制不畅，影响了规模种植效益。要实现乡村振兴，首要的问题就必须提高农民种田的积极性，让更多的农民回归农村，投入到乡村振兴战略中来。另一方面原因是农民自身振兴乡村的意识淡薄、对于乡村振兴战略知之甚少。

目前，农民积极性不高主要体现在三个方面。一是产业入村，但发展未入户。村民虽说对产业发展的期望值高、参与意愿强。自乡村振兴战略实施以来，村庄大量引进产业项目。但租用土地和增加就业等所涉及的农户面比较窄。产业项目在带动农户就业和致富方面的成效不明显。二是环境改善，但治理待提升。无论在村容村貌提升、人居环境整

① 伊庆山．乡村振兴战略下农村发展不平衡不充分的根源、表征及应对［J］．江苏农业科学，2019，47（9）：58－63.

治，还是移风易俗等方面的治理，政府政策的支持力度和村干部的响应程度都是高涨的。但从环境治理过程看，村民参与呈现个体化、分散化的特点，如在环境清扫、垃圾处理等方面，“各家自扫门前雪”的意识较强，村庄公共卫生治理还是主要依靠政府，资金投入、垃圾分类等环境提升工程难以实施。三是党建有力，但自治未激活。在乡村振兴战略进村入户的宣传方面，基层党组织发挥了“先头兵”的作用。但是目前成立村民理事会、议事会等新的村民自治组织的村庄较少，农户参与村民理事会、议事会等组织开展的活动的热情度不高。

三、如何激发农民参与乡村振兴的内生动力

要激发农民的内生动力，首先要实现农民富裕。但是，当前我国粮食种植效益低下，一些农民对种地失去信心，又找不到其他赚钱的可行途径。一些人想返乡创业，却找不到好的创业项目，很难吸引人、钱、物下乡。帮助农村因地制宜发展优势产业，是带动农民致富的关键。[①]其次人才是乡村振兴的关键。推动乡村产业发展，必须有一个好的带头人。现在农村人才外流严重，能干的农民大都外出打工，返乡创业的农民非常少，堪当振兴大任的人才更是少之又少。而没有人才引领，农民们各说各话，很难形成发展合力。从目前来看，发展比较好的乡村，都有一个能干的带头人。如说到江苏华西村，人们会想到曾经的村支书吴仁宝。因此，加强人才管理和培养，帮助农村找到有能力、肯吃苦、能奋斗的带头人，才能带领农民致富。最后，当然还需要政府的有力支持，为发展乡村创造良好的环境和条件。

---

① 高启杰．在乡村振兴背景下审视农业与农村发展［J］．新疆师范大学学报（哲学社会科学版），2019，40（3）：53－63.

四、如何以农民为主体激活农村发展力

（一）通过基础设施和社会服务给农民生产生活提供保障

加快补齐农业基础设施短板，促进城乡基础设施互联互通，推动农村基础设施提档升级。改善农村交通物流设施条件，解决农村物流“最后一公里”问题；加强农村水利基础设施网络建设，提高节水供水和防洪减灾能力，进一步提升农村集中供水率、自来水普及率、供水保证率和水质达标率；构建农村现代能源体系，优化农村能源供给结构、完善农村能源基础设施网络与推进农村能源消费升级。推广农村绿色节能建筑和农用节能技术、产品，大力发展“互联网+”智慧能源；夯实乡村信息化基础，通过深化电信普遍服务给农民提供通信便利，实施数字乡村战略。构建覆盖城乡、普惠共享、公平持续的基本公共服务体系，让农民群众能够享有更好的教育、更可靠的社会保障、更高水平的医疗卫生服务，实现城乡基本服务均等化。优先发展农村教育事业，建立完善义务教育学校建设和装备标准，实现城乡义务教育学校办学条件标准化；按照“保基本、强基层、建机制”的要求，继续加强基层医疗卫生服务体系建设，加快乡镇、村级医疗卫生机构标准化建设和设备提档升级；全面建成覆盖全民、城乡统筹、权责清晰、保障适度、可持续的多层次社会保障体系，建立更加公平更可持续的社会保险制度；逐步建立以居家养老为基础、社区为依托、机构为补充、医养相结合的多层次农村养老服务体系；坚持以防为主，防抗救相结合，结合常态减灾与非常态减灾相统一，全面提高抵御气象、旱涝、火灾等灾害综合防范能力。

（二）提升农村劳动力就业质量，助力农民增收致富

坚持就业优先战略和积极就业政策，健全城乡均等的公共就业服务体系，不断提升农村劳动者素质，拓展农民外出就业和就地就近就业空

间，实现更高质量和更充分就业。大力发展吸纳就业能力强的产业和企业，发展乡村特色产业，拓宽农村劳动力转移就业渠道；健全覆盖城乡的公共就业创业服务体系，提供全方位公共就业创业服务；完善制度保障体系，健全人力资源市场法律法规体系，依法保障农村劳动者和用人单位合法权益。

（三）推进农业绿色发展，持续改善农村人居环境

坚持以建设生态宜居乡村为目标，强化耕地、水资源保护，修复保护田园生态系统，深入实施化肥农药减量增效、养殖投入品规范使用、农业废弃物资源化利用三大行动，推动县域农业绿色发展，争创国家农业可持续发展试验示范区。改善农村人居环境，建设生态宜居乡村，是实施乡村振兴战略的重要任务。以建设美丽宜居乡村为导向，以农村垃圾处理、污水治理、厕所改造和村容村貌提升为主攻方向，打造美丽宜居新乡村。

（四）强化乡村振兴人才支撑，让人才要素活起来

培育新型职业农民，坚持实际、实用、实效原则，紧紧围绕构建现代农业产业体系、生产体系、经营体系和满足一二三产业融合发展需求，大力实施新型职业农民培育工程，建立健全新型职业农民制度；加强农村专业人才队伍建设，围绕农业生产服务、农技推广应用、乡村手工业等重点领域和乡村财会管理等薄弱环节，加大“三农”领域实用专业人才培育；鼓励社会人才投身乡村建设，建立健全激励机制，研究制定完善相关政策措施和管理办法，以乡情乡愁为纽带，引导和支持企业家、党政干部、专家学者、技能人才等，通过下乡担任志愿者、投资兴业、包村包项目、捐资捐物等方式服务乡村振兴事业。

（五）改革完善城乡融合发展体制机制，通过重塑城乡关系使农民获益

加快建立健全城乡融合发展的体制机制和政策体系，更好激发农村内部发展活力、优化农村外部发展环境，推动人才、土地、资本等要素双向流动，激活市场、激活要素、激活主体，为乡村振兴注入新动能。加速农业转移人口市民化，健全落户制度，完善激励机制；深化农村产权制度改革，完善农村承包地“三权分置”制度，推进农村集体建设用地和宅基地制度创新；健全投入保障机制，完善财政投资体制，激发社会投资动力，形成财政优先保障、开拓投资渠道、社会积极参与的多元投入格局；搭建产权交易中心，构建融资平台，服务乡村振兴。

（六）建立农村现代经营体系，培育多元化农民经营主体

巩固和完善农村基本经营制度，构建家庭经营、集体经营、合作经营、企业经营协同发展的新型农业经营体系，培育家庭农场、农民合作社、农业产业化龙头企业、农村集体经济合作组织、农业社会化服务组织等多元化主体，发展多种形式适度规模经营，壮大农村集体经济，完善农业社会化服务，健全利益联结机制，扶持小农户发展。

（七）发展壮大乡村产业，完善紧密型农民利益联结机制

始终坚持把农民更多分享增值收益作为基本出发点，创新收益分享模式，健全联农带农有效激励机制。鼓励农民以土地、林权、资金、劳动、技术、产品为纽带，开展多种形式的合作与联合，依法组建农民专业合作社联合社，强化农民作为市场主体的平等地位；加快推广“订单收购＋分红”“土地流转＋优先雇用＋社会保障”“农民入股＋保底收益＋按股分红”等多种利益联结方式，让农户分享加工、销售环节收益；更好发挥政府扶持资金作用，强化龙头企业、合作组织联农带农激励机制。

第四节　建设振兴示范村，打造振兴新模式

一、强化科技支撑能力，打造科技型农业新模式

政府应当把农业科技型园区当作重点进行建设，打造农业科技创新平台基地，吸引越来越多的农业高新技术企业到科技园区落户。农业科技园区，指的是在特定的区域范围内，通过把农业与科技教育、产业与学习研发紧密地结合起来，实现农业生产要素的优化配置，农业科技成果的快速转化，进而逐步实现农业现代化的一种新型发展模式。2018年1月22日，科技部、农业部、水利部、国家林业局、中国科学院、中国农业银行共同制定了《国家农业科技园区发展规划（2018—2025年）》，目的在于进一步加快国家农业科技园区创新发展。规划明确到2020年，构建以国家农业科技园区为引领，以省级农业科技园区为基础的层次分明、功能互补、特色鲜明、创新发展的农业科技园区体系。目前国内已经建设成型且可以借鉴的三个科技园区发展模式有：生产要素型园区。该园区主要指设施农业型园区，适合于初步建设园区，各个方面的基础设施条件尚未成熟时的县市发展科技型农业的方向。如山东寿光国家农业科技园区的发展模式就是以设施农业为主，着力于园区大棚改造与建设、农作物栽培耕作技术设备等基础设施建设，将现代化设施农业的建设放在首位；龙头企业型园区。该园区建设主体正由政府主办转变为由龙头企业主办。产生转变趋势的原因：一方面龙头企业拥有科技成果孵化和辐射示范的主体优势；另一方面，龙头企业也可借助政府的优惠政策实现企业、园区、农民的“三方盈利”，连接三方主体。

例如，四川乐山国家农业科技园区实行“政府引导、企业开发、市场化运作、产业化经营”的运行机制。依靠企业带动创新了技术扩散机制和投融资机制，建立了风险保障体系，成效显著；技术创新型园区。这类园区适合在基础设施建设较为完善，每年的政府投入较为稳定，产学研组织已经成型的科技型农业园区发展方向。例如，广东国家农业科技园区集生产示范、观光旅游、科普教育、商业贸易、技术推广、科技创新“六位一体”。通过对新型职业农民现代农业高新技术的培训学习，对园区名优特品牌和基础设施进行集中建设。

大力加强“智慧农业”建设。智慧农业就是将物联网技术运用到传统农业中去，运用传感器和软件通过电脑平台对农业生产进行操控，使传统农业更具有“智慧”。除了作物生长的温度、湿度等方面的精准感知、作物生产方面控制与决策管理外，从广泛意义上讲，智慧农业还包括农业电子商务信息、食品质量追溯和真伪辨识、农业休闲旅游、农业信息服务等方面的内容。目前，基于物联网等技术的应用，农业领域积累了大量的数据，为大数据应用于农业奠定了基础。从国内国际的发展来看，大数据正在驱动农业发展路径发生变化，可以起到提高农业效率，保障食品安全，实现农产品优质优价的作用，农业大数据蕴含着巨大的商业价值。我国需要吸取国际上先进农业大数据发展经验，结合全国地方实际情况分类分层推进。以美国利用大数据打造精准农业为例分析国际智慧农业的发展态势。大数据让美国农民开始用移动设备管理农场，可以掌握实时的土壤湿度、环境温度和作物状况等信息，大幅度提高了管理的精确性。智能化的农业机械也大大提高了作业质量，例如精准定位使得单粒播比率可以提高到99%。农民可以实时监控播种机的准确率，如果出现大面积异常，可以马上停机，检查纠正播种机。以前，如果播种机出了毛病，农民很难立即发现，而只能接受损失。现在，智能化的农机可根据土地的松软程度，自动调节播种动作。通过全流程的精打细算，精准农业可以极大地节约化肥、水、农药等投入，把各种原料的使用量控制在非常准确的程度，让农业经营像工业流程一样连续地进行，从而实现规模化经营。广西杨翔养殖企业开展智能化养殖模式，建立“未来农场”。采集生猪培育全周期信息、猪场环境信息、人员工作信息、物料配给信息等涉及生猪生产各环节信息，集成上传到智能养猪平台进行操控，在大数据信息的辅助下，实时进行数据采集分析与决策，轻松实现人、猪、物、场各要素数字化管理应用，提高养猪效率，显著降低养猪成本的智能养猪系统。[①]

全面提升种养殖业的创新能力。主要实现途径是加快农业科技成果转化应用，鼓励当地与高校、科研院所合作建立一批专业化的技术转移机构和面向企业的技术服务网络，通过研发合作、技术转让、技术许可、作价投资等多种形式，实现科技成果市场价值。以河北省饶阳县蔬菜产业的创新发展为例，饶阳当地强化了与中国蔬菜协会、中国葡萄协会、科研院所、育种企业等机构合作，并着力引进了一批国内外知名的“育繁推一体化”种苗龙头企业。实现了蔬菜新品种引进、示范与推广，构建了“多品种、多层次”的种苗供应体系，培育了一批具有重大应用前景和自主知识产权的突破性品种。广西扬翔企业在 FPF 模式下深度挖掘基因潜力，一方面引进国外优秀基因，一方面精液配送体系做到精细精确，全过程无毒智能控制提升了猪精的存活率。另一方面通过智能环控设备精准调控，实现了猪舍湿度、温度、二氧化碳和甲烷的完全可控和空气自动净化，保证了新鲜空气在猪舍环境中的流通。扬翔猪业通过开展智能养猪服务、基础产品技术服务和托管服务，引导科技下乡，使养殖户通过科学养猪致富。[②]

①② 中国人民大学乡村振兴案例库。

二、突出品牌引领发展，打造品牌型农业新模式

所谓的农产品品牌就是用来区别其他相同类型生产经营者的标识，品牌就代表了农产品的市场竞争力。《中共中央关于推进农村改革发展若干重大问题的决定》指出："要发展农业产业化经营，促进农产品加工业结构升级，扶持壮大龙头企业，培育知名品牌。"目前，国内农产品品牌发展面临着诸多困境。一方面缺乏集聚的向心力。总结经济发达地区农产品品牌创建的经验，多是规模发展支撑品牌的发展，而不发达的地区农产品品牌开发主要以经营分散的农户为主要依托。品牌加工企业多如牛毛、且规模不大、销售范围较窄、加工附加值较低。一家一户生产农产品，产地分散，产品没有统一的品牌标识，形不成集聚效应，市场竞争力不强。一方面缺乏品牌的影响力。品牌的价值需要知名度和美誉度来支撑。由于农产品需求价格弹性较低，品牌在建设时投入大见效慢。另外，农产品科技含量低且缺乏将特色产品转化为品牌的加工包装环节等问题限制了品牌价值的提升。另一方面缺乏市场的竞争力。尤其在生产条件方面，许多品牌农产品依赖特定的地域特征和自然资源，缺乏这些条件农产品品牌就无所依托，失去根本。

发展品牌农业就是实现农业生产过程的专业化、规模化、标准化，带动农业产业化发展、是实现一二三产业融合的助力剂。发展品牌农业有两大优势：一是能够推进农业产业结构的调整，实现农业由数量型、粗放型增长向质量型、效益型增长转变，是农民增收的重要途径。山东鲜之源企业在打造自己蔬菜品牌的基础上，积极申请了自营进出口权，现已通过危害分析及关键控制点（HACCP）、全球食品安全标准（BRC）、美国食品药品管理局认证（FDA）、德国食品供应商质量体系认证（IFS）、犹太洁食认证等质量体系认证。企业生产严格按照食品典

范和质量体系要求进行，确保产品质量。公司产品优势明显，凭借过硬的产品质量和绿色、环保、安全、无污染等产品优势，企业短时间内在业界赢得美誉度和声望。企业的经营理念意味着好的农产品品牌必须有过硬的质量保证。[①] 二是发展品牌农业也满足农业供给侧结构性改革的必然要求，有助于推广先进的农业技术和理念，引导农业大部分生产要素向品牌产品优化集中配置，全面提高我国农业竞争力。要发展好品牌农业需要注意以下原则：第一，把握好品牌农产品的公共品特性，发展品牌农产品不能脱离原生的土地环境。因为品牌农业是由科技农业、市场需求、民俗文化、资源禀赋和地理位置等因素共同造就的。以地理标志产品为例，该产品受限于光照、地势、人文环境等，有些还受制于产能规模。第二，农产品品牌建设要兼顾周期性、地域性以及更新换代等特点，在不同地区和不同时期，消费者需求并不一致。随着现代化水平的提升，人们需求的不断更新，农产品发展也应该与时俱进。例如饶阳县内画产业园推出了很多书包、钥匙的挂链饰品替代市场上陈旧的内画产品。第三，农产品品牌生产普遍存在科技含量不高的困境，提升产品科技含量并增加产品附加值是有效的途径。否则会造成市场上同类农产品易学易仿，受市场供需影响较大，一旦产品出现质量等问题，品牌保护难。第四，品牌能够带来农产品的溢价，但是农产品价格低而且缺乏这种品牌溢价能力，进而导致经济效益差、农民收入得不到保障。政府应该集中力量打造主导产业农产品品牌，建立农产品的护城河，形成高溢价机制。

我国优质农产品品牌发展之路有两个关键点：一是大力实施农业品牌提升行动，国家集中力量打造以区域公用品牌、企业品牌、大宗农产品品牌、特色农产品品牌为核心的农业品牌格局，加快培育一批具有较

---

① 中国人民大学乡村振兴案例库。

高知名度、美誉度和较强市场竞争力的农业品牌。地方应根据特色产业和资源禀赋大力培育区域公用品牌，引入现代要素改造提升传统名优品牌。以陕西齐峰果业为例，为了在众多猕猴桃区域品牌中脱颖而出，企业以“单品全产业链”为品牌切入点。在基地种植、收购储存、分拣包装、运输销售基础上发力，并着手在猕猴桃果树育苗与单品深加工创新。经过数年发展，现已成为中国果业百强品牌企业；二是持续加强农产品品牌的宣传推介，枣庄峄城石榴园区借助市里组织的农产品博览会、展销会等渠道，宣扬石榴文化，探索搭建了开放式营销服务平台；菏泽鲜之源有限公司通过发展订单农业、网上交易等对接方式，实现了“市场需要什么，我们提供什么，”构建了把线下生产信息资源与线上客户消费需求高效对接的渠道。结合“互联网＋”的营销模式，不断扩大毛豆、秋葵等当地地理标志农产品品牌的传播范围和影响力。通过这一系列的宣传媒介，各地依靠龙头企业和产业园区带动培育发展自主品牌，争创名牌产品、优质产品，积极申请著名商标、地理标志产品等称号，进一步构建品牌保护体系。想要真正把农产品品牌打响，就必须对市场化运行机制进行完善，拓展农产品流通渠道，加强生产和销售的对接，让农产品在消费市场上变得优质优价。

三、壮大优势特色产业，打造特色型农业新模式

每个乡村都有自己的特色产业和民俗文化，只有加快乡村的分类推进发展，加速特色小镇的建设，才能真正做的“一村一品”。村庄分类通俗来讲，就是将不同类的村庄“对号入座”。根据地方不同村庄的发展现状、区位优势、资源禀赋等，按照集聚提升（大搞）、城郊融合（中搞）、特色保护（小搞）、搬迁撤并（不搞）的思路，科学划定村庄类型，避免村庄类型“一刀切”和“齐步走”，各地方在进行村庄分类

时要与城市规划区别开来，分类后的村庄要确保当地村民能够理解、村委能够明确下一步怎么走、乡镇能够易于政府好管。分类好村庄，接下来就要根据每个村的特色产业建设特色小镇，打造特色型农业。这些年在国家乡村振兴大背景下，特色小镇建设方兴未艾。所谓特色小镇是指在按创新、协调、绿色、开放、共享发展理念，结合自身特质，找准优势产业定位，科学进行规划，挖掘产业特色、人文底蕴和生态禀赋，有明确产业定位、文化内涵、旅游特色和社区功能，拥有浓郁地域色彩，富有特色文化的乡民聚集地。

集聚提升类的村庄就是要集中力量增强实力的村庄，需要花大力气去搞的村庄。这类村庄发展规模已经成熟，产业农业发展也比较兴旺，常住人口比较多。这就需要科学确定村庄发展方向，在原有规模基础上有序地进行改造提升，激活产业、优化环境、提振人气、增添活力，保护保留乡村风貌，建设宜居宜业的美丽村庄。鼓励村庄发挥自身比较优势，强化主导产业支撑，实现村庄“专业化”发展。例如：以农耕为主的村庄，要重点结合农业资源禀赋，积极发展农业多种经营，成为延续农耕文明的重要载体；以工贸为主的村庄，要重点提质升级产业，就地吸收农业人口就业；以休闲服务为主的村庄，充分挖掘特色资源优势，完善服务配套设施，强化宣传推介，增强服务类产品的体验性、参与性、融合性，引导促进城镇居民到乡村休闲消费。城市发展的建设规模也在不断扩大，有些城市发展了，而周边的农村却没有跟上发展的步伐。城郊融合型就是将村庄融入城市靠带动增强实力，将城市和乡村相结合共同发展。这类村庄具备成为城市后花园的天然地理优势，一般为城市近郊区的村庄。发展过程中需要综合考虑工业化、城镇化和村庄自身发展需要，最后实现城乡产业互融、基础设施互联、公共服务共享，形态上保留乡村风貌，治理上体现城市水平。引导部分靠近县城的村庄逐步纳入城区范围或向新型农村社区转变。特色保护型就是要保存村庄实力，需要花较小力气去维护村庄建设。一些文化底蕴深厚、人文历史悠久、风貌独特的村庄具备这种特点，例如少数民族特色村寨，这些村庄生态环境优美，非常适合发展乡村旅游，也可以经营餐饮民宿，不过，这样的村庄，保护的力度会比较大，不准乱搭乱建。搬迁撤并型就是没有实力，断壁残垣类的村庄不具有保留价值，不需要花力气去搞。山区的农村因为地理和环境的问题，根本不具备发展条件，因此，那些居住在自然灾害多发、生态环境恶劣地区的农村会被撤并搬迁，另外还有人口流失特别严重的村庄，也会被纳入“撤并搬迁类”。拟搬迁撤并的村庄所在区域，严格限制新建、扩建这些活动。坚持村庄搬迁撤并与新型城镇化、农业现代化相结合，依托新型社区、产业园区、乡村旅游集聚区等适宜区域进行安置，避免新建孤立的村落。搬迁撤并后的村庄原址，因地制宜进行复垦。另外，村庄撤并就要尊重农民意愿并经村民会议同意，不可以强制农民进行搬迁和集中上楼。

纵观特色小镇类型，全国做得好的特色小镇无不都是根据其自身优势，依托其地理区位优势、主导产业、文化特色等发展壮大起来的。如何找到自身优点？那就要准确定位，富有战略眼光，做好自身特点有关的调查研究。乡村重新再做一个东西是不提倡的，一方面脱离了自己的优势容易造成失败，另一方面也会造成资源浪费。建设特色小镇前要立足三个方面。一要立足产业门类，挖掘先进制造类、农业田园类现代服务类案例；二要立足地理区位，挖掘“市郊镇”、卫星型、专业型等特色小镇案例；三要立足运行模式，挖掘在机制政策创新、政企合作、投融资模式上的先进经验。未来，农业特色小镇的发展方向将会更加明确、规范。如何构建一个特色小镇要经历四个阶段：首先是基础材料收集与分析。农业特色小镇的建设坚持因地制宜原则，所做的研究涉及地理区位、产业优势、农林产业发展现状、历史文化、人口结构特征等，研究也应当结合新时代所需求的产业发展情况，科技引领，产业融合创新等。根据已有农业规划的相关政策以及特色小镇的相关政策，分析当地发展农业特色小镇的类型和方向。其次是功能区规划。首先充分考虑当地的民风民俗，原住民的认可度是农业特色小镇得以建设的基础。同时，明确若干的功能区，如景观设计、核心区划定等。再次是产业规划。从产业项目引进上来看，农业休闲体验项目与农业高新项目应成为主导。应与相关部门签好农业特色小镇发展相关协议，如完善初级的基础设施，承诺共同保护和开发资源。同时，形成若干个代表性企业，打造新型农业业态。如：很多小镇以农业为基础，通过三产融合，提升农产品附加值，让小镇周边农民能享受到农产品高附加值环节的利益。最后是运行模式规划。农业特色小镇运用什么样的管理和运行模式是其成功与否的一大因素。政府引导，企业主导的管理模式是目前较有效率的一种方式。农业特色小镇不是传统意义上的行政单位而是创新创业平台，因此要赋予企业更多的管理权和主动权，以点带面。通过整体规划和农业资源整合建设特色小镇，从农业空间布局上和产业协调发展上提出新的要求（见表6.2）。

表6.2　　特色小镇类型概览

农业依托型	农业互联网小镇、桃源小镇、葡萄酒小镇、鲜花小镇、渔港小镇、茶香小镇、稻田艺术小镇等
制造业依托型	传统制造业：工匠小镇、陶瓷小镇、家居小镇、木雕小镇、工艺小镇、纺织小镇、皮革小镇
	高端制造业：智造小镇、汽车小镇、机器人小镇、新材料小镇、航空小镇、无人机小镇
文旅产业依托型	地貌类/气候类/生物类：滨海/滨湖小镇、滑雪小镇、避暑小镇、温泉小镇、氧吧小镇
	社会/人文/历史遗存/科学技术等：文化名城小镇、休闲古城小镇、文创小镇、民族风情小镇、艺术小镇

续表

金融业依托型	基金小镇、金融小镇
信息技术业依托型	互联网小镇、智慧小镇、大数据小镇、信息港小镇
商贸/物流业依托型	电商小镇、物流小镇、会展小镇
健康产业依托型	健康小镇、医疗小镇
X 类型	双创小镇、梦想小镇

四、推动产业深度融合，打造融合型农业新模式

2019 年中央一号文件指出：健全农村一二三产业融合发展利益联结机制，让农民更多分享产业增值收益。此外，农业农村部乡村产业发展司公布了 2018 年全国农村一二三产业融合发展先导区创建名单，全国共 153 个县（市区）入选。狭义上的农村三产融合是指将农产品生产与加工、物流、乡村旅游等有机结合起来，让农民可以获得加工、物流等环节的利润。广义的农村三产融合是苏州在城乡一体化实践中探索出来的。即动员农民土地入股和规整土地，将农业用地用于农业生产；将节约的建设用地指标，异地置换到工业规划区、城镇规划区建房出租；村里取得房屋出租收入后，再回过头来改造旧村庄，发展乡村旅游。

乡村振兴战略是一个复合的政策体系，在这个体系中农村一二三产业融合发展是乡村振兴战略的主要抓手。① 通常我们对农业的认识往往局限在农业的产业功能上，忽视了农业本身存在的社会和文化支撑功能。借助乡村自身的环境、文化等特色，通过对农村一二三产业的交叉重组以及资源配置优化，真正实现乡村振兴。② 所谓三产融合，何谓三

① 贺雪峰. 关于实施乡村振兴战略的几个问题［J］. 南京农业大学学报（社会科学版），2018，18（3）：19.

② 马晓河. 推进农村一二三产业深度融合发展［J］. 中国合作经济，2015（2）：43.

产？一产一般泛指农业生产，包括特色农业、循环农业、现代化高效农业。2018 年菜博会上十号厅展示的“鱼菜共生”系统，将鱼池中的水过滤后直接提供给蔬菜作为生长的“营养液”，被蔬菜吸收“脱肥”后的“营养液”又流回鱼池供鱼生长，最终达到鱼菜协同共生的目的。二产是“农产品加工业”，是以农业物料、人工种养或野生动植物资源为原料进行工业生产活动的总和，从当前我国农产品加工的品种类别来看，国内产品种类较少，品种单调。三产是“农业相关服务业”，拓展延伸农产品功能和提升附加值，如农业观光、科普教育、品牌展示等，近年来农家乐发展愈加壮大。

“1 +1 +1 =3”还是“1 +2 +3 =6”？农业一二三产业的融合目前尚处于一个探索阶段，很多地方尚且还处于简单的一二三产业共存状态，即“1 +1 +1 =3”。三产融合目前很多农村对于三产融合还是浅显的排列理解，产业园里种、养、加、销、游，看似齐全，却是各司其职。在 20 世纪 90 年代，日本农业专家今村奈良臣，针对日本农业面临的发展窘境，首次提出了“第六产业”的概念，源于“1 +2 +3”等于 6，“1 ×2 ×3”也等于 6 的想法。即通过鼓励多种经营，不仅种植农作物（第一产业），而且从事农产品加工（第二产业）与销售农产品及其加工产品（第三产业），以获得更多的增值价值。三产融合方式有很多：“1 +3”融合：服务业向农业渗透，例如利用互联网优势，尤其是近段时间以来的阿里巴巴“千县万村”计划以及京东的“3F”战略，提升农产品电商服务业；“1 +2”融合：利用工业工程技术与设施等改造传统农业，采用机械化、自动化、智能化的管理方式发展高效农业。如智慧农业、植物工厂等；“2 +3”融合：二产向三产拓展的工业旅游业，例如通过创意、加工、制作等手段，把农村文化资源转换为各种形式的产品。“1 +2 +3”融合：农村三产联合开发生态休闲、旅游观光、文化传承、教育体验等多种功能，使三种产业形成“你中有我、我中有你”的发展格局。例如山东省邹城市先后建设了经济林基地，发展各类采摘园、农家乐和精品民宿，打造一二三产业融合发展的综合性园区。袁家村把一二三产业融合发展作为发展农村经济的基本路径，一二三产业融合发展要以农产品终端消费需求为导向，通过产业链一体化整合，最大限度地增加农副产品附加值，促进全产业链条升值，全面提升一二三产业综合效益（见表6.3）。①

表6.3　　　　三生和三产融合内涵产业

三生	生产	种植
		粗加工
		精加工
		市场交易
		教育培训
		文化体验
	生态	自然生态
		文创生态
		旅游生态
		绿色生态
		新能源生态
	生活	购物
		娱乐
		休息
		居住
		餐饮

① 中国人民大学乡村振兴案例。

续表

三产	一产	农业
		林业
		畜牧业
		渔业
		相关服务业
	二产	电力
		燃气、制造业
		加工业
		其他
	三产	交通
		物流
		旅游
		批售
		地产
		金融

打造乡村振兴新载体新模式，以全域创建国家农业公园为目标，整合现代农业产业园、农村产业融合发展示范园、农产品加工园区、农业科技园区、休闲农业和乡村旅游示范基地等建设，打造农村产业融合发展平台载体，促进农业内部融合、延伸农业产业链、拓展农业多种功能、发展农业新型业态等多模式融合发展。三产融合发展需要多个环节配合实现。首先，大力发展农产品加工业，努力延伸产业链条，推动初加工、精深加工、综合利用加工和主食加工协调发展，大力实施农产品加工业倍增行动计划，积极培育农产品加工领军企业和现代农业产业化联合。例如：在菜博会上，山东潍坊赛维绿色科技有限公司与美国医麦科技公司共同签订了总投资 3000 万美元的品维益蔬贝胶囊项目。这一项目填补了寿光蔬菜产业高端产品的空白。益蔬贝胶囊是一种全新的高科技益生菌类食品，保留了活性菌的生物功效及蔬菜中的天然营养素。

将蔬菜做成胶囊标志着蔬菜深加工技术的“跳跃升级”。其次，培育壮大农产品物流业，加快农产品市场体系建设、健全农产品产地营销体系与培育农业现代化供应链主体；最后，培育新产业新业态，尤其积极发展农文旅融合产业、乡村共享经济等新业态，推动科技、人文等现代元素融入农业。国外突破传统农业发展局限的典型国家有日本、美国、法国。它们分别通过农工融合、农商融合、农旅融合新模式来实现传统农业转型升级，打破农业与二三产业间的界限，将生产要素进行跨产业、跨时空的配置。

第五节　本章小结

乡村振兴实施总结有四条路径，这四条路径之间相互交织，共同实现乡村振兴美好蓝图。如果把乡村振兴比作一棵大树的话，那么顶层设计就是树根，是一切乡村工作开展的根基。实施乡村振兴战略的工作要求都是围绕“产业兴旺、生态宜居、乡风文明、治理有效、生活富裕”这五句话20字方针展开的，这是三农工作的顶层设计。地方要落实乡村振兴战略，必须在要明确大的方针战略规划、法规保障、重大行动和工程、全方位制度性供给保障。明确以后就要由五级书记和三农工作队伍上下一起抓乡村振兴，从文化、产业、生态、组织、人才五大方面抓牢。以农民为主体激发乡村的活力是大树的主干，乡村振兴的主体就是农民。农民是乡村振兴的受益者，乡村的建设要看农民，乡村守护、后续发展也要看农民。但是目前，由于种粮收益和农民对乡村振兴了解甚少等因素导致农民参与乡村振兴的积极性不高。但是另一方面也能看到，虽然土地平面资源的开发方面农民积极性受到很大抑制，观念也逐渐淡化，但是空间资源的开发才刚刚开始，这是乡村振兴战略能够调动农民积极性的一个重要的发展走向。真正激发农民想要参与乡村振兴建设的内生动力就是致富，以农民作为主体，从农民致富入手去激活乡村发展力需要多种形式的渠道和途径相互串联，共同作用。

作为大树的分支，三变改革和集体经济的发展是助力乡村振兴的重要形式。六盘水“资源变资产、资金变股金、农民变股东”的发展模式，通过盘活乡村资源，培育新型农村经济组织以壮大农村集体经济，促进农民增收。这种模式为全国欠发达农村地区如何使用农村闲置资源、集体资金和财政资金在扶贫开发和产业发展上提供了很好的经验。同时要想真正培育新时代的农村集体经济，政府需要在存量改革和增量发展两方面入手。存量改革就是构建集体产权制度并确定集体成员对象，而增量发展就是开发现有农业项目来调整优化农村集体经济一二三产业结构，并创新发展集体经济多种模式。最后建设乡村振兴的示范村，打造振兴新模式是乡村振兴战略实施的最终表现形式，形成“一村一品”、欣欣向荣的乡村振兴繁盛景象，这就是这棵大树的树冠。根据国家目前乡村振兴战略规划，新时代乡村要重点打造科技型、品牌型或质量型、特色型、融合型乡村振兴的新模式。科技型农业要以科技园区为依托，推动智慧农业发展，加速农业科技成果的转化。品牌型农业首先要以质量为本，最终是实现农业生产过程的专业化、规模化、标准化。打造品牌型农业需要农业品牌提升行动和品牌宣传推介，品牌的提升要兼顾高知名度、美誉度和较强市场竞争力。农业品牌宣传最重要的是线下生产信息资源与线上客户消费需求高效对接，抓住客户的需求点。特色型农业紧紧围绕国家村庄聚类和特色小镇建设工作展开。融合型农业就是通俗上来讲的打破农业与二三产业间的界限，将生产要素进行跨产业、跨时空的配置。

第七章

乡村振兴实施要点

第一节　产业振兴实施要点

一、产业振兴是基础，多方发力合力推进

（一）优化涉农企业成长环境，培育新型农业经营主体

总的来说，政府要做到的就是优化涉农企业家成长发育的环境，鼓励新型农业经营（服务）主体等成为农业农村延伸产业链、打造供应链、提升价值链、完善利益链的中坚力量。新型农业经营主体、新型农业服务主体的作用举足轻重。他们往往是推进质量兴农、绿色兴农、品牌兴农、服务兴农的生力军，也是带动农业延伸产业链、打造供应链、提升价值链的“拓荒者”或“先锋官”。发展多种形式的农业适度规模经营，也离不开新型农业经营主体、新型农业服务主体的积极作用和支撑带动。这些新型农业经营主体、新型农业服务主体带头人，往往是富有开拓创新精神的涉农企业家或其锥形、各类投资农业农村产业发展的城市企业或其锥形、工商资本带头人或其锥形。企业家往往资金实力

强，发展理念先进，有广阔的市场和人脉资源。不仅可以为发展现代农业、推进农业农村产业多元化和综合化发展，带来新的领军人才和发展要素，还可以为创新农业农村产业的发展理念、组织方式和业态、模式，为拓展和提升农业农村产业的市场空间、促进城乡产业有效分工协作提供更多的“领头雁”。推进乡村产业兴旺，就必须注意发挥企业家的骨干作用。作为广东壹号食品股份有限公司、天地壹号饮料股份有限公司董事长的陈生就是新型经营主体中企业家的代表。陈生返乡决定投资3亿元开展“城乡共荣实验”，商业收益不是陈生的实验发展目标，他的目标在于带动乡亲脱贫致富、促进家乡产业振兴。那么陈生作为企业家如何带动了当地的产业振兴呢？就是采取种养结合方式发展产业，通过引进其“壹号土猪”品牌到官湖村，采取“公司+基地+技术+农户+其他配套服务”标准化、规模化养殖模式，并赠送每户5～10亩荔枝林。实现农民增收、一村一品、整村协调发展；此外，开发民宿升级官湖村为旅游景区，进一步带动官湖村经济发展。① 企业家的带动可能使得整个村的容貌发生翻天覆地的变化。政府要做的就是为企业家返乡创造良好的环境，在资金和政策方面倾斜，积极扶持企业家返乡创业，培育国家级、省级、市级的农业龙头企业，拓展涉农企业经营范围使其覆盖了粮食、蔬菜、畜禽、水产、水果等各个产业，以及各个产业的生产、加工、营销、流通等各环节。

（二）积极推进农业结构多元化，大力发展乡村特色农业

引导督促城乡之间、区域之间完善分工协作关系，科学选择推进乡村产业兴旺的重点发展现代农业是推进乡村产业兴旺的主要内容，但如果说推进乡村产业兴旺的内容只是发展现代农业，则可能有些绝对。至少在今后相当长的时期内，就总体和多数地区而言，推进乡村产业兴旺

① 中国人民大学乡村振兴案例库。

要着力解决农村经济结构农业化、农业结构单一化等问题，提升农业农村经济多元化、综合化发展水平和乡村的经济价值，带动乡村引人才、聚人气、提影响，增加对城市人才、资本等要素“下乡”参与乡村振兴的吸引力。因此，推进乡村产业兴旺，应该采取发展现代农业和推进农业农村经济多元化、综合化“双轮驱动”的方针，二者都应是推进乡村产业兴旺的战略重点。

当然，发展现代农业要注意夯实粮食安全的根基，也要注意按照推进农业结构战略性调整的要求，将积极推进农业结构多元化与大力发展特色农业有效结合起来。推进农业农村经济多元化、综合化，要注意引导农村一二三产业融合发展，鼓励农业农村经济专业化、特色化发展；也要注意引导城市企业、资本和要素下乡积极参与，发挥城市产业或企业对乡村产业高质量发展的引领辐射带动作用。但哪些产业或企业适合布局在城市，哪些产业或企业适合布局在乡村或城郊地区，存在区位优化选择和经济合理性问题。如果不加区分地推进城市企业进农村，不仅有悖于工业化、城镇化发展的规律，也不利于获得集聚经济、规模经济和网络经济效应，影响乡村经济乃至城乡经济的高质量发展。按照推进乡村振兴和区域经济高质量发展的要求，适宜“下乡”的企业应具有较强的乡村亲和性，能与农业发展有效融合、能与乡村或农户利益有效联结，有利于带动农业延伸产业链、打造供应链、提升价值链；或在乡村具有较强的发展适宜性、比较优势或竞争力，甚至能在城乡之间有效形成分工协作、错位发展态势。如乡村旅游业、乡村商贸流通业、乡村能源产业、乡村健康养生和休闲娱乐产业、农特产品加工业、乡土工艺品产销等乡村文化创意产业、农业生产性服务业和乡村生活性服务业，甚至富有特色和竞争力的乡村教育培训业等。当然，不同类型地区由于人口特征、资源禀赋、区位条件和发展状况、发展阶段不同，适宜在乡村发展的产业也有较大区别（见图7.1）。

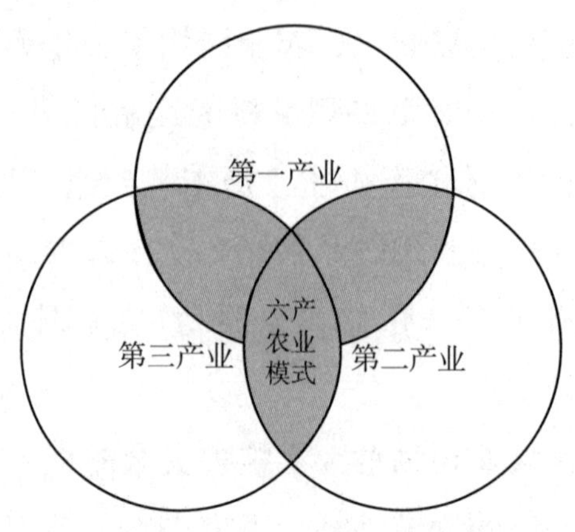

图 7.1　三产融合示意

多元化和综合化适用于宏观层面，专业化和特色化主要是就微观层面而言的，宏观层面的多元化和综合化可以建立在微观层面专业化、特色化的坚实基础之上。通过推进农业农村产业多元化、综合化和专业化、特色化发展，带动城乡各自“回归本我、提升自我”，形成城乡特色鲜明、分工有序、优势互补、和而不同的发展格局。

（三）加强产业兴旺平台建设，促成乡村振兴重要节点

加强乡村产业兴旺的载体和平台建设，引导其成为推进乡村产业兴旺甚至乡村振兴的重要结点。近年来，在中国农业农村政策中，各种产业发展的载体和平台建设日益引起政府重视。如作为产业发展区域载体的粮食生产功能区、重要农产品生产保护区、特色农产品优势区、现代农业产业园、农村产业融合发展示范园、农业科技园区、电商产业园、返乡创业园、特色小镇或田园综合体、涉农科技创新或示范推广基地、创业孵化基地，作为产业组织载体的新型农业经营主体、新型农业服务主体、现代农业科技创新中心、农业科技创新联盟和近年来迅速崛起的农业产业化联合体、农业共营制、现代农业综合体等复合型组织，以及农产品销售公共服务平台、创客服务平台、农特产品电商平台、涉农科研推广和服务平台、为农综合服务平台，以及全程可追溯、互联共享的追溯监管综合服务平台等。这些产业发展的载体或平台往往瞄准了影响乡村产业兴旺的关键环节、重点领域和瓶颈制约，整合资源、集成要素、激活市场，甚至组团式“批量”对接中高端市场，实现农业农村产业的连片性、集群化、产业链一体化开发，集中体现现代产业发展理念和组织方式，有效健全产业之间的资源要素和市场联系。

载体和平台的建设与运营，对于推进产业兴旺甚至乡村振兴的作用是画龙点睛的。如许多地方立足资源优势推进产业开发，到一定程度后，公共营销平台、科技服务平台等建设往往成为影响产业兴旺的瓶颈制约，对于增加的产品供给能在多大程度上转化为有效供给，对于产业发展的质量、效益和竞争力，往往具有关键性的影响。如果公共营销平台或科技服务平台建设跟不上，立足资源优势推进产业开发的过程，就很容易转化为增加无效供给甚至“劳民伤财”的过程，不仅难以实现推进产业兴旺的初衷，还可能形成严重的资源浪费、生态破坏和经济损失。在此背景下，加强相关公共营销平台或科技服务平台建设，往往就成为推进乡村产业兴旺的“点睛之笔”。对相关公共营销平台或科技服务平台建设，通过财政金融甚至政府购买公共服务等措施加强支持，往往可以收到“四两拨千斤”的效果。如：袁家村将村民的发展全面融合到创业平台搭建、股份合作经营、产业融合发展、利益共享的机制与实践当中，合理调节不合理收入，充分调动各方面的积极性，打破农户个体经营的盲目性和分散性。①

（四）推进供给侧结构性改革，坚持质量绿色兴农战略

以推进供给侧结构性改革为主线，按照质量兴农、绿色兴农、服务兴农、品牌兴农要求推进农业农村产业体系、生产体系和经营体系建设推进供给侧结构性改革，其实质是用改革的办法解决供给侧的结构性问

---

① 中国人民大学乡村振兴案例库。

题，借此提高供给体系的质量、效率和竞争力。如前所述，推进乡村产业兴旺，应该坚持发展现代农业和推进农业农村经济多元化、综合化“双轮驱动”的方针。鉴于中国农业发展的主要矛盾早已由总量不足转变为结构性矛盾，突出表现为阶段性供过于求和供给不足并存，并且矛盾的主要方面在供给侧；在发展现代农业、推进农业现代化的过程中，要以推进农业供给侧结构性改革为主线，这是毫无疑问的。2017 年中央一号文件和近年来的许多研究文献都已反复强调这一点。2018 年中央一号文件也就“提升农业发展质量，培育乡村发展新动能”进行了重要的决策部署。

本书强调积极发展农业生产性服务业和涉农装备产业的重要性与紧迫性。关于发展农业生产性服务业及借此促进小农户和现代农业发展有机衔接的问题，笔者曾有专文分析（姜长云，2018 年）。需要指出的是，农业生产性服务业是现代农业产业体系日益重要的组成部分，对于推进农业高质量发展、实现服务兴农具有重要的战略意义。根据世界银行 WDI 数据库数据计算，当前中国农业劳动生产率不及美国、日本等发达国家的 3%，与发达国家差距较大。其原因固然很多，但中国农业装备制造业不发达难辞其咎，成为制约中国提升农业质量、效率和竞争力的瓶颈约束。实施质量兴农、绿色兴农甚至品牌兴农战略，必须把推进涉农装备制造业的发展和现代化放在突出地位。无论是在农业生产领域还是在农业产业链，情况都是如此。乡村振兴战略的重点、难点和基点业装备水平的提高和结构升级，是提升农业产业链质量、效率和竞争力的底蕴所在，也是增强农业创新力的重要依托。近年来，中国部分涉农装备制造企业积极推进现代化改造和发展方式转变，推进智能化、集约化、科技化发展，成为从餐桌到田间的产业链问题解决方案供应商，对于完善农业发展的宏观调控、农业供应链和食品安全治理也发挥了重要作用。在非洲猪瘟肆虐的大背景下，广西杨翔极力推广互联网、物联网、云计算等先进技术的发展，将智能化信息化建设与生猪产业深度融合，开发 FPF 模式。在该模式下，养殖、销售、服务等线上线下结合，提升了生产效率和管理效能。随着智能化信息化进程的不断加快，互联网养猪在未来的 3—5 年之内会有一个很大的发展，因为到那时数据采集已经有了充足的积累，伴随着智能制造的突破，万亿级的市场会迎来爆发。[①] 广西等地的经验（陈锡文，2018 年）表明，特色农机的研发制造和推广，对于发展特色农业往往具有画龙点睛的作用。推进农业农村经济多元化、综合化主要是个发展问题，但在此发展过程中也要注意按照推进供给侧结构性改革的方向，把握增加有效供给、减少无效供给和增强供给体系对需求体系动态适应、灵活反应能力的要求，创新相关体制机制和政策保障，防止"一哄而上""一哄而散"和大起大落的问题；要注意尊重不同产业的自身特性和发展要求，引导乡村优势特色产业适度集聚集群集约发展；或依托资源优势、交通优势和临近城市的区位优势，实现连片组团发展，提升发展质量、效率和竞争力，夯实其在推进乡村产业兴旺中的结点功能。

二、产业振兴新载体，发展壮大乡村产业

当前，我国正处在工业化、信息化、城镇化和农业现代化同步发展的关键时期。随着资源环境压力的不断加大，以及农业劳动力的结构性变化，必须大力发展现代农业，逐步推动农业发展方式转变，以保证主要农产品有效供给、农民持续增收，实现农业可持续发展。众所周知，发展现代农业，一靠政策、二靠科技、三靠投入、四靠市场。因此，探索创建农村产业新型载体，将四大要素有机联结、有效整合，打造农业

① 中国人民大学乡村振兴案例库。

农村科技创新的新高地、科技与产业融合发展的大平台、各类创新要素紧密结合的好载体，推动农业科技领域产学研用深度融合，为实现农业高质量发展提供支撑，使之成为农业农村现代化发展的有效抓手，具有很强的现实意义。

田园综合体、特色小镇和现代农业产业园，就是基于这样的基本认识，借鉴新型城镇化和工业化发展理念，融合城市综合体、工业产业区等概念提出来的现代农业发展的新型载体形式。新载体新模式能够有效加速乡村产业融合发展，这恰恰是发展壮大乡村产业，实现“产业兴旺”目标的必由之路。

（一）田园综合体

田园综合体是在城乡一体化格局下，工业化、城镇化发展到一定阶段，顺应农业供给侧结构性改革、生态环境可持续、新产业新业态发展，以现代企业经营管理的思路，利用农村广阔的田野，以美丽乡村和现代农业为基础，融入低碳环保、循环可持续的发展理念，保持田园乡村景色，完善公共设施和服务，实行城乡一体化的社区管理服务，拓展农业的多功能性，发展农事体验、文化、休闲、旅游、康养等产业，实现田园生产、田园生活、田园生态的有机统一和一二三产业的深度融合，为中国农业农村和农民探索一套可推广可复制的、稳定的生产生活方式。2017 年中央一号文件明确提出，支持有条件的乡村建设以农民合作社为主要载体、让农民充分参与和受益，集循环农业、创意农业、农事体验于一体的田园综合体，通过农业综合开发等渠道开展试点示范。这不仅是中央在新形势下对农业农村发展的重大政策创新，也是赋予农业综合开发的重要任务。

1. 准确把握田园综合体的建设理念

突出“为农”理念，坚持姓农为农，广泛受益。建设田园综合体要以保护耕地为前提，提升农业综合生产能力，在保障粮食安全的基础上，发展现代农业。突出“融合”理念，坚持产业引领，三产融合。田园综合体体现的是各种资源要素的融合，核心是一二三产业的融合。一个完善的田园综合体应是一个包含了农、林、牧、渔、加工、制造、餐饮、仓储、金融、旅游、康养等各行业的三产融合体和城乡复合体①。要通过一二三产业的深度融合，带动田园综合体资源聚合、功能整合和要素融合，使得城与乡、农与工、生产生活生态、传统与现代在田园综合体中相得益彰。突出“生态”理念，坚持宜居宜业，三产统筹。生态是田园综合体的根本立足点。要把生态的理念贯穿到田园综合体的内涵和外延之中，要保持农村田园生态风光，保护好青山绿水，留住乡愁，实现生态可持续。要建设循环农业模式，在生产生活层面都要构建起一个完整的生态循环链条，使田园综合体成为一个按照自然规律运行的绿色发展模式。突出“创新”理念，坚持因地制宜，特色创意。田园综合体是一种建立在各地实际探索雏形基础之上的新生事物，没有统一的建设模式，也没有一个固定的规划设计，要坚持因地制宜、突出特色，注重保护和发扬原汁原味的特色，而非移植复制和同质化竞争。突出“持续”理念，坚持内生动力，可持续发展。建设田园综合体不是人工打造的盆景，而是具有多元功能、具有强大生命力的农业发展综合体，在各建设主体各有侧重、各取所需的基础上，为农业农村农民探索出一套可推广、可复制、可持续的全新生产生活方式（见图 7.2）。

2. 田园综合体的功能区域

从田园综合体应具备的功能区域看，主要包含产业、生活、景观、休闲、服务等区域，每一区域承担各自的主要职能，各区域之间融合互动，形成紧密相连、相互配合的有机综合体。一是农业产业区。主要是从事种植养殖等农业生产活动和农产品加工制造、储藏保鲜、市场流通

① 卢贵敏．田园综合体试点：理念、模式与推进思路［J］．地方财政研究，2017（7）：8－13.

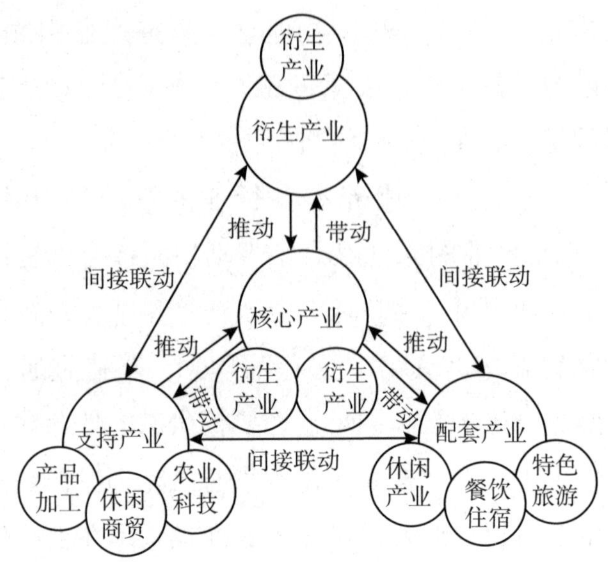

图 7.2　田园综合体运营模式

的区域，是确立综合体根本定位，为综合体发展和运行提供产业支撑和发展动力的核心区域。二是生活居住区。在农村原有居住区基础之上，在产业、生态、休闲和旅游等要素带动引领下，构建起以农业为基础、以休闲为支撑的综合聚集平台，形成当地农民社区化居住生活、产业工人聚集居住生活、外来休闲旅游居住生活等 3 类人口相对集中的居住生活区域。三是文化景观区。以农村文明为背景，以农村田园景观、现代农业设施、农业生产活动和优质特色农产品为基础，开发特色主题观光区域，以田园风光和生态宜居，增强综合体的吸引力。四是休闲聚集区。是为满足城乡居民各种休闲需求而设置的综合休闲产品体系，包括游览、赏景、登山、玩水等休闲活动和体验项目等，使城乡居民能够深入农村特色的生活空间，体验乡村田园活动，享受休闲体验乐趣。五是综合服务区。指为综合体各项功能和组织运行提供服务和保障的功能区域，包括服务农业生产领域的金融、技术、物流、电商等，也包括服务居民生活领域的医疗、教育、商业、康养、培训等内容。这些功能区域之间不是机械叠加，是功能融合和要素聚集，以功能区域衔接互动为主体，使综合体成为城乡一体化发展背景下的新型城镇化生产生活区。

3. 田园综合体国内探索的主要模式

近年来，全国各地立足当地实际，以农业产业为支撑，以美丽乡村为依托，以农耕文明为背景，以农旅融合为核心，探索建设了一大批具有田园综合体基础和雏形的试点和亮点，模式不一，特色各异，取得了良好成效和有益经验。结合近期调研情况，这些探索试点主要包括以下几种模式。

优势特色农业产业园区模式。该模式是以本地优势特色产业为主导，以产业链条为核心，从农产品生产、加工、销售、经营、开发等环节入手，打造优势特色产业园区，以此为基础，带动形成以产业为核心的生产加工型综合体。

比如四川省青神县依托当地竹产业，打造竹林湿地公园、竹编产业孵化园、中国竹艺城国际博览园等，延伸产业链条，形成聚集竹种植、加工、销售于一体，旅游、电商、文娱完整产业链条，促进农民增收。文化创意带动三产融合发展模式。该模式是以农村一二三产业融合发展为基础，依托当地乡村民俗和特色文化，推动农旅结合和生态休闲旅游，形成产业、生态、旅游融合互动的农旅型综合体。

比如四川省浦江县明月国际陶艺村，依托7000亩竹笋园、3000亩茶园，发展以陶艺为核心的乡村旅游创客示范基地，吸引文化艺术类人才入驻，配套建设书院、客栈、茶吧、民宿等文化和生活服务设施。都市近郊型现代农业观光园模式。该模式是利用城郊区位独特优势，以田园风光和生态环境为基础，为城乡居民打造一个贴近自然、品鉴天然、身心怡然的聚居地和休闲区，领略和感受农耕文明和田园体验，形成一个以休闲体验为主要特色的生活型综合体。

比如江苏省无锡市田园东方综合体，位于无锡市近郊的惠山区阳山镇，总面积6200亩，集现代农业、休闲旅游、田园社区等产业为一体，倡导人与自然的和谐共融和可持续发展。该项目对村里老房子进行修缮保护成为特色民居，对村庄内的古井、池塘和古树进行保护开发，配套建设田园风光，打造了一个世外桃源般的休闲体验地。农业创意和农事体验型模式。该模式依托当地农业生态资源，创新乡村建设理念，以特色创意为核心，传承乡土文化精华，打造青年返乡创业基地和生态旅游示范基地，开发精品民宿、创意工坊、民艺体验、艺术展览等特色文化产品，发展新产业新业态，构建以乡土文明和农事体验为核心的创意型综合体。

比如安徽禾泉农庄农事体验项目以作物采摘为主旋律，作物种植、农具使用等体验项目为辅音。禾泉农庄手工创意坊是禾泉民俗文化做得最具特色的一站。手工创意坊包括紫砂坊、陶艺坊、纸苫坊、扎染坊、遇见咖啡烘焙坊五间作坊，作坊里面内容丰富、表现形式多样。构建了以民俗文化和农事体验为核心的创意型综合体。①

这些综合体模式体现了因地制宜、百花齐放的理念和特色，在当地都形成了较大的影响力，对于当地壮大产业实力、农民广泛受益、生态良性循环和城乡一体发展都发挥了积极作用，在实践探索上积累了有益经验，为建设更高水平的田园综合体提供了样本和借鉴。同时，在这些田园综合体中也存在一些短板和瓶颈，比如，有的单纯突出产业发展，对于田园综合体的整体把握和理念认识还不够全面，没有统筹考虑宜居宜业的要求；有的没有强调姓农为农，项目布局和业态发展上与农业未能有机融合，单纯将田园村落作为项目落地背景陪衬；有的过于依赖工商资本主导，农民及农民合作社的参与还不够充分，集体组织资产在外来资本涌入时发挥作用不足，企业、合作社与农民在利益分享机制上还

① 中国人民大学乡村振兴案例库。

不够健全。我们要在探索实践中提升理念认识，在因地制宜、突出特色的基础上，精准定位、聚集要素、健全功能、补齐短板，坚持用全面、统筹、可持续的观念和方法，建设理念领先、要素齐全、功能多样，具有示范引领效应的高水平田园综合体。

4. 推进田园综合体建设要重点把握的几个问题

在建设定位上，要确保田园综合体“姓农为农”的根本宗旨不动摇。田园综合体的建设目标是为当地居民建设宜居宜业的生产生活生态空间，其核心是“为农”，特色是“田园”，关键在“综合”。要将农民充分参与和受益作为根本原则，充分发挥好农民合作社等新型农业经营主体的作用，提升农民生产生活的组织化、社会化程度，紧密参与田园综合体建设并全面受益。在这一方面，要切实保护好农民的几项权益：一是保护农民就业创业权益。田园综合体中的产业要与当地的资源禀赋条件相匹配，以农村现有的产业为基础，并进行优化升级，要给当地农民提供充分的就业和创业的机会和空间，确保农民在综合体建设中全面受益。二是保护产业发展收益权益。农村居民往往受资金、技术、管理等方面的限制，在休闲农业、特色产业发展等方面难以与外地工商资本竞争，要建立有效的利益联结机制，防止本地居民在产业发展和利益分享中被“挤出”，集体资产被外来资本控制。三是保护乡村文化遗产权益。要用历史和发展的眼光保护乡村里的特色民居、遗址、宗祠、寺庙、民俗、非物质文化遗产等，防止过度设计、过度改造和过度开发，在发展乡村旅游中防止民俗文化活动庸俗化。四是保护农村生态环境权益。要把宜居宜业作为田园综合体的鲜明特色，在追求“金山银山”的同时留住“绿水青山”，经济发展规模要在综合体的环境承载能力范围之内，根据经济规模确定合理的建设规模，防止盲目造镇。尤其要强调的是，田园综合体要展现农民生活、农村风情和农业特色，核心产业是农业，决不能将综合体建设搞成变相的房地产开发，也不是大兴土木、改头换面的旅游度假区和私人庄园会所，确保田园综合体建设定位不走偏走歪，不发生方向性错误。

在推进力量上，坚持以农业综合开发为平台，集中相关政策支持合力。要充分发挥有关扶持政策的合力，从基础设施、产业发展、新民居建设、美丽乡村、脱贫攻坚等方面集中支持田园综合体建设。田园综合体试点涉及面广，投入大、建设期长。要发挥地方政府主导作用，强化与相关涉农政策和资金的统筹衔接，把农村生产、生活和生态等各领域的支持政策紧密结合，探索以田园综合体试点为平台，统筹推进生产生活生态领域建设，促进循环农业、创意农业、农事体验等方面发展，拓展农业的多功能性，力争建设一片、成效一片、务求精品。要根据田园综合体建设需要，加强与国土、规划、建设、金融等方面的沟通合作，联合出台相关支持政策文件，全面支持开展田园综合体试点。要充分发挥好政府、企业、村集体组织、合作社、农民等建设主体的作用，坚持以产业链条为主线，以利益联结为纽带，以合作共赢为动力，通过建立科学健全的市场化运行机制，使每一个建设主体都能明确自身定位，主动参与和投入综合体建设，各尽其能、各取所需，形成建设合力。尤其要处理好政府、企业和农民这三方面的利益关系，确保地域得发展、企业得效益、农民得实惠，充分调动各方面投入、建设和运营的积极性。

在建设内容上，重点推进六大支撑体系建设。以农业综合开发为平台推进田园综合体建设，要围绕建设目标、功能定位和模式特色，重点抓好生产体系、产业体系、经营体系、生态体系、服务体系、运行体系等六大支撑体系建设。夯实基础，搭建平台。按照适度超前、综合配套、集约利用的原则，集中连片开展高标准农田建设，加强田园综合体区域内“田园＋农村”基础设施建设，整合资金完善供电、通信、污水垃圾处理、游客集散、公共服务等配套设施条件。突出特色，壮大产业。立足资源禀赋和基础条件，围绕田园资源和农业特色，做大做强传统特色优势主导产业，推动土地规模化利用和三产融合发展，大力打造农业产业集群；稳步发展创意农业，开发农业多功能性，推进农业产业与旅游、教育、文化、康养等产业深度融合，推进农村电商、物流服务业发展。创业创新，培育主体。积极壮大新型农业经营主体实力，完善农业社会化服务体系，通过土地流转、股份合作、代耕代种、土地托管等方式促进农业适度规模经营，优化农业生产经营体系，逐步将小农户生产、生活引入现代农业农村发展轨道。培育和开发农业的多功能，促进绿水青山变为金山银山。绿色发展，改善生态。优化田园景观资源配置，深度挖掘农业生态价值，统筹农业景观功能和体验功能，凸显宜居宜业新特色。积极发展循环农业，充分利用农业生态环保生产新技术，促进农业资源的节约化、农业生产残余废弃物的减量化和资源化再利用。完善功能，强化服务。要完善区域内的生产性服务体系，通过发展适应市场需求的产业和公共服务平台，聚集市场、资本、信息、人才等现代生产要素，推动城乡产业链双向延伸对接，推动农村新产业、新业态发展。集中合力，顺畅运行。确定合理的建设运营管理模式，政府重点负责政策引导和规划引领，营造有利于田园综合体发展的外部环境；企业、村集体组织、农民合作组织及其他市场主体要充分发挥在产业发展和实体运营中的作用；农民通过合作化、组织化等方式参与综合体建设并多重受益。

在实施路径上，要充分发挥市场机制作用，鼓励基层创新探索。田园综合体建设内容丰富，涉及面广，对资金、土地、科技、人才等要素有着较大需求。要坚持以政府投入和政策支持为引领，充分发挥市场机制作用，激发综合体内生发展动力和创新活力。在资金投入上，要改进财政资金投入方式，综合考虑运用补助、贴息、担保基金、风险补偿金等多种方式，提升财政使用效益。积极与农行、农发行、国家开发银行等金融机构对接合作，通过“财金融合”等方式创新投融资机制，充分发挥财政与金融资本的协同效应。田园综合体建设主体多元，不同的利益诉求决定了建设资金来源渠道广泛多样，要通过财政撬动、贴息贷款、融资担保、产权入股、PPP 等模式，引入更多的金融和社会资本。要创新土地开发模式，按照2017 年中央一号文件提出的“完善新增建设用地的保障机制，将年度新增建设用地计划指标确定一定比例，用于支持农村新产业、新业态的发展，允许通过村庄整治、宅基地整理等节约的建设用地，通过入股、联营等方式，重点支持乡村休闲旅游、养老等产业和农村三产融合的发展”等政策要求，完善新增建设用地的保障机制，探索解决田园综合体建设用地问题。在完善科技支撑、吸引人才聚集、发展新产业新业态、健全运行服务体系等方面，也要坚持以市场机制为主，配合相关政策支持，使综合体走上充满活力的良性发展轨道。要积极鼓励基层和市场主体，以田园综合体为平台，在运行机制、管理方式、业态形式、建设模式等方面进行探索，用创新的办法解决建设过程中遇到的问题和瓶颈。注重田园综合体建设经验积累和规律总结，为全面推开试点奠定基础。

（二）现代农业产业园

通过“建立健全城乡融合发展体制机制和政策体系，加快推进农业农村现代化”实现“产业兴旺、生态宜居、乡风文明、治理有效、生活富裕”的振兴乡村目标，是十九大提出的强国富民重大战略之一。在20 字方针的五大目标中，最为核心的是让乡村居民特别是乡村中从事农业的居民生活富裕起来，而实现生活富裕的前提是产业兴旺，切实缩小农业劳动生产率和非农行业劳动生产率的差距。因此，建立健全城乡融合发展体制机制，真正实现农业农村优先发展，就必须慎重考虑在城乡之间要素的自由流动。

事实上，2017 中央一号文件对于优化要素供给，在抓手、平台和载体的建设方面，都给予了格外重视和关注，主要体现在着力推进建设

"三区、三园、一体"。其中"三园"指的是现代农业产业园、科技园和创业园，现代农业产业园主要是聚集现代生产要素，形成现代农业产业集群；科技园是富集创新要素，打造现代农业创新高地；创业园是强调返乡创业中"人"的要素，给人才提供必要的平台，助力打造"懂农业、爱农村、爱农民"的乡村振兴队伍。因此，从这个意义上来讲，中央一号文件提出的"三园"，事实上就是推进乡村振兴战略，实现优化要素供给，最终实现城乡融合发展的路径和抓手。

关于推进现代农业"三园"建设的关键举措，概括为以下三点：第一点，在推进现代农业产业园建设中，要避免产业同质化增产不增收，提高农业产业园区补贴的效率，延长产业链、把产品变成商品，最大程度实现劳动供需信息最大化[①]。第一，坚持"特色打头，生态优先"的原则，避免各园区盲目发展同类农业产业。建立各地现代农业产业园区联盟，搭建园区负责人联席会议制度，各地涉农相关部门做好产业引导、信息服务工作。根据园区联盟自评自议，对区域现代农业发展进行科学的规划布局，既要注重把发展特色产业作为龙头引领，也要注重利用现代农业技术来实现传统农产品的提质增效。此外，要兼顾"规模化与特色化"，即适度规模发展。既要避免各园区盲目发展同类农业产业，造成产业同质化增产不增收，也要避免"一园区一品甚至一园区几品"带来的小而杂，无法形成有效的市场。第二，采用结果导向、多次验收的方式，提高农业产业园区补贴效率。农业产业园的补贴实行"先建后补""以奖代补"机制，以结果为导向，有效避免补贴对象不按规定用途使用资金。考虑到一般农业项目实施周期是3—5年，有关部门应推迟验收时间，保证项目的示范带动作用，避免蒙混过关和短期投资骗补行为发生。为弥补周期过长，降低农业产业园区业主或企业积

---

① 蒲实，袁威．推进乡村振兴应高度重视农业"三园"建设存在的问题［J］．农村经济，2018（3）：5－10.

极性，还应加大补贴力度，增加补贴资金额，或采取分阶段验收的办法。此外，政府部门应该改变当前扶持手段比较单一的做法，可以考虑设立专项发展资金，以无息贷款方式对园区提供小额贷款，扶持园区发展。第三，注重园区加工业、服务业培育，延长产业链，把产品变成商品。大力开展产业关联企业招商，发展主导产品产地初加工和精深加工，完善销售、配送等配套产业，推动主导产业向产前、产后延伸。积极培育新业态，把农产品生产加工与观光、旅游、休闲有机结合，突出地方特色和文化内涵，积极推进“园区变景区、田园变公园、产品变商品、农房变客房”。第四，引导农民成立劳务公司，直接对接园区劳动力需求，最大程度实现劳动供需的信息最大化。借鉴四川省凉山州模式，农业产业园区被流转土地的农民中培养“工头”，工头经政府培训考核后，被“扶正”为劳务公司经纪人。通过“劳务经纪人＋用工企业”“劳务经纪人＋劳务派遣公司＋用工企业”的模式，针对性的对接农业产业园的用工需求，也可在其余时间到其他用工量较大的企业或区域劳作，真正降低农业产业园区“有钱招好工”，当地农民劳动增收。

第二点，明确农业科技园的定位是“农业的研发孵化”，突破农业科技园的人才引进机制，整合管理体制、强化制度建设，坚持以项目为载体、形成对周边农户的技术带。

首先，明确农业科技园的定位是农业领域的研发孵化，真正打造现代农业创新高地。精确定位农业科技园区是农业新技术集成创新的重要基地，吸引高校和科研院所来园区建立科研基地、研发中心，进行技术创新和试验，研发和培育科技含量高、市场需求高、附加值高的新品种，开发农产品保鲜、精深加工及相关配套技术。此外，政府部门精确扶持，发挥农业科技园创新成果转化对现代农业发展的支撑作用，促进科研成果转化，不断孵化出现代农业高新技术企业。

其次，从引进高端人才的角度，政府部门在编制政策上给予倾斜，财务上给予鼓励。招聘的在编科技人员供职于园区的，和县区全额事业单位在编人员享有同样工资待遇，为园区提供专业性技术研发和指导；其次，还要按照科技人才引进标准享受安家费、进一步完善园区配套研发设施的建设等硬件待遇上吸引专业人才来此就业；再次，科技人才享有在同等条件下优先评定职称的优势，公费在外进修专业知识和技能的机会，以个人名义申请国家级、省级和市级科研项目和专利的资格，参与技术入股，使园区发展建设的利益和风险与技术人员进行捆绑的政策等。

再次，整合管理体制，强化农业科技园的制度建设。一是应从园区管理的实际需要，明确国家级园区的归口部门和行政级别，避免多头管理、名不正言不顺；二是适当招聘懂管理、善经营的复合型企业管理人才，并给予配套安置政策；三是针对工作人员日益增多的实际，成立管理委员会，建立健全的员工管理制度，如安全生产制度、考勤制度、值班制度、值宿制度等，使各项工作有章可循、有法可依，达到以制度强化管理的目的。

最后，以项目为载体，强化技术对周边农户的溢出带动作用。一是加强政府政策上、经济上引导和支持，在市场供大于求的情况下给予适当补贴以保障农户的利益，让农户乐于采用先进适用技术、种植先进适用品种；二是通过政府、媒体等多渠道、多层面加大宣传力度，拓展项目合作主体。三是大力开展引进来战略，与省内外的高校和科研院所建立合作关系，与省内外的企业集团建立经营联系，以此将辐射区农户与农业科技成果和市场紧密结合起来，从而加速科技项目实施和转化。

第三点，建立省级农民创业园升级财政专项资金，强力推进农民创业园建设，整合资源，形成多部门合力，构建“一站式”服务平台，形成农民创业园咨询指导联络人制。第一，建立省级农民创业园省级财政专项资金。农民创业园省级财政专项资金主要用于扶持农民创业园

（示范基地）创建区域内的现代农业项目建设，鼓励优势特色产业全产业链生产经营，促进一二三产业融合发展。重点扶持四个方面建设内容公共服务平台建设、农业产业项目建设、园区基础设施建设。专项资金管理应当遵循统一管理、专款专用、注重实效和公平、公正、公开的原则，由省农业厅会同省财政厅负责安排使用和管理。第二，整合多部门资源，避免多部门分散引导，形成农业创业的集聚合力。一是整合创业资源，整合人社、教育、科技、共青团、妇联、民政等各类引导农民创业的部门资源，努力构建农民创业园区“青年＋项目＋资金”三位一体的创业体制。二是打造多元化农民创新创业平台。以创业孵化基地等载体建设为突破口，建立“回家工程”农民创业园，给创业者们提供创新创业平台。三是强化创业培训。突出大学返乡创业毕业生等群体，坚持观念培训和能力培训并重、理论培训和实践训练并举，有效提升劳动者创业成功率。第三，构建“一站式”服务平台，形成农民创业园咨询指导联络人制度。首先，在县区级政务服务大厅设立农民创业窗口，设立农民创新创业总咨询台、农民创新服务区、农民创业服务区、配套服务区、农业“互联网＋”自助服务区等区域，为农民创业者提供一站式、全过程服务。其次，建立农民创业园区咨询指导联络人制度。为所有农民创业园提供创业咨询电话服务，根据农民创业园区申请，经资质审核后配备“经常联络人”，联络人采用上门服务、安排座谈、顾问咨询等方式为农民创业园提供政策指导。

最后一点，着力解决“三园”建设中的共性要素集聚难题，加强协调解决“三园”建设中重点项目的用地问题，强化推进农业人才的引进、落地政策，创新解决“三园”建设发展中的商业贷款难题。

第一，协调解决农业“三园”建设发展中的用地问题。利用列入重大项目的机会，完成涉及“三园”的土地利用总体规划调整，解决关键区域建设用地指标。此外，各地要探索研究集体经营性建设用地入市对破解“三园”用地难题的思路，通过改革的方式解决园区土地资源紧缺的难题。第二，以机制体制创新强化农业“三园”人才队伍建设。首先，高度重视“三园”人才队伍建设，围绕产业发展、立足生产实践，大力实施人才强农战略，搭建人才培养平台，构建人才培养体系，用事业凝聚人才，以实践造就人才。其次，加强“三园”中农技推广人才队伍建设，建立推广人员培训长效机制，加快知识技能更新。再次，从县区级编制中拿出一部分事业编制给农业技术亟须人才，通过事业留人、待遇留人、感情留人并重的方式，切实加强农业人才的集聚。第三，建立“政府+银行+保险”多方参与、风险共担的融资合作模式，助力缓解“三园”融资难问题。调动银行业、保险业等金融机构开展合作信用贷款工作的积极性，县市级提供担保基金，设立担保基金专户，用于“三农”园区及其中农业企业和农户向合作银行申请免抵押和免保证金的贷款。未来逐渐实现，符合产业政策和现代农业发展方向、无任何未解决的法律纠纷和不良信用记录、参加合作农业贷款保证保险等条件的“三园”相关主体均可申请成为贷款对象。

三、产业振兴新业态，实现农业转型升级

新业态的创新发展是现代农业转型升级的必由之路。农业需要转型升级，需要构建更丰富的产业形态。拥有高附加值、高技术含量的农业新业态成为农业核心竞争力的集中体现。农业新业态的“新”，最突出的特征表现为技术的进步、多功能的拓展以及新要素价值的凸显。当前，各地大力发展的农业新业态包括休闲农业、会展农业、创意农业、生物农业、智慧农业、农产品电子商务、农业大数据应用、订单农业、社区支持农业、农村养老服务业、农产品私人定制、生态农业、工厂化农业等。种类繁多的农业新业态，其中如休闲农业、农产品电子商务

等，已经成为推动我国现代农业发展的新亮点，巨大发展潜力已显端倪，有的则在积极探索之中。数据显示，2016 年全国休闲农业和乡村旅游接待游客近 21 亿人次，营业收入超过 5700 亿元，带动 672 万户农民受益，休闲农业已成为促进农民就业增收的重要渠道。全国农产品网络零售交易总额达 2200 亿元，比 2015 年增长 46%，农产品电子商务愈发呈现出高速发展态势①。

（一）农业新业态的内涵与分布特征

近几年，虽然国内对农业新业态的提法日渐趋多，但对农业新业态的概念目前还没有统一的界定。借鉴零售业态、旅游业态等产业业态概念，从业态的原始定义出发，农业业态是指农业产业组织为适应市场需求变化，将生产经营所涉及的多元要素进行组合而形成的不同农产品（服务）、农业经营方式和农业经营组织形式所呈现的形态。山东鲜之源企业为了更深层次开发农产品的附加价值，原料加工升级为调理食品，健康食品，营养食品。以科学技术为指导，研发出面向大众消费者的即食料理产品，从而提升农产的附加价值，适应今后的消费趋向。②由于农产品的多元性、经营方式和组织方式的多样性，通过不同方式的资源组合，可以催生出多种农业业态。在业态的逐步完善、改进和转型升级过程中，融入新的思路或转变新的内容，创造出一些不同于传统业态的农业形态，即农业新业态。对农业新业态内涵的理解应把握五个方面：第一，农业新业态是一个动态概念。经过一段时间高速发展，现在的新业态又不断被未来更新的业态所替代。如现在谈论"互联网+"，再过 10 年可能又有新的提法，互联网或将成为一个过时的名词。第二，不是任何一种业态都可称为新业态。一种新的产业形态可以称为新业

① 陈慈，陈俊红，龚晶，孙素芬．当前农业新业态发展的阶段特征与对策建议［J］．农业现代化研究，2018，39（1）：48－56．

② 根据中国人民大学乡村振兴案例库调研资料整理而成。

态，必须具备一定的规模性和形成稳定发展态势。打破传统，不同以往，即“新”；具有一定的经济规模，即“业”；形成稳定的发展态势，即“态”。第三，新业态产生是产业发展的内在规律，是一种必然的经济现象。农业新业态的产生是传统农业由低级向高级阶段的演进与农业产业结构优化的必然结果。第四，新业态本质上是突破传统农业范式的一种业态创新。这种业态创新表现在：催生出原创性新产业，如生物技术对农业的技术渗透产生了生物农业这一新产业；产生了不同于其他产业的新业态，如农业与旅游业的融合形成了休闲农业与乡村旅游这一新业态；推动业态内部的革新。如将休闲农业与乡村旅游新业态的产品市场细分，满足个性化消费市场需求，产生了特色民宿这个具有发展潜力的新业。第五，新业态发育与所在地区经济技术水平密切相关。

当前，国内农业新业态发展还呈较强的地域性特征：一是东中西部地区差异明显。新业态的发展与经济发展水平密切相关。经济越发达的地区，农业新业态发育越充分。比如，东部地区休闲农业的整体发展水平明显要高于中西部地区。二是城市化成为重要推动力。大中城市周边既有城市的功能，又有乡村的功能，是农业新业态发育比较充分的地区。特别是城市密集的人口和多样的消费需求以及休闲的便利条件为新业态提供了市场支撑。城市化水平越高的地区，农业新业态类型越多样，业态发展越成熟。三是发展空间呈层级结构特征。农业新业态在空间上，从近郊向中、远郊区发展，形成层级结构差别，其主要表现是：在业态类型上，越靠近城市，越接近城市休闲；越远离城市，越贴近生态休闲。

（二）农业新业态的类型与未来趋势

当前，农业正处于转型发展期，衍生出种类繁多的农业新业态，其表现形式丰富多样。依据农业新业态的产生路径，将现有农业新业态划分为五大类别（见表 7.1）。

表 7.1　　农业新业态的主流类型及其表现形式

类别	类型	表现形式	代表性企业或园区
服务型	休闲农业	休闲农庄、乡村酒店、特色民宿、房车营地、市民农园、教育农园、运动公园等	成都五朵金花、北京鹅和鸭农庄、北京张裕爱斐堡国际酒店
	会展农业	会议、展览、展销、节庆活动	北京农业嘉年华
	创意农业	农产品创意、农业动漫创意、农业主题公园创意、节庆活动创意、异域农业文化创意、农食文化创意、医农同根创意等	蓝澜薰衣草庄园、金福艺农番茄联合国
	阳台农业	盆栽园艺、立体农业	北京闲亭苑种植技术公司
创新型	生物农业	生物育种、生物农药、生物肥料、生物饲料、生物疫苗和制剂	大北农集团、山东登海种业股份有限公司
	智慧农业	农业物联网、移动互联	北京密云爱农养殖基地、黑龙江七星农场
	农产品电子商务	农产品电子商务平台、微电商	淘宝、京东、本来生活、密农人家、沱沱工社、北菜园
	农业大数据	云计算、大数据	农信通、信息田园、国家农业科技服务云平台
社会化	农业众筹	农产品众筹、市场众筹	大家种
	订单农业	以流通、餐饮为主的服务型企业向前延伸产业链建立原材料直供基地	呷哺呷哺公司、顺丰优选、阿卡农庄
	社区支持农业	基于互联网的新型社区支持农业、现实版 qq 农场	小毛驴、分享收获、诺亚农场
	农村养老服务业	农村闲置房屋发展养老社区	北京怀柔田仙峪村、密云塔沟村、山里寒舍
	农业社会化服务业	农机合作社、土地托管合作社、植保飞虎队等	北京兴农天力农机服务专业合作社、山东平原县益农土地托管合作社
	农产品私人订制	高端果品定制	北京昌平崔村镇青水果园特级水果定制

续表

类别	类型	表现形式	代表性企业或园区
内部融合型	生态农业	生态农业	上海市崇明区禾偕生产生态园“稻虾鳖蟹共生”、稻田立体混养生产模式
综合型	工厂化农业	工厂化食用菌、工厂化育苗、植物工厂	北京农众物联科技有限公司

资料来源：根据中国人民大学乡村振兴案例库资料整理而成。

1. 服务型农业新业态

通过产业链的横向拓宽，产生了休闲农业与乡村旅游、会展农业、景观农业、创意农业、阳台农业等服务型农业新业态。服务型农业新业态以发挥农业的服务功能为主，推动农业由一产向三产转变。服务型农业新业态的形成主要受市场消费需求的驱动，随着经济社会水平的提高，人们对休闲、教育、养生等休闲消费需求增加，这种需求不仅体现在休闲消费量的剧增，还包括休闲需求层次的丰富和个性化、高端化需求的增加，给服务型农业新业态提供了巨大的市场空间。

休闲农业。休闲农业是利用农业景观资源和农业生产条件，发展观光、休闲、旅游的一种新型农业生产经营形态。可以深度开发农业资源潜力，调整农业结构，改善农业环境，增加农民收入的新途径。当前，休闲农业整体进入成长期，市场竞争逐渐加剧，面临转型升级。目前，休闲农业在我国已呈全面发展态势，产品日渐丰富，规模不断扩大，利润加速增长。但市场远未饱和，未来发展空间仍然很大。预计全国休闲旅游市场将超过 80 亿人次，远高于现阶段年接待 22 亿人次的规模。随着越来越多的主体参与，休闲农业的竞争将逐渐加剧，一些起步早、发展较快的大中城市周边地区，休闲农业发展转型升级已显急迫。

会展农业。农业会展就是有关农业的展览和会议。展览是指各种农业博览会、交易会、订货会、展览会，会议则包括各种农业论坛、洽谈会、交流会等。目前，会展农业增速放缓，市场趋向成熟，总体进入竞争整合阶段。从增长潜力看，未来新开发的农业展会和农业节庆活动数量增速将放缓，整体进入竞争整合阶段，今后发展更多的将是打造会展品牌，增强展会、节庆衍生产品开发以及探索市场化运作模式等。

创意农业。创意农业处于萌芽期，目前多以创意元素的形式融入休闲旅游产品开发中，市场份额小。创意农业包括产品创意、服务创意、环境创意和活动创意等，目前主要以产品创意和活动创意为主。在产品创意方面，主要是通过将产品功能与造型推陈出新或赋予文化新意，使普通农产品变成纪念品，甚至艺术品，从而身价倍增。例如，在长春农博会，农户用数百颗豆子组建出“红旗轿车”。在活动创意方面，主要是指通过定期或非定期举办创意活动，提高消费者体验价值。总体上看，创意农业目前尚未具备较大规模的市场份额，尚未有专门从事创意农业的组织，由打造创意到形成产业，还有很长的路要走。

阳台农业。阳台农业从字面理解就是在阳台空间上搞农业生产，它具有与地面土壤空间所具的所有作用，但从技术角度说，阳台农业所涉技术更趋高新性，栽培模式更趋无土性，生产产品趋观欣赏性与自给性。阳台农业开始走进城市，实行栽培无土化、设备智能化、空间集约化，一些大城市发展较为迅速，部分地区的市场上已出现矮化的番茄、苹果、桃子以及盆栽青菜等，展示了都市型现代农业新形态，满足了市民对美好环境和休闲生活的需求，正逐渐成为市民的一种生活方式。阳台农业目前还处于初期推广阶段，要形成产业，需要解决阳台小气候制约以及适应性设备和技术开发等关键问题。

2. 创意型农业新业态

以现代生物技术、信息技术等为代表的高科技向农业渗透，衍生出生物农业、智慧农业、农业大数据应用等创新型农业新业态。创新型农业新业态的形成主要受技术创新驱动，新技术与农业的融合，落地产业化形成了农业新产业或新业态。

生物农业。生物农业是指运用先进的生物技术和生产工艺栽培各种农作物的农业生产方式。其中包括种植业、林业、微生物发酵工程产业、畜牧业等生产项目。生物农业整体上进入大规模产业化的起始阶段，发展前景广阔。现代生物技术在农业领域推广应用，由此形成了涵盖生物育种、生物农药、生物肥料、生物饲料、生物疫苗和制剂等领域在内的生物农业。近年来，生物农业规模不断扩张，产业不断优化升级。比如，生物疫苗市场规模由 2009 年的 58 亿元增加到 2015 年的 151 亿元，年均增速 22%。到 2020 年，我国生物农业总产值将达到 1 万亿元。

智慧农业。智慧农业就是将物联网技术运用到传统农业中去，运用传感器和软件通过移动平台或者电脑平台对农业生产进行控制，使传统农业更具有“智慧”。除了精准感知、控制与决策管理外，从广泛意义上讲，智慧农业还包括农业电子商务、食品溯源防伪、物流运输、农业休闲旅游、农业信息服务等方面的内容。处于由萌芽期向成长期迈进阶段，大多属于试点示范，大规模商业化应用还需要时间。从生产性、商品性、营利性和组织性方面看，由于技术装备成本高、市场不成熟、规模化和标准化程度低等原因，智慧农业尚未真正实现产业化。

农业大数据。农业大数据是融合了农业地域性、季节性、多样性、周期性等自身特征后产生的来源广泛、类型多样、结构复杂、具有潜在价值，并难以应用通常方法处理和分析的数据集合。农业大数据资源还未找到有效的开发应用模式，整体处于萌芽期。目前，农产品大数据应用比较典型的是京东和淘宝。京东推出“京东大脑”，为消费者带来了个性化、区域化的推荐结果，可帮助不同地区与不同消费习惯的人群获得最适合自己的高品质推荐产品；淘宝推出了农产品电商消费分析平台，商家可以根据以往的销售信息和“淘宝指数”，用可视化图表的方式向用户展现排行榜、成交指数等。目前大数据的开放和交易尚未形成市场的主流形态，加上法律和数据交易机制有待健全，京东、淘宝等交易平台在对外开放交易数据上持谨慎态度。

农产品电子商务。农产品电子商务简称农产品电商，是指用电子商务的手段在互联网上直接销售农产品及生鲜产品，如五谷杂粮、新鲜果蔬、有机食品、地方特产、生鲜肉类等，农产品电商随着互联网的飞速发展，将有效推动农业产业化的步伐，促进农业经济发展，最终实现地球村，改变农产品交易方式。农产品电子商务已进入到成长期的快速推进阶段，同时各种瓶颈正在显现，在平台运营、农产品标准化、仓储物流等方面还有待突破。农产品电子商务近年来快速发展，但电商交易企业的盈利水平普遍不高，多数企业在烧钱铺市场。黑龙江双河农场积极发展电子商务，推出御稻系列、贡米系列、圆粒系列、杂粮系列、长稻香米等 5 个产品系列和大雁、笨鸡蛋、林草生态鸡、龙腾鸿雁等四个畜牧类产品品种。农场在 2018 年 6 月，结合“互联网 +”开展了网络营销系统的微商销售，实现了线上线下资源的有效融合。电商服务为双河农场在产品营销、网络运营等方面提供更加系统化、专业化的服务，确保双河农场畜牧公司在平台 12 万元的年销售额的。不仅利于品牌市场份额的提高，同时为双河积累了电商营销及物流配送的经验。[①]

3. 社会化农业新业态

在城乡统筹发展背景下，社会组织方式变革衍生出农业众筹、订单农业、社区支持农业、农村养老服务业、农业社会化服务业、农产品私人定制等社会化农业新业态。社会化农业新业态的形成主要受社会分工细化以及新的社会组织方式的变革等影响。

---

① 中国人民大学乡村振兴案例库。

订单农业。订单农业又称合同农业、契约农业，是近年来出现的一种新型农业生产经营模式，农户根据其本身或其所在的乡村组织同农产品的购买者之间所签订的订单，组织安排农产品生产的一种农业产销模式。订单农业很好地适应了市场需要，避免了盲目生产。目前订单农业新表现形式主要有两大类，一类是流通、餐饮类服务型企业向前延伸产业链建立原材料直供基地；另一类是企业与农产品基地建立合作模式，将基地作为公司员工购买农产品和休闲体验场所，为公司员工提供内部福利。作为山东曹县的龙头企业，鲜之源企业订单农业发展迅速。企业构建的“公司＋基地＋农户”农业产业化经营模式日益完善。公司按照“订单式生产、保护价回收”模式，采取“六统一”措施（即统一管理、统一供种、统一用药、统一技术指导、统一收购、统一运输），通过与合作社、基地、农户统一签订合同，并且严格参照欧洲良好农业规范（EUREPGAP）模式管理，确保了蔬菜种植基地的规范化和标准化，带动了蔬菜种植产业的发展，达到“农企双赢”的局面。公司现有自属基地1000亩，自备基地6000多亩，种植菠菜、毛豆、绿芦笋等近二十个种类。①

社区支持农业。社区支持农业也称市民菜园，消费者提前支付预订款，农场按需求向其供应农产品，是生产者和消费者风险共担、利益共享的城乡合作新模式。社区支持农业在农民和消费者之间创立了直接联系的纽带，也为消费者获取健康安全的农产品提供了一条可靠途径，有一定商机，需要继续探索完善。

农业生产性服务业。农业生产性服务是指贯穿农业生产作业链条，直接完成或协助完成农业产前、产中、产后各环节作业的社会化服务。目前在农业生产性服务业方面，通过开展农机服务、农技服务、土地托

---

① 中国人民大学乡村振兴案例库。

管、动植物疫病统防统治等，引导农户实现“服务外包”，为解决“谁来种地”“如何种地”等问题提供了出路。农业众筹、农产品私人定制等处于萌芽期。这几类新业态主要服务于特定消费群体，收益率较高，是农业多样化发展的一种新趋势。

4. 内部融合型农业新业态

种植业、水产养殖业、畜牧业等农业内部子产业之间或子产业内部细分的产业之间发生融合，产生了不同于现有生产方式的内部融合型农业新业态，如生态农业、循环农业等。其中，按照生产性、商品性、求利性和组织性的条件，生态农业尚未形成产业，还处于发展模式的探索阶段。主要表现在：一是尚未形成有效需求。与智慧农业一样，生态农业技术装备的应用会提高农业生产成本，对小规模经营的农户来讲，应用的积极性并不高。二是没有产生成熟的市场。以农业废弃物循环利用为例，目前北京市已建立了多座农业生产垃圾处理站，可对农作物藤蔓、秸秆进行粉碎、杀菌处理，之后转化成为有机绿肥还田。但上述农业生产垃圾处理站多处于项目支持下的技术研发和示范应用，真正有大量供需双方参与并自由交易的多级市场还没有最终形成。三是生产主体规模小，且知名的大型农业废弃物循环利用技术设备生产制造商较少。

5. 工厂化农业新业态

现代技术集成应用衍生出工厂化农业等综合型农业新业态。综合型农业新业态通过技术的集成应用，使农业生产呈现类工业化属性，推动农业高效集约生产。工厂化农业新业态以植物工厂最为典型。植物工厂是现代设施农业发展的高级阶段，是一种高投入、高技术、精装备的生产体系，集生物技术、工程技术和系统管理于一体，使农业生产从自然生态束缚中脱离出来按计划周年性进行植物产品生产的工厂化农业系统。植物工厂是工厂化农业的高级阶段，尚处于萌芽期。大型植物工厂现阶段主要用于科研单位的试验研究和示范，部分学校等单位也引进小型植物工厂用于科普展示。目前，奥地利、丹麦、美国、日本等先后建立了一批植物工厂，用于试验研究和示范，为工厂化农业展现了美好前景。

整体上看，虽然农业新业态在我国已现多发态势，但仍普遍存在发展水平不高、农民就业增收带动不强、基础设施建设滞后、市场监管缺失等问题。因此，培育壮大产业振兴新业态，需进一步明确农业新业态培育的原则，坚持创新驱动、需求导向、城乡互促和体制创新，加大基础设施和公共服务支撑，探索建立紧密型利益联结机制，加强农业新业态市场监管与规范，为实现乡村产业新业态“遍地开花”新格局奠定坚实的基础。

第二节　人才振兴实施要点

一、人才振兴是关键，打造多维度精英体系

乡村振兴，人才为要。人才是乡村振兴各个体系的实施主体，是乡村振兴的关键和基石。党的十八大以来，习近平总书记站在党和国家事业发展全局的战略高度，多次对农业农村人才发展作出重要指示，强调农村经济社会发展，说到底，关键在人；农业农村人才是强农兴农的根本，要加强农业科技人才队伍建设，重点是提升基层农技人员素质，就地培养更多爱农业、懂技术、善经营的新型职业农民。总书记指出的乡村振兴五个具体路径中，人才振兴占据重要地位。产业兴旺、生态宜居、乡风文明、治理有效、生活富裕，每一个方面，都离不开人才的重要作用。在现代化经济体系建设背景下，乡村振兴人才建设面临着机

遇，也存在巨大挑战，包括面临着“跳农门”整体意识下的“人才出走问题”，城市“抢人大战”下对乡村人才“虹吸效应”，乡村产业无法承载村民生存和发展的“挤出效应”等。正视乡村人才困局，有针对性地构建乡村人才动力机制、能力机制和保障机制在内的人才建设综合机制，是当前实现乡村振兴的迫切需要。

二、采取五大举措，强化乡村振兴人才支撑

乡村振兴不但需要“钱”，实际推动过程中还需要“人”，要完成乡村振兴这个宏大战略就要汇聚全社会力量，强化乡村振兴的人才支撑。中央一号文件在五个方面作出政策部署：一是大力培育新型职业农民，全面建立职业农民制度，实施新型职业农民培育工程。二是加强农村专业人才队伍建设，特别是扶持培养一批农业职业经理人、经纪人、乡村工匠、文化能人和非遗传承人等。三是发挥科技人才支撑作用，全面建立高等院校、科研院所等事业单位专业技术人员到乡村和企业挂职、兼职和离岗创新创业制度。四是吸引支持企业家、党政干部、专家学者、医生教师、规划师、建筑师、律师、技能人才等，通过下乡担任志愿者、投资兴业、包村包项目、行医办学、捐资捐物、法律服务等方式服务乡村振兴事业。五是创新乡村人才培育引进使用机制，包括多种方式并举的人力资源开发机制，城乡、区域、校地之间人才培养合作与交流机制，以及城市医生教师、科技文化人员等定期服务乡村机制。一方面要培养造就一支懂农业、爱农村、爱农民的“三农”工作队伍，培育新型职业农民和乡土人才在培养人才方面，要突出重点，长短结合。近期看，企业经营管理人才（致富带头人）、职业农民、村干部，是引领性强、带动力大、需求量多、作用期长的三类关键性人才，应着力强化工作力度。培训的选择对象人群，重点应是涉农企业管理人员、

返乡农民工、退伍军人等。人才培育，尤其是企业经营人才（创业人才），要有广种薄收思维，不能急功近利；要努力提供宽松的人才成长政策环境，提供宽阔的培养培训平台，并且结合着实践进行培养扶持。在激励方面，要市场激励和政策激励相结合。要努力按照人才对社会的贡献，提供酬劳。要特别尊重技术人才和管理人才的重大作用和重要贡献，依法依规，切实保护好人才智力劳动的合法所得。在本质上，这也是最重要的保护人才措施。① 另一方面要以更加开放的胸襟引来人才，用更加优惠的政策留住人才，用共建共享的机制用好人才，掀起新时代“上山下乡”的新热潮。在引进人才方面，要不拘一格，重在实效；不求所有，但求可用。从国内外引进人才，应不拘某一具体形式。能够全职引进，自然最好；柔性引进（每年几个月的兼职性聘任），也是适当的形式；就某个具体项目或者某项具体工作，例如进行县域的产业规划和村镇建设规划，临时性聘请外部专家，可能更是常见的有效方式。引进人才，本质上是对新思想、新技术、新方法的引进，是让外部智力为各地乡村振兴的实践服务。通过引进人才，也能够带动和培育本土人才。在使用人才方面，要人尽其能，提供平台；用其所长，宽松包容。尤其是各种专业人才，通常个性特点较强，对他们，不能求全责备，而是要创造和提供宽松的氛围，尽可能让他们充分发挥出做好事业的潜能。

三、明确农村人才工作的方向，统筹抓好农村“六支人才队伍”建设

贯彻落实党的十九大精神，做好新时代农业农村人才工作，要以习近平新时代中国特色社会主义思想为指导，坚持党管人才原则，紧紧围

① 韩长赋：加强新时代农业农村人才队伍建设为乡村振兴提供人才支撑［N］. 农民日报，2019－2－28.

绕实施乡村振兴战略，坚定不移地实施人才强农战略，深入推进农业农村人才发展体制机制改革，按照“高端引领、分类开发，示范先行、整体推进”的原则，努力培养造就一支懂农业、爱农村、爱农民的农业农村人才队伍①。目前，全国农村实用人才总量突破2000万，其中新型职业农民超过1500万，全国农业科研人才总量达到62.7万，农技推广机构人员近55万。2019年2月28日，农业农村部召开农业农村人才工作座谈会。农业农村部部长韩长赋在会上强调，各级农业农村部门要从实施乡村振兴战略、加快农业农村现代化，促进农业全面升级、农村全面进步、农民全面发展的高度，深刻认识新时代加强农业农村人才队伍建设的重要意义，切实增强做好人才工作的责任感使命感，围绕乡村人才振兴目标，坚定不移地推进人才强农战略，做好新时代农业农村人才工作，不断强化乡村振兴的人才支撑。加强新时代农业农村人才队伍建设是促进农业全面升级的现实需要，是推动农村全面进步的客观要求，是实现农民全面发展的重要举措，意义十分重大。

（一）（机关）党政人才

机关党政人才是指在国家机关、群团组织以及参照公务员法管理的事业单位中从事行政管理或事务管理工作，具有一定知识或技能，取得一定工作业绩，得到群众认可的公务员。这类人才的范围有各级党委、人大、政府、政协、两院机关、群团组织，以及参照公务员法管理的事业单位中的公务员。比较典型的是西湖李家公务员型乡贤返乡带动乡村振兴案例，在2010年的转折点，曾任南昌市市长的李豆罗市长退休返乡并带动黄华明、李旺根、李衍庄等离退休人员一同参与到西湖李家的建设中来，这四位老人成立了村民理事会，不拿任何报酬，致力于协助政府管理、建设西湖李家。采取“政府+公务员乡贤”共同治理模式，

① 刘易平，卢立昕．回乡村去——培育“两爱一懂”农村人才背景下潘光旦乡土教育思想的当代意义［J］．北京青年研究，2018，27（1）：16－26.

政府与乡贤二者相互协调并建立了稳固的信任关系，镇政府、村委会将上级传达的命令传达给以李豆罗为核心的乡贤理事会，能够由乡贤出面解决的乡贤解决，其余的村委会来完成；乡贤在具体建设过程中，将遇到的问题反馈给政府；遇事需要二者商议时，双方能够坐下来共同协商。以老市长为核心的西湖李家公务员型乡贤，他们不可能像企业家型乡贤那样投入大量资金支持家乡发展，但能够充分应用自己的人脉、资源筹措资金、拓宽渠道。他们对国家方针政策十分了解，能避免乡村在发展中走弯路。他们在处理村内发展矛盾和管理事务时，能够充分发挥行政管理的经验，实现高效治理。①

（二）企业经营管理人才

企业经营管理人才是指在依法纳税、重合同、守信用的企业中从事经营管理工作，具有一定的企业经营管理知识和管理能力，在企业生产经营活动中取得一定的成效，为市场和出资人认可的管理人员。企业经营管理人才包括：高级经营管理人才：注册资金 4 亿元以上的大型企业的总部领导层人员、二级公司领导层人员、企业总部部门正副职；注册资金 4000 万元以上的中型企业的总部领导层人员、私营企业主要负责人。国有（控股）大中型企业、相当正处级企业的领导层人员、相当于副处级企业主要负责人；民营骨干企业（全县民营企业前 100 强）主要负责人；中级及其以下管理人员：高级经营管理人才以外，具有经营管理专业类中专学历或经营管理初级职称以上，并从事经营管理岗位工作的人员；注册资金 4000 万元人民币以下的企业经营经营管理人员、私营企业（不含个体户）主要负责人。企业家陈生提出的“城乡共荣实验”具有规划性、长期性以及高瞻性，从多个方面对官湖村做好了长期规划，该项计划近年来已经具有成效，有效地把官湖村盘活，激发了

① 中国人民大学乡村振兴案例库。

村民的积极性，全面改变了官湖村村貌。村民及村支两委对陈生有着高的信任度，官湖村政府做决策的时候经常请教陈生的意见，并认为按照陈生的思路来发展官湖村没有问题。陈生对官湖村及其周边农村的带动作用，是乡贤智力盘活农村的体现，体现了乡贤在乡村振兴中的重要作用。①

（三）专业技术人才

专业技术人才是指经过专业培养或职业培训，掌握现代大生产专业分工中某一领域的专业知识和技能，在各种经济成分的机构中专门从事各种专业性工作和科学技术工作的人员。专业技术人才包括经人社部门评审并出具职称证书的专业技术人员；通过国家行政部门依照国家法律（条例）组织的各类考试（考核）获得执业资格的人员，并由人社部门出具证书的专业技术人员；已获得外省市人社部门出具职称证书（执业资格）的专业技术人员；其他具有大专以上学历，从事技术研发等较高层次专业技术岗位工作，具有相当于初级以上技术职称水平，但没有进行职称（执业资格）申报评定的技术人员。

（四）高技能人才

高技能人才是指高技能人才是指在生产、运输和服务等领域岗位一线中，掌握专门知识和操作技能、解决工作实践中关键性操作技术和工艺难题的从业人员。包括：获得国家职业资格证书的高级技工、技师和高级技师或具备相应技能水平和职业资格的劳动者；其他未获得国家职业资格证书，但在生产、运输或服务一线技能劳动者中，具有相当于国家职业资格三级及以上职业技能水平的人员。

（五）农村实用人才

农村实用人才是指具有一定的知识或技能，为农村经济和科技、教

---

① 中国人民大学乡村振兴案例库。

育、卫生、文化等各项社会事业发展提供服务、做出贡献，起到示范或带动作用的农村劳动者。包括：

种养能手：种养能手是本村劳动力平均种植规模 5 ~ 10 倍以上的人；或者在同等条件下，单位面积的受益或年人均纯收入高于其他农户平均水平 3 倍以上（参考：户耕面积 10 亩以上）。

养殖能手：养殖能手是本村劳动力平均种植规模 5 ~ 10 倍以上的人；或者同等土地条件和物质投入条件下，单产超过本村平均水平 20% 以上；或在同等条件下，单位面积的受益高于其他农户平均水平 3 倍以上。本户年人均纯收入是本村人均年收入的 3 倍以上（因灾影响除外）。（参考：精养水产水面 50 亩；网箱 100 口；养猪年出栏 30 头；家禽 1 万羽；蛋鸡蛋鸭 1 万只；羊 30 只；肉牛 10 头）。

林农：林本种植面积在 100 亩以上的农户。

农民企业管理人才：是主要投资者或经营业主，非一般参与者；解决了 5 个以上的农村劳动力就业；已开业 3 年以上；本户的收入是本村农民人均纯收入的 10 倍以上。

农民专业合作组织带头人：属本地常住人口；在各类农民专业组织中担任主要负责人或从事技术交流、技术指导等工作的技术权威。

农村经纪人：专门从事提供农产品供求信息、引进实用技术、传播科技信息等对本地农业和农村经济发展有益的各种中介服务活动负责人或经营业主，非一般参与者；户年人均纯收入是本村农民人均纯收入的 5 倍以上。

技能带动型人才：拥有一门以上的特长和技能，并以此为生；带动 10 人以上进入该行业；或向其他农民传授本人所掌握的技术；本户的年人均纯收入是本村农民人均纯收入的 5 倍以上。主要指在制造业、加工业、建筑业等方面具有较高技能或特长，能带动其他农民掌握该技术或进入该行业，自身获得一定经济收入的同时，为当地农村经济发展做出贡献的人才。

文体类人才：主要指具有鲜明的本地特色，并能代表当地最高水准的民间艺术家、手工艺人，从事民间体育活动的人才。

乡村管理人员：主要指村小组长以上的村干部（不具备公务员身份）。

（六）社会工作人才

社会工作人才是指具有良好的思想道德素质和一定的社会工作专业知识或技能，在社会服务、社会管理及社会工作专业教育和理论研究等方面创造性地开展工作并做出积极贡献的人员。包括：社会福利领域：指各级政府和民间所属的各类福利院，带社会福利性质的各类康复、服务中心和基金会，以及其服务和管理部门的人员；社会救助领域：指各类敬老院、救助管理站、救助保护中心以及其他带救助性质的社会团体、基金会和服务、管理机构的人员；收养服务领域：指各类收养机构、团体及其服务和管理部门的人员；社会建设领域：指社区、农村村委会以及社会服务机构、基金会和其他社会团体的人员；优抚安置领域：指各类军队老干部休养所和复退军人疗养（康复）院，以及带优抚安置性质的社会团体、基金会和服务、管理机构的人员；慈善事业领域：指各类社会捐赠中心、慈善社会团体、基金会，以及慈善服务和管理部门的人员；减灾救灾领域：指各类减灾救灾社会团体、基金会以及服务和管理机构的人员；家庭生活服务领域：指从事婚姻登记、婚介服务、家庭教育、预防和制止家庭暴力和相关的基金会等单位、团体，以及服务、管理机构的人员；教育辅导领域：指各类学校学生行为、心理辅导和心理咨询机构，少年儿童特殊教育学校、工读学校，以及与之相关的基金会、民间团体和服务管理机构的人员；社会安全领域：指公安部门监所管理机构、打击拐卖妇女儿童机构，乡镇公安部门以及社区治安保卫机构的人员；司法矫正领域：指各类看守所、少管所、戒毒所、劳教所、监狱，街道负责社会司法矫正、人民调解和安置帮教部门，以及相关的服务和管理机构的人员；就业服务领域：指各类就业服务、指导、培训和咨询机构、乡镇劳动保障事务所，就业服务类民办机构，以及相关行业管理部门的人员；医疗卫生领域：指疾病预防控制中心、社区卫生服务中心和医政管理机构，医疗卫生类社会团体、基金会，以及相关的服务管理机构的人员；计划生育领域：指各类计划生育指导站、社会团体、基金会和服务管理机构的人员；职工权益维护领域：指各类工会、职工权益维护类各种组织、团体、基金会，以及相关的服务、管理机构的人员；青少年事务领域：指负责青少年权益维护的机构、部门、基金会、民间团体，青少年宫、儿童活动中心以及相关的服务管理机构的人员；妇女权益维护领域：指负责妇女权益维护的机构、部门、基金会、民间团体，预防和制止家庭暴力机构，以及相关的服务管理机构的人员；残疾人权益维护领域：各级残联及维权部、康复部负责人和工作人员以及民间残疾人维权机构的人员；老龄工作领域：指各级政府老龄工作部门、老龄协会和老龄权益部门的人员；信访工作领域：各级政府、各部门负责信访工作的机构的人员；扶贫工作领域：各级政府、各部门负责扶贫工作的机构以及扶贫基金会等相关组织的人员；其他领域：指以上领域中未包括的其他从事社会工作的机构、部门和民间团体的人员（如各级红十字会、关心下一代工作委员会等工作人员）。

四、发挥人才引领作用，构建“人才+”模式

充分发挥农村人才在推进乡村振兴过程中的引领和推动作用，要构建“人才+”模式。

一是构建“人才+培养+引进”模式，增强引擎“强磁力”。围绕乡村振兴实用人才需求，推行“校校合作”，积极与高职院校对接，按照“缺什么，补什么，培养什么”为导向，加大乡村振兴急需紧缺人

才培养。推行“校企”合作，通过与企业“联姻”，举办农业专业实用技术培训。推行“校社”合作，通过“公司＋合作社＋种养示范基地＋贫困户”模式，开发农业产业化，全力培育一批一技之长、一技多长服务“三农”人才。同时，探索建立乡村人才引进激励机制，深入实施借力对口帮扶和东西部协作培训一批、以乡情亲情为纽带引进一批、以农村青年为主体孵化一批、以健全制度为抓手预备一批为主要内容的“四个一批”工程，不断挖掘释放本土人才潜能，着力回引各类优秀人才投身乡村发展。

二是构建“人才＋能人＋载体”模式，建强组织“强活力”。全面加强村支“两委”班子队伍建设，选优配强“领头雁”。加大农村青年人才党员发展力度，大力提升农村党员能力素质。推动实施年轻干部培养“薪火工程”，将新录（聘）年轻干部选派到农业农村一线“驻村墩苗”培养，提升联系服务群众、推动脱贫攻坚、引领乡村振兴的能力和本领。着力推进“一村一名大学生村主干培养计划”，从大学生中专岗招聘村秘书，实行全职化管理。建立村级后备干部人才库，为每村动态储备三至五名村级后备干部。同时，积极拓宽大学生村主干选拔任用渠道，为其提供用武之地，解决“引得进留不住”的问题，打造乡村振兴新生代“主心骨”。

三是构建“人才＋扶志＋扶技”模式，激发脱贫“内生动力”。紧扣脱贫攻坚任务、乡村振兴战略，注重人才带动与农民群众内生动力的有机结合，着力探索“造血型”帮扶乡村振兴新路径，通过产学研结合、技术入股等多种方式，结成利益共享机制，搭建干事创业平台。充分了解本地需求，根据本地发展方向列出人才需求清单，聚焦乡村振兴、脱贫攻坚、乡村旅游和农村电商等重点领域，实施面向不同层次人群的“扶智”“扶技”项目。统筹好农业技术、扶贫开发、人力资源、电子商务等涉农培训和创业带富工程，发掘和培养服务乡村振兴的“土专家”“田秀才”，着力培育一支懂技术、善经营的骨干队伍，提高自我发展和乡村振兴能力。

第三节　组织振兴实施要点

一、强化乡村基层党组织建设及其引领作用

在乡村治理体系中，党的基层组织居于中心地位。农村基层党组织的地位和职责，在我国宪法和法律中有明确规定，其作为党的基层组织，按照宪法和党章、依照党的组织原则和规章制度，领导基层各经济社会组织依法开展工作，指导并支持基层人民群众开展各项活动，行使宪法以及法律所规定的基本民主权利。党章明确规定，“街道、乡、镇党的基层委员会和村、社区党组织，领导本地区的工作”。[①] 从当前我国农业农村发展的现实情况看，一些村庄发展滞后、问题和矛盾较多，与农村基层党组织软弱涣散，村干部队伍能力不足、作风不实，基层基础不牢固有很大关系。只有充分发挥农村基层党组织的主心骨和战斗堡垒作用，强化对农村各项工作的统领，才能凝聚各方面力量，共同推动“三农”发展。惠民县作为农业大县，有着村多、村小、村散的实际，通过把村改社区作为“书记项目”主抓，着力推进农村管理服务体制变革[②]。

以党的政治建设为统领，着力推动基层党组织坚决做到“两个维

---

① 蔡文成．基层党组织与乡村治理现代化：基于乡村振兴战略的分析［J］．理论与改革，2018（3）：62－71.

② 张健．乡村振兴战略下的基层党组织建设探析［J］．管理观察，2019（13）：72－73.

护”。加强基层党组织建设，要认真贯彻落实中央《关于加强党的政治建设的意见》，聚焦坚决做到“两个维护”，扎实推动党的政治建设各项任务在基层落实落地，重点解决好真用心、真尽力、真落实的问题。高标准高质量组织实施好“不忘初心、牢记使命”主题教育，突出学习贯彻习近平新时代中国特色社会主义思想这个主要内容，深化“维护核心、铸就忠诚、担当作为、抓实支部”主题教育实践活动，扎实推进“两学一做”学习教育常态化制度化，推动基层党组织和党员干部树牢“四个意识”、坚定“四个自信”、坚决做到“两个维护”，不折不扣把习近平总书记重要指示要求和党中央决策部署落到实处。大力实施习近平新时代中国特色社会主义思想教育培训计划，持续推动大学习大教育大培训大普及。坚持政治生活、政治文化、政治生态一体建设，严格执行新形势下党内政治生活若干准则，严明党的政治纪律和政治规矩，严格落实“三会一课”、主题党日、组织生活会、党性分析等基本制度，推动党内政治文化建设有效渗入基层党组织的一切活动、渗入党员干部的日常工作生活，持续深化圈子文化、码头文化、好人主义专项整治，扎实推动全面从严治党向基层延伸，以纯洁基层组织推动政治生态不断净化。

以解决“中梗阻”问题为关键，着力推动党的全面领导贯穿到底。习近平总书记在全国组织工作会议上指出了党的领导落实到基层的“中梗阻”问题。在农村和社区，要巩固拓展换届成果，落实好各类组织向党组织述职制度，做实做强街道社区和村党组织的“轴心”地位，全面推行村党组织书记通过法定程序担任村级集体经济组织、合作经济组织负责人。在国企，大力推动党的领导融入公司治理各环节，把企业党组织内嵌到公司治理结构之中，全面落实重大决策党组织研究前置和党委书记、董事长“一人兼”。在高校，坚持党委领导下的校长负责制，推动高校把抓好党建和思想政治工作作为办学治校的基本功，切实把党的领导贯穿办学治校、立德树人全过程。在机关事业单位，全面推行党员行政负责人担任机关党组织书记，推动中小学、医院、科研院所建立健全党组织领导下的校长（院长、所长）负责制。在“两新”组织，大力实施党组织覆盖攻坚、亮旗示范、红领人才培育等专项行动，深入开展“党旗领航·聚力发展”主题活动，不断扩大党在新兴领域的号召力和凝聚力。

以抓重大任务落实为检验，着力推动基层党组织充分发挥领导作用。习近平总书记指出：“基层党组织能力强不强，抓重大任务落实是试金石，也是磨刀石。”党建工作说到底是为中心工作服务的。加强基层党组织建设，必须紧紧围绕坚定执行党的政治路线、坚决贯彻落实党中央决策部署来推进，切实把基层党组织建设成为宣传党的主张、贯彻党的决定、领导基层治理、团结动员群众、推动改革发展的坚强战斗堡垒。要认真贯彻《农村基层组织工作条例》，落实好推进实施乡村振兴战略暨农村人居环境整治三年行动部署，深化结对帮扶困难村工作，深入开展学习借鉴河北正定塔元庄村经验试点工作，全面实行行政村星级管理，推动农村基层党组织在脱贫攻坚、乡村振兴、基层治理中充分发挥领导作用。学习借鉴北京“街乡吹哨、部门报到”经验，抓好实施方案落实，实行“战区制、主官上、权下放”，强化街道社区党组织统筹协调功能，深化驻区单位和在职党员“双报到”，搭建更多志愿服务平台，推进党建引领基层治理体制机制创新，不断增强人民群众的获得感、幸福感、安全感。加强国企党建分层分类指导力度，做好国企混改过程中的党建工作，引导国有企业把党建优势转化到加快自主创新、做强做优做大上来。围绕贯彻落实习近平总书记提出的“三个表率、一个模范”重要要求，突出抓实机关政治建设、作风建设，推动机关党员干部在推动改革发展、保障改善民生、优化营商环境上担当作为，切实把“两个维护”落实落细落具体。陕西平利县为了充分发挥党员作用，开展了“学亮比、争创出”党建主题活动，全体党员做到带头脱贫致富、带头结对帮扶、带头奉献爱心这“三个带头”。县政府对党员实行分类积分管理考核，实现了基层党建与脱贫攻坚有机融合、互促互推的良好格局。积极推进党员干部下沉，按照“经济干部进穷村、党务干部进软村、政法干部进乱村”的原则，驻村工作队员党组织关系全部转移到村，在脱贫攻坚最前沿成立临时党支部，帮扶部门与贫困村开展支部联建，为打赢脱贫攻坚战提供了坚强的组织保证。①

以强化基础基本为支撑，着力推动党支部标准化规范化建设。基层党建，基础在“建”，必须要有硬支撑硬保障。认真贯彻落实《支部工作条例（试行）》，以深化“五好党支部”创建工作为载体，根据不同领域特点和实际，明确职责定位、管理服务、组织生活、运行机制、基础保障等基本规范，分类制定工作标准，分类实施示范引领，健全标准化规范化考评体系，持续整顿软弱涣散党组织。加强带头人队伍建设，严格执行基层党组织书记培训轮训制度，办好市级示范培训班，确保基层党组织书记在区（局）以上党校轮训一遍。全面落实基层组织活动经费、服务群众经费和基层干部待遇报酬，大力度推进村和社区活动场所提升改造这项民心工程，不断提高基层党组织服务群众能力，进一步彰显党在基层执政的政治存在。坚持和完善基层党建述职评议考核制度和巡查制度，以办成事为标准，层层加压，保持热度，确保基层党建各项任务落实落地。

政府从四个方面强化才可以使基层党组织更加稳固。加强基层党员干部素质建设。首先通过严格落实执行“三会一课”制度，常态化推进“两学一做”，落实每月“党员学习日”来加强政治理论学习。其次要做好支部班子队伍建设。要通过多种渠道来选拔人才选好配强基层党

① 中国人民大学乡村振兴案例库。

组织书记，班子成员要主动加强政治理论学习。再次要通过争先创优活动来提高党员干部的工作积极性、主动性、创造性[①]；加强基层党组织的制度建设。首先要建立并严格执行“党员管理制度”“三会一课制度”“交心谈心制度”“民主评议党员制度”“党员民主生活会制度”等基层党组织基本工作制度来增强对党组织内部的管理，实行党务公开。其次落实党建工作责任制，坚持一把手亲自抓、带头做、负总责，细化抓党建责任清单，加大督查考核和追责问责力度；加强软弱涣散村党组织整顿工作。积极开展三分类三升级活动，客观认识党组织存在的问题，客观给予评价，优秀党组织要稳固发展，软弱涣散党组织要梳理出问题清单，制定整改方案争取上进，上级组织要对软涣组织要加强监督管理，对整顿情况进行定期督查。做好城乡党建结对共建工作，构建城乡基层党组织互帮互助常态化、长效化机制；加强基层党组织“灯下黑”整治工作。加强基层党组织“灯下黑”治理，深入开展扫黑除恶专项斗争。基层组织党员干部，特别是领导要对自己的家属、亲友进行党性教育，防止“灯下黑”。对“村霸”、涉黑等党员干部更应该要严肃处理，肃清党内政治环境[②]。

二、强化社会组织和农村合作经济组织的调节作用与地位

社会组织是农村民主管理的组织基础。党的十九大报告指出，要推动社会治理重心向基层下移，发挥社会组织作用，实现政府治理和社会调节、居民自治良性互动。近年来，随着经济社会的发展，行业协会、

---

① 张瑜，倪素香．乡村振兴中农村基层党组织的组织力提升路径研究［J］．学习与实践，2018（7）：53－59.

② 吴凤寿．乡村振兴战略背景下的农村基层党建工作研究［J］．辽宁科技学院学报，2019（2）：88－89.

社会团体、基金会等各种社会组织在破解农村社会治理难题方面发挥了越来越重要的作用，已经成为政府管理、服务的重要组成部分和加强精神文明建设的有力抓手。支持志愿者协会、青少年辅导、义工队等社团组织以群众喜闻乐见的形式弘扬和践行社会主义核心价值观，传播农村优秀传统文化，丰富农民精神文化生活；发挥红白理事会、村规民约的积极作用，培育新乡贤文化，推动移风易俗，树立文明乡风①。我国社会组织，尤其是服务农村发展的伴随社会治理重心向基层下移，社会组织的发展环境得到进一步改善，但仍普遍存在着组织规模小、经费来源不稳定、物力人力资源匮乏等问题，提供公共服务的能力和参与社会治理的能力较弱，难以满足乡村振兴的现实需求。为进一步推动社会组织的发展，激发不同类型社会组织活力，促进其有效参与乡村振兴战略，应处理好以下几个方面的关系。

处理好党的领导与社会组织协同的关系。乡村振兴战略必须将村两委的治理权力与各类社会组织的治理能力、治理资源相结合，在权责明确的基础上探索多元参与的良性运行机制；处理好社会组织与普通农民的关系。社会组织应引导农民更有效地参与乡村振兴的各项任务，不仅不能取代农民的主体地位，而且必须确保其能够代表村民发声，切实保护村民参与的积极性。避免出现以自上而下的行政任务或者以乡村精英、社会组织骨干等少数群体需求为重的现象；处理好传统社会组织与现代社会组织之间的关系。现代乡村治理体系的完善呼唤现代社会组织参与，后者因具备较强的专业能力和较多的社会资源而受到青睐。但是，一方面，现代社会组织培育和发展不能简单摒弃传统社会组织而另起炉灶，以老人会为代表的传统社会组织植根于乡村内部，在乡村治理中不同程度地发挥着协商、议事和监督等作用，在村民心中有一定威

① 殷梅英. 以组织振兴为基础推进乡村全面振兴［J］. 中国党政干部论坛，2018（5）：86-88.

望。另一方面，培育和发展现代社会组织也不是对传统社会组织的简单复活，应在大力培育和发展现代社会组织的同时，加强对传统社会组织的规范，增强其公共属性，完善治理结构和治理规则，促进传统社会组织的规范发展和现代化转向，给乡村社会治理和精神文化建设带来新气象。

处理好发展型社会组织与保护型社会组织之间的关系。以农民专业合作社、农业技术服务中心为代表的发展型社会组织无疑可助力乡村“产业兴旺”的实现，而产业兴旺是乡村振兴的首要目标，但乡村振兴不仅仅是经济的发展，还包括人才、文化、生态和组织的振兴。这就要求在大力扶持发展型社会组织的同时加大对保护型社会组织的支持力度，避免单向度的经济发展带来的贫富分化、环境污染等问题。需关注乡村贫困家庭和弱势群体，以公益互助活动凝聚人心，巩固乡村发展的社会关系基础和组织发展基础。

处理好社会组织“增量”与“增能”之间的关系。从当前的发展趋势看，未来服务农村发展的社会组织数量会有较大提升，但在重视社会组织数量发展的同时应加强能力建设，特别是应正视当前社会组织普遍存在的组织规模小、经费来源不稳定、物力人力资源匮乏等问题，给予政策、资金、人力、项目、管理等方面的支持，规范社会组织的发展，提升其公共服务供给和乡村治理参与等方面的能力，进而提升农民的满意度和认可度，以激发其内生动力。

实践证明，农村合作经济是保护农民合法经济利益，解决小生产与大市场矛盾，实现农业现代化的有效组织形式。2018 年中央农村工作会议指出，在农业生产经营某些环节以至全过程，通过提供社会化服务的方式，提升小农生产经营组织化程度，把小农户引入到现代农业发展轨道，既是规模经营方式的重大创新，也是实现特色农业现代化的重要路径。因此，在目前小农户生产经营长期存在的情况下，要提高农民的组织化程度，就要充分发挥农村专业合作经济组织的龙头带动作用，推动多种形式的适度规模经营。农村经济合作组织正处在发展的关键时期，只有不断地强化合作组织，加强农村经济合作组织的理论指导，才能够很好地解决合作组织发展中的矛盾。能够针对当前我国农村经济发展的情况，建立符合农民利益发展的模式，推动农村经济合作组织的健康发展。农村合作经济组织是本着自愿原则建立起来的合作经营组织，因此组织发展和管理的关键是农民自身的积极性和创造性，政府在制定相关经济政策和扶持措施时只有以农民的根本意愿为归依才能有助于目标的实现和政策推广。此外，要规范化建设合作社，除了要加强法制、制度建设之外，也要抓典型示范工作，在不断总结经验的基础上将试点推广，才能促进合作经济的持续发展，最根本的任务是要加强对农民的教育，一方面要向农民宣传正确的合作思想，另一方面要建立合作教育培训机构，切实提升农民群众的整体素质，只有这样才能提升合作社组织者和参与者的水平。合作经济组织管理是一场“持久仗”，只有不断完善管理机制、改进利益分配、强化内部监督、提升管理水平，才能有助于加快社会主义新农村建设农村专业合作经济组织是农村生产方式组织化的有效途径①。

三、强化现代乡村治理体系凝聚合力

费孝通先生在《乡土中国》一书中认为：“中国社会是乡土性的。”历来中国乡村社会遵循着“国权不下县，县下惟宗族，宗族皆自治”的治理逻辑。新中国成立后，国家政权渗透至乡村社会，打破了沿袭几千年的乡村社会治理逻辑，中国乡村社会治理发生天翻地覆的变迁。从

① 郎帅，辛璐璐．我国农村合作经济组织的管理问题研究——兼评《农村合作经济组织管理实务》［J］．农业经济问题，2018（1）：132－133.

新中国成立初期至改革开放前夕，我国先后进行土地改革、农业合作化和人民公社化运动，相应的，国家对乡村基层社会进行治理的模式经历乡与行政村并存，到乡与行政村“并乡”（“村社合一”），再到乡、村“并社”（“政社合一”）的转变。改革开放以后，广大乡村的社会结构发生变革，农村经济体制改革，人民主体权益意识开始增强，国家权力逐步退出乡村社会。随着国家民主化进程加快，农村基层组织建设日趋成熟和完备，国家治理下的“乡政村治”逐渐完善，并逐步取代了原有国家管治下的“政社合一”模式。“乡政村治”治理格局的形成，是国家政府在农民为追求自身利益的压力下，最终顺应了农民的要求而做出的制度性进步，是出于农村市场经济发展和社会全面进步的需要，出于化解当时的社会矛盾和保持农村社会稳定的需要。“村民自治”不仅是我国政治制度的一大进步，也顺应了世界政治的发展潮流，为中国政治民主的发展提供了参考。乡村社会是国家治理的重要场域，乡村治理的成效直接关系到我国治理现代化和国家治理体系的成败。随着城镇化和工业化的快速推进，处于现代化进程中的乡村社会结构发生巨大的变迁，乡村治理结构和乡村治理体系面临前所未有的挑战。

（一）自治模式

基层群众自治制度为我国广大农村地区的村民实行自我管理、自我服务提供了制度保障，为乡村自治提供了充分的空间，但在具体的实践中由于村两委的紧张关系、村委会行政负担过重、村民参与公共事务的积极性不高等诸多原因导致村民自治的理论与实践存在较大落差，“失落的自治”道出了村民自治制度的失语失效。在探索村民自治的实现形式及有效的村务管理模式方面，不同的地区有过各种实践，其中河北省青县模式产生了较大影响。河北省青县从 2002 年 9 月开始探索推行农村民主治理新模式——“党支部领导、村代会做主、村委会办事”，新型自治模式的运行有力地推动了农村社会的和谐稳定。改革开放以后，出于“农民群众按照民主集中制的原则，实行直接民主，要办什么，不办什么，先办什么，后办什么，都由群众自己依法决定”的理念。河南省长垣县坚持“4+2”工作法（“四议”：党支部会提议、“两委”会商议、党员大会审议、村民代表会议或村民会议决议；“两公开”：决议公开、实施结果公开），最大限度地动员群众参与进来。让群众“挑”，在规划编制前期的调研过程中，由专家提出规划编制思路，就村庄发展定位、空间布局和基础设施配置、风貌建设等充分征求群众意见。让群众“议”，征求意见阶段，开展“大走访、大宣讲、大讨论”活动。由村民挑选商定村庄规划的主要内容，最大限度引导群众参与乡村规划。让群众“管”，规划实施阶段，明确要求乡镇对村级规划审议前，首先要经过村民代表大会审议，使规划的编制实施处于群众监督之下，把批准的规划方案内容在村内显眼位置进行公示，并纳入村规民约中，接受群众监督。① 中央于1983年决定撤销农村人民公社，建立乡政府，在全国范围内开启村民自治实践。村民自治制度借助民主选举、民主决策、民主管理、民主监督诸环节，让村民直接行使民主权利，以实现村民自我管理、自我教育、自我服务、自我监督的自治目标。村民自治制度客观上有利于满足9亿农民民意表达与民意集中的需要，减少中间环节传递过程中的利益磨损与扭曲；有利于平衡农村社会不同阶层的利益需求，推进农村政治的有序、均衡发展。当下我国农村民主治理存在着制度供给渠道二元化的趋向，以村民自治制度为核心的正式制度供给正处在深化阶段，而其他乡土内生性的非正式制度也处在日渐活跃状态。②

村民自治制度实施30多年来，尽管取得了不少成就，但也出现了

---

① 中国人民大学乡村振兴案例库。

② 周申倡，戴玉琴．论新时代深化村民自治的“双向制度”供给——基于村民自治制度与乡村非正式制度融合的视角［J］．学海，2019（3）：139－145.

“无动力的自治”“无能力的自治”与“无根的自治”等问题。《乡村振兴战略规划（2018—2022 年）》将发挥村规民约的作用，摆在了与完善健全村民自治制度基本齐平的位置上，旨在解决村民自治在实践中出现的问题，并通过村规民约与村民自治制度合力的形式，深化村民自治。从制度的属性上看，村民自治制度是正式制度，村规民约则是非正式制度。治理有效是乡村振兴的基础，而实现治理有效的基础在于进一步推进村民自治有效。自治有效与单元有效高度相关，在有效的自治单元下容易形成有效的自治。实现自治有效需要考虑有效的单元。单元具有地理、社会二重属性。在地理属性上，单元是指一定地域范围内的空间，有一定的规模；在社会属性上，正式制度与乡村非正式制度的排斥性，表现为三个方面的内容，即村民自治制度要面对权力配置失衡的问题、村民自治制度本身的异化现象、乡村非正式制度因其产生的原经济基础而又带有一定的狭隘性单元是指作为治理主体的人在特定的地域空间里形成稳定社会关系网络的联结形态。① 因此，第一，我国农村社会经济发展水平不均衡的基本环境，决定了不同地区村民自治制度和乡村非正式制度的影响存在着强弱之分。第二，经济发展的差异性外化为社会结构的稳定性，进而使得乡村原本的“熟人社会”状态发生了有条件的异变。第三，乡村文化环境是影响村民自治制度和乡村非正式制度的重要变量。

（二）法治模式

党的十八届四中全会指出：“全面推进依法治国，基础在基层，工作重点在基层”，农村作为国家治理体系的最末端，其法治建设也是最薄弱的一环。当前，村民自治缺乏对村两委权力的监督与制约机制，村干部在乡村治理中的工作方式还以“做工作、讲人情”等传统方式为

---

① 李华胤．乡村振兴视野下的单元有效与自治有效：历史变迁与当代选择［J］．南京农业大学学报（社会科学版），2019，19（3）：55－62，157.

主，村民的法治意识不强等，都是乡村社会法治建设不完善所导致的，

推进乡村治理法治化既是国家治理现代化的需要，也是维持农村社会稳定与发展的要求。在乡村法治的诸多实践中，山西晋中市的法治化治理模式尤为典型。为了提升乡村治理能力和推进乡村的现代化建设，晋中市推行了“乡村治理法治化”的乡村治理模式，采取“试点先行、示范引领”的工作原则，从基层组织建设、涉农权力运行、法治宣传教育、纠纷化解机制 4 个方面构建乡村治理法治化体系。以依法自治为切入点，全面加强乡村基层组织建设，逐步完善各乡村村民会议、村民代表会议、村民监督委员会等工作机制，并成立村务监督委员会；同时，出台农村基层权力清单并将各项事务的办理步骤公开化制度化，明确了各类乡村组织的权责范围、运作流程和监督关系。

（三）德治模式

在农村治理场域中，村规民约与传统权威向来是重要的治理手段，明清时期流行的乡绅治理，被费孝通称之为“双轨制”，依靠乡绅和地方知识进行村庄治理，对于保持村庄秩序和公正发挥了重要作用。中华人民共和国成立以后，国家政权建设的作用使传统社会中的“乡绅权威”日渐式微，渐渐淡出农村社会治理的场域。同时，伴随着城市化与市场化飞快发展，加速了劳动力自由流动，大部分村庄的青壮年外出谋生，造成乡村治理主体缺失。为破解乡村治理主体缺失的困境，乡村精英的重构成为乡村治理的重要议题之一。浙江省德清县充分发掘和利用乡村精英资源，组成乡贤参事会助力农村社会治理，创新农村社会治理机制，其实践成为现代农村治理场域中德治模式的典型代表。乡贤参事会作为村两委和村民之间的一股中介力量，对于表达村民意见、缓和干群关系起着重要作用，在德清县的实践始于东衡村，后在全县范围内推广。

在国家权力不断深入乡村社会以及市场化城镇化浪潮不断冲击的大

背景下，乡村社会原有的传统权威与村规民约渐渐失去效力，而法治观念与现代化的治理方式远远没有在乡村扎根，当前的乡村社会正处于传统与现代交叠的过程中。然而，传统与现代并不是完全割裂的，作为乡村社会特征的延续性与乡土性是乡村治理现代化的基础，完全可以和现代法治观念相融合，成为乡村治理现代化的有力推手。因此，充分挖掘乡村传统文化资源，培育以社会主义核心价值观为主要内容的乡贤文化，以此促进乡风文明建设，并规范乡贤组织参与村庄公共事务的方式，化传统为现代所用，以德治作为乡村治理的基石，为乡村治理现代化助力，是推动乡村社会有效治理的重要方式①。

第四节　生态振兴实施要点

一、生态振兴是支撑，要坚持五大发展理念

首先，建设“生态宜居”乡村，最主要的是以五大发展理念为指导，不断推进乡村生态改善，为农民营造优美舒适的人居环境。乡村振兴要将绿色发展理念摆在首位，不断探索绿色发展方式和生活方式，让乡村走上绿色发展的快车道。在这个过程中要注重挖掘乡村可持续发展潜力，充分利用自身特色来探索生态农业发展。乡村振兴决不能走先污染后治理的道路，要牢牢扭住绿色发展理念这个中心，为乡村生态宜居打造一片蓝天。

其次，协调发展是生态宜居建设的内在理念。生态宜居不仅要让乡

① 吴理财，杨刚，徐琴. 新时代乡村治理体系重构：自治、法治、德治的统一［J］. 云南行政学院学报，2018，20（4）：6－14.

村拥有清新的空气，也要有协调的布局。在改善乡村生态的过程中，要进一步完善乡村的整体规划和空间布局。乡村规划布局要与乡村发展实际相协调，在尊重乡村发展规律的前提下，不断探索适合乡村发展的布局结构。协调统一的乡村布局不仅会提高乡村美观度，也会节约土地资源，保证耕地面积。

再次，共享发展是生态宜居建设的目标追求。我国长期以来城市环境发展是以牺牲农村环境为代价的，并没有真正实现环境共享。用共享发展理念来引导建设生态宜居乡村，需要在农业发展、人居环境和文化环境中体现公平正义理念。在共享发展理念下开展乡村建设，当农民在发展中受益，真切地感受到发展的成果，自然会激发他们建设乡村的积极性和主动性。

最后，建设生态宜居乡村也需要坚持创新和开放的理念。生态宜居乡村建设需要引进创新科技人才，为乡村发展贡献力量；需要运用科技手段对河流、土壤、空气污染进行监测和治理；需要互联网科技来方便村民生活，提高生活质量。开放理念就是要努力挖掘乡村特色，让乡村能够在发展中走出去，扩大知名度。乡村在走出去的过程中也要能够引进来。乡村良好的生态环境，舒适的居住环境会吸引更多的城里人、能人和企业来乡村发展，进一步带动乡村的产业兴旺。

二、生态振兴实施“六步法”

在乡村振兴战略的影响下，各地积极开展生态宜居乡村建设工作，目前部分地区已经取得了成功的经验，乡村环境得到了明显改善，农民收入大幅增加，农业产业体系逐步建立起来，为推动农村经济健康、绿色和可持续发展奠定了扎实基础。总体来看，建设生态宜居乡村，需要统筹规划、全员参与、科学引导和协调发展，具体做法如下：

（一）加强顶层设计，为生态宜居乡村建设提供资金保障

生态宜居乡村的建设，是一项长期而又艰巨的任务，除了要重点解决农村生态保护与经济发展的矛盾问题，还必须关注农村经济发展质量和经济发展的可持续性。因此，在乡村振兴模式下做好生态宜居乡村建设工作，首先要求上级政府部门开展广泛调研、做好顶层设计，制定出具有针对性、实用性的生态宜居乡村建设方案。这样才能够在具体落实生态宜居乡村建设任务时，做到有的放矢，提高针对性和实效性，用最低的成本投入、最少的资源消耗，取得最优的建设成果。在此基础上，还要考虑到乡村基础设施匮乏、污染治理难度大的客观现状，由财政拨款提供资金保障，为生态宜居乡村建设工作开展提供支持。对于个别经济落后的地区，为了减轻地方政府财政压力，还可以通过由政府牵头，号召本地企业进行捐款，为生态宜居乡村建设贡献一分力量。

（二）增强主人翁意识，激发村民建设乡村积极性

生态宜居乡村建设需要村民的广泛参与，才能最终得到村民的广泛认同。因此，必须要通过多种途径，宣传、动员各地村民，积极参与到本村的生态宜居乡村建设活动中。要善于利用网络、手机、电视等媒介进行生态宜居乡村建设的宣传活动。在宣传过程中展示乡村的美好，从而加强村民心理上认同感。让村民意识到绿色生活、绿色发展、绿色出行的重要性。要让村民意识到保护环境、节约资源的重要性，加强村民的环保理念。还可以利用村落中的文化墙进行宣传，在每个村落的重要位置都会设置相应的文化墙，在文化墙中会有重要内容以及党建文化等。另外，地方政府部门也要出台一些优惠政策，吸引农村外出的劳动力、大学生等，回到家乡参与生态宜居乡村建设工作，只有提供了充足的人力支持，生态宜居乡村才能早日建成。

（三）统筹推进环境治理与绿色发展

农村地区由于基础设施不健全，加上村民环保意识不强烈，在近年来农村经济快速发展的同时，也面临着较为严重的污染问题。加快建设生态宜居乡村，首先就是要重点做好农村污染治理工作，营造和谐、宜居的乡村新环境，走绿色发展道路。此外，要针对各地农村的实际情况，充分挖掘地方优势产业和特色资源，通过产业融合提升乡村经济发展的内生动力。例如一三产业融合，发展农村电商，帮助农户进行农产品销售，这样既可以让村民获得更高的收益，同时也不会对乡村环境造成负面影响。

（四）充分发挥市场机制的驱动作用和激励效应

生态宜居乡村建设必须要由政府来主导，但是政府部门也要适当放权，充分发挥市场在优化资源配置和激发建设活力等方面的价值。例如，鼓励当地的龙头企业、农业大户通过承包的形式，将分散的农业资源进行整合。而农民则可以通过签订合同的形式，将土地、林地等承包出去，获取一部分收益。此外，农民还可以通过应聘成为龙头企业的职工，又可以解决农民的就业问题，又获得了一部分收入。在这种激励效应下，农民也会以更加积极的心态投入到生态宜居乡村的建设中。

（五）树立典型工程，探究生态宜居乡村建设新模式

经过不断的探索和实践，部分地区在生态宜居乡村建设方面已经取得了较好的成绩，并且总结形成了一些可借鉴的建设新模式。其中比较典型的工程有：构建美好自然生态工程，由于大多数农村自然资源比较好，可以结合当地的实际，通过建立湿地公园、风情公园等构建起具有当地特色的自然风光展示群。土壤治理工程。农村的土壤由于施肥等原因，受到一定污染，应当加强对土壤的治理、推广、绿色种植，加强对生态农药和自然有机肥的补贴，并对污染的土壤进行逐步的治理，让土壤恢复到原始的状态，建设一批生态示范基地，形成一批良好的、有机生态示范田。让土壤为生态宜居乡村进行服务。构建环境卫生综合治理工程。生态宜居乡村的建设离不开环境的改变。在农村建立垃圾处理等设施，改变农村环境卫生现状，从根本上改变农村的村容村貌，从而实现生态宜居乡村的建设。

（六）发挥体制机制的引领和保障作用

实现美丽乡村建设与经济高质量发展相得益彰，创新体制机制是关键。要以创新生态补偿机制、产权制度、治理体系为重点，发挥体制机制对治理环境、发展经济的引领和保障作用。推进乡村集体产权制度改革，实现资源变资产、资金变股金，有效提高乡村资源利用率和农民收入，增强集体经济发展活力，解决困扰农村集体多年的“四荒”（荒山、荒沟、荒丘、荒滩）资源管理无序和闲置问题。对清理出的“四荒”资源，采取股份合作等形式，与相关市场主体合作开发经济作物种植等经营项目，形成农村集体“边角经济”增收模式。

三、生态振兴建设“三要点”

（一）加强农村生态保护

乡村生态环境的改善是生态宜居工程的关键一步。生态宜居需把生态保护摆在首位。加强乡村的生态保护，需要从环境与资源两个方面着手。环境方面主要是保护农村的空气、土壤、河流免受污染；资源方面主要是节约土地资源，防止在耕地区域违建工业建筑。

从实施主体来看，政府要在乡村生态保护上主动承担起政策支撑与财政支持的重任；基层党组织要积极开展环保宣传，对农户的生产生活进行必要的环保监督；农民需要自觉树立环保意识，积极主动担起保护农村生态的重任；企业是农村生态保护的推动力量，要承担起乡村生态保护的社会责任，利用科技走绿色发展之路。以秸秆的综合利用为例，甘肃省张掖市高台县就探索出了资源化利用农业废弃物的第三方环保治理新模式。该地农户以上交秸秆的方式来换取农作物有机肥，上交的秸秆则由当地的生物科技公司回收用作生产天然气、有机肥的原料。这种循环治理模式能够很好解决农户焚烧秸秆产生的污染问题，利用秸秆换取有机肥不仅让农户获得了实惠，让企业获得的生产原料，同时也保护了农村的生态环境，一举多得。这种绿色、循环、低碳的发展之路正是企业在其中发挥了重要作用，为乡村生态宜居贡献了力量。从制度建设来看，农村生态保护也要通过建立相应的法律法规来对农业生产者进行规范和约束。更重要的是建立健全激励机制，使农民从绿色发展中得到真金白银，进而使绿色生产转化为农民的自觉行动。针对农村中的环境问题，环保部也制定了《关于加强“以奖促治”农村环境基础设施运行管理的意见》《中央农村节能减排资金使用管理办法》等相关方案。在技术指南和规范方面也发布了有关农村生活污染防治、饮用水水源地环境保护的相关文件。这些无疑是从制度上为农村的生态保护提供了支持，也为乡村生态宜居工程建设提供了新思路。黑龙江双河农场作为新型经营主体发展养殖，形成一个产业链条。此外，农场积极维护基础设施，包括厂址道路的维修养护、农场排水系统清淤等。农场规定，农业种植中产生的塑料薄膜等生产垃圾由种植农户自行清理。农场附近有一家大型垃圾场，农场生产、生活垃圾均运往该处集中处理。此外，农场负责农业社会化服务、全产业链中农资保障，肥料、种子、农药等由农场统一采购，保证了农资安全，减少了对土壤的污染。①

（二）重点改善乡村人居环境

生态宜居是对农村人居环境治理提出的新目标，人居环境的改善关系到农民的切身利益，影响着农民的生活品质。因此，建设生态宜居乡村，重点应放在改善乡村的人居环境方面。十九届中央全面深化改革领导小组第一次会议通过了《农村人居环境整治三年行动方案》，明确指

① 中国人民大学乡村振兴案例库。

出要以农村垃圾、污水治理和村容村貌整治为主攻方向，补齐农村人居环境的短板。人居环境的治理要在尊重乡村发展规律的基础上展开，村庄的整体布局要符合当地发展实际。武汉市小朱湾村邀请中国乡建院专家，根据本村的发展实际，对村子进行统一设计、改造。通过对当地基础服务设施、生态和卫生状况的治理，小朱湾村的人居环境质量得到很大优化。人居环境得到改善后，乡村的吸引力变大，城镇居民慕名来村租住农房，带动了当地经济的发展。可见，人居环境的改善要尊重乡村发展规律，统一规划，才能取得良好的效果。得到改善后的人居环境不仅意味着生态的振兴，更有利的回应了乡村振兴战略其他方面的要求。人居环境除了要对乡村发展进行整体规划，不断完善农村的水、电、路等基础服务设施，同时也需要努力解决农村中的厕所、生活垃圾处理、污水排放等民生小事。

以农村厕所改建为例，长期以来厕所都是影响农村人居环境改善的一道难题。近年来，各地大力推进农村厕所革命，取得了一定进展，但一些地方还对厕所革命的重要性认识不够，认为厕所本来就是一个脏的地方，改不改无所谓；还有的农户因行为习惯难以改变，嫌麻烦、怕花钱等原因，也不愿意改厕；还有一些已经改厕的农户，对厕所运行维护知识缺乏了解，用一段时间又不用了。中央农办、农业农村部等七部门联合印发《关于切实提高农村改厕工作质量的通知》，要求各地严把技术模式、产品质量、施工质量、维修服务等“十关口”。取得成绩的同时，部分地方农村改厕还面临一些瓶颈，尤其是技术难题仍需破解，比如干旱地区没水冲、寒冷地区防冻难、粪污无害化不彻底、管护机制不健全等问题，仍然是农村改厕的难点和重点。此外，不少地方相对缺乏专业的规划、建设、管理等人员；有的地方简单套用城市的技术模式，成本较高；改厕后的可持续运行缺乏约束，存在“重建轻管”的风险。目前我国大型企业和科研院所关注农村改厕技术研发的较少，中小企业研发能力薄弱，尤其是高寒、干旱地区的防冻技术和无水生态旱厕等技术还没有成熟的应用案例。改厕费用是群众关心的焦点之一。江西省崇义县对贫困户改厕每户补贴6000元，一般户每户补贴2000元，激发了群众的改厕积极性，仅去年就改厕3000余座。“通风、宽敞、清洁，空气也清新了不少。”该县杰坝乡长潭村村民袁克永说，如今，砖砌式厕所、三格式化粪池、冲水式清洁成了当地不少农户的标配。目前，第一批、第二批核查属实的87条问题线索有73条已整改到位。据农业农村部调查，2018年全国完成农村改厕1000多万户，农村改厕率超过一半，其中六成以上改成了无害化卫生厕所；今年上半年全国新开工农村户厕改造1000多万户，获得了普遍欢迎。很多城里工作的人回乡时，也感受到厕所改造带给农村的变化。在乡村厕所治理过程中，河南省永城市演集镇改造的“双瓮漏斗式”厕所提供了很好的示范性。这种厕所不仅卫生便捷，而且解决了乡村传统厕所的蚊虫和异味问题，大大改善了乡村人居环境。

四、农业农村污染治理攻坚战行动计划

（一）加强农村饮用水水源保护

加快农村饮用水水源调查评估和保护区划定。县级及以上地方人民政府要结合当地实际情况，组织有关部门开展农村饮用水水源环境状况调查评估和保护区的划定，2020年底前完成供水人口在10000人或日供水1000吨以上的饮用水水源调查评估和保护区划定工作。农村饮用水水源保护区的边界要设立地理界标、警示标志或宣传牌。将饮用水水源保护要求和村民应承担的保护责任纳入村规民约。加强农村饮用水水质监测。县级及以上地方人民政府组织相关部门监测和评估本行政区域内饮用水水源、供水单位供水、用户水龙头出水的水质等饮用水安全状

况。实施从源头到水龙头的全过程控制，落实水源保护、工程建设、水质监测检测“三同时”制度。供水人口在10000人或日供水1000吨以上的饮用水水源每季度监测一次。各地按照国家相关标准，结合本地水质本底状况确定监测项目并组织实施。县级及以上地方人民政府有关部门，应当向社会公开饮用水安全状况信息；开展农村饮用水水源环境风险排查整治。以供水人口在10000人或日供水1000吨以上的饮用水水源保护区为重点，对可能影响农村饮用水水源环境安全的化工、造纸、冶炼、制药等风险源和生活污水垃圾、畜禽养殖等风险源进行排查①。对水质不达标的水源，采取水源更换、集中供水、污染治理等措施，确保农村饮水安全。

（二）加快推进农村生活垃圾污水治理

加大农村生活垃圾治理力度。统筹考虑生活垃圾和农业废弃物利用、处理，建立健全符合农村实际、方式多样的生活垃圾收运处置体系。有条件的地区，开展农村生活垃圾分类减量化试点，推行垃圾就地分类和资源化利用。到2020年，东部地区、中西部城市近郊区等有基础、有条件的地区，基本实现农村生活垃圾处置体系全覆盖；中西部有较好基础、基本具备条件的地区，力争实现90%左右的村庄生活垃圾得到治理。基本完成非正规垃圾堆放点排查整治，实施整治全流程监管，严厉查处在农村地区随意倾倒、堆放垃圾行为。

梯次推进农村生活污水治理。各省（区市）要区分排水方式、排放去向等，加快制修订农村生活污水处理排放标准，筛选农村生活污水治理实用技术和设施设备，采用适合本地区的污水治理技术和模式。以县级行政区域为单位，实行农村生活污水处理统一规划、统一建设、统一管理，优先整治南水北调东线中线水源地及其输水沿线、京津冀、长

---

① 生态环境部农业农村部关于印发农业农村污染治理攻坚战行动计划的通知［EB/OL］.(2018－11－09). http://www.moa.gov.cn/ztzl/xczx/zccs_24715/201811/t20181129_6164067.htm.

江经济带、环渤海区域及水质需改善的控制单元范围内的村庄。到2020年，确保新增完成13万个建制村的环境综合整治任务。开展协同治理，推动城镇污水处理设施和服务向农村延伸，加强改厕与农村生活污水治理的有效衔接，将农村水环境治理纳入河长制、湖长制管理。到2020年，东部地区、中西部城市近郊区的农村生活污水治理率明显提高；中西部有较好基础、基本具备条件的地区，生活污水乱排乱放得到管控。

保障农村污染治理设施长效运行。地方各级人民政府应结合本地实际，制定管理办法，明确设施管理主体，建立资金保障机制，加强管护队伍建设，建立监督管理机制，保障已建成的农村生活垃圾污水处理设施正常运行。开展经常性的排查，对设施不能正常运行的，提出限期整改要求，逾期未整改到位的，应通报批评或约谈相关负责人。对新建污染治理设施，建设及运行维护资金没有保障的，不得安排资金和项目。（农业农村部、发展改革委、财政部、住房城乡建设部、生态环境部按职责分工负责）

（三）着力解决养殖业污染

推进养殖生产清洁化和产业模式生态化。优化调整畜禽养殖布局，推进畜禽养殖标准化示范创建升级，带动畜牧业绿色可持续发展。引导生猪生产向粮食主产区和环境容量大的地区转移。推广节水、节料等清洁养殖工艺和干清粪、微生物发酵等实用技术，实现源头减量。严格规范兽药、饲料添加剂的生产和使用，严厉打击生产企业违法违规使用兽用抗菌药物的行为。推进水产生态健康养殖，实施水产养殖池塘标准化改造。

加强畜禽粪污资源化利用。推进畜禽粪污资源化利用，实现生猪等畜牧大县整县畜禽粪污资源化利用。鼓励和引导第三方处理企业将养殖场户畜禽粪污进行专业化集中处理。加强畜禽粪污资源化利用技术集成，因地制宜推广粪污全量收集还田利用等技术模式。到2020年，全国畜禽粪污综合利用率达到75%以上。严格畜禽规模养殖环境监管。将规模以上畜禽养殖场纳入重点污染源管理，对年出栏生猪5000头（其他畜禽种类折合猪的养殖规模）以上和涉及环境敏感区的畜禽养殖场（小区）执行环评报告书制度，其他畜禽规模养殖场执行环境影响登记表制度，对设有排污口的畜禽规模养殖场实施排污许可制度。将符合有关标准和要求的还田利用量作为统计污染物削减量的重要依据。推动畜禽养殖场配备视频监控设施，记录粪污处理、运输和资源化利用等情况，防止粪污偷运偷排。完善畜禽规模养殖场直联直报信息系统，构建统一管理、分级使用、共享直联的管理平台。南方水网地区要以水环境质量改善为导向，加快畜禽粪污资源化利用，着力提升畜禽粪污综合利用率和规模养殖场粪污处理设施装备配套率。到2019年，大型规模养殖场已基本实现粪污处理设施装备全配套；2020年，所有规模养殖场粪污处理设施装备配套率预计达到95%以上。

加强水产养殖污染防治和水生生态保护。优化水产养殖空间布局，依法科学划定禁止养殖区、限制养殖区和养殖区。推进水产生态健康养殖，积极发展大水面生态增养殖、工厂化循环水养殖、池塘工程化循环水养殖、连片池塘尾水集中处理模式等健康养殖方式，推进稻渔综合种养等生态循环农业。推动出台水产养殖尾水排放标准，加快推进养殖节水减排。发展不投饵滤食性、草食性鱼类增养殖，实现以渔控草、以渔抑藻、以渔净水。严控河流、近岸海域投饵网箱养殖。大力推进以长江为重点的水生生物保护行动，修复水生生态环境，加强水域环境监测。（农业农村部、生态环境部牵头，自然资源部、水利部参与）

（四）有效防控种植业污染

持续推进化肥、农药减量增效。深入推进测土配方施肥和农作物病虫害统防统治与全程绿色防控，提高农民科学施肥用药意识和技能，推动化肥、农药使用量实现负增长。集成推广化肥机械深施、种肥同播、水肥一体等绿色高效技术，应用生态调控、生物防治、理化诱控等绿色防控技术。制修订并严格执行化肥农药等农业投入品质量标准，严格控制高毒高风险农药使用，研发推广高效缓控释肥料、高效低毒低残留农药、生物肥料、生物农药等新型产品和先进施肥施药机械。加快培育社会化服务组织，开展统配统施、统防统治等服务。协同推进果菜茶有机肥替代化肥示范县和果菜茶病虫害全程绿色防控示范县建设，发挥种植大户、家庭农场、专业合作社等新型农业经营主体的示范作用，带动绿色高效技术更大范围应用。到2020年，全国主要农作物化肥农药使用量实现负增长，化肥、农药利用率均达到40%以上，测土配方施肥技术覆盖率达到90%以上，全国主要农作物绿色防控覆盖率达到30%以上、主要农作物病虫害专业化统防统治覆盖率达到40%以上，鄱阳湖和洞庭湖周边地区化肥、农药使用量比2015年减少10%以上。

加强秸秆、农膜废弃物资源化利用。切实加强秸秆禁烧管控，强化地方各级政府秸秆禁烧主体责任。重点区域建立网格化监管制度，在夏收和秋收阶段加大监管力度。东北地区要针对秋冬季秸秆集中焚烧问题，制定专项工作方案，加强科学有序疏导。严防因秸秆露天焚烧造成区域性重污染天气。坚持堵疏结合，加大政策支持力度，整县推进秸秆全量化综合利用，优先开展就地还田。在秸秆综合利用领域尽快取得一批突破性科研成果，加强示范推广。到2020年，全国秸秆综合利用率达到85%以上。（生态环境部、农业农村部、发展改革委、财政部按职责分工负责）以黑龙江双河农场为例。2018年以来，农场积极响应当地政府号召，不再焚烧秸秆，而是所有秸秆交由专业机构打包、托运，用于发电或者其他用途。双河农场也在探索更加清洁、高效、低成本的秸秆处理方式。① 在重点用膜地区，整县推进农膜回收利用，推广地膜

① 中国人民大学乡村振兴案例库。

减量增效技术，做好100个地膜回收利用示范县建设。加大新修订的地膜国家标准宣传贯彻力度，从源头保障地膜可回收性。完善废旧地膜等回收处理制度，试点“谁生产、谁回收”的地膜生产者责任延伸制度，实现地膜生产企业统一供膜、统一回收。加大研发力度，争取在降解地膜应用配套技术、高强度地膜替代产品、地膜回收机械、地膜综合利用技术等方面尽快取得一批突破性科研成果。到2020年，全国农膜回收率达到80%以上，河北、辽宁、山东、河南、甘肃、新疆等农膜使用量较高省份力争实现废弃农膜全面回收利用。

大力推进种植产业模式生态化。发展节水农业，实施“华北节水压采、西北节水增效、东北节水增粮、南方节水减排”战略，加强节水灌溉工程建设和节水改造，选育抗旱节水品种，发展旱作农业，推广水肥一体化等节水技术。在东北、西北、黄淮海等区域，推进规模化高效节水灌溉。到2020年，基本完成大型灌区、重点中型灌区续建配套和节水改造任务，农业灌溉用水量控制在3720亿立方米以内，农田灌溉水有效利用系数达到0.55以上，有效减少农田退水对水体的污染。开展种植产业模式生态化试点，推进国家农业可持续发展试验示范区创建，大力发展绿色、有机农产品。推进一二三产业融合发展，发挥生态资源优势，发展休闲农业和乡村旅游。

实施耕地分类管理。在土壤污染状况详查的基础上，有序推进耕地土壤环境质量类别划定，2020年底前建立分类清单。根据土壤污染状况和农产品超标情况，安全利用类耕地集中的县（市区）要结合当地主要作物品种和种植习惯，制定实施受污染耕地安全利用方案，采取农艺调控、替代种植等措施，降低农产品超标风险。加强对严格管控类耕地的用途管理，依法划定特定农产品禁止生产区域，严禁种植食用农产品；实施重度污染耕地种植结构调整或退耕还林还草。开展涉镉等重金属重点行业企业排查整治。以耕地重金属污染问题突出区域和铅、锌、铜等有色金属采选及冶炼集中区域为重点，聚焦涉镉等重金属重点行业企业，开展排查整治行动，切断污染物进入农田的途径。对难以有效切断重金属污染途径，且土壤重金属污染严重、农产品重金属超标问题突出的耕地，要及时划入严格管控类，实施严格管控措施，降低农产品镉等重金属超标风险。

第五节　文化振兴实施要点

一、文化振兴是动力，重构农民精神文明家园

党的十八大以来，习近平总书记高度重视文化工作，强调要坚定文化自信，并在党的十九大报告中指出，要推动中华优秀传统文化创造性转化、创新性发展。加强乡村文化建设是农村全面建成小康社会的客观要求。实施乡村振兴战略，在加快推进农业农村现代化的同时要重视加强乡村文化建设，让广大农民在精神上强大起来，为农村全面建成小康社会提供强大的精神力量。

加强乡村文化建设是实施乡村振兴战略的基础保障。长期以来，城乡二元结构导致的城乡发展差距大，在一定程度上造成了乡村文化不同程度的衰落，从而进一步拉大了城乡差距，造成很多农民纷纷逃离乡村，由此带来的村庄空心化、农户空巢化、农民老龄化等问题日益突出。习近平总书记指出，农村不能成为荒芜的农村、留守的农村、记忆中的故园。实施乡村振兴战略关键是要加强乡村文化建设，不断繁荣兴盛乡村文化，焕发乡风文明新气象，从根本上塑造农民新的精神面貌。乡村文化是农民的精神家园，离开了繁荣兴盛的乡村文化，乡村振兴就

会失去基础保障。加强乡村文化建设是满足广大农民美好生活需要的现实选择。党的十九大明确指出中国特色社会主义进入新时代，我国社会主要矛盾已经转化为人民日益增长的美好生活需要和不平衡不充分的发展之间的矛盾。也就是说，在新时代，乡村居民同城市居民一样，已经不满足于物质的追求对精神生活提出了更高要求，而且在民主、法治、公平、正义、安全、环境等方面的要求也日益增长。此外，从城乡关系上看，由于历史欠账较多，我国城乡发展不平衡不充分问题比较突出。这就需要按照产业兴旺、生态宜居、乡风文明、治理有效、生活富裕的总要求，把文化深度融入新农村建设和居民生活中，贯穿于城乡融合发展的始终，更好地满足广大农民对美好生活需要的新期待。

二、文化振兴的四大关键点

（一）伦理文化是重要资源

伦理文化是乡村治理的重要资源。伦理本位是传统乡村社会的文化基础。基于乡村社会的文化特点，通过深入挖掘伦理文化，积极发挥乡规民约、道德规范等的约束作用，进而培育文明乡风、良好家风、淳朴民风，能够有效提升乡村治理水平，完善乡村自治体系。梁漱溟认为传统中国是伦理本位的国家，以伦理组织社会，伦理本位是我国传统乡土文化的本质特征。改革开放以后随着革命话语的消解，乡村伦理失去了革命价值内涵，传统的伦理内容也不断消解，进而产生乡村伦理危机。乡村伦理危机表现在多个方面：乡村经济伦理凋敝，重义轻利的传统经济伦理被不择手段追求自身利益的见利忘义所取代，安贫乐道的朴素民风变成了笑贫不笑娼的不良风气盛行；社会伦理中的敬老孝道、扶危济困和尊师重教也逐渐消逝；政治伦理中的匡扶正义和热心乡里的价值追求也成为过往遗风。毋庸置疑，在新的历史时期，重建与复兴乡村伦理成为乡村振兴的一项不可或缺的重要内容。

乡村伦理文化复兴，不是重拾传统文化中的愚忠愚孝和保守封建，也不是继续弘扬革命伦理中的阶级话语和斗争意识，而是有选择性地选取符合现代理性主义原则和时代价值标准的伦理内容，并与社会主义核心价值观相兼容。同时，要注重传统伦理与现代社会运行逻辑的融合发展，既要传承优良的道德伦理，也要弘扬现代的法治精神；既要主张安贫乐道，也要鼓励有序竞争。虽然一些现代性和后现代性的文化因子不断冲击着传统道德伦理赖以存在的社会基础，但它们不可能完全代替所有传统文化伦理的功能。在当代社会，传承和复兴乡村伦理文化仍有其不可替代的重要性和必要性，特别是乡风文明的构建必须依赖传统乡村伦理道德和社会主义核心价值观的弘扬和传承。西湖李家村大力弘扬道德文化。全村新建了三条长达 4500 米的文化墙；在红石广场的四周建造了六本石头书，刻有村歌、村史等；建造了祠堂一幢、祖堂五幢，以教育后人不忘祖先的恩德。同时，为了提高村民的道德情操，全村每年年底开展“评优争模”活动。为弘扬尊老敬贤，倡导敬老爱老文明风尚，每年在重阳节期间举办西湖李家重阳慈孝大会。制定了《村规民约》和《西湖李家村民“八不准”》并书写在村内的公告栏上。①

（二）生态文化是价值引领

生态文化是美丽乡村建设的价值引领。建设美丽乡村，需要牢固树立绿水青山就是金山银山的理念，大力加强生态文明建设，积极倡导绿色生产和生活方式。通过深入挖掘生态道德、生活习俗等文化资源，大力弘扬生态文化，有助于建设乡村生态文明，加快乡村生态振兴。

生态文明是乡村文化中最具特色的一项内容，反映的不只是山清水秀的美景，更是生态环境的质朴文化，能体现出人与自然的和谐，给人

---

① 乡村振兴中国人民大学案例库。

以智慧的启迪和美妙的享受。因此，要以保护生态环境为前提，大力倡导绿色生产。近些年，习近平总书记非常关注乡村的价值，提出要记得住“乡愁”。要用“乡愁”表述乡村文化建设的意义和价值，既要留住青山绿水，又要传承传统文化，保护乡村风貌，传承乡村生态，引导传统乡土文化向现代文明转变。安徽禾泉农庄保留生态观光的多样性，包括以小黑土猪和小黄牛等安徽特色品种为主的生物多样性观光，荷花池、紫藤长廊、石榴盆景园、百果园、香樟林等植物景观观光，鸭稻共生稻田、果园养鸡场、葡萄生态园是生态循环模式的典型观光区域。保持大自然原生态的“杂乱无章”，并将这种章法运用得当，达到大道至简，很好地顺应了大自然的规律。另外，农庄注重民宿的保留与修缮，回归其本质，没有盲目改造成装饰奢华的宾馆。农庄保留了形态各式各样的民宿的房屋，装饰风格具有乡村家庭的温馨。晋汉子原生态农庄开展有机农业生产，把数千余亩“三荒”地整理改造成可利用的林地和农田，经过三年的土壤修复转换，种植了数十种有机生态农作物，修复了30多孔晋南民俗生态窑洞、15栋生态休闲木（砖）屋、窑洞餐厅、明清四合院等基础设施建设。①

（三）文化创意是重要动能

文化创意是乡村产业振兴的重要动能。随着时代的发展，文化创意作为一种特有的“生产要素”，与土地、劳动力和资本等传统要素一样，越发成为乡村产业振兴的关键因素。一个好的文化创意，往往能够推陈出新，点石成金，把沉睡的乡村文化资源唤醒，实现十倍百倍的增值效应。同时，文化创意具有强渗透、强关联的效应，可以与乡村一二三产业融合发展，提升乡村产业附加值。将文化创意、创新贯穿于乡村文化发展全过程和各领域，根据各村的山水肌理、文化底蕴和产业基

① 乡村振兴中国人民大学案例库。

础，加强内容创新、载体创新和融合创新。一是创新内容丰富内涵。积极发展具有特色乡土题材的影视、出版等现代文化产业。提升发展文化创意、设计服务的新兴文化产业，实现遗产保护、艺术创作、传媒推广和功能创意的有机统合，打造乡村特色文化产业。积极引进国内外优质企业、高校和设计师团队，推出一批具有农村特色的创意农产品、创意景观农业、创意文化体验活动等文创产品。二是创新载体提升魅力。加大乡村文化载体创新建设，以协同推进为保障，构建多层次乡村文化创新平台体系，促进新旧载体功能有效发挥，增强乡村文化的发展后劲。着力促进已建村文化馆、文化室的创新发展，积极发挥作用成为乡村文化建设的重要平台。三是创新融合增添动能。加快促进乡村文化与旅游、体育、金融、科技等融合发展，积极培育和发展乡村文化生产力。让艺术成为乡村发展的新动能。充分利用乡村公共文化场所和古镇、古村落等文化资源，打造一批精品特色文化旅游小镇，促进乡村文化旅游的转型升级。安徽禾泉农庄在保留一产休闲旅游景点的同时，推动了二三产业的融合发展，禾泉农庄在已有基础上依托当地菊花加工产业，准备打造花海，又称米粒花世界，通过农文旅一体化发展吸引大批游客，拉动农业产业发展、带动农民充分就业、推动乡村美丽建设。为了发展好菊花产业，农庄考虑到了三种文化元素：一是物态文化，即菊花产品包括菊花加工产品（菊花茶、菊花酒、菊花糕等）；二是精神文化，即人们在赏菊时所追求的韵味和意境，如在举办菊花主题的作品展览和活动；三是行为文化，人们在节庆活动中赏菊过程中形成的一些行为模式，如重阳节登高插菊。①

（四）文化供给是重要条件

文化供给是乡村人才振兴的重要条件。推动乡村人才振兴，不仅要

① 中国人民大学乡村振兴案例库。

大力改善经济条件，还要加强文化供给，活跃乡村群众精神文化生活。相对城市丰富的文化设施和文化生活来说，乡村文化设施比较薄弱，文化活动相对匮乏，从城里回归的年轻人生活不习惯、不适应。因此，增加文化供给、丰富文化生活是推动乡村人才振兴的客观要求和有效途径。解决农村文化领域的主要矛盾的核心是提高文化产品（服务）的供给质量和效率，形成健全的供给体系，提供丰富多样的文化产品和服务，更注重文化供给的可接受性，通过体制机制创新，实现文化领域健康可持续发展。

政府是主导力量，也要发挥农民的自我供给和市场供给的积极作用。在传统社会，乡村文化供给者和文化消费者是基本同体的，乡村自我组织开展文化活动，自娱自乐。民间艺人具有一定的职业性，但生活在乡土社会之中，属于草根艺人。进入 20 世纪，政府成为文化供给主体，在政府部门设立有专门的机构，既是文化管理部门，又是文化产品提供部门。改革开放特别是近些年以来，文化产业兴起，并成为文化产品的重要提供者。在多元的文化供给体系中，政府是主导力量。现阶段的文化供给主要是公共文化，这首先在于随着农村社会发展，人们的生活领域和文化需求愈来愈超越狭隘的私人性和地域性，其公共性愈来愈强。同时，只有通过公共文化建设，才能将人们从狭隘的私人性和地域性中解放出来，促进公共性的生长。如文化场馆、集体性的文化活动，既能够满足人们对公共文化的需求，又能培养人们的公共意识。提供高质量、多层次的文化产品和服务，以满足人们日益丰富和多层次的文化需求。优质文化产品不仅能够满足人们的情感需求，而且能够提高人们的文明层次。在传统社会，民间文化广受欢迎，如说书等。这种文化花费不大，但因为扎根生活，容易接受，影响广泛。民间文化尽管提供主体在民间，但也可以传播与主流意识相一致的文化信息。如传统社会大量的说书传播的是忠孝礼义等，是以故事的方式来表达，而目前我国社会主义核心价值观也可以通过讲故事等民众喜闻乐见的方式加以传播和表达。

三、文化振兴的六个具体办法

（一）辩证取舍是基本方法

辩证取舍是基本方法。不可否认，乡土文化中也有一些糟粕的成分，个别地方存有封建迷信活动。但乡土文化绝不等同于落后、愚昧、保守，不能一概否定，其主体价值在当今社会仍然有着重要意义和深远影响。要坚持把辩证取舍作为基本方法贯穿于乡村文化振兴实践中，旗帜鲜明地发展先进文化，支持健康有益文化，努力改造落后文化，坚决抵制腐朽文化，积极支持和引导村民维护公序良俗、崇尚义德勤俭。任何事物的发展，要以时间、地点、条件为转移，传乡土文化中原合理的东西，在新的历史条件下可能会变得不合时宜，若不加甄别地一概继承，就会成为阻碍社会发展的力量。比如，传统乡土社会里人与人间的关系，仍以传乡土文化中的血缘、地缘网络关系为边界，凡事分出网络内外，社会就会失去公平正义。再如，现实中在的宗族力量的复苏，好的一面是它具有天然的凝聚力，可以通过这种力量把人聚在一起；不好的一面就是这聚在一起的力量如果成为社会发展的逆流，就会对社会文明进步带来摧毁作用。因此，继承与发扬乡土文化，需要以“扬弃”的态度，而不是一味以复古为荣，这是当下十分值得重视的问题。

（二）尊重差异是基本态度

尊重差异是基本态度。个性化、多样化是乡土文化的基本特征。我们必须承认其客观性、包容其差异性、理解其独特性、掌握其规律性、发掘其合理性，如此才能使乡村文化百花齐放、百家争鸣，始终充满生机活力。不同地区的乡土文化，从文化脉络上分析是同宗同源的，但外在表现上却有着不同形式。包括风俗、礼仪、饮食、服饰、建筑等，彼此文化交融却又各具鲜明特色。寻根究底，是因为文化的包容属性，我们并非强制以某种文化作主导，而是尊重彼此间文化差异，积极主动地寻求文化共振。文化的关注点在于其内在的价值，而并非执着于其外在的形式，否则未免流于俗套，失去文化的内核精义。文化振兴应尊重乡土风情、民族特色，充分挖掘本乡本土的特色文化，对本地开展农业生产生活、民风民俗等优秀传统文化进行调查搜集，对节气夏历、祭祀礼仪、诗词谚语、民歌民谣、神话传说等与农事、农耕有关的各类礼仪、民俗风情、传统习惯进行溯源与整理。在此基础上结合时代要求，创新提升乡村文化的内涵，最大限度地保护乡村的文化特质、历史文脉、民俗风情。把乡土文化融入乡村规划建设、产业发展、景观设计和建筑风格中，保持鲜明的乡村特色，“各美其美，美人之美”，避免“千村一面”同质化现象，让百姓留住乡土文化记忆，提升对乡村的归属感。

（三）因地制宜是基本手段

因地制宜是基本手段。“十里一风，百里一俗”。乡村文化因其地理位置、资源禀赋、历史渊源的不同而千差万别、各具特色，全国如此，一个省甚至一个市县也是如此。应科学把握各地差异和特点，坚持因地制宜、因时制宜，坚持精准施策、分类推进，不搞“一刀切”，不搞统一模式。乡土文化形式日益多样，更需分类推进。由于传统乡村生产方式主要以自给自足的小农生产为主，且交通比较闭塞、信息交流不变，造就了乡村社会相对稳固和单一的文化形态，同质性和单一性是传统乡土文化最显著的特征。一方面保存了乡土文化的纯粹性，同时也丰富了我国多元文化；但是另一方面，由于其盲目排外，因循守旧，拒绝交流和合作，也使得乡村社会在现代化进程中长期以来处于落后状态。随着科学技术的不断进步农业生产方式不断变革，造成了大量的劳动力剩余，为了适应乡村经济的发展，乡土文化主动调适随着交通、信息、通信技术的突飞猛进，其中特别是以智能手机大规模流行为标志的移动互联网的广泛普及，大量欧美文化、城市文化等“外来文化”形式涌入到乡村，乡土文化发生转型。

政策也要制定因地制宜。2014 年以来，由国家统一指挥、地方政府主导的农村“五大工程”建设，旨在推进农村地区的文化发展，对全国基层和广大农村地区进行全面覆盖。其内容大致为：推进农村地区文化活动室、有线电视（电视差转站）、图书馆（室）、有线广播、公共电子阅览室（公共网吧）、篮球场与排球场、文化大院等公共设施的项目建设，逐步形成全国六级公共文化服务网络。但是，很多措施并没有受到农民的拥护，很多人认为这与自己没有多大关系，甚至不知道。因此，乡土文化保护相关政策的制定必须深入基层，充分了解当地乡土文化的特殊性，深入调查研究当地农民的生活习惯、生活方式以及文化诉求，借鉴其他地区已经取得一定成效的政策和经验，将其融合成适合当地的相关政策，提高政策的地区适应性，增加居民对政策的认同感，减少政策实施的阻力。例如山西万荣县文化底蕴深厚，万荣县是中华民族发祥地之一，史书上有“皇天后土”的记载：自轩辕黄帝“扫地为坛祭后土”至宋真宗皇帝，先后有 8 位皇帝共 24 次在后土祠祭祀，其中汉武帝祭祀后土 7 次并留下了千古绝唱《秋风辞》。万荣孤山修福地依托于远古的中华文化，政府在此处修复了 30 多孔晋南民俗生态窑洞，建成了 15 栋生态休闲木（砖）屋，完成了窑洞餐厅，保留了远古文化的村落气息。而福建林畲村则因为毛泽东、朱德领军短期驻扎修整、毛泽东留下闻名于世的《如梦令·元旦》这首词的革命历史，作为中国共产党的革命老区，保存并修缮了毛泽东旧居、红军医院、红军战壕、红军桥等革命旧址。整个村保留了红色文化的气息，村民都能哼着红歌，和外地游客津津乐道地讲述着这里发生的红色故事，整个村庄通过墙绘的形式向世人展示着红色革命场景。根据不同区域承载着的历史和文化，因地制宜的扶持和发展是正确的政策走向。①

（四）延续乡村文化血脉

推动乡村文化振兴，需要对乡村传统文化进行保护、传承与发展，使其与现代文化有机融合，以更好延续乡村文化血脉。应加大对乡村优秀传统文化挖掘、整理和保护力度，充分发挥其在凝聚人心、教化群众、淳化民风中的重要作用。从物质文化层面而言，应加强对传统村落基本格局的保护，加强对乡村文物古迹、传统建筑以及民间文化活动场所等的保护。从非物质文化层面而言，应加强对乡村非物质文化遗产的保护、传承与发展，如乡村优秀传统曲艺、民间工艺美术、传统节庆活动、传统体育活动等。可以借助现代科技手段、现代文化创意设计表现乡村传统文化，鼓励乡村传统文化与乡村旅游深度融合，不断激发乡村文化的活力。西湖李家的民俗活动，在数十年沉寂以后，新农村建设中使得民俗活动得以继承，确定了“龙灯舞、龙舟渡、采茶戏、陇西谱”四个恢复项目。以龙舟项目的恢复和传承为例，为了恢复龙舟项目，村里购买了四条龙船，从南昌市水上运动学校请教练，专门训练村民划龙船，每年端午节进行龙舟赛。②

（五）健全乡村公共文化服务体系

推动乡村文化振兴，必须按照有标准、有网络、有内容、有人才的要求健全乡村公共文化服务体系，更好满足乡村居民的基本文化需求。应坚持重心下移、资源下移、服务下移，进一步完善覆盖城乡的基层公共文化设施网络。推动基层公共文化设施资源整合、共建共享，统筹建设集宣传文化、党员教育、科学普及、普法教育、体育健身等多种功能于一体的基层公共文化服务中心。推行县级图书馆、文化馆总分馆制，发挥县级公共文化机构辐射作用，实现乡村两级公共文化服务全覆盖，

---

①② 中国人民大学乡村振兴案例库。

提升服务效能。继续实施公共数字文化工程，积极发挥新媒体作用，让乡村居民能够便捷获取优质数字文化资源。平利县重点开发女娲文化，挖掘恢复女娲文化遗存，发展八仙文化等地方特色文化。建成了开放县博物馆、文化馆、图书馆、数字影院，深入实施“文化惠民”工程，实现镇、村、社区文化中心全覆盖。加强文艺协会、演艺公司等社会文化团体，基层文化骨干、乡土文化能人、民间文化传承人等文化人才队伍建设，创作具有平利地域特色的文学文艺作品。① 以文化需求引导文化供给，建立乡村居民文化需求反馈机制，实行政府向社会购买公共文化服务，推行“按需制单，百姓点单”服务模式，使乡村公共文化服务更加符合乡村居民的需求、更受乡村居民的欢迎。

（六）发展乡村特色文化产业

乡村文化振兴与乡村文化产业发展相辅相成，乡村文化产业发展是乡村文化振兴的推动力量，乡村文化振兴是乡村文化产业发展的重要目的。大力发展乡村特色文化产业，是促进乡村文化与经济融合发展的重要途径。应依托乡村丰富的历史文化资源、民族文化资源和生态文化资源，发展具有地域特色和民族特点的文化产品和服务。福建林畲村依托红色文化开发了红色墙绘呈现革命场景，并围绕红色歌曲和红色诗词等主体开展青少年不定期的教育活动，邀请当地中小学学生前来进行参观实践。② 大力推动农村地区实施传统工艺振兴计划，培育形成具有民族和地域特色的传统工艺产品，促进传统工艺提高品质、形成品牌、带动就业。积极开发传统节日文化用品和武术、戏曲、舞龙、舞狮、锣鼓等民间艺术、民俗表演项目，促进文化资源与现代消费需求有效对接。借助数字化网络平台，搭乘乡村旅游快车，将地域特色和乡村文化元素融入农业生产、农产品加工、农业观光、农事体验中，赋予农业更多文化内涵。

---

①② 中国人民大学乡村振兴案例库。

第六节　本章小结

本章对乡村产业、人才、组织、生态、文化五大振兴实施要点进行了归纳。产业振兴实施要点：第一，产业振兴是基础，多方发力合力推进：优化涉农企业成长环境，培育新型农业经营主体；构建三产融合发展格局，发展壮大农村集体经济；加强产业兴旺平台建设，促成乡村振兴重要节点；推进供给侧结构性改革，坚持质量兴农绿色兴农战略产业振兴新载体，发展壮大乡村产业。第二，产业振兴新载体，发展壮大乡村产业。论述了田园综合体、现代农业产业园等新载体。第三，产业振兴新业态，实现农业转型升级。分析了农业新业态的内涵与分布特征、农业新业态的类型与未来趋势。

人才振兴实施要点：人才振兴是关键，打造多维度精英体系；采取五大举措，强化乡村振兴人才支撑；明确新时代农业农村人才工作的方向；统筹抓好农业农村“六支人才队伍”建设；健全完善农业农村人才工作管理体制机制；发挥人才引领作用，构建“人才+”模式。

生态振兴实施要点：第一，生态振兴是支撑，要坚持五大发展理念。第二，摆正生态振兴建设主体及定位。第三，生态振兴实施“六步法”：加强顶层设计，为生态宜居乡村建设提供资金保障；增强主人翁意识，激发村民建设乡村积极性统筹推进环境治理与绿色发展；充分发挥市场机制的驱动作用和激励效应；树立典型工程，探究生态宜居乡村建设新模式；发挥体制机制的引领和保障作用。第四，生态振兴建设“三要点”：加强农村生态保护，重点改善乡村人居环境，构建农耕文化等精神乐土。第五，生态振兴的具体举措－农村厕所革命。第六，农业农村污染治理攻坚战行动计划。

文化振兴实施要点：第一，文化振兴是动力，重构农民精神文明家园。第二，文化振兴的四大关键点：伦理文化是重要资源，生态文化是价值引领，文化创意是重要动能，文化供给是重要条件。第三，文化振兴的六个具体办法：辩证取舍是基本方法，尊重差异是基本态度，因地制宜是基本手段，延续乡村文化血脉，健全乡村公共文化服务体系，发展乡村特色文化产业。

参考文献

［1］蔡文成．基层党组织与乡村治理现代化：基于乡村振兴战略的分析［J］．理论与改革，2018（3）：62－71.

［2］曹斌．乡村振兴的日本实践：背景、措施与启示［J］．中国农村经济，2018（8）：117－129.

［3］陈慈，陈俊红，龚晶，孙素芬．当前农业新业态发展的阶段特征与对策建议［J］．农业现代化研究，2018，39（1）：48－56.

［4］陈功，张如菡．国外学者对马尔萨斯人口理论的研究与发展——纪念马尔萨斯诞辰250周年［J］．人口与发展，2016，22（6）：65－72.

［5］陈秋珍，John Sumelius. 国内外农业多功能性研究文献综述［J］．中国农村观察，2007，38（3）：71－79，81.

［6］陈涛，陈池波．中国农村人口空心化测量指标改进研究［J］．中国地质大学学报（社会科学版），2017，17（1）：149－155.

［7］陈锡文．实施乡村振兴战略，推进农业农村现代化［J］．中国农业大学学报（社会科学版），2018，35（1）：5－12.

［8］陈秧分，王国刚，孙炜琳．乡村振兴战略中的农业地位与农业发展［J］．农业经济问题，2018（1）：20－26.

［9］陈益元，黄琨．土地改革与农村社会转型——以1949年至1952年湖南省攸县为个案［J］．中共党史研究，2013（4）：93－99.

［10］崔红志．农村“三变”改革的影响因素及政策选择［J］．中国发展观察，2017（22）：40－43.

[11] 崔日明，韩渊源．乡村振兴战略下农村集体经济的发展路径研究［J］．农业经济，2019（5）：6－7.

[12] 戴蓬军、耿黎．法国理性农业的启示［J］．经济研究参考，2011（18）：36－37.

[13] 邓伟志．社会学辞典［M］．上海：上海辞书出版社，2009.

[14] 范连生．农村建设顶层设计的历史考察——从社会主义新农村建设到乡村振兴［J］．理论与当代，2019，420（4）：49－51.

[15] 冯俊锋，唐琼．清末民初中国乡村治理再考察［J］．四川大学学报（哲学社会科学版），2017（5）：97－103.

[16] 付伟，焦长权．"协调型"政权：项目制运作下的乡镇政府［J］．社会学研究，2015（2）：98－123.

[17] 高启杰．在乡村振兴背景下审视农业与农村发展［J］．新疆师范大学学报（哲学社会科学版），2019，40（3）：53－63.

[18] 高强，王富龙．美国农村城市化历程及启示［J］．世界农业，2002（5）：12－14.

[19] 耿献辉，薛杨晨，方芳．新时代苏南农村集体经济发展观察［J］．综合改革，2017（12）：37－38.

[20] 宫崎猛．農業、農村環境創造の制度と政策［C］.//堀田忠夫主编．国際競争下の農業・農村革新——経営・流通・環境．東京：農林統計協会，1998.

[21] 管立杰，赵伟．农村基础设施PPP模式发展的影响因素研究［J］．中国农业资源与区划，2019（6）：114－120.

[22] 贵州省委政研室联合调研组．"塘约经验"调研报告［N］．贵州日报，2017－05－18.

[23] 韩长赋．大力实施乡村振兴战略［N］．人民日报，2017－12－11.

[24] 韩长赋：加强新时代农业农村人才队伍建设为乡村振兴提供人才支撑［N］. 农民日报，2019－02－28.

[25] 韩俊. 关于实施乡村振兴战略的八个关键性问题［J］. 中国党政干部论坛，2018（4）：19－26.

[26] 韩俊. 深入理解“五个振兴”的关系、目的以及保障措施［N］. 人民日报，2018－11－05（7）.

[27] 韩小凤. 从一元到多元：建国以来我国村级治理模式的变迁研究［J］. 中国行政管理，2014（3）：53－57.

[28] 郝秀琴. 对农村集体产权制度改革若干问题的思考［J］. 中国集体经济，2018（20）：43－44.

[29] 贺雪峰. 关于实施乡村振兴战略的几个问题［J］. 南京农业大学学报（社会科学版），2018，18（3）：19.

[30] 贺雪峰. 论农村基层组织的结构与功能［J］. 天津行政学院学报，2010（6）：45－61.

[31] 胡鞍钢. 中国现代化之路（1949—2014 年）［J］. 中国战略报告，2016（2）：29－59.

[32] 黄季焜. 四十年中国农业发展改革和未来政策选择［J］. 农业技术经济，2018（3）：4－15.

[33] 黄季焜，王晓兵，智华勇等. 粮食直补和农资综合补贴对农业生产的影响. 农业技术经济，2011（1）：4－12

[34] 黄少安. 改革开放 40 年中国农村发展战略的阶段性演变及其理论总结［J］. 经济研究，2018，53（12）：4－19.

[35] 黄宗智，彭玉生. 三大历史性变迁的交汇与中国小规模农业的前景［J］. 中国社会科学，2007（4）：74－88，205－206.

[36] 黄祖辉. 在促进一二三产业融合发展中增加农民收益［N］. 农民日报，2015－08－14（1）.

[37] 黄祖辉. 准确把握中国乡村振兴战略 [J]. 中国农村经济, 2018 (4): 2-12.

[38] 冀县卿, 黄季焜. 改革三十年农地使用权演变: 国家政策与实际执行的对比分析 [J]. 农业经济问题, 2013 (5): 27-32.

[39] 姜长云. 实施乡村振兴战略需努力规避几种倾向 [J]. 农业经济问题, 2018 (1): 8-13.

[40] 姜长云. 推进农村产业融合的主要模式及其对农民增收的影响 [J]. 农业经济与管理, 2017 (4): 5-10, 36.

[41] 姜长云. 推进农村产业融合的主要组织形式及其带动农民增收的效果 [J]. 经济研究参考, 2017 (16): 3-11.

[42] 蒋和平. 实施乡村振兴战略及可借鉴发展模式 [J]. 农业经济与管理, 2017 (6): 17-24.

[43] 今村奈良臣. 農業の6次産業化の理論と実践 [EB/OL]. http://global-center.jp/sp/res/20120818-173659-8874.pdf.

[44] 金光春, 单忠纪, 翟绪军, 等. 韩日两国农业第六产业化发展的比较研究 [J]. 世界农业, 2015 (4): 57-60.

[45] 金俊, 金度延, 赵民. 1970—2000年代韩国新村运动的内涵与运作方式变迁研究 [J]. 国际城市规划, 2016, 31 (6): 15-19.

[46] 金英姬. 韩国的新村运动 [J]. 当代亚太, 2006 (6): 13-22.

[47] 孔祥智, 卢洋啸. 建设生态宜居美丽乡村的五大模式及对策建议——来自5省20村调研的启示 [J]. 经济纵横, 2019 (1): 19-28.

[48] 兰少泉. 城镇化条件下农村集体经济组织股份合作制改革探索 [J]. 经贸实践, 2017 (14): 162-163.

[49] 郎帅, 辛璐璐. 我国农村合作经济组织的管理问题研究——兼评《农村合作经济组织管理实务》 [J]. 农业经济问题, 2018 (1): 132-133.

[50] 李东，温铁军．综合农协：“三农”“三治”脱困之路 [J]．绿叶，2010 (1)：46 -49.

[51] 李华胤．乡村振兴视野下的单元有效与自治有效：历史变迁与当代选择 [J]．南京农业大学学报（社会科学版），2019，19 (3)：55 -62，157.

[52] 李水山．韩国的新村运动 [J]．中国农村经济，1996 (5)：76 -79.

[53] 李昕，徐滇庆．“人口陷阱”与经济发展——基于人口变化趋势的国际比较 [J]．中国人口科学，2009 (6)：23 -31，111.

[54] 廖彩荣，陈美球．乡村振兴战略的理论逻辑、科学内涵与实现路径 [J]．农林经济管理学报，2017，16 (6)：795 -802.

[55] 廖蓉，杜官印．荷兰土地整理对我国土地整理发展的启示 [J]．中国国土资源经济，2004，17 (9)：25 -27.

[56] 刘合光．乡村振兴战略的关键点、发展路径与风险规避 [J]．新疆师范大学学报（哲学社会科学版），2018，39 (3)：25 -33.

[57] 刘红强．农村劳动力转移培训问题研究 [D]．北京：中国农业科学院，2007.

[58] 刘守英．新一轮农村改革样本：黔省三地例证 [J]．改革，2017 (8)：16 -25.

[59] 刘松涛，罗炜琳，王林萍．日本“新农村建设”经验对我国实施乡村振兴战略的启示 [J]．农业经济，2018 (12)：41 -43.

[60] 刘彦随．中国新时代城乡融合与乡村振兴 [J]．地理学报，2018，73 (4)：637 -650.

[61] 刘易平，卢立昕．回乡村去——培育“两爱一懂”农村人才背景下潘光旦乡土教育思想的当代意义 [J]．北京青年研究，2018，27 (1)：16 -26.

[62] 卢贵敏. 田园综合体试点：理念、模式与推进思路 [J]. 地方财政研究，2017 (7)：8-13.

[63] 卢俊秀. 从“乡政村治”到“双轨政治”：城中村社区治理转型——基于广州市一个城中村的研究 [J]. 西北师大学报（社会科学版），2013 (6)：26-32.

[64] 芦千文，姜长云. 欧盟农业农村政策的演变及其对中国实施乡村振兴战略的启示 [J]. 中国农村经济，2018 (10)：119-135.

[65] 鲁晓东. 从1996年粮食形势看粮产区“米袋子”省长负责制 [J]. 中国农村经济，1996 (11)：18-19.

[66] 陆铭. 城市、区域和国家发展——空间政治经济学的现在与未来 [J]. 经济学（季刊），2017，16 (4)：1499-1532.

[67] 罗必良. 明确发展思路，实施乡村振兴战略 [J]. 南方经济，2017 (10)：8-11.

[68] 马晓河. 推进农村一二三产业深度融合发展 [J]. 中国合作经济，2015 (2)：43-44.

[69] 米雅娜，李博. 谋划新时代乡村振兴的顶层设计——国新办关于中央一号文件新闻发布会报道 [J]. 中国合作经济，2018 (2)：28-33.

[70] 蒲实，袁威. 推进乡村振兴应高度重视农业“三园”建设存在的问题 [J]. 农村经济，2018 (3)：5-10.

[71] 齐明珠. 人口变化与经济增长：中国与印度的比较研究 [J]. 人口研究，2013，37 (3)：93-101.

[72] 乔运鸿，王凌雁. 综合类农村民间组织经济内循环自助模式研究——以山西永济蒲韩乡村民间组织为例 [J]. 中国行政管理，2016 (4)：47-53.

[73] 曲卫东，斯宾得勒. 德国村庄更新规划对中国的借鉴 [J].

中国土地科学，2012，26（3）：91－96.

［74］渠敬东．项目制：一种新的国家治理体制［J］．中国社会科学，2012（5）：113－130.

［75］桑瑜．六盘水“三变”改革的经济学逻辑［J］．改革，2017（7）：70－77.

［76］沈费伟，刘祖云．发达国家乡村治理的典型模式与经验借鉴［J］．农村经济问题，2016（9）：93－102，112.

［77］生态环境部　农业农村部关于印发农业农村污染治理攻坚战行动计划的通知［EB/OL］.（2018－11－09）. http：//www. moa. gov. cn/ztzl/xczx/zccs_24715/201811/t20181129_6164067. htm.

［78］苏甦．旅游业态创新体系构成要素及动力机制探析［J］．时代金融，2012（15）：210－216.

［79］汤洪俊，朱宗友．农村一二三产业融合发展的若干思考［J］．宏观经济管理，2017（8）：48－52.

［80］仝志辉，贺雪峰．村庄权力结构的三层分析——兼论选举后村级权力的合法性［J］．中国社会科学，2002（1）：158－167.

［81］万怀韬，蔡承智，朱四元．中外农（乡）村建设模式研究评述［J］．世界农业，2011（4）：26－29.

［82］王东京，王佳宁．“三变”改革的现实背景、核心要义与推广价值［J］．改革，2017（8）：5－15.

［83］王丰，安德鲁·梅森，沈可．中国经济转型过程中的人口因素［J］．中国人口科学，2006（3）：2－18，95.

［84］王海娟，贺雪峰．资源下乡与分利秩序的形成［J］．学习与探索，2015（2）：56－63.

［85］王利华，孙政才．源远流长的中华农耕文明．中国农业通史［M］．北京：中国农业出版社，2009.

[86] 王书华，郑风田，胡向东，冷杨，程郁．科技创新支撑乡村振兴战略［J］．中国科技论坛，2018（6）：1－5.

[87] 王松柏．“三变”改革与乡村振兴的关联及实践［J］．滁州学院学报，2018：20（6）：25－37.

[88] 王兆阳．关于通过城市和工业再布局推进乡村振兴的探析［J］．农村金融研究，2018（6）：66－70.

[89] 魏后凯．中国农村发展报告（2018）：新时代乡村全面振兴之路［M］．北京：中国社会科学出版社，2018.

[90] 魏益民．中国食品产业发展新阶段需要理论引领［J］．农经，2017（8）：26－29.

[91] 吴凤寿．乡村振兴战略背景下的农村基层党建工作研究［J］．辽宁科技学院学报，2019（2）：88－89.

[92] 吴理财，解胜利．文化治理视角下的乡村文化振兴：价值耦合与体系建构［J］．华中农业大学学报：社会科学版，2019（1）：16－23.

[93] 吴维海．新时代乡村振兴战略规划与案例［M］．中国金融出版社，2018.

[94] 武内，哲夫．地域開発の功罪と農村振興の前提（農業振興と地域開発）［J］．農業と経済，1975，41（10）：23－29.

[95] 习近平．决胜全面建成小康社会夺取新时代中国特色社会主义伟大胜利——在中国共产党第十九次全国代表大会上的报告［N］．人民日报，2017－10－28.

[96] 夏英，等．我国农村集体产权制度改革试点：做法、成效及推进对策［J］．农业经济问题，2018（4）：36－42.

[97] 萧子扬，刘清斌，桑萌．社会工作参与乡村振兴：何以可能和何以可为？［J］．农林经济管理学报，2019，18（2）：224－232.

[98] 谢方，徐志文．生态文明建设理念下的乡村振兴样本开发路

径研究——以安徽省为例［J］. 山西高等学校社会科学学报，2019，31（5）：36 -44.

［99］新华社. 谋划新时代乡村振兴的顶层设计——中央农办主任韩俊解读2018年中央一号文件［EB/OL］.（2018 -02 -04）. http：//www. xinhuanet. com/2018 -02/04/c_1122366374. htm.

［100］邢成举，李小云. 精英俘获与财政扶贫项目目标偏离的研究［J］. 中国行政管理，2013（9）：109 -113.

［101］邢琳. 法国农村发展政策（2010—2015年）研究［J］. 世界农业，2016（6）：104 -108，223.

［102］熊小林. 聚焦乡村振兴战略探究农业农村现代化方略——“乡村振兴战略研讨会”会议综述［J］. 中国农村经济，2018（1）：138 -143.

［103］徐勇. 农民改变中国：基层社会与创造性政治——对农民政治行为经典模式的超越［J］. 学术月刊，2009（5）：5 -14.

［104］徐勇. 挣脱土地束缚之后的乡村困境及应对——农村人口流动与乡村治理的一项相关性分析［J］. 华中师范大学学报（人文社会科学版），2000（2）：5 -11.

［105］许远旺，陆继锋. 现代国家建构与中国乡村治理结构变迁［J］. 中国农村观察，2006（5）：45 -50.

［106］杨慧莲，郑风田，韩旭东，等. 如何唤醒“沉睡资源”助力村庄发展——贵州省六盘水舍烹村“三变”案例观察［J］. 贵州社会科学，2017（12）：140 -148.

［107］杨玲玲，魏小安. 旅游业态的“新”意探析［J］. 资源与产业，2009（11）：135 -138.

［108］姚洋. 小农经济过时了吗［N］. 北京日报，2017 -03 -16.

［109］叶敬忠，张明皓，豆书龙. 乡村振兴：谁在谈，谈什么？

[J]. 中国农业大学学报（社会科学版），2018，35（3）：5–14.

[110] 叶兴庆，程郁，于晓华. 德国乡村振兴的主要做法及启示[N]. 中国自然资源报，2018–11–10.

[111] 叶兴庆. 我国农业支持政策转型：从增产导向到竞争力导向[J]. 改革，2017（3）：19–34.

[112] 叶兴庆. 新时代中国乡村振兴战略论纲[J]. 改革，2018（1）：65–73.

[113] 叶兴庆. 演进轨迹、困境摆脱与转变我国农业发展方式的政策选择[J]. 改革，2016（6）：22–39.

[114] 伊庆山. 乡村振兴战略下农村发展不平衡不充分的根源、表征及应对[J]. 江苏农业科学，2019，47（9）：58–63.

[115] 殷梅英. 以组织振兴为基础推进乡村全面振兴[J]. 中国党政干部论坛，2018（5）：86–88.

[116] 于传岗. 幸福度量学与我国农民幸福问题的度量[J]. 江汉论坛，2009（7）：19–21.

[117] 于法稳. 乡村振兴战略下农村人居环境整治[J]. 中国特色社会主义研究，2019（2）：80–85.

[118] 于水，姜凯帆，孙永福. 农村人口“空心化”的影响因素分析[J]. 华南农业大学学报（社会科学版），2013，12（3）：42–49.

[119] 曾国安，胡晶晶. 城乡居民收入差距的国际比较[J]. 山东社会科学，2008（10）：47–53.

[120] 张红宇，寇广增，李琳等. 我国普通农户的未来方向——美国家庭农场考察情况与启示[J]. 农村经营管理，2017（9）：19–24.

[121] 张红宇. 中国现代农业经营体系的制度特征与发展取向[J]. 中国农村经济，2018（1）：23–33.

[122] 张健. 乡村振兴战略下的基层党组织建设探析[J]. 管理观

察，2019（13）：72－73.

［123］张军．乡村价值定位与乡村振兴［J］．中国农村经济，2018（1）：2－10.

［124］张利庠，罗千峰，王艺诺．乡村产业振兴实施路径研究——以山东益客现代农业产业园为例［J］．教学与研究，2019（1）：42－50.

［125］张威．旅游业态演化与商业模式创新［M］．北京：知识产权出版社，2014.

［126］张瑜，倪素香．乡村振兴中农村基层党组织的组织力提升路径研究［J］．学习与实践，2018（7）：53－59.

［127］中国新闻网新华社．习近平：把乡村振兴战略摆在优先位置［EB/OL］．（2018－07－05）．http：//www. xinhuanet. com/politics/2018－07/05/c_1123085019. htm.

［128］中央农办调研组．万变不离其宗：打造“股份农民”—贵州六盘水“三变”改革调研［N］．农民日报，2016－12－29.

［129］钟倩，王琪，夏瑜熁．乡村振兴视角下“三变”改革发展现状研究及对策建议——以四川省彝区为例［J］．农业经济与科技，2019（7）：27－29.

［130］周飞舟．从汲取型政权到“悬浮型”政权——税费改革对国家与农民关系之影响［J］．社会学研究，2006（3）：1－38.

［131］周其仁，刘守英．湄潭：一个传统农区的土地制度变迁［R］//中共贵州省委政策研究室，中共贵州省湄潭县委编．土地制度建设试验监测与评估，贵阳：中共贵州省委政策研究室，1997.

［132］周申倡，戴玉琴．论新时代深化村民自治的“双向制度”供给——基于村民自治制度与乡村非正式制度融合的视角［J］．学海，2019（3）：139－145.

［133］周雪光．项目制：一个“控制权”理论视角［J］．开放时

代，2015（2）：82－102.

［134］周振，孔祥智．新中国70年农业经营体制的历史变迁与政策启示［J］．管理世界，2019，35（10）：24－38.

［135］周祝平．中国农村人口空心化及其挑战［J］．人口研究，2008（2）：45－52.

［136］走进习近平心中“那座城”［EB/OL］．［2016－05－10］．新华网，http：//www.xinhuanet.com/politics/2016－05/10/c_128972619.htm.

［137］Liu Y，Li Y. Revitalize the world's countryside. Nature，2017，548（7667）：275－277.